English	Arabic
Camp	معسكر
Military camp	معسكر التجنيد
Formal clothes	ملابس رسميّة
Boxing	ملاكمة
Full to the top with	ممتلئا بـ
Prevent constipation	منع الإمساك
Vitamin C properties	نشاط فيتامين (C)
We believe that	نعتقد أنّ
Psychologically	نفسيّا
Morning or night shift	نوبات ليليّة أو نهاريّة
Heart attack	نوبة قلبية
Patriotic duty	واجب وطني
Continued	واصل
According to	ووفقا لما
He shaves	ويحلق ذقنه
Leads to	يؤدّي
Takes the medicine regularly	يتناول الدواء بانتظام
Good in dealing with	يجيد التعامل
Carrying heavy loads	يحمل أغراضا ثقيلة
Destroys	يدمّر
To befriend	يصادق
Cares for	يعتني ب
He works as a guard	يقوم بأعمال حراسة
To throw out the garbage	يلقي القمامة
Must, should	ينبغي

English	Arabic
They felt happy	شعروا بالسعادة
Headache	صداع
Sunstroke	ضربة الشمس
Parcel	طرد
Fluency	طلاقة
All your life	طول العمر
Nausea	غثيان
Effective	فعّال
The moment that it touches	في اللحظة التي تلامس
In case of	في حالة
Alkaline	قلويّة
Mass of food in the intestines, which may be subject to digestion and so on	كتلة الطعام
Soothing creams	كريمات مهدّئة
Ice pack	كمّادات
To lose weight	لإنقاص الوزن
Saliva	لعاب
Still travels	مازال يسافر
Prepaid	مدفوع الثمن
Good salary	مرتّب مجز
Soothing, cooling	مرطّب
Attached with the letter	مرفق مع الخطاب
Heart patient	مريض بالقلب
Feelings of pain	مشاعر الألم
Physically disabled	معاق حركيّا

Lughatuna al-Fuṣḥa

International Language Institute, Cairo
International House

Lughatuna al-Fuṣḥa

A NEW COURSE IN
MODERN STANDARD ARABIC

Book Two

Samia Louis

Illustrations by
Nessim Guirges

The American University in Cairo Press
Cairo • New York

First published in 2011 by
The American University in Cairo Press
113 Sharia Kasr el Aini, Cairo, Egypt
420 Fifth Avenue, New York, NY 10018
www.aucpress.com

International Language Institute, Cairo (www.arabicegypt.com), is affiliated to International House, London.

Dar el Kutub No. 2268/10
ISBN 978 977 416 392 0

Dar el Kutub Cataloging-in-Publication Data

Louis, Samia
Lughatuna al-Fusha: A Course in Modern Standard Arabic / Samia Louis.—
Cairo: The American University in Cairo Press, 2011
Book 2; cm.
ISBN 978 977 416 392 0
1. Arabic language—Study and teaching I. Title
492.78

1 2 3 4 5 6 7 8 15 14 13 12 11

Printed in Egypt

Contents المحتويات

Acknowledgments الشكر والتقدير

I would like to thank **Colin Rogers,** our CEO, whose vision and support made this series possible. Mr. Rogers provided the necessary finances for consultants, an artist, and a recording studio, and most of all, believed in our capabilities.

Dr. Abd El Rahman El-Sharkawy, professor of Arabic literature at Cairo University, for his help in the design and editing of this book.

Dr. Alaa Farouq, assistant professor of Arabic linguistics at Cairo University, for his help in editing this book.

Mohamed Amer, project manager and teacher trainer, who edited the book and helped make the recordings.

The ILI teaching staff for recording and working with the book in class, and giving their constructive feedback and suggestions.

Mafdy Thabet, sound engineer at **Dream Studio,** for his special sound effects and professionalism in producing the CD.

Nessim Guirges, the artist whose forty years of experience illustrating children's stories and working with numerous newspapers have made the book in a very helpful educational aid.

Sabry Botros, managing director at **Master Media,** and his staff for the editing and graphic design of the book.

Karim Sobhy for the Web design and online support of the project.

Nabila Louis, lecturer at the British University in Egypt, for her constant support and supply of material that helped in the production of this book.

The AUC Press staff, especially **Neil Hewison,** associate director for editorial programs, and **Nadia Naqib,** managing editor, for their meticulous work.

Introduction المقدمة

Following the success of *Lughatuna al-Fusha* Book 1 of the Modern Standard Arabic (MSA) series, we now present our second book in the series, *Lughatuna al-Fusha* Book 2. An integrated and flexible multilevel Arabic program for students of MSA, this book is aimed at adults who have covered the beginner course in Book 1 (novice stage) and takes them to the early intermediate level.

Book 2 is designed in accordance with the guidelines set by the American Council for Teaching Foreign Languages (ACTFL). It helps build students' reading and writing abilities, gradually taking them from novice high to early/mid-intermediate level (covering three levels). This book uses meaningful contexts to present early intermediate language along with clear grammar strategies to enable students to confidently use Arabic. The aim of this book is to help students to read and write short articles, essays, and texts in different tenses and in proper Arabic grammar. Students will also learn to communicate orally and in a number of everyday situations. Content such as day-to-day vocabulary is emphasized, progressively building and enforcing students' knowledge of sentence structure through real-life situations. In this book students will learn to:

1. Describe people, objects and places.
2. Talk about their families and friends.
3. Express positions, what they have and do not have.
4. Write about their daily duties and routines and be able to discuss them.
5. Ask for and give instructions using imperatives and advice and be able to read road or hotel instructions.
6. Talk about future plans or schedules and write their own agendas.
7. Read, write, and narrate short stories.
8. Read articles about famous people and write essays about prominent figures in their own country.
9. Write short personal letters, e-mails, invitations, or notes.
10. Write about past events and incidents.
11. Read and write about Arab writers and celebrities.
12. Read and write authentic materials such as short newspaper headlines, and job advertisements and applications.
13. Talk about abilities and what they should and should not do.
14. Read autobiographies of Arab celebrities and write their own autobiographies.

Book 2 is divided into eight modules. Each module consists of an outline of the module and two presentations through which students will encounter:

a) New vocabulary
b) New grammatical forms in the target language.
c) practice exercises.

This book provides practice in all four skills with an emphasis on reading and writing. It proceeds in a gradual step-by-step fashion with frequent recycling of vocabulary and grammar, and clarification strategies of certain structures. Book 2 comprises:

- an introduction providing a thorough revision of the grammar taught in Book 1
- a section providing a quick overview of the grammar taught in each of the book's eight modules
- two comprehensive reviews, one after Module 4 and one at the end of the book
- book plans
- comprehensive glossaries

Listening and Visual aids

The book is supplemented by a DVD for all listening activities, including conversations and reading exercises. A DVD symbol is indicated next to each text or practice. A track number and the aim and type of skill required are also indicated next to each exercise.

Computer Assisted Language Learning (CALL)

Book 2 is supplemented by drills that are accessible through our website (http://www.arabicegypt.com). Students can easily register and log on for extra reading exercises and practice. Users will be able to watch real news online and learn new vocabulary and how to read and write short sentences or messages through the use of practical material. They can also benefit from special International Language Institute (ILI) materials or parts of programs designed for both teachers and students of Arabic.

Grammar

This book provides users with a wide range of learning strategies that help students to become self-sufficient learners and make the process of language learning more enjoyable. It integrates a wide range of strategies into the syllabus such as stimulating background knowledge, predicting, and making inferences that appear in every unit.

Types of Exercises

Each unit of the book contains a variety of exercises that present and emphasize new concepts, and develop reading, writing, listening, and speaking skills. Exercises evolve from a highly controlled type of practice and move slowly toward less controlled and free styles. All of these practices involve the following:

Pronunciation

These exercises present important elements of spoken Arabic such as tashkil, intonation, and tone reduction.

Listening

Listening exercises feature a wide range of realistic conversations, newspaper reports, interviews, and so on. They also contain a variety of task-based exercises, helping to develop listening skills such as predicting, listening for specific information, and listening for gist.

Reading

Students will get the chance to read materials such as social invitations, e-mails, newspaper headlines, advertisements, personal letters and messages, short articles, essays, and job advertisements from Arabic newspapers. Most of these reading texts will contain realistic, high-interest content. The readings will be introduced with a pre-reading activity and accompanied by a series of interesting exercises that allow students to demonstrate their reading comprehension skills.

Writing

All the writing tasks will be based on real-life situations. They will include writing e-mails, postcards, notes, letters, news headlines, descriptions of people or cities, and interviews, autobiographies, short stories, personal agendas, and instructions, and will enable students to express thoughts and opinions in writing. Students begin with pre-writing activities such as discussing an issue or using a model. The writing will therefore integrate speaking and listening.

Voweling or Tashkil

Book 2 will include tashkil (voweling), especially in the presentation section. From then on voweling will be partially applied except for case endings and for shadda or sukun. The student will gradually learn to read texts without tashkil, as books, magazines, and newspapers do not contain the vowel marks.

Conversation

Although MSA is useful mainly in reading and writing, *Lughatuna al-Fusha* users will be asked to express their opinions and discuss issues orally. Conversations will then be carefully introduced in each unit in a way that enables the learner to gradually build up his or her ability to converse on different levels. This integrated approach will encourage students to compare their own culture to an Arabic-speaking one, and to express their opinion both orally and in writing.

The time needed to teach this book is 100–120 hours.

We hope you will enjoy learning Arabic with us.

Skills			
Listening	**Reading**	**Writing**	**Speaking**
A dialog between two friends describing the new apartment. Listening for identification and comprehension.	Reading about an Arab capital and describing the city. Read the advertisements for apartments for rent.	Rearranging words to form sentences. Gap-filling exercises. Writing an advertisement for an apartment.	A game to identify and describe a missing student. Students ask each other to describe their rooms or apartments.
Dialog between two friends describing their favorite actress.	A description of someone's uncle's house. A description of the city Casablanca	Writing a paragraph describing a favorite city. Writing a paragraph describing a friend	Students write about their favorite city and a short paragraph about their family. Describing a friend

Plan of Module 1

بيتي وعائلتي

Module 1	Grammar	Function	Vocabulary
Presentation 1 شقّتي الجديدة	Is there . . . ? There is/isn't. What does it look like? هل الحجرة فيها نافذة؟ هل هذه سيّارة جديدة؟/ ما شكل صديقتك؟ المفرد والمثنى و الجمع موافقة الاسم مع الصفة في التعريف والتنكير والعدد والتذكير والتأنيث والإعراب نفي الأسماء و الصفات وجمعها	Description and use of adjectives to describe people and places. Asking about specifics and room content. الوصف واستخدام الصفات في وصف الأماكن والناس. السؤال عن المواصفات والشكل.	Adjectives and their opposites: دراسة الصفات وعكسها ونفيها
Presentation 2 عائلة الدكتور سمير	Nominal sentences and their negation. Subject and predicate. Types of predicate. Demonstrative pronouns. الجملة الاسميّة ونفيها المبتدأ والخبر بعض أنواع المبتدأ والخبر أسماء الإشارة وجمعها	Describing people and cities. Talking about family. Possessive expressions using has/have. وصف شكل الناس والمدن الكلام عن الأسرة والعائلة للتعبير عن الملكيّة (عنده - عندها - له)	Specific vocabulary to describe cities. مفردات خاصّة بوصف المدن مثال: ميادين / مطاعم / شواطئ / ميناء إلخ
Remember	**Grammar Consolidation**		

Skills			
Listening	**Reading**	**Writing**	**Speaking**
Listening to a story about a poor family for comprehension and to complete gap-filing exercises. Listening for recognition and to match correct sentences.	Skimming a biographical text about a writer. Scanning phrases about the Arab family to learn facts about Arab culture. Reading about an Arab country.	Writing and arranging words to form sentences. Completing missing words. Matching words with their synonyms. Writing a paragraph describing a picture.	Students talk about their countries, means of transportation and their favorite ones. Role play: asking about places and services at the airport.
Listening to a conversation describing how to get to the library.	Reading a short text about Tahrir Square to identify different places. Skimming text about Dubai Airport. Answering multiple choice questions.	Gap-filling exercises. Arranging sentences to formulate complete text. Writing a short paragraph about modes of transportation in each student's country.	Students exchange information about each other's train station or airport destination.

Plan of Module 2

كيف أصل إلى هناك؟

Module 1	Grammar	Function	Vocabulary
Presentation 1 أماكن و مواصلات	Idafa structure Compound nouns المُضاف والمُضاف إليه شِبه الجملة – الأسماء المركّبة.	Asking about places and transportation. Expressing ownership. Reading short paragraphs. السؤال عن أسماء الأماكِن والمُواصلات. استخدام الإضافة للتعبير عن الملكيّة والتخصيص. Talking about past actions and activities التعبير عن الأحداث والأفعال في الماضي للتعرّف على بعض الشخصيّات والبلاد العربيّة	Vocabulary specific to places and transportation. مُفردات خاصّة بأسماء الأماكِن المركّبة مثال: ساحة الانتِظار– موقِف التاكسي. أفعال روتينية يومية في الماضي
Presentation 2 رياضة المشي	Adverbs حروف الجر نفي الجملة – شِبه الجملة إضافة الضمير لظرف المكان نفي الجملة	Asking about places and directions. Asking for directions. Describing locations. السؤال عن الأماكِن – وصف الأماكِن. السؤال عن الطريق، وصف الاتّجاهات والطّريق.	Vocabulary specific to directions and locations. Adverbs specific to places مفردات جُغرافيّة لتحديد الموقع مفردات لوصف المَطار من الداخل.
Remember	**Grammar Consolidation**		

Skills			
Listening	**Reading**	**Writing**	**Speaking**
Listening to a dialog between two college friends describing their colleagues. Listening for recognition and to identify correct vocabulary.	Skimming text about a modern Arab university. Scanning text about an Arab scientist to learn about his life. Reading about an Egyptian university.	Writing and arranging sentences. Completing missing words. Connecting sentences. Writing a paragraph about Alexandria University.	Students talk about their colleges and local universities. Students exchange information about types of education in their countries.
Listening for comprehension and to put a story in sequence.	Reading a short text about an Egyptian language school to learn about it and the details of its educational program. Skimming text about a school day in the life of sons and daughters of diplomats. Reading short notices.	Completing gap-filling exercises. Arranging sentences to put a story in sequence. A day in the life of a school headmaster. Writing a short paragraph about a typical schoolchild's day.	Students exchange information about the weekly agenda of two friends.

Plan of Module 3

جامِعَاتٌ و مدارِسُ

Module 1	Grammar	Function	Vocabulary
Presentation 1 حفلُ التَّخَرُّج	Preceded predicate Plural masculine. Plural feminine. Irregular plural. الخَبر المُقدَّم جمع المُذَكَّر والمُؤنَّث السالِم- جمع التَّكسير	Describing incidences, occasions, and parties. Speaking about universities and colleges. وصفُ الأحداث والمُناسَبات والحَفَلات. الكلامُ عن الجامِعات و الكُلِّيّات.	Vocabulary specific to names of colleges and universities. أسماءُ الكُليّات والجامِعات / أسماءُ الشّهادات
Presentation 2 مدارِسُ و نِظامٌ	Present tense and regular nominative forms. Conjugation with singular/ plural pronouns. الفِعل المُضارِع المَرفوع الصَّحيح (السالِم) - المَهموز تصريفُ الفعلِ مع ضمائِر المُفرَد والجَمع ، نفْيِ الفعلِ المُضارِع دراسة ٣ الأفعال الخمسة	Talking about school and college life. Describing locations. Asking for directions. الكلامُ عن المَدارِسِ والحَياةِ الدِّراسيَّةِ لِطَلَبَةِ المَدارِس الكلامُ عن الأفعالِ اليوميّةِ في حياةِ الطالب	Verbs dealing with daily routines. Names of subjects studied. مُفرَدات الأفعال اليَوميَّة - أسماء المَواد الدِّراسِيَّة
Remember	**Grammar Consolidation**		

Skills			
Listening	**Reading**	**Writing**	**Speaking**
Listening to a description of a day in the life of a doctor. Listening to recognize events and match correct sentences.	Reading a letter from a tourist to his family describing the details of his trip. Scanning a newspaper item about a business deal to identify facts about the venture. Reading an email from a friend about his birthday.	Rewriting and changing nominal sentences into verbal sentences. Rearranging sentences. Connecting right sentences. Writing an email to a friend about a party.	Role play: students talk about their accomplishments in various jobs of their choice.
Listening to two friends talking about their summer vacation.	Reading about a trip to Sharm al-Sheikh. Scanning a letter about celebrating New Year's in Egypt. Skimming a text about how New Year's is celebrated in Ireland.	Gap-filling exercises. Arranging sentences in sequence. Writing a story about a trip to Jordan. Writing a short dialog about a plan to help a sick mother.	Students exchange information about a planned vacation. Booking a trip through a travel agency.

Plan of Module 4

خطط وأنشطة ورَحَلات

Module 1	Grammar	Function	Vocabulary
Presentation 1 موظّفون في هيلتون شرم الشيخ	Present tense in all its forms. Verbs at the beginning, middle, and end of a sentence. Verb subject agreement. Adverbs of frequency. الفعل المُضارع الصحيح والمِثال (المُعتل الأوّل) الناقِص (المُعتل الآخر) الفعل المضعّف (الأجوف) موائمة الفعل مع الفاعل .	Conversation about the lives of working people and their daily routines and habits. Describing how often daily functions are performed. الكلام عن المُوَظّفين ونِظام حياتِهم وأعمالِهم و عاداتِهم. التعبير عن مُعدّل تكرار العادات والأنشطة اليَوْميّة (أحيانًا/ دائمًا/ غالِبًا/نادِرًا) .	Vocabulary specific to tourist activities أفعال الأنشِطَة السياحيّة.
Presentation 2 إجازة في جنوب سَيناء	Future tense usage and conjugation with singular/ plural pronouns. Negation of future tense. سَوفَ أو سـ + فِعل مُضارع للتعبير عن زمن المُستقبل. تصريفُ كلِّ أنواعِ الأفعالِ السابِقَةِ ونفْيِها في زمن المُستقبل	Talking about future plans for occasions, parties, and trips. التخطيطُ للإجازاتِ والرحلاتِ والمناسباتِ المُختلفة الكلام عن الخُطَطِ والأنشطةِ في الاحتفالات.	Vocabulary relating to daily routine verbs. Vocabulary to express future tense. مَزيدٌ من الأفعالِ اليَوْميَّةللحياة منزليّة - وأفعالِ أنشطةٍ مُختلفة للرحلات تعبيراتٌ تدُلُّ على الزمن في المُستقبل غدًا /الأسبوعَ القادِمَ
Remember	**Grammar Consolidation**		

Skills			
Listening	**Reading**	**Writing**	**Speaking**
Listening to identify verbs in the past tense describing a tragic incident during a trip. Listening to facts about two prominent historical figures to identify vocabulary. Listening to a biography of a famous writer.	Reading the autobiography of an Egyptian celebrity. Scanning text about a serious fire and a heroic fireman to identify the facts of the story. Reading a biography about the former head of the music academy.	Changing sentences into past tense. Rearranging sentences. Connecting right sentences. Writing personal events of the previous week. Writing a personal biography or a celebrity autobiography.	Students ask their colleagues about their personal lives.
Listening to a conversation about a car accident. Listening to friends talking about previous summer vacations.	Reading a story about how a child in danger in the countryside is saved. Scanning text about a family's adventure during a vacation to Syria.	Gap-filling exercises. Arranging sentences. Writing a story about a road accident. Writing a short conversation about a plan to help a sick mother.	Students exchange information about their past week/last month's events. Role play: students choose from a list of given incidents and talk about their choice in the past tense.

Plan of Module 5

أخبارٌ وشخصيّاتٌ من الماضي

Module 1	Grammar	Function	Vocabulary
Presentation 1 حظٌّ سيء	Past tense for non vowel verb types. Negation of these types of verbs. Using when/where/what to ask about private and public figures. تصريفُ الفعلِ الماضي الثلاثي الصحيح بأنواعه ونفيُه تصريفُ الفعلِ المُشدَّد ونفيُه. استخدامُ أدواتِ الاستفهام للسؤالِ عن السيرةِ الذاتيّةِ متى/أين/هل/ماذا/ما؟	Speaking about past events. Narrating past news. Talking about personal life. وصفُ وسردُ أخبارٍ وأحداثٍ حدثت في الماضي الكلامُ عن السيرةِ الذاتيّة.	Vocabulary describing past events. Verbs to express personal details. أفعالُ الأحداثِ اليوميّةِ في حياةِ الناس – أفعالٌ للكلامِ عن السيرةِ الذاتيّة (وُلِدَ-تَخَرَّجَ).
Presentation 2 شجاعةُ أولادٍ	Conjugation of past tense/ vowel verbs. Conjugation with singular/ plural pronouns. Negation. تصريفُ الفعل الماضي الثلاثي المُعتلّ الوَسَط ونفيُه.	Talking about incidences and past events. الكلامُ عن حوادثَ وَقَعَت في الماضي.	Vocabulary of vowel verbs in the middle verbs. Vocabulary to express past tense: yesterday/ last month/etc. الأفعال المُعتلّة الوسَط بالواو– بالياء. باع – قال – نام – ضاع – خاف
Remember	**Grammar Consolidation**		

Skills			
Listening	**Reading**	**Writing**	**Speaking**
Listening to a story about a fight between two brothers to identify verbs in the past tense.	Reading an Iraqi folktale to identify proper meaning. Scanning an ancient Yemeni story for comprehension.	Changing sentences into past tense. Rearranging sentences. Connecting right sentences. Gap-filling exercises. Writing a story from the student's childhood.	Students ask their colleagues about their countries' folklore.
Listening to different types of news. Listening to a dialog between an interviewer and a football coach.	Reading a story about an ant for comprehension. Reading five newspaper clippings. Reading three news stories ftom the Internet for comprehension.	Gap-filling exercises. Rearranging headlines. Connecting correct sentences. Writing advertisements.	Students exchange information about the previous week/ month and their most important news.

Plan of Module 6

قصصٌ من التراثِ وأخبار

Module 1	Grammar	Function	Vocabulary
Presentation 1 صُرصور الحشائش	Past tense vowel verbs appearing at the end of a sentence and their negation. Connectors for giving reasons. تصريفُ الفعلِ الماضي الثُلاثي المُعتلّ الآخر ونفيُه. تابع أدواتِ الربط :للتتابع و السببيّة مثل(و / لـ / فـ / بِسَببِ / ولِهذا / ثُمَّ / بعد ذلك)	Narrating short stories. Narrating folktales. Writing short stories. قراءةُ القصصَ القصيرةَ وقصُّ الحكايات كِتَابةُ القصصِ والنصوص السرديّة	Vocabulary describing past events in stories. Verbs to express narrative. أفعالُ أحداثِ القصص (حكى - بكى - جرى - سقى - رمى - بقي - نادى)
Presentation 2 أخبارٌ من الصُحفِ والمجلاّت	Conjugation of past tense vowel verbs at the beginning of a sentence. Conjugation with singular/plural pronouns. Negation of past tense vowel verbs. Descriptive sentences connected by which/who. تصريفُ الفعلِ الماضي الثُلاثي المُعتل الأوّل ونفيُه الجُملة الوصفيّة / الاسم الموصول (الذي/التي/الذين/اللاتي)	Recognizing different types of news (political, social, crime, and so on). Reading and understanding newspaper headlines. التعرُّفُ على أنواعِ الأخبارِ المُختلِفَة	Vocabulary of vowel verbs at the beginning of a sentence. Verbs commonly used in newspapers. الأفعالُ المُعتلّة الأوّل (وجد- وقع- وعد- وصل..) بعضُ الأفعال الإخبارِيّة (أعلن- أخبر- صرّح- قرّر- قال إنّ..)
Remember	**Grammar Consolidation**		

Skills			
Listening	**Reading**	**Writing**	**Speaking**
Listening to the life story of famous Egyptian writer Taha Hussein.	Reading about the friendship between two famous players. Scanning text about the role of an exemplary wife in her famous husband's career. Reading about the legendary singer Umm Kulthum.	Putting a story in sequence. Connecting correct sentences. Gap-filling exercises. Writing a story about a famous character.	Students talk about a famous character in their country.
	Reading a story about a Tunisian Olympic swimmer. Reading six messages from friends wanting to correspond with new friends. Reading three news articles off the Internet.	Gap-filling exercises. Putting sentences in sequence. Connecting correct sentences. Writing a message to a friend	Students exchange information to find out their favorite hobbies.

Plan of Module 7

علاقات ناجحة

Module 7	Grammar	Function	Vocabulary
Presentation 1 لاعِبان و صديقان	Root of three-letter verbs. Looking up words in the dictionary. Types of three-letter verbs. جذر الفِعل الثُلاثي البحثُ في القاموس أشكالُ الفِعل الثُلاثي وأوزانُه	Reading short articles about the influence of certain figures on celebrities and people. Writing long paragraphs or short articles. قراءةُ مقالاتٍ قصيرةٍ عن تأثيرِ بعضِ الشخصيّاتِ في حياةِ الناسِ والمشاهير كتابةُ فقراتٍ طويلةٍ ومقالةٍ قصيرة.	Different verb types used in narrating stories. أفعالٌ من مُختلف الأشكال خاصّةٌ بِسَرد سِيَر الشخصيّات
Presentation 2 هِوايتي المُفضّلة	Gerunds. Nouns formed from three-letter root verbs المصدرُ من الفِعل الثلاثي وأوزانه	Narrating stories about heroes who turned their hobbies into careers and their influence on the lives of others. Expressing personal hobbies. Writing messages to get to know someone and begin corresponding with them القراءةُ والسردُ عن أبطالٍ حوّلوا الهوايةَ إلى بطولاتٍ عالميّةٍ بتأثيرِ شخصيّاتٍ في حياتهم. التعرّفُ على أنواعِ الهواياتِ المُختلفة والتعبير عن الهِواياتِ الشخصيّة كتابةُ الرسائلِ للتعارفِ و المُراسلة	
Remember	**Grammar Consolidation**		

Skills			
Listening	**Reading**	**Writing**	**Speaking**
Listening to two people from different countries talking about the military drafting system where they come from.	Reading about a man born without four of his limbs and his miraculous accomplishments. Reading an advertisement for a job and an application.	Putting sentences in sequence. Connecting right sentences. Gap-filling exercises. Writing a job application.	Students talk about their personal abilities and shortcomings.
Listening to an article about sunstroke, preventive measures, and first aid treatment.	Reading an article about eating fruits and how to make use of them. Reading about fruits rich in certain vitamins and minerals.	Gap-filling exercises Putting sentences in sequence. Connecting correct sentences. Writing instructions about how to live in a camp.	Students exchange orders in context (Simon says).

Plan of Module 8

قدرات وأوامر

Module 1	Grammar	Function	Vocabulary
Presentation 1 هل يستَطيعُ أم يستَحِيلُ؟	Subjunctive verbs. Types of three-letter verbs. Must, should, and should not. أن + فِعل مُضارِع = مصدَر	Expressing abilities. Expressing what should or should not be done. Reading advertisements and applying for jobs. التعبيرُ كِتابَةً عن القُدرات والإمكانيّاتِ والضَرورِيّاتِ أو ما يجِبُ أو لا يجِبُ فِعلُهُ قِراءَةُ الإعلاناتِ وطَلَبُ الوَظائِفِ	Different verb types used to help narrate people's stories. أفعالٌ من مُختَلَف الأشكالِ خاصَّةٌ بالهواياتِ والقُدرات
Presentation 2 أوامر السيدة نبيلة	Deriving the imperative form from three-letter root present tense verbs. Negation of the imperative form. صِياغَةُ فِعلِ الأمرِ من الفِعل المُضارِع الصحيح النَهي	Using imperative forms to writing instructions. Expressing or reading instructions and advice. استِخدامُ فِعلِ الأمرِ في الكِتابَةِ والتعبيرِ عن الأوامرِ والنَواهي قِراءَةُ التعليماتِ والنصائحِ وكِتابَتُها	Vocabulary of different verb types used to give instructions. أفعالٌ مُختلفَةٌ خاصَّةٌ بالأمرِ والنَهي والنَصائحِ والتعليمات بعضُ التعبيرات المُفيدَة: كَما–مِثل–كأفضَل / حينَئِذٍ/تم اختِيارُ/ قام باختِيارِ
Remember	**Grammar Consolidation**		

مراجعة على كتاب (١)

تحيّات وتعارف

أهْلاً وسهْلاً . . مرْحباً بك

اخْتر كلمة مناسبة وأكْمل الْحوار ثمّ اسْمع وصحّحْ:

(صباحُ النّور – اسْمي – أنْتِ – أهْلاً بكِ – كيْفَ حالُكَ – هذا – تشَرَّفْنا)

عالية : صَباحُ الْخَير. أنا اسْمي عاليَة.

زهْرة : ---------- وَأنا زَهْرَة.

عالية : مرْحباً محْمود ---------- ؟

محْمود: بِخَيْر الْحمْد للّه وَ---------- ؟

عالية : بِخَيْر . . شُكْراً زهْرة ---------- زميلي محْمود.

زهْرة : أهْلاً وَسهْلاً ----------

محْمود: ---------- يا زهْرة

٢. كوِّن مجْموعات من ثلاثَة أشْخاص ثُمَّ كرِّرْ الْحِوار السّابِق للتّعارُف:

تذَكَّرْ:

أنا	أنْتَ	أنْتِ	أنْتُم	أنْتُنَّ	نحْنُ
اسْمي	اسْمُكَ	اسْمُكِ	أسْماؤكُم	أسْماؤكُنَّ	أسْماؤنا

❒ بلاد وجنْسيّات:

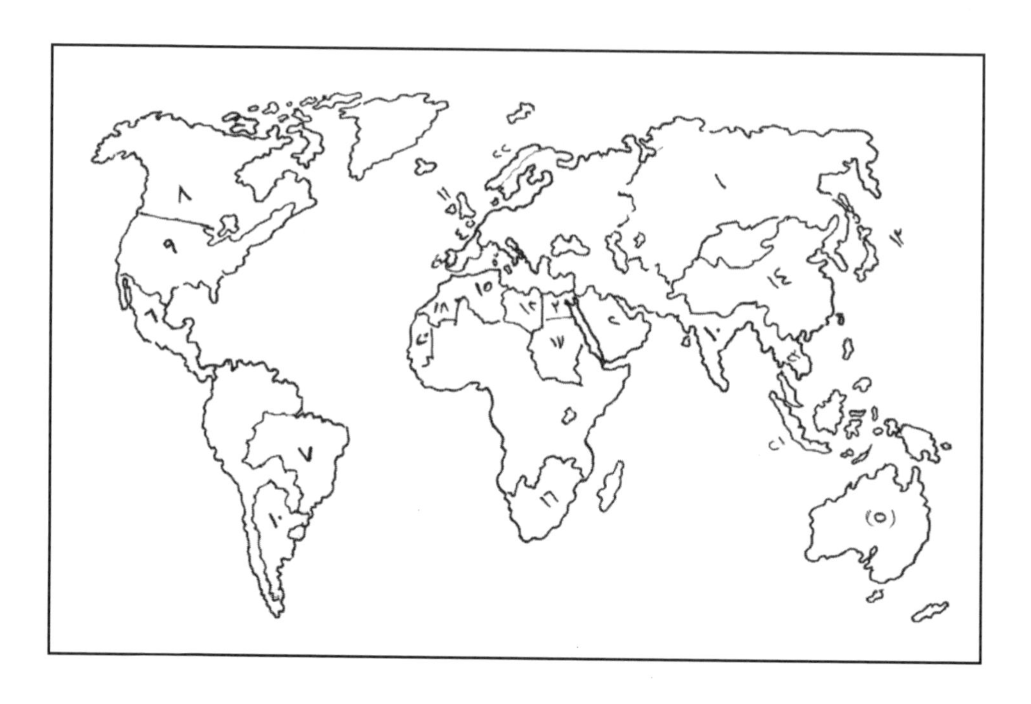

١. اكْتب أسْماء الْبلاد ثم اسْمع وصحّحْ:

١. الْجزائر	٢.	٣.	٤.
٥.	٦.	٧.	٨.
٩.	١٠.	١١.	١٢.
١٣.	١٤.	١٥.	١٦.
١٧.	١٨.	١٩.	٢٠.
٢١.	٢٢.		

٢. اكْتب الصّفة والْجنْسيّة كالْمثال منْ دول الْعالم السّابقة:

١. جزائري / جزائريّة	٢.	٣.	٤.
٥.	٦.	٧.	٨.
٩.	١٠.	١١.	١٢.
١٣.	١٤.	١٥.	١٦.

❑ السّؤال عن الْجنْسيّة / الصّفة / النّفْي:

أكْمل الْحوار كالْمثال في الصّور:

١. هلْ أنْتِ إيطاليَّةٌ؟

لا . أنا لسْتُ إيطالِيَّةً

أنا سويسْريّة.

٢. هلْ أنْتُم مِصْرِيّونَ؟

لا . ----------

نحْنُ يابانِيّونَ.

٣. هلْ ---------- ؟

لا . هُوَ ليْسَ لُبْنانيًّا

هو تُرْكِيٌّ.

١. أهْلاً وَسهْلاً. أنا محْمود أنا مِنَ السُّعودِيَّةِ أنا ---------- هل أنْتَ ---------- ؟

لا أنا لسْتُ سُعودِيًّا. أنا ---------- (الْأرْدُنّ).

٢. مساءُ الْخَيْر هلْ أنْتِ ---------- (الْبَرازيل)؟

لا. أنا ---------- أنا ---------- (كنَدا).

٣. صباحُ الْخَيْر. ---------- أنْتُم ---------- (فرَنْسا)؟

صباحُ النّور. لا ---------- ---------- (أسبانيا).

٤. ---------- أنْتُنَّ ---------- (مِصْر)؟

لا. ---------- ---------- (لُبْنان).

❐ **ألْقاب: اكْتب اللّقب الْمناسب ثم كررْ مع زميلك**

سيّد / سيدتي / آنسة / أسْتاذ

أعداد

اِسْمَع وضعْ خطًا تحْتَ الرَّقْم الصَّحيح:

(١) ١٧ – ٨

(٢) ٨٣ – ٦٣

(٣) ١٠٢ – ١٠٥

(٤) ٣٦ – ٤٩

(٥) ١٩٤٠ – ١٩٥٠

(٦) ٢٤٠٠ – ٢٦٠٠

(٧) ١٠١ – ١١٥

(٨) ٩٢٠ – ٩٢

أولاً: معْلومات شخْصيّة

أ. رتِّبْ الْكلمات لتكوِّنْ سؤالاً

١. اسْمُكَ؟ / ما

٢. عُنْوانُكَ؟ / ما

٣. رقْمُ / عِمارَتكَ؟ / ما

٤. دَوْر؟ / أيُّ

٥. تِليفونِكَ؟ / رقْمُ / ما

٦. عُمْرُكَ؟ / كمْ

ب. امْلأْ كارت الْمكْتبة بمعْلوماتك الشّخْصيّة

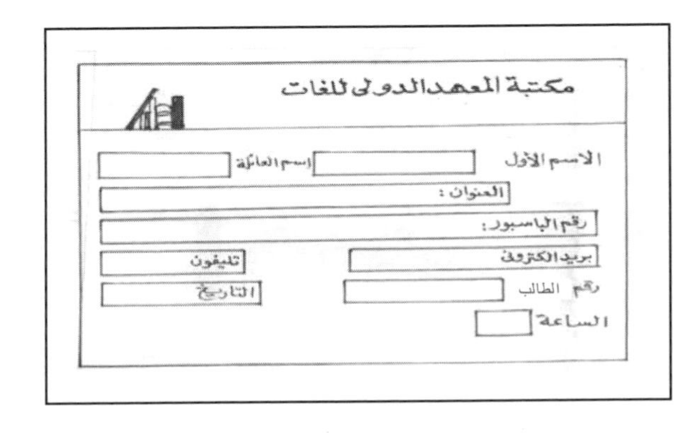

مكتبة المعهد الدولى للغات

الاسم الأول | اسم العائلة

العنوان :

رقم الباسبور :

بريد الكترونى | تليفون

رقم الطالب | التاريخ

الساعة

ج. **طالب أ :** أنْت مدير الْمكْتبة. اسْمع بيانات زميلك وامْلأ الْبطاقة

طالب ب: صحّح الْخطأ من بطاقتك. تبادلوا الْأدْوار و كرّروا النّشاط.

بطاقة الطالب

الاسم الأول	
إسم العائلة	
العنوان	
التليفون	
الفصل	

❑ الْأوْقات والتّواريخ:

١. كمِ السّاعَةُ الْآنَ؟ اكْتب الْوقْت:

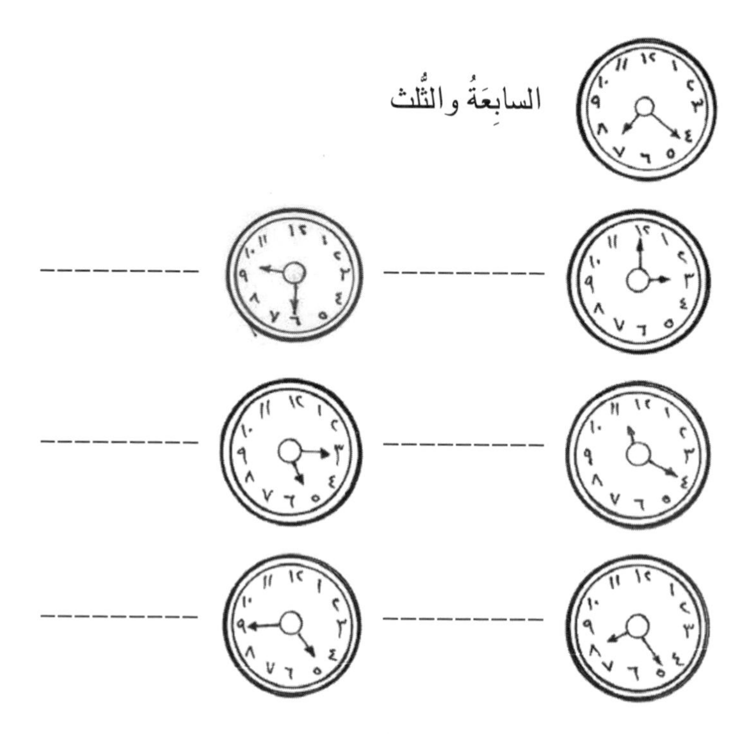

ثانيًا: انْظر إلى الصّورة ثم أكْمل الْجمْلة:

١. مُباراةُ كُرَةُ الْقَدَمِ يَوْمَ ... السّادِسَ عَشَرَ ... مِن شَهْرِ مايو .

٢. دَوْرَةُ اللُّغَةِ الْعَرَبِيَّةِ يَوْمَ ... الرّابِعَ عَشَرَ ... مِن شَهْرِ نُوفَمْبِر .

٣. عيدُ ميلادي يَوْمَ ... الثّاني ... مِن شَهْرِ فِبْرايِر .

٤. يَوْمُ رأْسِ السَّنَةِ ... الْحادي والثَّلاثين ... مِن شَهْرِ دِيسَمْبِر .

٣١ / ١٢

١٤ / ٢

٢ / ٥

١٦ / ١١

ثالثًا: اقْرأ التّاريخ:

(١) ٢٥ / ٥ / ٢٠٠١

(٢) ٢٣ / ٢ / ٢٠٠٦

(٣) ١٨ / ٥ / ٢٠٠٩

(٤) ٢٢ / ٤ / ٢٠٠٥

(٥) ٨ / ١ / ٢٠١١

(٦) ٩ / ٨ / ٢٠١٢

شقّتي / حجْرتي:

أ. اكْتبْ اسْم الْحجْرة (١ – ٦)

ب. اكْتبْ أسْماء الْأشْياء من الرّسْم:

ج. اكْتبْ ألْوان الْأشْياء في شقتك:

١. الْكُرْسيّ لَوْنُه أحْمَر.

٢. الْكِتابُ لَوْنُهُ ------------

٣. حُجْرَةُ السُّفْرَةِ ------------

٤. الْحَمّامُ ------------

٥. حُجْرَةُ النَّوْمِ ------------

٦. الْكَنَبَةُ ------------

٧. ------------------

٨. ------------------

٩. ------------------

١٠. ------------------

اسْم الْمكان:

أيْن الـ ------------؟ الـ ------------ فوْق / أمام / خلْف . . . الخ.

اسْألْ زميلك عنْ أماكن هذه الْأشْياء:

الْحَقيبَة – الْجَريدَة – الشَّمْسِيَّة – الْكِتاب – النَّظّارَة – الْكُرَة – الْحِذاء
الْمَحْفَظَة – الْمِفْتاح – الصّورَة – الْباب – النّافِذَة – الْطَّبَق

الْأماكن في الْمدينة:

أ. أيْن تجد هذه الْأشْياء ، اكْتب اسْم الْمكان أسْفل صور الْأشْياء .

١. الْحَلاّق ٢. الْكافِتِريا ٣. مكْتَبُ الْبَريد.

٤. الْمَرْكَزُ التِّجارِيُّ. ٥. السّوبَر مارکِت. ٦. الصَّيْدَلِيَّة

٧. كُشْكُ الْجَرائِدِ.

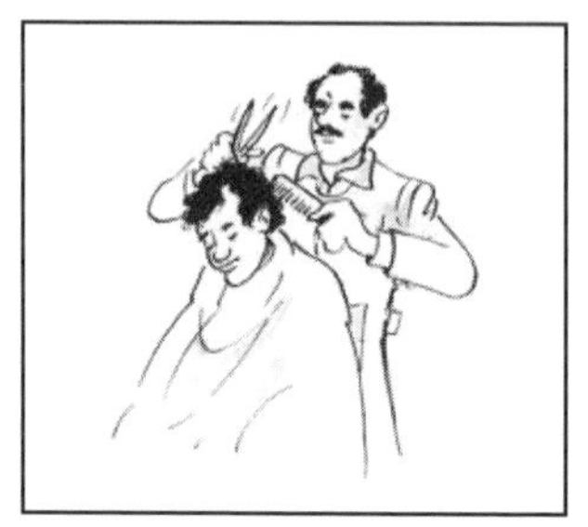

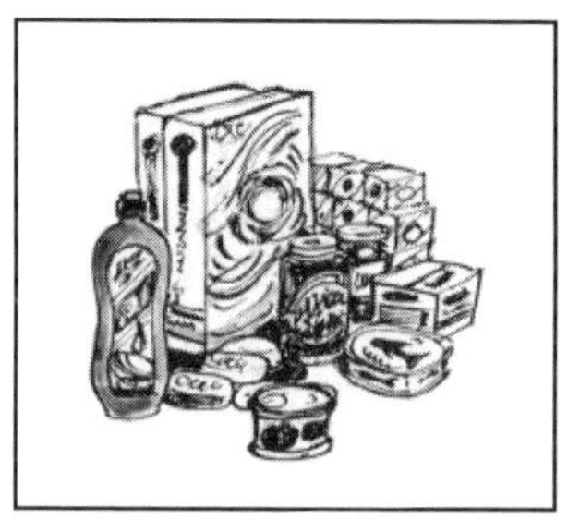

ب. أخْبرْ زميلك أيْن يجد هذه الأشْياء في مدينتك.

١. صفْ له الطّريق.

مثال: أيْنَ الصَّيْدَلِيَّة؟

جواب: الصَّيْدَلِيَّةُ بِجانِبِ الْبَنْكِ. اِمْشِ إلى آخِرِ الشَّارِعِ، وادْخُلْ إلى الْيَمين. الصَّيْدَلِيَّةُ هُناكَ على الْيَسار بِجانِبِ الْبَنْكِ.

٢. اكْتب رسالة قصيرة إلى صديقك. اكْتب فيها عنوانك ووصْفة الْبيْت.

أنْواع الْملْكيّة:

كتاب أحْمد

درّاجة أختي

كلْب أخي

أمّي وأبي

اقْرأ الرّسالة واكْتبْ ضمير الْملْكيّة الْمناسب:

أخْتي الْعزيزة ماجدة.

أشْكر ------ (أنْتِ) على رسالتـ ------ (أنْتِ) وصور عائلتـ ------ (أنْتِ) وأصْدقائـ ------ (نحْن) و والديـ ------ (أنْتِ) صور ------ (الأسْرة) جميلة. أنا أيْضاً عائلتـ ------ (أنا) كبيرة اسْم أخـ ------ (أنا) الْكبير محْمود وأخـ ------ (أنا) الصّغير سامح وأخْتـ ------ (أنا) اسْمـ ------ (هى) ورْدة. أمّـ ------ (أنا) لبْنانيّة واسْمـ ------ (هي) سمر. أبـ ------ (أنا) يعْمل مهنْدساً في شركة كبيرة. وهذه صور ------ (نحْن) أيْضاً. اكْتبي مرّة أخْرى والسّلام.

صديقتـ . . . . (أنْتِ)

أفْعال وأنْشطة:

الْفعْل الْمضارع للْعادة والرّوتين الْيوْميّ.

ماذا يفْعَلُ أحْمَدُ كُلَّ يَوْم؟

أ. اكْتبْ الْفعْل تحْت الصّورة:

يُفْطِرُ – يأْخُذُ دُشًّا – يرْجِعُ إلى الْبَيْت – يشْرَبُ قهْوَة – يقْرَأُ – يصْحو – يُشاهِدُ التِّليفِزْيون – يكْتُبُ – يلْعَبُ التِّنس – يذْهَبُ إلى الْعَمَل – يُقابِلُ أصْدِقاءَه – يلْبَسُ

____

____

____

____

____

____

____

____

____

-------------- -------------- --------------

ب. أكْملْ الْجمْلة بفعْل مناسب من الْأفْعال السّابقة:

١. سناء ---------- من النّوم كلّ يوْم السّاعة السّادسة صباحاً.

٢. شاهين ---------- الْقهْوة السّاعة الثّانية عشْرة في الْمكْتب.

٣. سليم ---------- بذْلة جميلة.

٤. نبيلة ---------- الْبيْت السّاعة الرّابعة عصْراً بعْد الْعمل.

٥. عزيز ---------- التّوسْت والْجبْن في الصّباح.

الوحدة الأولى ١
بَيْتِي وَعَائِلَتِي

تقديم (١): شَقَّتِي الجَدِيدَة

هدف الدرس:

- الْوصْف: اسْتخْدام الصِّفات في وصْف الْأماكن والنّاس.

القواعد والتركيب:

السّؤال عنْ محْتويات الْغرْفة (الْأشْياء) هل الْحجْرة فيها / نافذة؟

السّؤال عن الْمواصفات والشّكل: هل هذه سيّارة جديدة؟ / ما شكْل صديقتك؟

المفردات:

بعْض الصّفات الْجديدة وعكْسها مثال: واسع / ضيّق . . . إلخ.

الثقافة:

الْقراءة عنْ عاصمة عربيّة ووصْفها.

تقديم (٢): عائلة الدّكْتور سمير؟

هدف الدرس:

- الْكلام عن الْأسْرة والْعائلة - وصْف شكْل النّاس - وصْف الْأماكن والْمدن.
- اسْتخْدام طرق مخْتلفة للتّعْبير عن الْملْكيّة (عنْده - عنْدها - له).

القواعد والتركيب:

الْجملة الْاسْميّة ونفْيها.

الْمبْتدأ والْخبر.

بعْض أنْواع الْمبْتدأ والْخبر.

المفردات:

مفْردات خاصّة بوصْف الْمدن مثال: ميادين / مطاعم / شواطئ / ميناء إلخ.

الثقافة:

قراءة معلومات عن مدينة الدّار الْبيْضاء الْمغْربيّة.

تقديم (١)

شقّتي الْجديدة ٢

ادرس هذه الكلمات ثم اكتب الرقم أمام الصفة التي تسمعها:

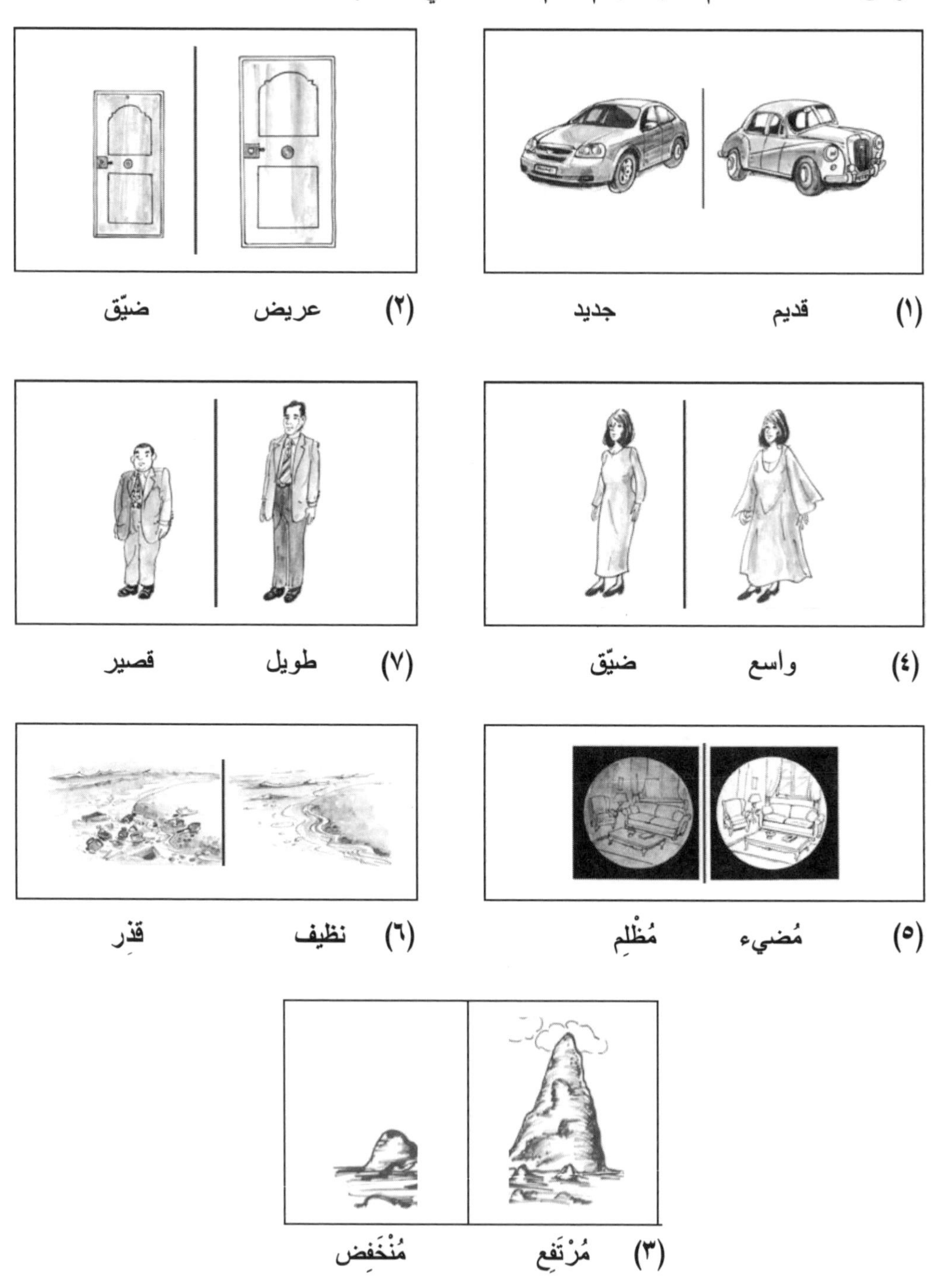

(١) قديم جديد

(٢) عريض ضيّق

(٤) واسع ضيّق

(٧) طويل قصير

(٥) مُضيء مُظْلِم

(٦) نظيف قذِر

(٣) مُرْتَفِع مُنْخَفِض

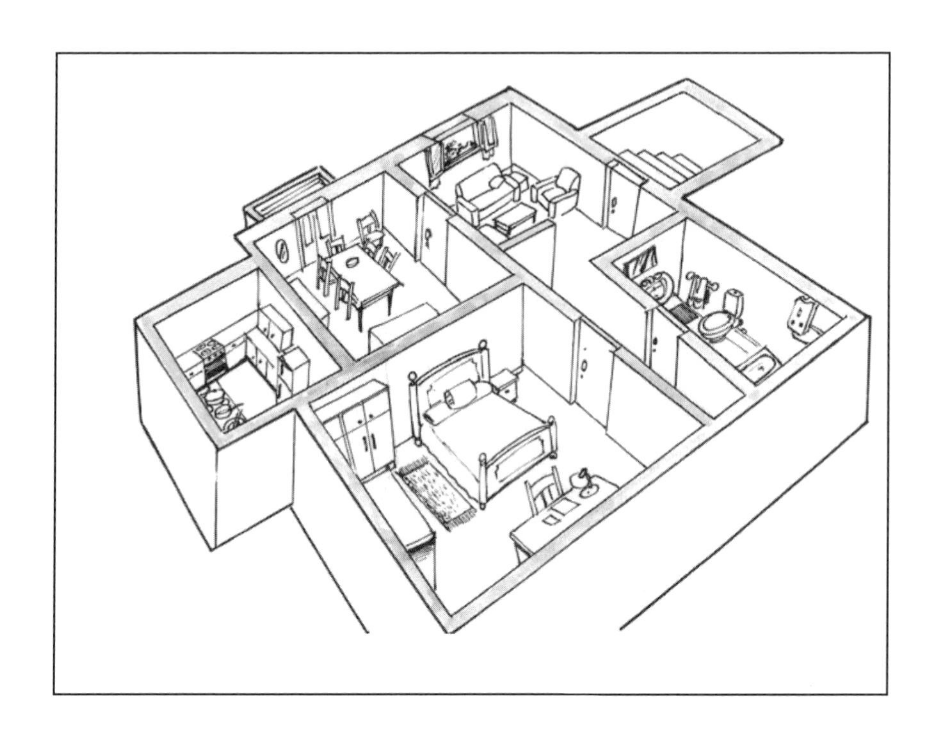

اقْرأ النّصّ في الْجزْء الأوّل وأجب: 

ما اسْمُ صاحبِ الشَّقّةِ؟ أيْن يَدرُسُ؟ ماذا يَدرُسُ؟

اقْرأ مرّة أخْرى وأكْمل:

١. الشَّقّةُ فيها ---- حُجُرات. حجْرَةُ النّوْمِ فيها ---- و---- و ---- وليْسَ فيها ----.

٢. الْحمّامُ فيه ----. الْمَطبَخُ فيه ----.

٣. حُجْرَةُ الْمعيشَةِ فيها ---- وليْسَ فيها----.

النّصّ  ٣

أنَا اسْمِي عَلاء. أنَا أُرْدُنِيّ وَأنا أسْكُنُ في الْقاهِرَةِ الْآن. أنَا أَدرُسُ الطِّبَّ في جامِعَةِ الْقاهِرَةِ.

هَذِهِ شَقَّتي في مِنطَقَةِ الْمُهَندِسين، الشَّقَّةُ بِها ثلاثُ حُجُراتٍ وَهِيَ واسِعَةٌ، نَظيفَةٌ ومُضيئَةٌ.

حُجْرَةُ النَّوْمِ فيها مَكتَبٌ كَبيرٌ وَدولابانِ طَويلانِ وَسَريرٌ عريضٌ، بِجانِبِ السَّريرِ طاوِلَتانِ صغيرَتانِ.

حُجْرَةُ النَّومِ لَيْسَ فيها حمّامٌ. الْحمّامُ خارِجَ الغُرفَةِ وَفيه سَخّانٌ كبيرٌ. الْمَطْبَخُ فيه دولابٌ بِهِ أَدواتُ مَطْبَخٍ كثيرة، المَطْبَخُ بِهِ ثَلاّجَةٌ جَديدَةٌ أَيْضًا. حُجرَةُ الْمَعيشَةِ ضيِّقَةٌ وَلَيْسَ فيها نافِذَةٌ كبيرةٌ لَكِنَّها حُجرَةٌ مُريحَةٌ وَفيها كَنَبَتانِ كَبيرَتانِ.

لاحِظ القَواعِد: ٤

أولاً: المَعنَى: الشَّقَّةُ فيها ثَلاث حُجراتٍ = الشَّقَّةُ بِها ثَلاثُ حُجراتٍ

ثانياً: لاحظ الضّمير مع الْمذكّر أو الْمؤنّث أو الْجمع من الأشْياء

النَّوْع	الاسْم	الْحَرْف + الضَّمير	باقي الْجُمْلَة
الْمُفْرَد الْمُذَكَّر	الْمَطْبَخ	في + ـهِ (فيهِ)	ثلاّجَةٌ
		بِـ + ـهِ (بِهِ)	ثلاّجَةٌ
الْمُثَنّى الْمُذَكَّر	الْمَطبَخانِ	فيهِما – بِهِما	ثلاّجتانِ
المُفرَد المُؤَنَّث	الشَّقَّةُ	في + ها (فيها)	ثَلاثُ حُجراتٍ
		بِـ + ها (بِها)	ثَلاثُ حُجراتٍ
المُثَنَّى المُؤَنَّث	الشَّقَّتانِ	فيهما – بهما	ثَلاثُ حُجراتٍ
الْجَمْع	الْكُتُبُ	فيها / بِها	صُوَرٌ كَثيرَةٌ
	الْمَكْتَبات	فيها / بِها	كُتُبٌ كَثيرَةٌ

ثالثاً: النّفي ٥

الْمُفْرَد الْمُؤَنَّث **الْمُثَنَّى الْمُؤَنَّث**	الشَّقَّةُ لَيسَ فيها / بِها ثَلاثُ حُجراتٍ الشَّقَّتانِ لَيسَ فيهما / بِهِما ثَلاثُ حُجراتٍ
الْمُفْرَد الْمُذَكَّر **الْمُثَنَّى الْمُذَكَّر**	المَطبَخُ لَيسَ فيه / بِه سخَّانٌ كبيرٌ المَطبَخانِ لَيسَ فيهما / بِهِما سخَّانانِ كبيرانِ
الْجَمْع	الْكُتُبُ لَيْسَ فيها / بِها صُوَرٌ مُلَوَّنَةٌ الْمَكْتَباتُ لَيْسَ فيها / بِها طاوِلاتٌ كثيراتٌ/ كثيرَةٌ

تَدريباتٌ عَلى القَواعِدِ وَالمُفرَدات

تدريب (١)

صِلْ الكلمات لتكوّن جملةً صحيحةً. مثال: الْحَقيبَةُ فيها قلَمٌ صَغيرٌ

الكلمة	الحرف + الضمير	باقي الجملة
الْحَقيبَةُ		صُوَرٌ كثيرَةٌ
الشَّارِعُ		كُتُبٌ قديمَةٌ
الْحَمّامُ	فيها	نافِذَتانِ مُضيئَتانِ
الْمَكتَبُ		سيّاراتٌ قديمَةٌ وَحديثَةٌ
الْغُرفَةُ	بِها	بابٌ طويلٌ
الْمَطْبخُ		دولابٌ مُرتَفِعٌ
حُجْرَةُ النَّومِ	فيه	قلمٌ صغيرٌ
الْفَصلُ		ثلاّجةٌ عريضةٌ
الثّلاّجَةُ	بِهِ	فُصولٌ واسعةٌ
الْمَكتَبَةُ		طعامٌ كثيرٌ
الْمُتحَفُ		سَريران نظيفانِ
الْجامِعَةُ		كُرسِيٌّ مريحٌ

لاحظ القواعد:

رابعاً: الصّفات ٦

الصّفة تتبع الْموْصوف في التّعْريف والتّنْكير والْعدد والتّذْكير والتّأْنيث والْإعْراب

التَّطابُق مع الْعَدَد	
كِتابٌ	كبيرٌ
كِتابانِ	كبيرانِ

الْمَعرِفَة	النَّكِرَة
الكِتابُ الكبيرُ	كِتابٌ كَبيرٌ
الْحَقيبَةُ الكَبيرَةُ	حَقيبَةٌ كبيرَةٌ

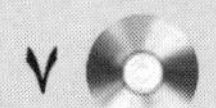 ٧

التَّطابُق مع النَّوْع	
كِتابٌ	كبيرٌ
حَقيبَةٌ	كَبيرَةٌ

جمْعُ غيْر الْعاقل	الْعاقِل
كُتُبٌ كَثيرَةٌ	مُدَرِّسونَ مُجْتَهِدونَ
حَقائِبُ غالِيَةٌ	مُدَرِّساتٌ مُجْتَهِداتٌ

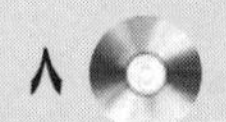 ٨

العاقِل	غيرُ العاقِل
رَجُلٌ طويلٌ	بابٌ طويلٌ
سيِّدَةٌ طويلَةٌ	شجَرَةٌ طَويلَةٌ
×	فَصْلٌ واسِعٌ
×	شقَّة واسِعَةٌ

الْإعْراب	
الْكِتابُ الْكبيرُ	كِتابٌ كبيرٌ
الْحَقيبَةُ الْكَبيرَةُ	حقيبَةٌ كبيرَةٌ
في الْمَدينَةِ الْجَميلَةِ	في مدينَةٍ جميلَةٍ

لاحظ: النفي

للمذكر	للمؤنث
هل هذا رَجُلٌ طويلٌ؟ لا . هذا ليْسَ رَجُلاً طويلاً هل هذا كِتابٌ كبيرٌ؟ لا . هذا ليْسَ كِتابًا كبيرًا	هل هذِهِ سيِّدَةٌ طويلَةٌ؟ هذِهِ ليْسَت سيِّدَةً طويلَةً هل هذِهِ نافِذَةٌ كبيرَةٌ؟ لا . هذِهِ ليْسَت نافذةً كبيرَةً
ليسَ + ـــًا **ليس + اسم منصوب + صفة منصوبة**	

تدريب (٢) ٩

كلمات مفيدة: ادْرس الصّفات وعكْسها

الصّفة	الْعكْس
عالٍ	مُنخَفِضٌ
واسِعٌ	ضَيِّقٌ
مُريحٌ	مُتْعِبٌ
نظيفٌ	قذِرٌ
مُضيءٌ	مُظْلِمٌ
طويلٌ	قصيرٌ
عريضٌ	ضيِّقٌ

الصّفة	الْعكْس
كثيرٌ	قليلٌ
كبيرٌ	صغيرٌ
جديدٌ	قديمٌ
جميلٌ	سيِّءٌ – قبيحٌ
لطيفٌ	فظٌّ
مُزْدَحِمٌ	هادِئٌ

اختر كلمة مناسبة من الصّفات التالية وأكْمل الْجمْلة مع التّشْكيل

مثال: حُجْرَةُ الْمَعيشَةِ في بَيْتي مُضيئَةٌ وأيْضًا واسِعَةٌ.

مُضيئٌ – رخيصٌ – عريضٌ – قصيرٌ- طويلٌ – عَالي – مُنْخَفِضٌ – غالِيَتانِ- نشيطٌ – كسْلانٌ – لطيفٌ – نظيفٌ – مُتعِبٌ – مُريحٌ – مُمِلٌّ- قذِرٌ- ضيِّقٌ – واسِعَانِ

١ . حُجْرَةُ الْمَعيشَةِ في بَيْتي ------ و ------

٢ . ابْني طِفْلٌ ------ و------

٣ . الْمُتْحَفُ به بابانِ ------ و------

٤ . صديقَتي ------ جِدًا.

٥ . لا أُحِبُّ هذا الْفُسْتانَ. هذا الْفُسْتانُ ------ و ------

٦ . مكْتَبُ الْمُديرِ دائِمًا ------ و ------

٧ . هذا الْفيلمُ ------

٨ . مُصْطَفى أخي ------ جِدًا ولَيْسَ ------ هو يلْعَبُ الرِّياضَةَ كُلَّ يومٍ.

١٠. أُمِّي لا تُحِبُّ الشَّارِعَ بِجانِبِ السُّوقِ لأنَّه ------ و ------

١١. أُحِبُّ الْجُلوسَ أمامَ التِّليفِزْيون على كُرسيِّ أبي لأنَّهُ ------

١٢. هاتانِ البلوزَتانِ ------

تدريب (٣) 

كلمةٌ مُفيدةٌ: صَوْتٌ

أكتب هذه الجمل في النفي كالمثال مع التشكيل:

١. هذه سَيِّدَةٌ لطيفَةٌ. هذه ليْسَت سَيِّدَةً لطيفَةً.

٢. هذه الحُجْرَةُ نظيفةٌ جِدًا.

٣. المَكتَبان بِهِما مُكيِّفانِ جديدانِ.

٤. الراديو صَوْتُه مُنْخَفِضٌ.

٥. حديقَةُ الْمَنْزِلِ واسِعَةٌ.

٦. الْمَكْتَبَةُ بِها كُتُبٌ غالِيَةٌ وقَديمَةٌ.

تدريب (٤)

أَكْمل الْجمْلة بصفة أو كلام مناسب مع التّشْكيل:

١. هذانِ الرَّجُلانِ----.

٢. حُجْرَتي بِها ----.

٣. الْمَكْتَبَةُ فيها----.

٤. محْمود ليْسَ ----.

٥. أُسْرَتي ليْسَت----.

٦. حديقَةُ الْمَنْزِلِ بِها ----.

٧. لَيلى ليْسَت----.

٨. الشَّارِعانِ فيهِما ----.

تدريب (٥)

ادْخل إلى الْموْقع

تدريب (٦) 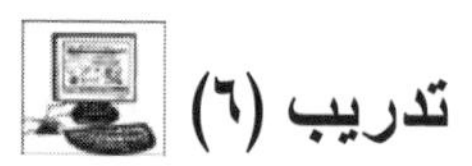

ادْخل إلى الْموْقع

تدريب (٧) 

كلمات مفيدة: عالِمٌ – مُتَخَصِّصٌ – الطَّقسُ – آثارٌ

أُكْتُب صفة مناسبة لهذه الكلمات:

١. أمْريكا بلَدٌ ------ لكن الصّومالَ بلَدٌ ------.

٢. هُوَيدا صديقَتي من سوريا، هى ------.

٣. نيويورك مدينَةٌ ------.

٤. عبْد الله وأحْمَد أستاذانِ في اللُّغَةِ ------ في جامِعَةِ تونِس.

٥. في النُّرويج الطَّقْسُ في الشِّتاءِ طقْسٌ ------ جِدًا.

٦. الدُّكْتور أحْمد زُوِيل عالِمٌ ------ مُتَخَصِّصٌ في عُلومِ اللِّيزَر.

٧. الْأهرامات آثارٌ ------ و ------ جدًا.

تدريبات الاستماع

تدريب (٨) ١٠

أ. اقْرأ هذا الْحوار مع زميلك وكرّرْه. انْظر إلى الصّور وأجب: من ريهام؟

الْحِوَار:

سميرة : هل نَوال أُخْتُكِ كبيرَةٌ يا سلْوَى؟

سلوى : لا ، هِيَ ليْسَت كبيرَةً ، هي طِفْلَةٌ صغيرَةٌ عُمرُها سبْعُ سنَوَاتٍ .

سميرة : إم . . وما شكْلُها؟

سلوى : هي قصيرَةٌ . . سمينَةٌ ، وشعْرُها طويلٌ. وما شكْلُ صديقَتُكِ ريهام؟

سميرة : صديقَتي ريهام رفيعَةٌ ، قصيرَةٌ أيْضًا ، شعرُها طويلٌ ، عمرُها حَوَاليْ عِشْرونَ سنَةً.

ب. اسْمع هذا الْحوار.

صديقتنا هناء ١١

كلماتٌ مُفيدَةٌ: فقيرَةٌ – سُورٌ – أشْجارٌ – تجْري – حَوْلَ – رفيعَةٌ – زُهورٌ – بعْض – نهْرٌ – فاكِهَةٌ

أجب على الْأسْئلة:

١. هل هناء كسْلانةٌ؟

اِسْمع مرّةً أخْرى ثم أجبْ:

١. صِفْ هناء.

٢. صِفْ نادية أخْت هناء.

٣. هل ماجدة نشيطةٌ؟

٤. هل ماجدة رفيعةٌ؟

٥. هل حديقة بيْت هناء واسعةٌ؟

٦. ضع علامة **صح** (√) أو **خطأ** (×) ثم اكتب الجملةَ الصحيحةَ:

- حديقَةُ هناء قَذِرةٌ.
- حديقَةُ هناء ضيِّقَةٌ.
- حديقَةُ هناء بها أزْهارٌ قليلَةٌ.
- حديقَةُ هناء بها نهْرٌ صغيرٌ.
- حديَقةُ هناء واسِعَةٌ.
- الحديقَةُ بِها أشْجارٌ عالِيَةٌ.

نصّ الْحوار لتدريب (٨) 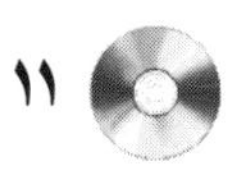 ١١

صفاء: كَيْفَ حالُ صديقَتِكِ الْجَديدَةُ يا نَوال؟

نَوال : صديقَتي الْجَديدَةُ بِخَيرٍ ، اسْمُها هناء.

صفاء: هل تسْكُنُ في شَقَّةٍ صغيرَةٍ؟

نَوال : لا. هى لا تسْكُنُ في شَقَّةٍ صغيرَةٍ. هى غنِيَّةٌ وتسْكُنُ في بَيْتٍ غالٍ كبيرٍ وواسِعٍ ولَها أُخْتانِ صغيرَتانِ.

صفاء: وما شكْلُها؟ طويلَةٌ؟ قصيرَةٌ؟

نَوال : هناء جميلَةٌ، شَعْرُها طَويلٌ وهى أيْضًا رَفيعَةٌ وعَيْناها سَوْداوان.

صفاء: وهل هى نشيطَةٌ؟

نَوال : نعَم، هى نشيطَةٌ جِدًا، هى تجْري كيلومِترَيْن كُلَّ يَوْمٍ ولَكِنَّ نادِيَة أُخْتَ هناء كسْلانَةٌ.

صفاء: وما شكْلُ نادِيَة أُخْتِ هناء؟

نوال : نادِيَة صغيرَةٌ، قصيرَةٌ وبدينَةٌ أيْضًا.

صفاء: وما شكْلُ بَيْتِ هناء؟

نوال : بَيْتُها بِهِ حديقَةٌ صغيرَةٌ وضيِّقَةٌ، ليْسَت كبيرَةً، الْحديقَةُ بها أشْجارُ فاكِهَةٍ، وفيها زُهورٌ مُلَوَّنَةٌ أيْضًا وحَوْلَ الْبَيتِ سورٌ عالٍ وعريضٍ.

تدريبات القراءة: قراءة (١) ١٢

تدريب (٩) 

مدينة الْقاهرة

كلمات مفيدة: مناطِقُ – ضَخْمَةٌ – آثارٌ فرعوْنيّةٌ – آثارٌ قِبْطِيَّةٌ – آثارٌ إسْلامِيَّةٌ – رائِعَةٌ – الضُّيوفُ

هذه الرّسالةُ من طالبٍ أجْنَبِيٍّ إلى أُسْرَتِه. اِقْرأ النّصَّ ثم أجبْ:

الْقراءة الأْولى:

١. أيْنَ مارك الآن؟

الْقراءة الثّانية:

٢. الْقاهِرَةُ بِها آثارٌ ------ و ------ و ------.

٣. أُكْتُب مِنَ النَّصِّ الاسْمَ والصِّفَةَ في الْجَدْوَلِ.

٤. اِسْتخْرِج من النَّصِّ الْمُفرَدَ أو الْجَمْعَ واكْتُب في الْجَدوَلِ كالْمِثال.

٥. أُكْتُب ثلاثَةَ جُمَلٍ. اِسْتَخْدِم كَلِماتِ الْجَدوَلِ لمُساعَدَتِكَ.

الْاسْم	الصّفة	الْمفْرد	الْجمْع
مدينةٌ	كبيرةٌ	أثر	آثار

نصّ الرّسالة ١٢

أسْرتي الْعزيزة

بعْد التّحيّة،

أنا في مِصْرَ الآن. الْقاهِرَةُ مدينَةٌ كبيرَةٌ وضخْمَةٌ. بِها مناطِقُ كثيرَةٌ مِثْلُ المُهَنْدسين، شُبْرا، مِصْرَ الْجَديدَة، النُّزْهَة، الدُّقِّي وغَيرِها. الْمَدينَةُ بِها نهْرٌ طويلٌ اسْمُهُ نهْرُ النِّيلِ. الْقاهِرَةُ فيها آثارٌ فِرعَوْنيَّةٌ مِثْلُ الأَهْرام وأبي الْهَولِ في مِنْطَقَةِ الْجيزَة والْمُتْحف الْمِصْرِيِّ في مَيْدانِ التَّحْرير. الْقاهِرَةُ بِها آثارٌ إسْلاميَّةٌ رَائِعَةٌ في مِنْطَقَةِ الأَزْهَرِ وخانِ الْخَليلي. مِنْطَقَةُ مِصْرَ الْقَديمَة بِها آثارٌ قِبْطيَّةٌ مِثْلُ الْكَنيسَةِ الْمُعَلَّقَةِ والْمُتحَف القِبْطِيِّ. الْجَوُّ مُعْتَدِلٌ في الْخَريفِ، أنا سعيدٌ بِدِراسَةِ اللُّغَةِ الْعَرَبيَّةِ هُنا. الْمِصْرِيُّونَ يُحِبّون الضُّيوفَ والسُّيّاحَ.

ابْنُكُم مارك

قراءة (٢) إلى الموقع 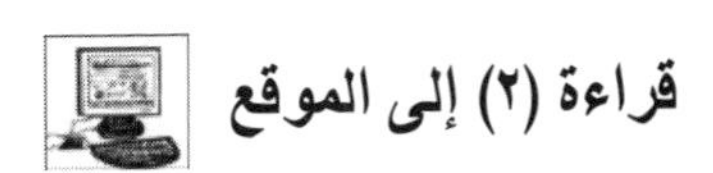

تدريب (١٠) ١٣

دعوة للزيارة

ادرس هذه الكلمات مع المدرس:

كلمات مفيدة: يعبر – قناة السويس – جزء – ينتظر – حضور

ادخل إلى الموقع لقراءة النص وحل التدريبات.

تدريبات الكتابة 

تدريب (١١)

رتّب الكلمات لتكوّن جملاً مع التشكيل:

١. صغيرَة – حقيبَة – هل هذه؟
٢. الْحَمْدُ لِلّه – مُنْخَفِض – الرّاديو صَوْتُه
٣. مادونّا – جدًّا – جميلَة – مُغَنِّيَة
٤. الْمَغْرِب – مدينَة – في الدّار الْبَيْضاء – رئيسِيَّة
٥. باريس – في– طَوِيل – الشّانزيليزيه – شارِع
٦. جِبال الْأَلْب – بَيْضاء – جِبال– جميلَة – وعالِيَة
٧. بلَد – الصّومال – أفْريقِيّ – فقير

تدريب (١٢) 

أكمِل الجُمل بكَلِمات من عِندك:

١. سيّارَةُ صديقي ----------- وبِها -----------.
٢. الْجَوُّ في السُّويد ----------- وفيه -----------.
٣. هُوَ مِن أصْلٍ أُرْدُنِيٍّ ولَكِنَّ زَوْجَتَهُ لَيْسَتْ -----------هي -----------.
٤. نهْر الْأمازون -----------.
٥. الْمُتحَفُ الْمِصْرِيُّ بِهِ ----------- من الْآثارِ الْفِرعَوْنِيَّةِ -----------.
٦. جَدّ ِي ----------- و -----------.

تدريب (١٣)

مَنازِلُ وشُقَقٌ للإِيْجارِ

كلمات مفيدة: مفْروشة – تطلّ – غرْبيّة – خاص – شرْقيّة – بَحَريّة

اقرأ الإعلانات:

١. ضعْ خطّاً تحْت الصّفات في كلّ إعْلان.

٢. اذْكرْ عنْ كلّ إعْلان كالْمثال: الشّقّة بها . . . وفيها . . .

٣. اذْكرْ الْجمْع أو الْمفْرد للأسْماء الّتي في الإعْلان.

٤. اكْتب إعْلاناً عن شقّتك واكْتب وصْف الشّقّة.

٥. اكْتب عن مدينة في بلدك، صفْ أهم الأماكن.

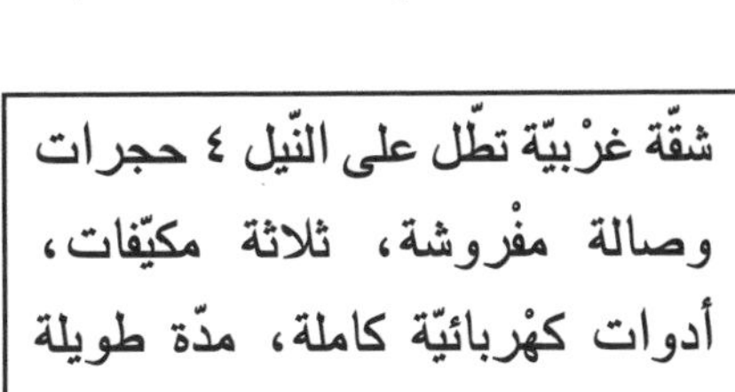

شقّة غرْبيّة تطّل على النّيل ٤ حجرات وصالة مفْروشة، ثلاثة مكيّفات، أدوات كهْربائيّة كاملة، مدّة طويلة السّعْر مناسب، جراج خاص

بيْت دوْريْن، ٦ غرف وصالتيْن، ٨ حمّامات، مطْبخ حديث، حديقة واسعة، واجهة شرْقيّة بحريّة، على شارع عريض

تدريبات المحادثة: محادثة ١

تدريب (١٤)

من هى / هو؟

١. طالب أ : صفْ لزميلك مثْل الصّورة عن شخْصيّات في الْفصْل

طالب ب : يحاول معْرفة زميله / ته

محادثة ٢

تدريب (١٥)

شقّتي بها . . .

اسْألْ زميلك/ زميلتك عن وصْف شقّته . اكْتب الْمعْلومات في الْجدْول

الطّالب	اتّجاه الشّقّة: شرْقيّة. . .	الشّقّة بها / الْمطْبخ ليْس فيه
١.		
٢.		
٣.		
٤.		
٥.		

تقديم (٢) ١٤

عائلة الدكتور سمير

كلمات مفيدة: السّاحلُ الشّمالي – قطة – غَنِيٌّ – عِنْده – له

اقْرأ النّصّ في الْجزْء الأوّل:

هذا بيْت --------- هو ---------.

اقْرأ مرّة أخْرى وأجبْ:

١. ما اسْم زوْجةِ الدّكْتور سمير؟

٢. ماذا تعْملُ السّيّدةُ نبيلة؟

أكْمل:

١. الدّكْتور سمير-------- سيّارةٌ حمْراء.

٢. السّيّدةُ نبيلة -------- -------- كمْبيوتر.

٣. اسْمُ الاْبْنِ الْكبيرِ -------- ويعْملُ -------- .

٤. حسامٌ وماجدُ -------- كمْبيوتر.

٥. الدّكْتور سمير والسّيدةُ نبيلة ------ بنْتٌ صغيرةٌ. اسْمها -------- .

اقرأ النصّ ١٤

هذا منْزلُ الدّكْتور سمير وهؤلاء عائلة الدكتور سمير، هو طبيبٌ في مسْتشْفى الشّفاءِ. عِنْدَه سيّارةٌ مرْسيدس حمْراء، سمير عِنْدَه بيْتٌ جميلٌ في السّاحلِ الشّمالي، هو رَجلٌ غنىٌّ.

هذه السّيّدةُ نبيلة زوجتُه، هي مديرةٌ في مدْرسةِ السّلامِ. السّيّدةُ نبيلة عِنْدَها سيّارةٌ زرْقاء، هي لا تحبُّ الكومْبيوترَ. السّيّدةُ نبيلة ليْس عِنْدَها كومْبيوتر.

الدّكْتور سمير له ابْنان. هذان هما الاْبْنان في الصّورة. حُسام الاْبْنُ الْكبيرُ يعْملُ موظّفًا في بنْك، وليْس عِنْدَه سيّارة. ماجدٌ الاْبْنُ الثّاني طالبٌ في مدْرسةِ أحْمد عرابي للّغاتِ، حسام وماجد عِنْدَهما كمْبيوتر لَوْنُه أسْودُ وحديثٌ.

الدّكْتور سمير والسّيّدةُ نبيلة لهما بنْتٌ واحدةٌ أيْضًا، هذه ابْنتُهم الصّغيرةُ اسْمُها فاتن.

فاتن طالبةٌ في مدْرسةِ آمون للّغاتِ، هي عنْدها كلبٌ أبيض صغير.

لاحظ القواعد:

١. الْجمْلة الاسْميّة:

هذا — منزِلٌ

السَّيَّارَةُ — حمْراءُ

↓ ↓

مُبتَدأ (اسْم / مرْفوع) — **خبَر** (اسْم / مرْفوع / يُتَمّم الْمعْنى)

٢. بعْض أنْواع الْمبْتدأ والْخبر

الْمُبْتَدَأ	النَّوْع	الْخَبَر	النَّوْع
١. الدُّكْتور سمير	اِسْم (علَم)	طبيبٌ	مُفْرَد
٢. هُوَ	ضمير	سيارتُه جديدةٌ	جُمْلة اِسْمِيَّة
٣. هِيَ	ضمير	لا تُحبُّ الْكومْبيوترَ	جُمْلة فِعْلِيَّة
٤. سمير	اِسْم علَم	رَجلٌ غَنيٌّ	مُفْرَد + (صِفَة)
٥. هَذِهِ	اِسْم إشارَة	ابْنتُهم الصّغيرةُ	مُفْرَد + (صِفَة)
٦. كلْبُها	اِسْم نكرة + ضمير	أبْيَضُ	مُفْرَد

اسْم نكرة + ضمير = معْرفة — **صديق + أنا = صديقي**

٣. نفي الْجُملَة الاِسْمِية: ١٥

هل هذا بَيْتٌ؟ لا ، هذا لَيْسَ بَيتًا. هذا مطْعَمٌ.

هل هذِهِ سيّارَةٌ؟ لا ، هذِهِ لَيْسَت سيّارةً. هذِهِ درّاجَةٌ.

التّصْريف: ١٦

أَنا	نَحْنُ	أَنْتَ	أَنْتِ	أَنْتُمَا	أَنْتُمَا	أَنْتُم
لَسْتُ	لَسْنَا	لَسْتَ	لَسْتِ	لَسْتُما	لَسْتُما	لَسْتُم
مِصْرِيًّا	مِصْرِيِّينَ	مِصْرِيًّا	مِصْرِيَّةً	مِصْرِيَّيْنِ	مِصْرِيَّتَيْنِ	مِصْرِيِّينَ

١٧

أَنْتُنَّ	هُو	هِي	هُمَا	هُمَا	هُم	هُنَّ
لَسْتُنَّ	لَيْسَ	لَيْسَتْ	لَيْسَا	لَيْسَتا	لَيْسَوا	لَسْنَ
مِصْرِيّاتٍ	مِصْرِيًّا	مِصْرِيَّةً	مِصْرِيَّيْنِ	مِصْرِيَّتَيْنِ	مِصْرِيِّينَ	مِصْرِيّاتٍ

٤. أسْماء الإشارة = معْرفة ويمْكن أنْ نبْدأ بها الْجُمَل الاسْميّة وتُعْرب مبْتدأ

18

	مُفْرَد مُذَكَّر	مُفْرَد مُؤَنَّث	مُثَنَّى	جمْع
للْعاقل	هذا مِصْرِيٌّ	هذه مِصْرِيَّةٌ	هذان مِصْرِيَّانِ هاتان مِصْرِيَّتَانِ	هؤلاء مِصْرِيُّونَ (مذكّر) هؤلاء مِصْرِيّاتٌ (مؤنّث)
لغيْر الْعاقل	هذا قلَمٌ	هذه حقيبَةٌ	هذان قلَمانِ هاتان حقيبَتانِ	هذه أقْلامٌ هذه حقائِبُ

19

تدريبات على القواعد والمفردات 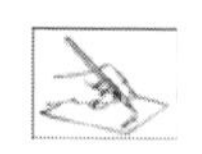

تدريب (١)

ضع علامة (√) أمام الجملة الصحيحة من مبتدأ وخبر:

كلمات مفيدة: بطيءٌ – سريعَةٌ – رفيعٌ

١. هذانِ بَيْتانِ كبيرَانِ
٢. السّيّارَةُ سريعَةٌ
٣. رَجُلٌ طويلٌ
٤. الْكَنيسَةُ الْقَديمَةُ
٥. هاتان سيّدتان سمينتان
٦. الْكومْبيوتَرُ بطيءٌ
٧. نافِذَتي واسِعَةٌ
٨. كِتابُها الْجَديدُ
٩. مِئذَنَةٌ عاليةٌ
١٠. زَوْجُها رفيعٌ جِدًا

تدريب (٢)

كلمات مفيدة: شَقْراءُ – صَعْبةٌ – ضَخْمٌ – أسْمر

صِلْ لتكوّن جمْلة اسْميّة من مبْتدأ وخبر:

أ	ب
١. هذانِ الشّارِعانِ	أ. شَقْراءُ
٢. القَلَمُ	ب. صَعْبَةٌ
٣. الآثارُ	ت. بعيدَةٌ
٤. سيّارَتُه	ث. ضخْمٌ
٥. هذا المُتْحَفُ	ج. أحْمَرُ
٦. هاتانِ الحُجْرَتانِ	ح. أسْمَرُ
٧. اللّغةُ الْعربيّةُ	خ. سريعٌ
٨. الْقِطارُ	د. عريضانِ
٩. مُصْطفَى	ذ. نظيفَتَانِ
١٠. أُمّي	ر. قديمَةٌ

تدريب (٣)

أُكتُب ضميرًا أو اسمًا مناسبًا:

١. ---------- مُجْتَهِدَانِ.

٢. ---------- جميلاتٌ.

٣. ---------- نظيفاتٌ.

٤. ---------- صغيرٌ.

٥. ---------- كبيرَتانِ.

٦. ---------- مُجْتَهِدونَ.

٧. ---------- مُضيءٌ.

٨. ---------- أُرْدُنِيٌّ.

٩. ---------- سورِيّاتٌ.

١٠. ---------- فقيرَةٌ.

تدريب (٤)

أجب على الأسئلة:

١. هل هذه كنَبَةٌ مُريحَةٌ؟ — لا. هذه ليْسَت كنَبَةً مُريحَةً.
هذه كنَبَةٌ مُتْعِبَةٌ. (مُتْعِبَةٌ)

٢. هل هذان كتابانِ قديمانِ؟ — لا. ----------.
----------. (جديدٌ)

٣. هل هذا درْسٌ صعْبٌ؟ — لا. ----------.
----------. (سهْلٌ)

٤. هل هذه سيِّدَةٌ شَقْراءُ؟ — لا. ----------.
----------. (سَمْراءُ)

تدريب (٥)

أُكتُب خبرًا مناسبًا للمبتدأ:

١. غُرْفَتُهم ------------.
٢. البُلوزَتانِ ------------.
٣. سيّارَةُ جَدِّي ------------.
٤. زوْجَتُه ------------.
٥. المَلْعَبانِ ------------.
٦. فصْلُنا ------------.
٧. أبي ------------.
٨. الطّائرَةُ ------------.

تدريب (٦)

أُكتُب مبتدأً مناسبًا للخبر:

١. ---------- ليْسَ عِندَهم بيْتٌ كبيرٌ.
٢. ---------- له اِبْنانِ كبيرانِ.
٣. ---------- جميلَتان جِدًا.
٤. ---------- ضخْمٌ ومُرْتَفِعٌ جِدًا.
٥. ---------- كبيرَةٌ وثقيلَةٌ.
٦. ---------- أسْمرُ.
٧. ---------- سمينٌ.
٨. ---------- بعيدَةٌ.
٩. ---------- ضيِّقٌ.
١٠. ---------- ليس عِندَها حديقةٌ.

لاحظ القواعد:

أولاً: أ. للتعبير عن الملكيّة للأشخاص أو للأشياء في معظم الحالات

٢٠

الضّمير	الْملْكيّة: للْأشْياء عِنْدَ	الْملْكيّة للأشْخاص لـ	باقي الْجمْلة
أنَا	عِنْدي	لِي	
نَحْنُ	عِنْدَنَا	لَنَا	سيّارَةٌ
أَنْتَ	عِنْدَك	لَكَ	
أَنْتِ	عِنْدَك	لَكِ	بَيْتٌ
أَنْتُمَا	عِنْدَكُما	لَكُمَا	
أَنْتُمَا	عِنْدَكُما	لَكُمَا	أَوْلادٌ
أَنْتُمْ	عِنْدَكُمْ	لَكُم	
أَنْتُنّ	عِنْدَكُنّ	لكُنّ	أَصْدِقَاءُ

٢١

الضّمير	الْملْكيّة: للْأشْياء عِنْدَ	الْملْكيّة للأشْخاص لـ	باقي الْجمْلة
هُو	عِنْدَهُ	لَهُ	
هِى	عِنْدَهَا	لَهَا	سيّارَةٌ
هُمَا	عِنْدَهُما	لَهُمَا	بَيْتٌ
هُمَا	عِنْدَهُما	لَهُمَا	أَوْلادٌ
هُم	عِنْدَهُمْ	لَهُم	
هُنّ	عِنْدَهُنّ	لَهُنّ	أَصْدِقَاءُ

ثانياً: نفي الملكيّة

الضمير	النفي	عِنْدَ	لـ	باقي الجملة
أنَا		عِنْدِي	لِي	سيّارَةٌ
نَحْنُ		عِنْدَنَا	لَنَا	
أَنْتَ	لَيْسَ	عِنْدَكَ	لَكَ	بَيْتٌ
أَنْتِ		عِنْدَكِ	لَكِ	
أَنْتُمَا		عِنْدَكُما	لَكُمَا	أَوْلادٌ
أَنْتُمَا		عِنْدَكُما	لَكُمَا	أَصْدِقَاءُ
أَنْتُمْ		عِنْدَكُمْ	لَكُم	
أَنْتُنَّ		عِنْدَكُنَّ	لَكُنَّ	سيّارَةٌ
هُو		عِنْدَه	لَهُ	
هِى		عِنْدَها	لَهَا	بَيْتٌ
هُمَا	لَيْسَ	عِنْدَهُما	لَهُمَا	
هُمَا		عِنْدَهُما	لَهُمَا	أَوْلادٌ
هُم		عِنْدَهُمْ	لَهُمْ	
هُنّ		عِنْدَهُنّ	لَهُنّ	أَصْدِقَاءُ

تدريب (٧)

اكتب ضمير ملكيّة مناسب:

١. أنْت لـَ ------ صديقٌ إنْجِليزيّ.

٢. هما عِنْد ------ بيْتٌ جميلٌ على الشّاطِئ.

٣. نحْن عنْد ------ سيّارةٌ جديدةٌ.

٤. هُمْ لـ ------ أوْلادٌ في الْجامِعَة.

٥. هل أنْتُنّ لـ ------ فصْل واحد؟

٦. هُمَا ليْس عنْد ------ كومْبيوتر.

٧. هُنّ ليْس عنْد ------ سخّانٌ قديمٌ

٨. هل أنْتُم عنْد ------ امتحانٌ الآن؟

تدريب (٨)

اكتب الضمير الصحيح ثم أكمل الجمل بكلمات مناسبة:

١. نبيل (عِنْدَ) ------

٢. أنْتُمَا ليْس (لـ) ------

٣. هى ليْس (عِنْدَ) ------

٤. هل أَنْتَ (عِنْدَ) ------

٥. أنا ليس (لـ) ------

٦. نَحْنُ (عِنْدَ) ------

تدريبات الاستماع ٢٢

تدريب (٩)

كلمات مفيدة: ناعِمٌ – عَيْنان – مُمَثِّلتي الْمُفَضَّلَة – وجْهٌ – أنْفٌ – فَمٌ – ورْدِيٌّ – صَوْتٌ

رتّب حوار زيْنب:

مدْحت: صورَةُ مَنْ هذه يا زَيْنَب؟

زيْنب : مُمَثِّلَتي الْمُفَضَّلَة – هذه صورَةُ.

مدْحت: هلْ هذا لَوْنُ شعْرِها؟ هل شعْرُها أشْقَرُ؟

زيْنب : لوْنُ شعْرِها – نعَم هذا ، – شعْرٌ طويلٌ وناعِمٌ – هى لها.

مدْحت: إم . . وما لوْنُ الْعَيْنَيْنِ؟

زيْنب : وأحْيانًا أخْضَرُ– الْعَيْنانِ لهُما لَوْنٌ أزْرَقُ . . ها ها ها . . !

مدْحت: أزْرَقُ أوْ أخْضَرُ إم . . فِعْلاً يا زيْنب وجْهُها جميلٌ. أنْفُها صغيرٌ. وفمُها ورْدِىٌّ.

زيْنب : ولها صَوْتٌ جميلٌ أيْضًا يا مدْحَت.

مدْحت: وهلْ عِنْدَها بَيْت جميل أوْ سَيَّارةٌ غالِيَةٌ؟

زيْنب : ولكن بيْتُها ليْس كبيرًا. – نعَم . – هي عِنْدَها بَيْتٌ جميلٌ.

مدْحت: وسيّارتها؟ هلْ عِنْدها سيّارةٌ كبيرَةٌ وغالِيَةٌ؟

زيْنب : هي عِنْدَها – نعم. – سيّارتانِ غالِيَتانِ وكبيرَتانِ.

١. اِسمع وصحِّح الحِوار.

٢. أجب على الأسئلة:

أ. هل المُمَثِّلَةُ لها شعْرٌ أحْمَرُ؟

ب. ما لَوْنُ عَيْنَيْها؟

ت. ما شَكْلُ أَنْفِها؟ وما لَوْنُ فمِها؟

ث. هل الْممَثِّلةُ عنْدها سيّارَةٌ صغيرَةٌ؟

تدريباتُ القِراءَة: قِراءَة ١ ٢٣

تدريب (١٠)

عمِّي الْمُهَنْدِس سامي

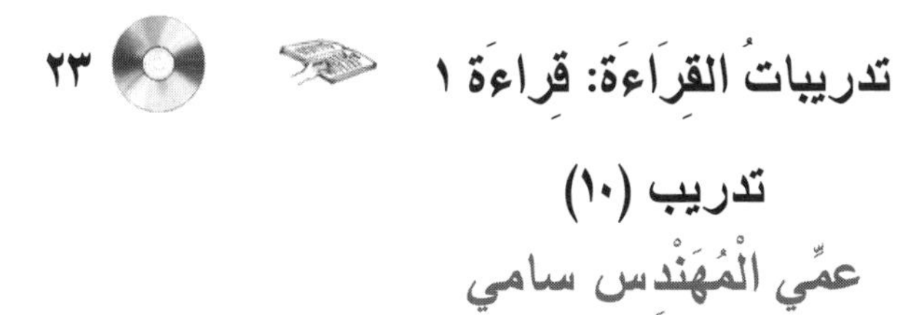

كلمات مُفيدَة: خاص – عمِّي – شاشَة – ألْعاب – إليكْترونِيَّة – تسْريحَة – عرائِس – مِرآة – يزور – عمَّتي – يُقابِل

اقرأ النصّ ثم أجب على الأسئلة:

١. مَنْ سامي؟

٢. كمْ حُجْرَةً في بَيْتِ سامي؟

٣. اِقْرَأ مرَّة ثانِيَة ثمّ اكْتُب صاحِبَ كلِّ حُجْرَةٍ تحْتَ الصّورَة.

٤. الحُجْرَةُ الرّئيسيَّةُ بِهَا:-----.

٥. حُجْرَةُ نادر ابْنِ عمّي الْكَبير بِهَا: ----- ولَوْنُها ----- ولَيْسَ بِهَا -----.

٦. حُجْرَةُ إيهاب ابْنِ عمّي الصَّغير بِهَا: ----- ولَوْنُها -----.

٧. حُجْرَةُ سلْوَى ابْنَةِ عمّي الصَّغيرَةِ بِهَا: ----- و----- ولَوْنُها ----- ولَيْسَتْ -----.

٨. **اِملأ الجَدوَل بالمَطلوب كالمِثال:**

مبْتدأ		خبر	
النّوْع		النّوْع	
اسْم علم (**مفرد مذكّر**) اسْم علم (**معرفة مؤنث**) ضمير (**معرفة**) اسْم معرف بال اسْم إشارة	سامي	مهنْدسٌ	اسْم مفْرد نكرة

٩. **هات كلّ كلمة وجمْعها من النّصّ:**

الكلمة	الجمع
١. حجْرة	حجرات
٢.	
٣.	
٤.	
٥.	

النصّ ٢٣

عمِّي سامي مُهَنْدسٌ. بَيْتُ عمّي سامي كبيرٌ وواسِعٌ. في الْبَيْتِ ٦ حُجرات. حُجْرةُ النَّوْمِ الرَّئيسيَّةُ لَوْنُها أبْيَضُ وفيها حمّامٌ خاصٌّ. نادر ابْنُهُ الْكبيرُ. هذِهِ حُجْرَةُ ابْنِ عمّي نادِر، لَوْنُها أخْضَرُ وفيها مكْتَبَةٌ كبيرَةٌ ولكِن لَيْسَ بِهَا تِليفِزْيون. إيهاب ابْنُ عمّي الثَّاني حُجْرَتُه فيها تِليفِزْيون كبير وألْعابٌ إليكْترونيَّةٌ كثيرَةٌ ولَوْنُها أزْرَق. حُجْرَةُ سلْوَى ابْنَةِ عمّي لَيْسَت كبيرَةً. لَوْنُها ورْدِيٌّ ولَيْسَ فيها تِليفِزْيون ولكِن بِهَا تسْريحَةٌ ومِرْآةٌ كبيرَةٌ. وفيها أيْضًا عرائِسُ كثيرَةٌ وبَيْتٌ جميلٌ للعَرائِسِ لَوْنُهُ أصْفَرُ معَ سِتارَةٍ سَوْداءَ. حُجراتُ الطّعامِ والْمَعيشَةِ حُجراتٌ واسِعَةٌ ومُضيئَةٌ ولطيفَةٌ. حَوْلَ الْمَنزِلِ حديقَةٌ جميلَةٌ وفيها أشْجارٌ كثيرَةٌ وزُهورٌ مُلَوَّنَةٌ.

قراءة (٢) إلى الموقع 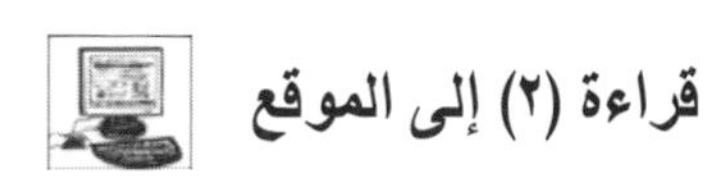

تدريب (١١) ٢٤ ٢٥ ٢٦ ٢٧

الدّار الْبيْضاء

كلمات مفيدة: تقَع - أكْبَر - مُدُن - بعيدَة - أقلّ - التَّرفيه - التَّسَوُّق - الأَطعمَة الشَّهِيَّة - الْجميع - ميناء - اللُّغَة الرَّسْميَّة - الشَّرِكات التِّجارِيَّة - نَوافير - الْمَباني - راقِيَة - الْمطاعِم الْفَخْمَة - شعبِيَّة - شَواطِئ

ادخل إلى الموقع لحلّ التدريبات 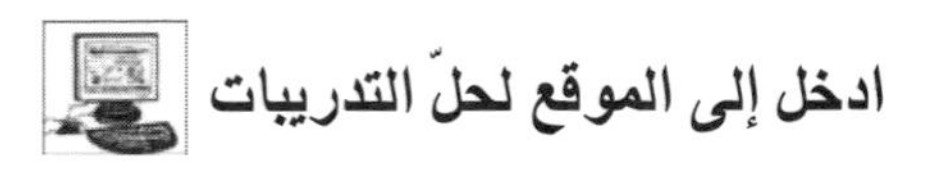

تدريبات الكتابة 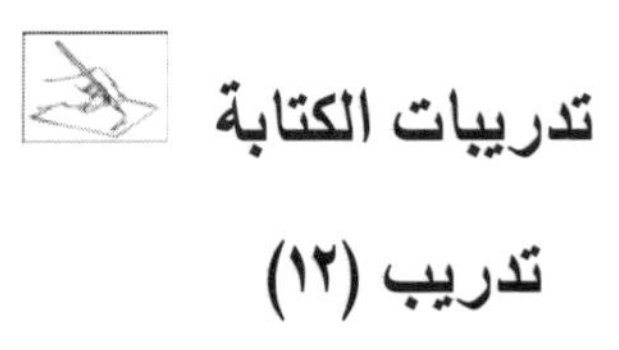

تدريب (١٢)

اكْتب فيما لا يقلّ عن ٥ أسْطر فقْرة عن مدينتك الْمفضّلة. اسْتخدم الْكلمات في تدْريب ١١ في وصْف الْمدينة.

تدريب (١٣)

اختر كلمة من (أ) مع (ب) لتكوّن عبارات مناسبة:

أ . شكْلُها – شعْرُها – عيْناها – سيّارَتُها – صديقتي – والِدُها – هِيَ – بَيْتُها – ملابِسُها – حُجْرَتُها

ب . طبيبٌ – راقِيَةٌ وأنيقَةٌ – بعيدٌ بِجانِبِ الميناءِ – مُرَتَّبَةٌ ونظيفَةٌ – طويلَةٌ – أشْقَرُ وناعِمٌ – حمْراءُ وسريعَةٌ – مُديرَةٌ – سَوْداءُ – جميلٌ

اسْتخدم العبارات الّتي كوّنْتها واكْتب فقْرة عن صديقتك لتصف هذه الصّديقة، اكْتب أيْضًا عن عائلتها. الْفقْرة لا تقلّ عن ٥ أسْطر.

تدريبات المحادثة

تدريب (١٤)

تكلّم مع زميلك واعمْل حوارًا واتّبع الأسْئلة:

١. ما شكْلُ والِدِكَ؟ ما شكْلُ والِدَتِكَ؟

٢. هل عنْدك بَيْتٌ في الْمدينَةِ أم في الرّيفِ؟ ما وصْفُ البَيْتِ؟

٣. هل عنْدك حُجْرةٌ خاصَّةٌ؟ ما وصْفُ هذه الْحُجْرَةِ؟

٤. هل عِنْدَكَ أخٌ / أُخْتٌ؟ ما وصْفُهُ / ها؟

٥. هل عِنْدَكَ جارٌ / جارَةٌ؟ ما وصْفُهُ /ها؟

غيِّر الزّميل وكرّر النشاط.

تذكّر

أولاً: الكتاب فيه صور = الكتاب به صور

النّوْع	الاسْم	الْحرْف + الضّمير + باقي الْجمْلة
الْمفْرد الْمذكّر	الْكتاب	(فيه) – (به) صور جميلة
الْمثنّى الْمذكّر	الْكتابان	فيهما – بهما صور جميلة
الْمفرد الْمؤنّث الْمثنّى الْمؤنّث	الْحجْرة الْحجْرتان	في + ها (فيها) نوافذ واسعة بـ + ها (بها) فيهما – بهما نوافذ واسعة
الْجمْع	الشّوارع الْمكْتبات	فيها / بها سيّارات كثيرة فيها / بها كتب كثيرة

ثانياً: النفي

الْمُفْرد الْمُؤنّث الْمُثنّى الْمُؤنّث	الْحقيبةُ ليْس فيها / بها أقْلامٌ الْحقيبتان ليْس فيهما – بهما أقْلامٌ
الْمُفْرد الْمُذكّر الْمُثنّى الْمُذكّر	الْفصْلُ ليْس فيه / به نافذةٌ كبيرةٌ الْفصْلان ليْس فيهما / بهما نافذتان كبيرتان
الجمع	الْكتبُ ليْس فيها / بها صورٌ ملونةٌ الْمكْتباتُ ليْس فيها / بها طاولاتٌ كثيرةٌ

ثالثاً: الصّفات

الصفة تتبع الموصوف في التعريف والتنكيرو العدد والتذكير والتأنيث والإعراب

١. تطابق مع العدد والتذكير والتأنيث

التَّطابُق مع الْعَدَد والنّوْع	
كتابٌ كبيرٌ	كتابان كبيران
حقيبةٌ كبيرةٌ	حقيبتان كبيرتان

٢. تطابق مع الجمع

جمْع غيْر العاقل	الْعاقِل
كتبٌ كثيرةٌ	مدرّسون مجْتهدون
حقائبُ غاليةٌ	مدرّسات مجْتهدات

٣. استخدام الصفة مع العاقل وغير العاقل

الْعاقِل	غيرُ الْعاقِل
رجُلٌ طويلٌ	بابٌ طويلٌ
سيِّدَةٌ طويلَةٌ	شجَرَةٌ طَويلَةٌ
×	فصْلٌ واسِعٌ
×	شقَّة واسِعَةٌ

٤. تطابق في التعريف والتنكير

الْمَعرِفَة	النَّكِرَة
الْكِتابُ الْكبيرُ	كِتابٌ كَبيرٌ
الْحَقيبَةُ الْكَبيرَةُ	حَقيبَةٌ كَبيرَةٌ

٥. النفي:

السّؤال	الإجابة
١. هلْ هذا رجل قصيرٌ؟	لا. هذا ليْس رجلاً قصيرًا. هذا رجل طويلٌ
٢. هلْ هذه سيّدةٌ قصيرةٌ؟	لا. هذه ليْست سيّدةً قصيرةً. هذه سيّدةٌ طويلةٌ
٣. هلْ هذا بابٌ كبيرٌ؟	لا. هذا ليْس بابًا كبيرًا. هذا بابٌ صغيرٌ
٤. هلْ هذه نافذةٌ واسعةٌ؟	لا. هذه ليْست نافذةً واسعةً. هذه نافذةٌ ضيّقةٌ

ليسَ + ـــاً

ليس + اسم منصوب+ صفة منصوبة

رابعاً:

الْجمْلة الاسْميّة: مبْتدأ (اسْم معْرفة / مرْفوع) وخبْر (اسم نكرة / مرفوع / يتمّ المعنى)

هذا كتابٌ

أسماء الإشارة = معرفة ويمكن أن نبدأ بها الجُمَل الاسميّة وتعرب مبتدأ

	مفرد مذكّر	مفرد مؤنّث	مثنّى	الجمع
للْعاقل	هذا مصريّ	هذه مصريةٌ	هذان مصْريّان هاتان مصْريّتان	هؤلاء مصْريّون (مذكّر) هؤلاء مصْريّات (مؤنّث)
غيْر الْعاقل	هذا قلمٌ	هذه حَقيبَةٌ	هذان قلمان هاتان حقيبتان	هذه أقْلامٌ هذه حقائبُ

١. بعض أنواع المبتدأ والخبر

المبتدأ	النوع	الخبر	النوع
١. خالد	اسْم علم	مدرّسٌ	مفْرد
٢. هو	ضمير	عِنْدَه سيّارةٌ	جمْلة اسْميّة
٣. هي	ضمير	لا تحبُّ الْكومْبيوترَ	جمْلة فعْليّة
٤. هذه	اسْم إشارة	ابْنتُهم الصّغيرةُ	مفْرد + صفة
٥. كلْبُها	اسْم نكرة + ضمير	أبْيضُ	مفْرد + صفة

٢. التصريف مع ضمير المخاطب: هل أنت مصريٌّ؟

أَنَا	نَحْنُ	أَنْتَ	أَنْتِ	أَنْتُمَا	أَنْتُمَا	أَنْتُم
لَسْتُ	لَسْنَا	لَسْتَ	لَسْتِ	لَسْتُما	لَسْتُما	لَسْتُم
مِصْرِيًّا	مِصْرِيّين	مِصْرِيًّا	مِصْرِيَّةً	مِصْرِيّيْن	مِصْرِيّتَيْن	مِصْرِيّين

٣. التصريف مع ضمير الغائب: هل هو مصريٌّ؟

أَنْتُنّ	هُو	هِي	هُمَا	هُمَا	هُم	هُنّ
لَسْتُنّ	لَيْسَ	لَيْسَتْ	لَيْسَا	لَيْسَتا	لَيْسَوا	لسْنَ
مِصْرِيّات	مِصْرِيًّا	مِصْرِيَّةً	مِصْرِيّيْن	مِصْرِيّتيْن	مِصْرِيّين	مِصْرِيّات

الوحدة الثانية
كيف أصل إلى هناك؟

تقديم (١أ): أماكن ومواصلات

تقديم (١ب): ماذا فعلتْ وفاء أمْس؟

هدف الدرس:

- السؤال عن أسماء الأماكِن والمُواصلات.
- التعبير عن الأحداث التي حدثت في الماضي.
- استخدام الإضافة للتعبير عن الملكيّة والتخصيص.

القواعد والتركيب:

المُضاف والمُضاف إليه – شبِه الجملة – الأسماء المركّبة – الفعل الماضي الصحيح من شكل ١ ونفيه، وما + الفعل المضارع وما + الفعل الماضي

المفردات:

مُفردات خاصّة بأسماء الأماكِن المركّبة مثال: ساحة الانتِظار – موقِف التاكسي.

الثقافة:

- الكلام عن العائِلة العربيّة والتعرّف على كاتب عربي وبلد عربي.
- قراءة مقالات قصيرة للتعرّف على بعض الشخصيّات و البلاد العربيّة.
- كتابة فقرة قصيرة عن وصف الناس أو الأماكن.

تقديم (٢): أيْن محطَّةُ الْقِطار؟

هدف الدرس:

- السؤال عن الأماكِن – وصف الأماكِن.
- السؤال عن الطريق، وصف الاتِّجاهات والطّريق.

القواعد والتركيب:

حروف الجر– نفي الجملة – شِبه الجملة – إضافة الضمير لظرف المكان – نفي الجملة.

المفردات:

مفردات جُغرافيّة لتحديد الموقع – مفردات لوصف المَطار من الداخل.

الثقافة:

التعرُّف على أماكِن بعض المعالم والمنشآت الموجودة في الُدوَل العربيّة.

تقديم (١أ)  ١

أماكن ومواصلات

كوّن تركيبات من ١، ٢ كالْمِثال وادْرس الْمُفرَدات:

مثال: محَطَّةُ الأُتوبيسِ – كُشْكُ الْجَرائِدِ

١. متْرو – إشارة – باب – سيّارَة – درّاجَة – ساحَة – رصيف – موْقف – حقيبَة

٢. أنا – ماجِد – البَنْك – الانْتِظار – ابن عمّي – الْقِطار – الأنْفاق – الْمُرور – السّيّارات

اسْمَع الْحِوار ثمّ أكْمِل:

١. السّيِّدَةُ تسْألُ عن موْقِفِ ------.

٢. هذِهِ محطَّةُ ------.

٣. بابُ البَنْكِ خلْفَ ------.

٤. ------ بعيدةٌ عن هُنا.

٥. ------ ثقيلَة.

٦. مِتْرو ------ أمامَ ------.

٧. موقِف التّاكسي بِجانِبِ ------.

الحوار: ١

سَيِّدةٌ : من فضْلِكَ ، هل هنا مَوْقِفُ التاكسي؟

رَجُلٌ: لا ، هنا ليس مَوْقِفَ التّاكسي. هذه محطَّةُ أتوبيسٍ ، مَوْقِفُ التّاكسي بجانبِ باب البنْكِ.

سَيِّدةٌ : وأيْن بابُ البنْكِ؟

رَجُلٌ: بابُ البنكِ خَلْفَ ساحةِ الانتِظارِ.

سَيِّدةٌ : خَلْفَ ساحةِ الانتِظار. إم .. وهلْ محطَّةُ القِطارِ قريبَةٌ من هُنا؟

رَجُلٌ: لا ، لا ، محطَّةُ القِطارِ بعيدَة من هنا. محطَّةُ القِطارِ في شارع رمْسيس.

سَيِّدةٌ : آه .. الْجوُّ مُمْطِرٌ وبارِدٌ .. وحقيبتي ثقيلَةٌ .. أيْن مِتْرو الأنْفاق؟

رَجُلٌ: مِتْرو الأنْفاق أمامَ إشارَةِ الْمُرور.

سَيِّدةٌ : أمامَ إشارَةِ الْمُرور .. شُكْرًا. شُكْرًا جزيلاً.

رَجُلٌ: عفْوًا.

لاحظ القواعد:

١. **الإضافة تتكوّن من:**

نكرة	**نكرة / معرفة**
بابُ	بنْك / الْبَنْكِ
مُضاف	مُضاف إليْه
الْإعْراب حسب موْقعه	مجرور بالكسرة دائمًا

٢. **لاحظ تركيب الإضافة في العبارات ١، ٢، ٣** ٢

الْمضاف	الْمضاف إليْه	وظيفة الْإضافة
١. حقيبَةُ	أحمد (عاقل)	للملكيّة
٢. ساعَةُ	حائطٍ (غيْر عاقل)	للتحديد
٣. شارِعُ	رمسيس (اسْم)	للْأسْماء المركّبة (الْعلم)

٣. **نُطق التاء للإضافة:** ٣

يجِب نُطْق تاء الْمضاف الْمُؤنَّث.

مثال: عائِلَةُ أبي – سيّارَةُ ليْلَى – حقيبَةُ الْمُدَرِّسَةِ

٤. **الْمُضاف إلَيْه معْرِفة وأحْيانا نكِرة للتخصيص:**

مثال :

سيّارةُ الطبيبِ **(إضافة للتّعْريف)** سيّارةُ طبيبٍ **(إضافة للتّخْصيص)**

كتابُ أحْمد كتابُ ولدٍ

٥. **النفي:**

هل هذه حقيبَةُ الْمُدَرِّسَةِ؟ لا . هذه ليْست حقيبَةُ الْمُدَرِّسَةِ. هذه حقيبةُ الطّالِبِ.

لَيْسَ / لَيْسَت . . . + الْإضافَة

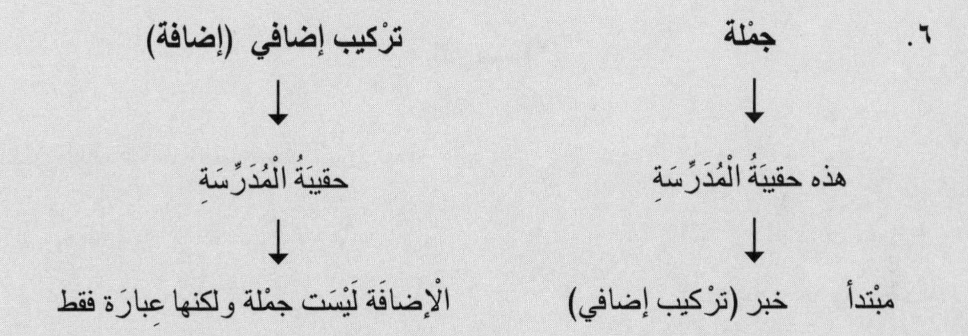

تَدريباتٌ عَلى القَواعِدِ وَالمُفرَدات

تدريب (١)

اِقرَأ وعيِّن الإضافة واكتُبها في الجَدول كالمِثال:

بِنْتٌ جميلَةٌ – الرّجُلُ الطّويلُ – حِذائي جديدٌ – كُشْكُ الْجرائِدِ – حقيبَةُ طبيبٍ – مكْتَبُ الْمُديرِ
بيْتُ جَدّتي – بابُ الْمُسْتَشْفَى – إشارَةُ الْمُرورِ – حُجْرَةٌ واسعةٌ – سيّارَةُ رجُلٍ – فصْلُ مُحَمَّدٍ

إضافَة	عِبارة أُخْرَى
كشْكُ الْجرائِدِ –	

تدريب (٢)

اختر المضاف إليه المناسب لتكوّن جملة مفيدة:

١. محطّةُ ------ بعيدةٌ عنْ هُنا. (قِطَارٍ – الْوَلَدُ – الْقِطارِ)
٢. أزْهارُ ------ مُلَوَّنَةٌ. (الْحَديقَةِ – حَديقَةٌ – الْحِذاءُ)
٣. هذه نَوافذُ ------ . (الْحَقيبَةِ – بَيْتٌ – البَيْتِ)
٤. مكْتَب ------ مُضيءٌ. (مُديرٌ – الْكتابُ – الْمديرِ)
٥. مدينَة ------ عاصِمَةُ أمْريكا. (ضخْمةٌ – واشِنطن – كبيرَةٌ)
٦. هو ابْنُ ------. (السّبّورَةِ – الْمُديرِ – بِنْتُ)
٧. هذه كرّاسة ------. (المِترو – ـي – الْقِطَّةُ)

تدريب (٣)

كلمات مفيدة: مدخَل – كَوكَب – قلعَة – معهَد

أُكتُب الإضافَة تحتَ وظيفَتِها في الجَدوَل كالمِثال:

حُجْرَة السُّفرَة – مدْخَل الْمُسْتَشْفَى – بابُ زويْلة – سوق الْحَميدِيَّة – شارِع عدْلي – نوافِذُ الْعِمارَة – معْهَد اللُّغات – عبْدُ اللّهِ – قلْعَة صلاح الدّين – محْفَظَتُه – مَيْدانُ الْعتَبَة – كُتُبُهم – كَوْكَب الزهرة

مِلكِيَّة	تحْديد	اسْم علم
محْفَظَتُه /	مدْخَلِ الْمُسْتَشْفَى /	عبْدُ اللّهِ /

تدريب (٤)

صِلْ كلّ كلمة بالمُضاف إليه المُناسب واكتُب جملة:

إشارَة – مدْخَل – كُشْك – مكْتَب – حُجْرة – نوافير – شارِع – تذْكَرَة – سَجّادة – زُجاجَة – الْعِمارَة – السّجائِر – الْحَديقَة – الْبرازيل – السّينما – الْمُرور – الْماء – الصّالون – السِّفارَة – السُّفرَة

أكمل الجُمَل:

١. السّيّارة تقِفُ أمام ------ .

٢. ------ بِجانِبِ ------ .

٣. ------ يوْم السّبت السّاعة الرّابِعَة.

٤. هذه ------ .

٥. ------ فوْقَ التِّليفِزْيون.

٦. ------ في آخر ------- .

٧. ------ الْحديقَة جميلَة ومُلوَّنَة.

٨. ------ كبيرَة ونظيفَة.

تدريب (٥)

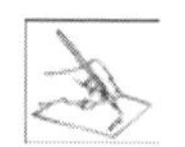

كلِمات مُفيدَة: بوّابُ عمارةٍ – ضابطُ أمْنٍ

أَجِب في النَّفي كالمِثال:

١. هل هذه مدينَة برْشلونَة؟ (مدريد) لا، هذه ليْسَت مدينَةَ برْشلونَة. هذه مدينَةُ مدْريد.

٢. هل هذه ساعةُ يد؟ (ساعةُ حائطٍ) ------------------------------.

٣. هل هؤلاء أوْلادُكُم؟ (خالد) ----------------------------------.

٤. هل هذا شارِعُ جامِعَةِ الدُّوَل العَرَبِيَّة؟ (سوريا) ---------------------------.

٥. هل هذه جامِعَةُ عَيْن شمْس؟ (الْقاهرة) ------------------------------.

٦. هل عنْدهما بوّابُ عِمارةٍ؟ (ضابطُ أمْنٍ) -----------------------------.

تدريب (٦)

كلِمات مُفيدَة: مشْهورٌ – ساخِنٌ

اختَر صورَة واكتُب جُملَة كالمِثال:

١. سِعرُ الجَوْرَبِ سِتَّةَ عشَر جُنَيهًا

٢. ----------- الْعائلةِ مشْهورٌ

٣. -------------------------

٤. ------------- سعاد ضيِّقٌ

٥. -------------------------

٦. ----------- الشّاي ساخنٌ

٧. -------------------------

٨. ----------------------

تدريب (٧)

كوِّن أسئِلةً عن الصُّوَر السابِقَة مُستَخدِمًا الإضافَة واسأل زميلَك كالمِثال:

طالب أ : مالوْنُ هذا الكَلْبِ؟

طالب ب: لوْنُ الْكَلْبِ أسْوَدُ

تقديم (اب)

٤

ماذا فَعَلَتْ وفاء أمْس؟

ادرس هذه الأفعال - اسمع واُكتُب الفِعلَ تحت الصورة المناسبة:

كلماتٌ تدُلُّ على الزمَنِ الماضي:

أمْس – أوَّل أمْس – منْذُ أُسْبوع – الأُسْبوع الْماضي

١. اِسْمَع واقْرَأ معَ الْمُدَرِّس

٢. اُكْتُب الرّقمَ أمامَ الصّورَة حسبَ تسَلْسُلِ الأحْداثِ من النّصّ

٣. هل عملِتْ وفاء شيْئًا آخرَ في الْمَساء بعْد السّاعَةِ الْعاشِرَة؟

٥

النص

في الصَّباح اسْتَيْقَظَت وفاء مُبكِّرًا، ثم أَخَذَتْ دُشًّا ولَبِسَت ملابِسَها. حضَّرَت وفاء طعامَ الإفْطارِ لأُسْرَتِها. لبِسَ الْأولادُ ملابِسَ الْمَدْرَسَةِ ثُمَّ جلَسوا في الْمَطبَخِ وتناولوا إفْطارهم بِسُرْعَة.

ذهَبَتْ وفاء إلى السّوبَر ماركت واشْتَرَت طلَباتِ الْمَنْزِل والطّعامَ مثْل الْخُضارِ والْفاكِهَةِ والْخُبْز، رجَعَتْ إلى الْبَيْتِ بِسُرْعَة وطبَخَتْ طعامَ الْغَداء ونظَّفَت الْمَنْزِل. **بعْدَ الظُّهْر** في السّاعَةِ السّادِسَة رجَعَ سمير زَوْجُها من الْعَمَل. أكَلَتْ وفاء وزَوْجُها طعامَ الْغَداء ثُمَّ جلَسَ سمير أمامَ التّليفِزْيون معَ أَوْلادِهِ وشاهَدوا فيلْمًا لِمُدَّةِ نِصْفِ ساعَة، وغَسَلَتْ وفاء الأطْباق.

في الْمَساء في السّاعَةِ السّابِعَة بدَأتْ نادِيَة ابْنَةُ وفاء الْمُذاكَرَةَ وذاكَرَتْ اللُّغَةَ الْعَرَبيَّة ودرَسَتْ وفاء معَها اللُّغَةَ الْإنجليزِيَّة، ولكِنَّ محْمود ابْنَ وفاء الْكبير ذهَبَ إلى حفْلَةِ عيدِ ميلادٍ ولَعِبَ ورَقَصَ كثيرًا. السّاعَةَ العاشِرَة تَعِبَتْ وفاء ولم تفْعَلْ شيْئًا آخَر ودخَلَتْ سريرَها ونامَتْ.

٤. اِمْلأ الْجَدْوَل:

متى حدث الْفعْل؟	ماذا فعَلَتْ وفاء أوعائِلَتُها؟
في الصَّباح	وفاء اسْتَيقَظَت / أَخَذَتْ دُشًّا
بعْدَ الظُّهْر	رجَعَ سمير زَوْجُها
في الْمَساء	بدَأتْ نادِيَة الْمُذاكَرَةَ

لاحِظ القَواعِد:

كلِماتٌ تُعَبِّرُ عن الزّمن الْماضي مِثْل:

أمْس – أوّلَ أمْس – مُنْذُ يَوْمَيْن – مِن أُسْبوع – الْأُسْبوعَ الْماضي – السّنَةَ الْماضِيَة – الْأُسْبوعَ السّابِق

لاحِظ:

١. تصْريف الفِعْل الْماضي الصَّحيح: [١] ٦

أنَا	نَحْنُ	أنْتَ	أنْتِ	أَنْتُمَا	أَنْتُمَا	أنْتُم	أنْتُنَّ
لَبِسْتُ --- تُ	لَبِسْنا --- نا	لَبِسْتَ --- تَ	لَبِسْتِ --- تِ	لبِسْتُما --- تُما	لبِسْتُما --- تُما	لَبِسْتُم --- تُم	لَبِسْتُنَّ --- تُنّ

هُوَ	هِيَ	هُمَا	هُمَا	هُمْ	هُنَّ
لَبِسَ ---	لَبِسَتْ --- تْ	لَبِسَا --- ا	لَبِستا --- ا	لَبِسُوا ---ُ وا	لَبِسْنَ ---ْ نَ

[١] سيتم عرض التصريفات للفعل الماضي بأنواعه بصورة تفصيلية في وحدة ٥، ٦ – تدريس المثنى اختياري في هذه المرحلة، انظر آخر الوحدة لتصريف الضمائر كاملة.

٢. نفْي الفِعْل الْماضي الصَّحيح: لم + يَلْبَسْ لم + فِعْل مُضارِعٍ مجْزوم ٧

أنا	نَحْنُ	أنْتَ	أنْتِ	أَنْتُمَا / أَنْتُمَا	أنْتم	أنْتُنَ
لم أَلْبَسْ	لم نلْبَسْ	لم تَلْبَسْ	لم تلْبَسي	لم تلبَسْا	لم تلْبَسوا	لم تلْبَسْنَ
أَ ---	نَـ ---	تَـ ---	تَ --- ي	ت --- ا	تَ --- وا	تَ --- ن

هُوَ	هِيَ	هُمَا	هُمَا	هُمْ	هُنّ
لم يلْبَسْ	لم تلْبَسْ	لم يلْبَسَا	لم تلْبَسُا	لم يلْبَسُوا	لم يلْبَسْنَ
يَـ ---	تَ ---	ي --- ا	ت --- ا	---ُ وا	---ْ نَ

نفْي الْماضي بطريقة أخْرى: ما + كَتَبَ ٨

أنا	نَحْنُ	أنْتَ	أنْتِ	أَنْتُمَا / أَنْتُمَا	أنْتم	أنْتُنَ
ما كتبْتُ	ما كتبْنا	ما كتبْتَ	ما كتبْتِ	ماكتبْتُما	ما كتبْتم	ما كتبْتُنَّ
--- تُ	--- نا	--- تَ	--- تِ	ما --- تُما	--- تم	--- تُنَّ

هُوَ	هِيَ	هُمْا	هُمْا	هُمْ	هُنّ
ما كتَبَ	ما كتبَتْ	ماكتبَا	ماكتبَتا	ما كتبُوا	ماكتبْنَ
---َ	--- تْ	ما ---َ ا	ما --- تَا	---ُ وا	---ْ نَ

تَدريباتٌ عَلى القَواعِدِ وَالمُفرَدات

تدريب (١) 

صِل الْجُمْلَة أ مع الْجُمْلَة ب:

الْجُمْلَة أ	الْجُمْلَة ب
١. أَمْس اسْتَيقَظَتْ سُعاد مُتَأخِّرَة ٢. أخَذَ مُصْطَفى دُشًّا مُنْذُ ساعَة ٣. درَسَتْ إلْهام كثيرًا الْيَوْم ٤. نظَّفَتْ سَلْوى الْبَيْت وطَبَخَتْ طعامَ الْعَشاء ٥. سميرَة وبناتُها ذهَبْنَ إلى السّوقِ واشْتَرَيْنَ كُلَّ الطَّلَبات ٦. شاهَدوا أخْبارَ السّاعَةِ التّاسِعَة	أ. ولم يحْضرْ الضُّيوف حفْلَ الْعَشاء ب. ولَكِن لم تعْمَلْ الْواجِبَ الْمَطلوبَ مِن الْمَدْرَسَة. ج. وقابَلْنَ أصْدِقاءَهُنَّ في السّوبَر ماركت د. فَرَكِبَتْ التّاكْسي بِسُرْعَة إلى الْعَمَل. هـ. اللّيلَةَ الْماضِيَةَ ثُمَّ دخَلوا سريرَهُم وناموا بِسُرْعَة و. ولكِن لم يأْكُلْ طعامَ الْإفطار أو يذْهَبْ إلى الْعَمَلِ بعْد.

تدْريب (٢)

أُكْتُبْ التّصْريفَ الصَّحيحَ في الزّمَن الْماضي:

١. متى (تذْهَبُ) إلى النّادي أمْس؟

٢. هل (تسْمَعينَ) الْأخبارَ هذا الصَّباحَ قبْلَ موعِدِ الْعَمَل؟

٣. مَن (يكْتُبُ) مقالَةَ الْجَريدَةِ الْأُسْبوعَ الْماضي؟

٤. هل (تأْكلونَ) طعامَ الْغَداءِ في الرِّحلَةِ السّابِقَة؟

٥. الْعامِلاتُ (يُنَظِّفنَ) الْمَكْتَبَ مُنْذُ السّاعَةِ السّادِسَةِ صباحًا.

٦. أنا (أُشاهِدُ) فيلْمًا جميلاً الْأُسْبوعَ الْماضي.
٧. هي (تُسافِرُ) إلى روما السَنَةَ الماضِيَة.
٨. هل (تدْرُسنَ) في جامِعَةِ كمْبْريدْج اللُغَةَ الْإنْجليزِيَّة؟

تدْريب (٣)

امْلأ الْفَراغَ بِالْفِعْلِ الْمُناسِبِ معَ التّصْريفِ في الزَّمَنِ الْماضي:

يأْكُلُ - يسْمَعُ - يذْهَبُ - يُشاهِدُ - يحْمِلُ - يجْلِسُ - يعْمَلُ - يشْرَبُ - يرْسِمُ - يرْجِعُ - يدْخُلُ - يأْخُذُ - يعْرِفُ

١. الْأُسْبوعَ الْماضي، الْأَصْدِقاءُ ---- مطْعَمًا قريبًا و ---- قهْوَة و ---- طعَامَ الغَداء معًا.
٢. صباحَ أمْس ---- الْأُمُّ طِفْلَها المريض و ---- إلى الْمُسْتَشْفى.
٣. نحْنُ لم ---- عن مُغَنِّيَةِ الْأوبرا هذه مِن قَبْل ولم ---- لها أيَّ فيلْم.
٤. مُنْذُ متى ---- إلى الْبَيْت؟ وأيْنَ أوْلادُكُم؟
٥. طالِباتُ كُلِّيَّةِ الْفنونِ الْجميلَة ---- في الْحَديقَة و ---- صُوَرًا طبيعِيَّةً جَيِّدَةً جِدًا.
٦. هل ---- طُوالَ الْأُسْبوعِ يا دُعاء ، هل عِنْدَكِ إجازَةٌ أم لا؟
٧. يا ابْني لِماذا ---- كُلَّ هذه النُّقودِ من حقيبَتي وأنا لم ----

تدْريب (٤)

أجِبْ في النّفْي:

١. هل قابَلتِ ابْنَتَكِ الْيَوم ؟ هل نظَرْتِ إلى ملابِسِها الْغَريبَة؟
٢. هل سافَرْتُم إلى الْبُرْتُغال مِن قَبْل؟
٣. هل كَتَبْتُنَّ درْسَ الْيَوْم؟

٤. هل خرَجَتْ نبيلَة مِن حُجْرَتِها ؟

٥. هل حضَرَ يوسف الْيَوْمَ إلى الْعَمَل؟

٦. هل هؤلاءِ السَّيِّداتُ شرِبْنَ كُلَّ الْعصير؟

٧. هل الْمُوَظَّفونَ اسْتَخدَموا هذا الْكومْبيوتَر أمْس؟

٨. هل دخَلْتَ إلى الْمُديرِ الْيَوْم؟

تدْريب (٥)

١. ماذا حدَثَ في هذا الْيَوْم؟ صِل الْجُمْلَةَ أ مع الْجُمْلَة ب لِتَعْرِفَ معلوماتٍ جديدَةً:

الْجُمْلَة أ	الْجُمْلَة ب
١. في ١٢ مايو سنَةَ ١٨٥٤	أ. سافَرَ أوَّلُ شخْصٍ للْقَمَر
٢. في ٢٠ يوليو سنَةَ ١٦٩٠	ب. بدأتْ الْمُبارَياتُ الأولِمبِيَّةُ في سيدْني
٣. ١٥ سِبْتَمْبِر ٢٠٠٠	ج. عملَتْ فلورانس نايتنجل الْمُمَرِّضَةُ الْمَشهورَةُ في كُلِّ إنجلِترا في مُسْتَشْفَياتٍ كثيرَةٍ وماتَت في سِنّ ٩٠ سنَة
٤. ٢٢ نوفَمْبِر ١٩٦٣	د. ماتَ جون كينيدي
٥. ١ أُكْتوبَر ٢٠٠٠	هـ. خَتَمَ اللاعِبونَ الْمُبارَياتِ الأولِمْبِيَّةَ النِّهائيَّة بحفْلَةِ خِتامٍ جميلةٍ

٢. كوِّن أسْئِلَةً عن كُلِّ جُمْلَةٍ من الْجُمَلِ السّابِقَة: مَن / متى/ أيْنَ / ماذا / هل. . . ؟

تدريب (٦)

اِقْرَأ هذا الْخِطابَ مِن وحيد إلى صديقِهِ وجْدي عن رِحْلَتِهِ في الإجازَة الْماضِيَة واخْتَر الْفِعْل الصَّحيح

عزيزي وجْدي:

آسِف لم (تكْتب / أكْتب) لَكَ مِن قَبْل ولَكِن أنا وزُمَلائي (رجعوا / رجعْنا) مِن رِحلَةِ الْواحات لَيْلَة أمْس. الْمَكانُ هُناكَ جميلٌ جِدًا، (أخذتن / أخذْنا) معَنا خَيْمَة كبيرَة. (ركبت / ركبْنا) سَيّارَةً كبيرَة و(أحْضرت / أحْضرنا) مُشتَرَياتٍ كثيرَةً مِثْل الأطْعِمَةِ والْماءِ والْخُبْزِ والْفاكِهَة. إيهاب صديقي (طبخوا / طبخ) لنا طعامًا لذيذًا. و(شربت / شربْنا) ماءً كثيرًا مِن الْحَرّ. (جلسْتن / جلسْت) في الصَّحَراء و(شاهدوا / شاهدت) الْقَمَرَ في اللَّيل. (سبحن / سبحت) كثيرًا في الصَّباح و(قرأْتم /قرأْت) كُتُبًا كثيرَة. في الْمَساءِ كُلُّنا (غنّيت / غنّيْنا) و(رقصْن/رقصْنا) و(لعبْت /لعبْنا) ألْعابًا مُخْتَلِفَة. الرِّحْلَة كانَت جميلَةً جِدًا.

تدْريب (٧)

رتّب لتكوّن جمْلة:

١. فيلْمًا جميلاً / أمْس / شاهَدَت

٢. سِنّ صغيرَة / لم نعْرِفْ / ونحْنُ في / الْكومْبيوتر

٣. في غُرْفَةٍ واحِدَة / سكَنْتُ / أيّامَ الدّراسَة / مع زميلَتي وصديقَتي

٤. لعِبوا كُرَةَ الْقَدَم / مُنْذُ أيّامِ الْجامِعَة / كلُّ زُمَلائي

٥. هذه الْحادِثَة / لم أقْرَأ عن / في جريدَةِ الْيَوْم

٦. كلود مونيه الرّسّام الْفرنْسي / في متْحَف اللوفْر / رسَمَ صُوَرًا جميلَة

٧. وذَهَبْتُ إلَيهِ يَوْمَ الاثْنَين / الْحادِثَة حصلَت يَوْمَ الأحَد / في الْمُسْتَشْفى

تدريبات الاستِماع   ٩

تدريب (٨)

عائلةُ عمٍّ حسَن

كلِمات مُفيدَة: حارِسَة – رَاتِبٌ – يُسَاعِدُ – كافِيَة – مُقَطَّعٌ

باسِل من سوريا يزور صديقَهُ الْمِصْري فُؤَاد

١. اسْمَع الْحِوار وأجِب:

أ . منْ هذه الْعائلة؟

ب. منْ هما الطِّفلان؟ هما ولَدا ------ واسْماهُما ------ .

٢. اسْمَع مرّة أُخْرى وأكْمِل مُستَخدِماً الإضافَة في إجابَتِك:

أ . عائِلَة عمّ حسَن ------ وليْسوا ------ .

ب. عم حسن هو ------ .

ت. زَوْجَةُ عمّ حسن ------ الجَراج.

ث. ------ قديم جدًا.

ج. ------ مُقَطَّع و------.

ح. هذه ------ كافِيَة و ------ لمُساعَدَة ------ شهْر ------ و ------ .

٣. اِقرأ نصّ الحِوار وأجِب كالمِثال في الجَدوَل:

جُمْلة في النَّفْي	إضافة	جُمْلة مُبْتَدَأ وخبَر	اسْم وصِفَة
شكْلُهم ليْسوا أغْنياء	أوْلادهما	هؤلاء عائلةُ عم حسن	فسْتانٌ مُقطَّعٌ

نصّ الاستماع لتدريب (٨):   ٩

باسِل: مَنْ هؤلاء يا فُؤاد؟

فُؤاد: هؤلاء هُم عائِلَةُ عمّ حسن الْبَوّاب.

باسِل: ومَنْ هما الطِّفْلان؟

فُؤاد: الطِّفْلان هُما دُعاء وهَيْثم ولداهُما.

باسِل: شكْلُهم ليْسوا أغْنِياء.. شكْلُهم فُقَراء جِدًا.

فُؤاد: نعَم. هم فُقَراء، حسن هو بوّابُ الْمَبْنى وزَوْجتُه حارسةُ الجَراج. هم ليْس عِنْدَهُم بَيْتٌ واسِعٌ، ولكن عِنْدَهُم حُجْرَةٌ صغيرةٌ ضيِّقَةٌ تحْتَ السُّلَّمِ.

باسِل: إم.. حِذاءُ الْوَلدِ قديمٌ جدًا ويأْكُلُ قِطْعَةَ خُبْزٍ صغيرَةٍ، وأُخْتُه ليْس عِنْدَها خُبْزٌ. وهلْ والدتُك تُساعِدُ الأُسْرة؟

فُؤاد: نعم، والدتي تُساعِدُ أُمَّ الأْولادِ كثيرًا.

باسِل: هذا عظيمٌ. تفضّل يا فُؤاد، هذه نُقودٌ لأُسْرَةِ عمّ حسن.

فُؤاد: شكْرًا يا باسل. هذه نُقودٌ كثيرةٌ.. وكافِيَةٌ لِمُساعَدَة عمّ حسن شهْر أكْتوبر ونوفمْبر.

تدريبات القِراءَة: قِراءَة ١ ١٠

تدريب (٩)

الْعائِلَةُ الْعَرَبِيَّةُ

كلمات مفيدة: تتَكَوّن – يسْكُنُ – الْعَمّ – الْعَمّة – الْبَيْت الْكَبير – الْأسْرَة الرّئيسيّة – عالِم اجْتِماع – رِوائي – وُلِد – تُوُفِّيَ – كاتِب – رجَعَتْ – عَمِلَتْ – لتُساعِد – تُعَلِّم – حَصَلَ على – عِلْمُ النَّفْسِ الْاجْتِماعي – الخال – الخالة.

أكمِل بالكَلِمَة الصَّحيحَة من الكَلِمات الجَديدَة:

١ . ------ نانْسي من السّوق.
٢ . ------ أحْمد في الْقاهِرَة.
٣ . ------ خالَتي ------ أُسْرَتها.
٤ . نجيب محْفوظ ------ مشْهور.
٥ . ------ هى أُخْتُ أمّي.
٦ . ------ هو أخو أمّي.
٧ . ------ هو أخو أبي.
٨ . ------ هى أُخْتُ أبي.
٩ . أنا أدْرس ------ في جامِعَة إدنْبرة.
١٠ . الْعائِلَة الْعَرَبيّة ------ من الْعائِلَة الْكَبيرَة والْأُسرَة الْأساسيّة.
١١ . في رمضان يزور ابْن عمّي وكلّ ------ جَدّي وجَدّتي في الْبَيْتِ الْكبير كثيرًا.
١٢ . ------ ماجد ------ شهادَة الْماجِسْتير في عِلْم الْاجْتِماع منْ جامِعَة أُكْسْفورْد.
١٣ . ------ خالي عامَ ١٩١٧ و ------ منْ سنَتَين.

مهمّة ١: اِسْأل زميلَك عن عائِلَتِه:

١. هل له / ها جَدّ – جَدّة؟

٢. أينْ يسْكُنُ جَدُّه/ ها وجَدَّتُه / تها؟

٣. هلْ له / ها أخ / أُخْت؟

٤. هل تسْكُنُ عائلتُه الرّئيسيّة مع الْجَدّ والْجَدّة؟

اسْألوا باقي الزُّملاء من الْبلاد الْمخْتلفة

مهمّة ٢: اِسْأل زميلَك :

١. هلْ له / ها عمّ / عمَّة؟ ------------ هلْ له / ها خال أو خالَة؟ ------------

٢. أيْن مكانُ السّكَنِ؟ ------------ ما هي وظيفةُ كلٍّ مِنْهُم؟ ------------

اِسمَع هذه المُقدِّمَة وأجِب: ١٠

١. مِمّا تتكوّن الْعائِلَةُ الرّئيسِيَّة؟

٢. مِمّا تتكوّن الْعائِلَةُ الْكبيرَة؟

نص الإستماع لتدريب (٩):

تتَكوَّن الْعائِلَةُ الْعَرَبِيَّةُ مِن الْبَيْتِ الْكبيرِ والْأُسْرَةِ الرّئيسِيَّةِ. تسْكنُ الْعائلةُ الْكبيرةُ في بيْتٍ واسع. يسْكنُ الْجَدُّ والْجَدّةُ مع الْأبِ والْأمِّ والْأوْلاد. الْأسْرةُ الرّئيسيّةُ تتكوّنُ من الْأَبِ والْأمِّ والْأوْلاد. الْعائلةُ الْكبيرةُ تتَكَوَّنُ من أخ وأخت الْأب (الْعم والْعمّة) وأخ وأخت الأمْ (الْخال والْخالة).

(انْظُر الشّكل التّالي)

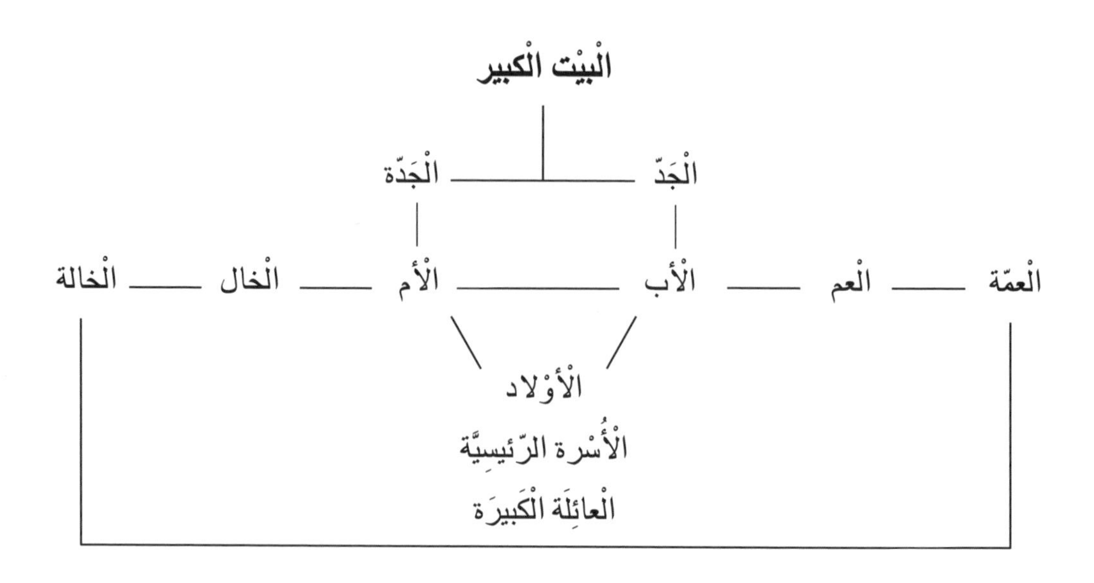

هذا كاتِبٌ رِوائِيٌّ من سوريا اِقرأ النصّ ثمّ أجِب:

الْقِراءة الْأُولى:

١. ما اسْمُ الرّوائِيّ؟

٢. منْ هو؟ ماعمله؟

الْقراءة الثّانية: أكْمِل:

١. وُلِدَ حليم بركات عام ------

٢. وُلِدَ في ------

٣. حصل على ------

٤. اُكتُبْ صحيح أوخطأ:

أ. رجعتْ عائلته إلى بيْروت إلى الْبيْت الْكبير.

ب. له كتب ومقالات كثيرة.

ج. حصل على درجة الدّكتوراه (PhD) في علْم النّفْس الاجْتماعي منْ جامعة متشجن في الْولايات الْمتحدة (آن آربور) سنة ١٩٩٩ .

النّصّ

حليم بركات [٢] ١١

حليم بركات عالم اجْتماع، أسْتاذ جامعيّ وروائيّ سوريّ. وُلِدَ في الْكَفرون في سوريا عام ١٩٣٣. توفي والده وحليم بسن الْعاشرة. رجعتْ عائلته إلى بيْروت إلى الْبيْت الْكبير. عملتْ أمّه لتساعد الْعائلة وتعلّم أبْناءها. حصل على شهادتي الْبكالوريوس (BA) والْماجستير (MA) في علْم الاجْتماع من الْجامعةِ الأمْيركيّة في بيروت ثم دكتوراه (PhD) في علْم النّفْس الاجْتماعي من جامعة متشجن في الْولايات الْمتحدة (آن آربور). له كتب ومقالات كثيرة.

٥. أكْمل الجدول من النّصّ:

مضاف	مضاف إليْه	الاسْم	الصّفة

---

(٢) الصورة والمعلومات من موقع ويكيبيديا، الموسوعة الحرة (ثقافة عربيّة)

تدريب (١٠) 

قراءة (٢) ادخل إلى الموقع لحلّ التدريبات وقراءة النصّ

مَعْلوماتٌ جُغْرافِيَّةٌ عن دَوْلَةٍ عرَبِيَّة  ١٢

كلمات مُفيدة: رسْمِيًّا – جُمْهورِيَّة – دَوْلة – يحُدُّها – الْبحْر الأَبْيَض الْمُتَوَسِّط – عُضْو – شرْق – مُؤَسِّس – اتّحاد – جامِعَة الدُّوَل الْعَرَبِيّة – منْذ – اسْتِقلالها – الْمِساحَة – شَمال – جنوب – غرْب – عددُ السّكّان – نَسَمَة

تدريبات الكتابة 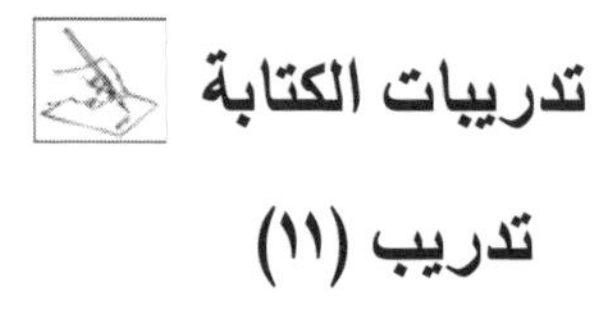

تدريب (١١)

١. **رتّب الكلمات لتكوّن جملاً:**

أ . جامِعة الدّول الْعربيّة / عُضْو مؤسّس / جُمْهورية مِصْر / في

ب . شمالاً / يحُدُّ دوْلة السّودان / دوْلةُ مِصْر

ج . بدْلة أحْمد / الْحفْلات الرّسْميّة / في / لوْنها أسْود

د . علْم النّفس الاجْتماعي / في جامعة عيْن شمْس / خالي أسْتاذ في

هـ . عضْو / الرّوائيّات الْعربيّات / عمّتي / في اتّحاد

و . وزوْجته تساعده / ليْس كافيًا / راتب مصْطفى

٢. صل العبارة أ مع ب لتكوّن جمْلة:

أ	ب
١. محطّة الْأُتوبيس	أ . في الْأمم الْمتّحدة منْذ اسْتقْلالِها
٢. ابْنة بائعة الْفاكهة	ب . وبعْد إشارة الْمرور
٣. سِعْرُ السّاعة في ساحة الْانْتظار	ج . من السّاعة التّاسعة صباحًا إلى الثّانية ظهْرًا
٤. مَوْعِد البنْك الْأهْلي الْمصْري	د . ثلاثة جنيْهات
٥. موْقف التّاكْسي خلْف محطّة متْرو الْأنْفاق	هـ . فقيرة وجلْبابها مقطّع
٦. جمْهوريّة سوريا عضْوٌ	و . بجانب كشْك الْجرائد

٣. أُكْتُب عن كل صورة ٣ سطور مسْتخْدما الْإضافة في الْوصْف:

٤. اسْأل زميلك هذه الْأسْئلة وضع (×) عنْد نفْي الْفعْل كالْمثال:

في هذا الصّباح هل	أنا	زميلي
١. أخذْت دشّا؟	نعم	×
٢. شربْت قهْوة؟		
٣. ذهبْت للْمدْرسة بتاكْسي؟		

اللیلة الْماضية هل

١. شاهدتَ التّليفزْيون؟

٢. دخلْت السّرير قبْل السَّاعة ١١ مساءً؟

٣. ذاكرتَ؟

الْأسْبوع الْماضي هل

١. ساعدْت والدتك في الْبيْت؟

٢. ذهبْت للسّنيما؟

٣. لعبْت رياضة؟

أمْس هل

١. أكلْتَ أيس كريم؟

٢. سمعْت موسيقى كلاسيك؟

٣. كتبْت واجب اللغة الْعربيّة ؟

الْآن اكْتب عن ماذا فعلْت؟ وماذا فعل زميلك في الْأوْقات السّابقة.

تدريبات المحادثة: محادثة ١

تدريب (١٢)

مُواصلاتُ الْمدينةِ

كلمات مُفيدة: ترام – توك توك – جنْدول – قطار مغْناطيسيّ – فيري – ممْتاز – متوسّط – جيّد – بطئ – سريع – غال – رخيص – ما رأْيكَ / رأْيكِ في؟

أنْواع الْمواصلات كثيرة منْها : الْقطار – الطّائرة – الْأتوبيس – التّاكسي – الْموتوسيكل – مترْو الْأنْفاق – الْباخرة – السّيّارات الْخاصّة – الْميكروباص.

تعبيرات مفيدة:

١. مُواصلة رائعة – مُمْتازة ١٠٠٪ ٢. مُواصلة جيّدة ٧٥٪

٣. مُتَوَسِّطَة – مقْبولة ٥٠٪

١. اسْأل زميلك كالْحوار:

مثال أسْئلة طالب ١	مثال إجابة طالب ٢
– أى نوْع مواصلات عنْدكم؟ – هلْ عنْدكم توك توك / فيري . . إلخ؟ – أيْن؟ في الْمدينة؟ – هلْ ترْكب التّوك توك؟ – ما رأْيكَ في التّوك توك/مترْو الْأنْفاق؟	– عنْدنا ترام الْمدينة / مترْو الْأنفاق/ قطار بيْن الْمدن . – نعم عنْدنا / لا . ليْس عنْدنا . – في وسط الْمدينة . . إلخ . – لا . أنا أرْكب مترْو الْأنْفاق ، أوْ عنْدي سيّارة خاصّة . . إلخ . – مواصلة ممْتازة وسريعة . – سريع ورخيص في مدينة مزْدحمة – مواصلة مقْبولة .

٢. كرّرا الْحوار وغيّرا الزُمَلاء .

محادثة ٢ ١٣

تدريب (١٣)

اسْتِعلاماتُ الْمَطَارِ

السّيِّدة إحْسان في مطار هيثرو لنْدن. اِقْرأ الْحِوار ثم كرِّره مع زميلِكَ

إِحْسَان : أيْن بنْكُ الْمَطارِ منْ فَضْلِكَ؟

مُوَظّف: بنْكُ المطارِ في الطّابِقِ الْأَوَّل أمامَ السّوقِ الْحُرّةِ.

إِحْسَان : آه .. شُكْرًا. وأيْن محطّةُ أتوبيس وسط الْمدينة؟

مُوظّف: في الطّابِقِ الْأرْضي كلُّ أنْواعِ الْمُواصَلات.

إِحْسَان : شُكْرًا. وأيْن حمّامُ السّيِّداتِ منْ فَضْلِكَ؟

مُوظّف: خلْفَ هذا الْمطْعم يا سيِّدتي.

إِحْسَان : شكْرًا يا سيِّدي.

كرِّرْ الْحوار مع زميلك. اسْألْ عن أماكن أخْرى في مطار بلد زميلك (موْقف التّاكسي - الْكافيترْيا - مكْتب الْبريد - فُنْدق - شركة السّياحة - سيّارة خاصّة)

تقديم (٢) ١٤

رِياضَةُ الْمَشْي

كلمات مفيدة: رِياضَة الْمَشْي – مِن – إلى – حتّى – الْمَيْدان الرّئيسي – خلْفَنا – حَوْل – اسْأل عنْ – النّادي – أُحبُّ – معْنا – أمْشي معْه – بعيد عنّا – الْحشيش الأخْضَر.

اِقْرأ النّصّ وأجبْ على الأسْئلة: 

١. ماذا يُحبّ فريد؟

٢. أيْن الْحديقَة؟

٣. كيْف يمشي فريد يوْمَ الْجُمعة؟

٤. كمْ كيلومتْرًا يمشي فريد في وسط الأُسْبوع؟

٥. أيْن الْمَيْدان الرّئيسي؟

اقْرأ النّصّ مرّة ثانية وأكْمل:

١. فريد يمشي ------ الْمنْزل ------ الْحديقة.

٢. الْميْدان ------ حوالي أرْبعة كيلومتْرات ------ ساحة الانْتظار.

٣. أُحبُّ الْمشْي ------ كلْبي ------ السّاعة السّابعة.

٤. يوْم السّبْت ذهبت ------ النّادي ------ السّيّارة.

٥. النّادي ليْس ------.

٦. سألت ------ صديقي ------ النّادي، ------ معه و------ القهوة و------ الجريدة ثم ------ معه حول الملعب.

النّصّ ١٤

أنا اسْمي فريد. أنا أُحِبُّ رِياضَةَ الْمَشْي كثيرًا، أنا أمْشي من الْمنْزِل إلى الْحَديقَةِ كلَّ يَوْم السّاعة السّادسة صباحًا. الْحديقةُ أمامَنا قريبةٌ منّا في آخِرِ الشّارِع.

شارِعُنا ليْس طويلاً، حوالي إثنين كيلومتر. إجازَتي الْأُسْبوعِيّة يوْمَا الْجُمعة والسّبْت. في يوْمِ الْجُمعة مشيْتُ حتّى الْمَيدانِ الرّئيسي خلْفنا، الْميْدانُ بعيدٌ عنّا حوالي أرْبعة كيلومتْرات بعْد ناصِيَةِ ساحَةِ الْانْتِظار.

أُحِبُّ الْمَشْيَ مع كلْبي قبْلَ السّاعةِ السّابعة، وهو أيْضًا يُحِبُّ الْمَشْيَ معي في الصّباح.

يوْمَ السّبْتِ ذهْبتُ إلى النّادي بالسّيّارة لأنّ النّادي ليْس قريبًا منّا، الطّريق إليْه طويل وفيه إشاراتُ مُرورٍ كثيرة، سألْتُ عن صديقي في النّادي، جلسْتُ معه وشربْنا الْقهْوة وقرأْنا الْجريدة ثم مشيتُ معه حوْل الملعب، ومشى حوْلَنا وبجانبنا الْأعضاءُ على الْحشيشِ الْأخضرِ و حوْلَ ملْعبِ الْكرةِ بنشاطٍ كبيرٍ.

لاحظ القواعد:

أولاً: حروف الجرّ – وظيفتها:

١. لوصْف الطّريق والاتّجاهات والمسافة

مِنْ: أمْشي **منْ** بيْتي إلى النّادي

إلى: أمْشي منْ بيْتي **إلى** النّادي

حتّى: أمْشي منْ بيْتي حتّى النّادي

اللام: أمْشي منْ بيْتي **لل**نّادي

المعنى: أمشي منْ بيْتي إلى النّادي = أمْشي منْ بيْتي حتّى النّادي = **أمْشي منْ بيْتي للنّادي**

٢. للتّعْبير عن الْمَعِيَّة

مع: معي نقودٌ كثيرة

٣. حروف أخرى

الباء : أذْهبُ إلى الْعملِ بالسّيّارةِ

لاحظ: كيْف أذْهب إلى الْعمل؟ أذْهب بالسّيّارة / بتاكسي **(الباء لإجابة السؤال كيف؟)**

في: أمْشي **في** النّادي

عن: الشّارع مزْدحم عن الْحديقةِ

ثانياً: حرف الجر + اسم مجرور بالكسرة ← أو ضمير معي نقود

في ← جار

الْحقيبةِ ← مجْرور وعلامة الْجرّ الْكسْرة

ثالثاً: النّفْي: ليْس في الْحقيبة قلم ←—— ليْس + جار ومجرور + باقي الجملة

رابعاً: الْجار والْمجْرور (في الْحقيبةِ) ليْست جمْلة كاملة ولكن ←—— **شبْه جمْلة**

شبْه الْجمْلة: أمام الْمنْزل أوْ جار ومجْرور

خامساً: التّرْكيب الْإضافي: مضاف (نكرة) + مضاف إليْه (نكرة أو معْرفة)

اتّصال الضّمير بحروف الْجر

النّادي ليْس قريباً منّا (نحْن) صديقي يمْشي معي

مثال للتّصريف: إليْك / إليْه / إليْها / إليْهما / إليْهم / إليْهنّ . . إلخ

ظرْف الْمكان والْاتّجاهات	ظرْف الْمكان + إضافة ضمير
أمامَ – خلْفَ – فوْقَ – تحْتَ – جانبِ – بيْن – حوْل – يسار – يمين – وسط – ناصية – شمال – شرْق – غرْب – جنوب	أمامه – خلْفه – فوْقه – تحْته – جانبه – يسارك – يمينك

سادساً: النفي : هلْ الْحقيبةُ أمامَ الْقلمِ؟ هل الْحقيبةِ أمامَه؟ لا . الْحقيبة ليْستْ أمامَه

ظرْف الْمكان (منْصوب) + اسْم مجْرور (مضاف إليْه) ليْس + ظرْف الْمكان (منْصوب)

+ اسْم مجْرور

(ضمير مضاف إليه)

مثال: ١٥

أنا	نحْنُ	أنْتَ	أنْتِ	أنْتما	أنْتما	أنْتُم	أنْتُنّ
أمامي	أمامنا	أمامكَ	أمامكِ	أمامكُما	أمامكُما	أمامكم	أمامكُنّ
خلْفي	خلْفنا	خلْفكَ	خلْفكِ	خلْفكُما	خلْفكُما	خلْفكم	خلْفكنّ
عليّ	عليْنا	عليْكَ	عليْكِ	عليْكما	عليْكما	عليْكم	عليْكنّ
فوْقي	فوْقنا	فوْقكَ	فوْقكِ	فوْقكُما	فوْقكما	فوْقكم	فوْقكُنّ
بجانبي	بجانبنا	بجانبكَ	بجانبكِ	بجانبكُما	بجانبكما	بجانبكم	بجانبكُنّ

١٦

هُو	هِى	هُمَا	هُمَا	هُمْ	هُنّ
أمامهُ	أمامها	أمامهُما	أمامهُما	أمامهُم	أمامهُن
خلْفهُ	خلْفها	خلْفهُما	خلْفهُما	خلْفهُم	خلْفهُنّ
عليْه	عليْها	عليْهما	عليْهما	عليْهم	عليْهنّ
فوْقهُ	فوْقها	فوْقهُما	فوْقهُما	فوْقهُم	فوْقهُنّ
بجانبه	بجانبها	بجانبهما	بجانبهما	بجانبهم	بجانبهن

تَدريباتٌ عَلى القَواعِدِ وَالمُفرَدات

تدريب (١)

كلمات مُفيدة: أحْيانًا – الْمسافة

أكْمِل الْجُمل الْآتية بحُروف الْجَرّ:

(لـ – في – حتّى – بـ – عن – على – من – إلى – مع)

١. الْمسافة ---- الْقاهرة الْجديدة ---- وسط الْمدينة حوالي عشْرون كيلومتْراً
٢. سعْر تذْكرة الْقطار ---- الْقاهرة ---- الإسْكنْدريّة حوالي ٤٠ جنيْهاً
٣. يسْأل أبي بائع الْجرائد ---- جريدة الْمصْري الْيوْم كلّ صباح
٤. أسافر أحْياناً إلي مدينة شرْم الشيْخ ---- الطّائرة
٥. أرْكب ---- زميلي سيّارته ---- الْعمل
٦. الدّبّاسة ---- الْمكْتب يا أحْمد
٧. محْفظة النُّقود ---- الدولاب يا زيْنب

تدريب (٢)

كلمات مُفيدة: رُبّما – الْأُرْجوحَة – هُناك – ملف – هيئَةُ الطّاقَة النوَوِيّة – تقْرير – هُنا

اِقرأ وأكمِل الحوارات بظرف المكان المناسب كالمثال:

حوار ١ : في النادي

الزوْج: يا سعاد أيْن ابْنتنا؟ **سعاد:** خلْف الشّجرة

الزوْج: لا . هي ليْستْ خلْفها ، أيْن هي؟ سعاد: رُبّما مع أوْلاد عمها

الزوْج: لا . هي ------ أيْن هي؟ سعاد: إم . . أمام ملْعب التّنس

الزوْج: لا . هي ------ أيْن هي؟ سعاد: إم . . رُبّما فوق الْأرْجوحة وراء أختها

الزوْج: آه . . الْحمْد للّه هي هناك ---- و ----

حوار٢ : في المكتب

المدير : أيْن ملف شركة الْجُمْهوريّة يا إحْسان؟

السكرتيرة: على الْمكْتب يا سيّدي أوْ بجانب الكومْبْيوتر!

المدير : لا . الملف ليس ---- أو ---- الكومبيوتر!

السكرتيرة: رُبّما بيْن هذه الْملفّات؟

المدير : آه. هذا صحيح! هو----. وأيْن تقْرير مُهنْدِس هيْئَةِ الطّاقةِ النّوَوِيّة؟

السكرتيرة: ---- الدُّرْج و---- الْكومْبْيوتر في موْقع ملفّات هيْئةِ الطّاقةِ النّوَوِيّة

المدير : آه . نعم . التّقْرير---- الدُّرْج و ---- موْقع ملفّات هيْئةِ الطّاقةِ النّوَوِيّة ----الكومْبْيوتر ، التّقْرير كلّه ----

تدريب (٣)

أكمل بحرف جر أو ظرف مكان مناسب:

١ . ابْنة خالي مسافرة ----- بون – طائرة لوفتهانزا – للْحصول ----- شهادة الدّكْتوراه

٢ . مبْنى هيْئَةِ الطّاقةِ النّوَوِيّة ----- ضُبّاط أمْن

٣ . قِسْمُ الشُّرْطة ----- سيّارات شُرْطة كثيرة

٤ . بابُ السينما ----- إشارة مرور إليكْترونية

٥ . الْمكْتبُ ----- ملفّات ضخْمة ولكن للأسف ليس ----- كمْبْيوترات كافِيَة

٦ . الْحمْدُ للّه بائعُ الْجرائد ----- جريدتي الْمُفَضّلة الْمصْري الْيوْم

٧ . ابْني يجْلسُ ----- الأرْجوحة كثيرًا، هو يُحبّ الْجلوس ----- طوال الْيوْم

٨ . يا إلهي! يجْلس ----- في الْمسْرح رجل مُزعِج وصوْته عالٍ جدًّا

٩ . الْمسافة ----- الْقاهرة ----- أسْوان حوالي ١٠٠٠ كيلومتْر ومُدّة السّفر إليها حوالي اثْنتيْ عشْرة ساعة ----- الْقطار

١٠ . يا ليْلى التليفزْيون ----- نظّارتي فقط ! أيْن تقْرير الطّبيب؟ هو ليْس ----- أو -----

١١ . مبْنى التّليفزْيون الْمصْري ----- ساحة انْتظار كبيرة و----- فنْدق رمْسيس هيلْتون

١٢ . احترس يا مجْدي !! ----- سيارة مسْرعة

١٣ . عمّتي تسْكن ----- جدّتي ----- بيْت كبير ومضيء ----- ـه حجرات كثيرة ----- الرّيف.

١٤ . غرْفة نوْم عمّتي ----- ها نافذة واسعة ----- شجرة تفّاح ضخْمة. الْبيْت ----- سور وأشْجار جميلة.

١٥ . حديقة الْبيْت ----- نافورة رائِعَة و----- زُهور مُلوَّنة يمينًا وشمالاً.

تدريبات الاستماع   ١٧

تدريب (٤)

أيْن محطّة الْقطار؟

كلمات مُفيدة: عبْر الشّارع - كيْف أصل إلى هناك؟ - باب رئيسيّ - على الْيسار - على يسارك - على الْيمين - على يمينك - على النّاصية

الْمكان ميْدان التّحْرير، وسط مدينة الْقاهرة

اِسْمَع الْحوار ثم أجبْ على الأسْئلة:

١. تسْأل السّائحةُ أوّلاً عن ------ أيْن هذا الْمكان؟

٢. تسْأل السّائحة ثانياً عن ------ مشْهورة ------ كتب ------

٣. ليْس في وسط مدينة الْقاهرة ------ ولكن ------

اِسْمع مرّة أخْرى وأجبْ:

٤. كيْف تصِل السّائحة إليْه؟ صِفْ الطّريق لزميلك

٥. أيْن مكْتبةُ الْجامعةِ الأمْريكيّة؟ اُكتُب وصْفَ الطّريق

٦. هلْ هناك مكْتبات أخْرى قريبة من الْمَيْدان؟ اُكْتب وصْف الطّريق

نصّ الاستماع لتدريب (٤): ١٧

سائِحَة: أيْن محطّةُ الْقِطار من فضْلِكَ؟

رجل: اِمْشي في شارِع رمْسيس إلى آخرِ الشّارِعِ حتّى مَيْدان رمْسيس، هُناك محطّةُ الْقِطارعلى يسارِكِ. أمامَها حديقةٌ كبيرةٌ وجامعٌ ضخْمٌ عَبْر الشّارِعِ.

سائِحَة: وكيْف أصِلُ هُناك؟

رجُل: اِرْكبي تاكْسي أوْ أُتوبيس.

سائِحَة: وهل فيه توك توك؟

رجُل: ليس في وسط الْمدينة توك توك، ولكن يُمْكِن بمتْرو الأنْفاق، محطّة السّادات بجانِبِكِ على يمينك.

سائِحَة: وأيْن الْمكْتَباتُ الْمشْهورةُ بكُتُبِ اللُّغةِ الْعربيَّة؟

رجُل: أمامَكِ وعلى يسارِكِ، اِمْشي في شارِع محمّد محْمود ثمّ يمينكِ شارع الشّيْخ ريحان، هناك مكْتبةُ الْجامعةِ الأَمْريكيّة وبابُها الرّئيسي رقْم ١١٣.

سائِحَة: وهلْ هُناك مكْتباتٌ أُخْرى؟

رجُل : نعَم . امْشي في شارِع عبْد الْخالق ثرْوت يسارِك عنْد التّقاطُع مع شارع عدْلي ، هناك مكْتباتٌ كثيرةٌ علي يمينكِ ويسارِكِ وعلى النّاصية أيْضًا .

سائِحَة: وكيْف أصل هُناك؟

رجُل: بالتّاكْسي أو اِمْشي ، الْمسافةُ قصيرةٌ جِدًا .

تدريبات القراءة: قراءة ١   ١٨

تدريب (٥)

كلمات مفيدة: يُعتبَر – عَبْرَ – مواقع الْأماكن – مقرّ – جامِعَة الدّول الْعربيّة – مُباشَرَةً – يتفرّع منْه – لأنّ – أحد مباني – وزارة الْخارِجيّة.

املأ الفراغ بكلمة من الكلمات الجديدة في النصّ:

١ . ------ مَيْدان رمْسيس واحد من الْميادين الرّئيسيّة في مدينة الْقاهرة .

٢ . مبْنى الْأوبرا الْمصْريّة ------ النّيل وبعْد كوبري قصْر النّيل .

٣ . اسْتخْدم خريطَة لوسْط الْقاهرة لتعْرف ------ الْمُهِمّة والرّئيسيّة بالْمدينة .

٤ . ------ الْبيْت الْأبْيض في مدينة وا شنطن ، أمامه حديقةٌ كبيرة .

٥ . الْأرْدن عُضْو في ------ .

٦ . إذا وقفْت أمام الْمُتْحف الْمصْري يكون فنْدق النّيل خلفْك ------ .

٧ . عنْدي أنْفلْوانزا شديدة ------ بيْتي باردٌ جدًّا وليْس عنْدي مِدْفأة .

٨ . مبْنى مُجمّع التّحْرير ------ الْحكومة الْمِصْريّة .

٩ . مبْنى السّفارة الْمصْريّة في ستوكهولم عاصمة السّويد هو واحد من مباني ------ في هذه الْعاصمة .

١٠ . ميْدان التّحْرير ------ شوارع كثيرة مُهمّة .

هذه خريطة لوسْط الْقاهرة وبعض الْمعالم الرّئيسيّة في وسْط الْعاصمة، اقْرأ النصّ وتابع على الخريطة:[٣]

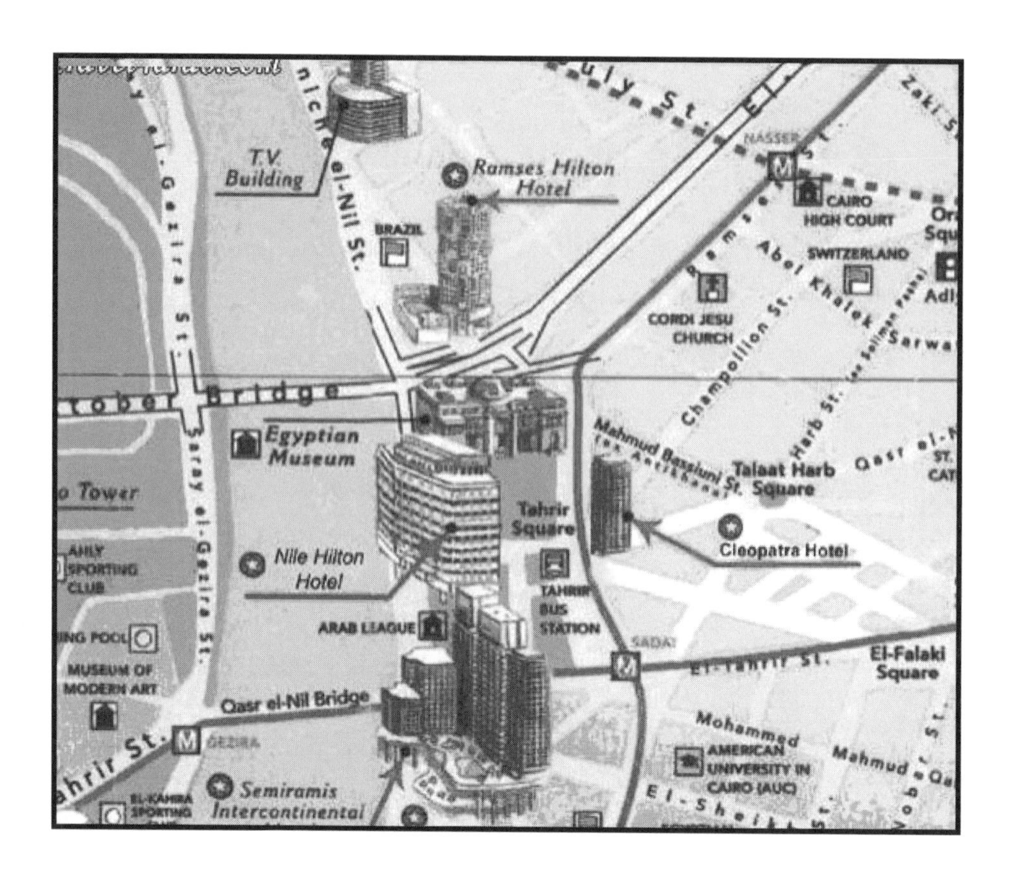

محطة مترْو الْأنْفاق

مُجمّع التّحْرير

كوبري قصْر النّيل

الْمُتْحف الْمصْري

---

[٣] (الْخريطة والصور والمعلومات من موقع جوجل (ميدان التحرير)

القراءة الأولى: اِقرَأ النصّ ثم أجب: 

أيْن مَيْدان التّحْرير؟

الْقراءة الثّانية: 

اِقرَأ النصّ وأجب على المعلومات صح (√) أم خطأ (×) استخدم الخريطة للمُساعدة:

١. الْمَيْدان في مدينة صنْعاء

٢. مَيْدان التّحْرير ليْس كبيرًا

٣. الْميْدان به كثيرٌ من الأَماكِن الشّهيرة

٤. على يمينك الْمُتْحف الْمِصْري

٥. مقرُّ جامعة الدّول الْعربيّة خلْفه مُجمّع التّحْرير

٦. فُنْدق النّيل هيلْتون أمامه الْجامعة الأمْريكيّة بالْقاهرة عَبْر الْميْدان

٧. مَيْدان التّحْرير ليْسَ مُهمًّا

٨. أحد مبانى وزارة الْخارجيّة الْمصْريّة على النّيل مباشرة

القراءة الثالثة:

١. ضعْ خطًا تحْت كلّ شبْه جمْلة في النّصّ

٢. اِسْأل زميلَكَ عن وصْف الشّوارع الْمذْكورة في النّصّ. اكْتب وصْف الطّريق لواحد منْها

تكلم مع زميلك:

١. اسْتخْدم الْخريطة واسْألْ زميلَكَ عن مكان الصّور الّتي أمامك

٢. اسْتخْدم الْخريطة واسْأل زميلَك عن أماكن شوارِع وأماكن أخْرى

اِقرأ النصّ

مَيْدانُ التّحْرير[٤] ١٨

منْ أكْبَرِ ميادين الْقاهِرَة. به كثيرٌ من الْأماكِنِ الشَّهيرَة. إذا وقَفْتَ في وسْطِ الْمَيْدان يكون على شَمالك الْمُتْحَفُ الْمِصْري وخلْفَك فنْدقُ وأمامَه الجامعة الْأمْريكية بالْقاهرة عَبْر الْمَيْدان. على يمينك مُجمَّعُ التّحْرير، ومقرُّ جامِعَةِ الدُّوَلِ الْعَرَبِيّة خلْفَه على النّيلِ مُباشَرَةً، وأيْضًا أحد مبانى وَزارَةِ الْخارجِيّةِ الْمِصْريّة.

أهمّيّة ميْدان التّحْرير

يُعْتَبَرُ مَيْدانُ التّحْرير من الْميادين الْمُهمّة في وسْط الْقاهِرَة لأنّه يتفرّعُ منْه وإليْه شوارِعُ وميادينُ رئيسيّةٌ في الْعاصِمَةِ الْمِصْرّيةِ الْقاهِرَة، منْها: (اسْتخْدم الْخريطة)

شارع الْبُسْتان - شارع محمّد محْمود بسْيوني - شارع الشّيْخ ريحان
شارع طلْعت حرْب - شارع التّحْرير - شارع قصْر النّيل
شارع الْفلَكي - شارع قصْر الْعَيْني - مَيْدان طلْعت حرْب
شارع شامبليون - شارع عبْد الْخالِق ثرْوت - مَيْدان الشّهيد عبْد الْمنْعم رِياض

قراءة ٢ - إلى الْموْقع

---

[٤] (النصّ من جوجل - مَيدان التحرير بتصرف لِيُلائِم الْمُستوى)

تدريب (٦) ١٩

مطار دبيّ الدّوليّ[٥]

كلمات مفيدة: يُسمّى – أحيانًا – اهتمّ ببنائِه – تجديده – يتكوّن – يضُمّ – المغادِرين – القادِمين – غالبًا – لِمُواصَلَةِ – يتسوّق – أصناف – راقِيَة – سِلسِلَة من المَطاعِمِ – تشكيلَة واسِعَة – ابتداء – انتهاء – الوَجَبات السريعَة

داخل مطار دبيّ سنة ٢٠٠٩

السّوق الْحرّة سنة ٢٠٠٩

مطار دبيّ سنة ١٩٥٩

ادخل إلى الموقع لحلّ التدريبات وقراءة النصّ 

تدريبات الكتابة 

تدريب (٧)

١. أكمل الجمل بهذه التعبيرات: سيّئة – جيّدة – مُمْتازة – مُتوسِّطَة – تحْتاجُ تحْسينًا – مقْبولة

أ. محطّةُ الْقطارِ في بلدي ضخْمةٌ وواسعةٌ والْخدمةُ فيها ------

---

[٥] المْعلومات والصّور من جوجل / ويكيبيديا / الموسوعة الحرة / مطار دبي الدولي بتصرف لتناسب المستوى

ب. ساحاتُ الْانْتظارِ أمام محطّاتِ مترو الْأنْفاق ضيِّقةٌ وقليلةٌ و ------

ج. خدْمةُ التّاكْسي ------ وبطيئةٌ

د. مطارُ الْقاهرةِ الْجديد رائعٌ وصالاتُ الْمغادرين والْقادمين فخْمةٌ و ------

هـ. في مطارِ بلدي صالاتُ التّرانزيت والْانْتظار مزْدحمةٌ والْخدْمةُ ------

و. هذا الْمرْكزُ التّجاريّ في وسطه سِلْسِلةُ مطاعِمَ كثيرةٍ منْ بيْنها مطاعمُ وجباتٍ سريعةٍ، ولكن خلْفه مطاعمُ ------ جدًا لرِجال الْأعْمال

٢. صل (أ) مع (ب) لتكوّن جملة مفيدة:

أ	ب
١. الْمُواصلات في بلادي	أ. وسِعْرُ التّذكرةِ مقْبولٌ والْمواعيدُ مُنْتظِمَةٌ
٢. يُعتَبَرُ مطار كنيدي بنيويورك	ب. غيْرُ مُنْتظِمَةٍ والْخدمةُ سيِّئةٌ
٣. ساحاتُ الْانْتظارِ قليلةٌ في	ج. مطارًا ضخْمًا وبه مبانٍ كثيرةٌ للْمسافرين
٤. الْقِطارات في بلادي حديثةٌ	د. مدينتي وسِعْر ساعةِ الْانْتظارِ غالٍ

٣. اِستخدِم الجمل في تدريب (١، ٢) واكتُب ثلاثة أسطر عن موضوع من الموضوعات الآتية:

أ. المواصلات العامة في بلدك. **ب. وصف الطريق لمكانٍ مُهِمٍّ في بلده**

مثال:

الْمُواصلات ------ في مدينتي. مَواعيدُ الْأتوبيسات ------ والْمحطّات ------ .

ساحاتُ الْانْتظارِ ------ و ------ ليْس عنْدنا ترام أوْ ------ ولكن عنْدنا متْرو.

محطةُ الْمتْرو الرّئيسيّةُ أمام ------ وبجانبها ------ سعْرُ التّذْكرةِ ------ و ------ .

تدريبات المحادثة: محادثة ١

تدريب (٨)

١. اِسأل زميلَكَ عن المطارفي بلدِهِ واكتُب المعلومات في الجدول:

اسْمُ الطّالب	اسْمُ الْمطارِ ومكانه	وصْف الطّريق	كمْ مبْنى؟	أنْواع الْمباني	أنْواع الْخدمات
١.					
٢.					
٣.					

٢. اسأل زميلك عن مكان مُهِم أو مشهور في بلدك؟ وكيفية الوصول؟

مثال:

طالب أ	طالب ب
أيْن محطّةُ الْقطار الرّئيسيّة في مدينتِكَ؟	في شرْق الْمدينة أمام ------
كيْف أصِلُ إليْها؟	بالتّاكْسي أوْ بالْأتوبيس أوْ بمتْرو الْأنْفاق
ما وصْفُ الطّريقِ؟	شارع ------ ويمينك في شارع ------ إلخ.

٣. تبادَلوا الْمعْلومات عن محطّة الْقطار في مدينة كلّ طالب واكْتُبوا وصْف الطّريق.

٤. تبادَلوا الْمعْلومات عنْ وصْفِ مكانِ مكْتبةٍ قريبةٍ منْ بيْت كلّ طالب أوْ أماكنَ مُهمّةٍ كتابةً.

٥. اِقْرأْ أمام الْفصْل وصْف طريقٍ واحدٍ منْ هذه الْمعْلومات كالْمثال:

محطّةُ الْقطارِ في مدينة لنْدن أمام ------ في مَيْدان ------ وعلى يمينها ------ إلخ.

محادثة ٢

تدريب (٩)

شجرة العائلة

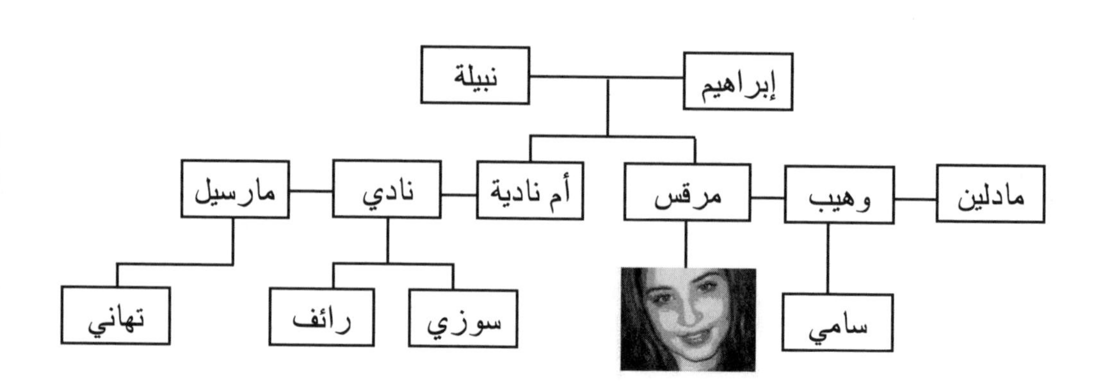

١. اسأل زميلك عن عائلة عبير كالمثال:

طالب أ: منْ والد عبير　　　**طالب ب:** مُرْقس والد عبير

طالب أ: هلْ سامي أخوها؟　　　**طالب ب:** لا. سامي ليْس أخاها، هو ابْن عمّها

٢. ارسْم شجرة الْعائلة السّابقة بدون أسْماء. اسْأل زميلك عن عائلته وامْلأْ الْفراغ بالأسْئلة:

ما اسْم والدك؟ / اخوك / أخْتك / عمّك . . .إلخ. صحّحْ لزميلك الْمعْلومات عنْ شجرة عائلتك!

تذكّر

أولاً: الإضافة

١. **الإضافة تتكوّن** من مضاف نكرة   مضاف إليْه نكرة / معرفة

مُدَرِّسةُ   الْفصْلِ

الإعْراب: حسب موْقعه   مجْرور دائمًا

٢. **المضاف إليْه معْرفة، وأحْيانا نكرة للتّخْصيص**

مثال: (إضافة للتّعريف)   (نكرة)

كتابُ أحْمد   كتابُ ولدٍ

يجب نطْق تاء الْمضاف الْمؤنّث:

مثال: عائلةُ خالي - سيّارةُ الْمُدَرِّسة

٣. **نفْي الإضافة:**

هلْ هذه سيّارةُ الْمدرّسِ؟   لا. هذه ليْست سيّارةَ الْمدرّسِ. هذه سيّارة الْمديرِ.

ليْس / ليْست... + الإضافة

٤. **يمْكن اسْتخْدام أكْثر من مضاف في الإضْافة**

مثال: عادل ابْن خال صديقي

ثانياً: الْفعْل الْماضي الصّحيح

كلِماتٌ تُعَبِّرُ عن الزّمن الْماضي مِثْل:

أمْس - أوّلَ أمْس - مُنْذُ يَوْمَيْن - مِن أُسْبوع - الْأُسْبوعَ الْماضي - السّنَةَ الْماضِيَة - الْأُسْبوعَ السّابِق

لاحِظ:

١. تصْريف الْفِعْل الْماضي الصَّحيح:

أنتُنّ	أنتم	أَنْتُمَا	أَنْتُمَا	أنْتِ	أنْتَ	نَحْنُ	أنَا
لَبِسْتُنَّ --- تُنّ	لَبِسْتُم --- تم	لبِسْتُما --- تُما	لبِسْتُما --- تُما	لَبِسْتِ --- تِ	لَبِسْتَ --- تَ	لَبِسْنا --- نا	لَبِسْتُ --- تُ

هُنّ	هُمْ	هُمَا	هُمَا	هِيَ	هُوَ
لَبِسْنَ --ْ- نَ	لَبِسُوا --ُ- وا	لَبِسَا --- ا	لَبِسَا --- ا	لَبِسَتْ --- تْ	لَبِسْ ---

٢. نفْي الْفِعْل الْماضي الصَّحيح: لم + يَلْبَسْ

أنَا	نَحْنُ	أنْتَ	أنْتِ	أَنْتُمَا / أَنْتُمَا	أنْتُم	أنْتُنَّ
لم ألْبَسْ	لم نلْبَسْ	لم تَلْبَسْ	لم تلْبَسي	لم تلبَسَا	لم تلْبَسوا	لم تلْبَسن
أَ---	نَـ---	تَـ---	تَ --- ي	ت --- ا	تَ --- وا	تَ --- ن

هُوَ	هِيَ	هُمَا	هُمَا	هُمْ	هُنَّ
لم يلْبَسْ	لم تلْبَسْ	لم يلَبَسَا	لم تلَبَسُا	لم يلْبَسُوا	لم يلْبَسْنَ
يَـ---	تَ ---	ي --- ا	ت --- ا	---ُ وا	---ْ نَ

نفْي الْماضي بطريقة أخْرى: ما + كَتَبَ

أنَا	نَحْنُ	أنْتَ	أنْتِ	أَنْتُمَا / أَنْتُمَا	أنْتُم	أنْتُنَّ
ما كتبْتُ	ما كتبْنا	ما كتبْتَ	ما كتبْتِ	ماكتبْتُما	ما كتبْتُم	ما كتبْتُنَّ
--- تُ	--- نا	--- تَ	--- تِ	ما --- تُما	--- تُم	--- تُنَّ

هُوَ	هِيَ	هُمْا	هُمْا	هُمْ	هُنَّ
ما كتَبَ	ما كتبَتْ	ماكتبَا	ماكتبَتا	ما كتبُوا	ماكتبْنَ
---َ	--- تْ	ما ---َ ا	ما --- تَا	---ُ وا	---ْ نَ

ثالثًا:

١. حروف الْجرّ: في – حتّى – بـ – عن – على – من – إلى – مع

إلى الْبيْتِ: إلى = حرْف جرّ الْبيْتِ = اسْم مجْرور وعلامة الْجرّ الْكسْرة

٢. إضافة الضّمير لحرْف الْجر صديقي يمْشي معي / معه / معها . . .

٣. النّفْي: ليْس في الْحقيبة قلم ليْس+ جار ومجْرور+ باقي الْجمْلة

رابعًا: إضافة الضمير إلى ظرف المكان لوصف الطريق والاتجاهات

مثال: أمامه – خلْفه – عليْه – فوْقه – تحْته – بجانبه – فيه – على يسارك – على يمينك . . . إلخ

النّفْي: هل الْقلمُ فوْقَ الْكتابِ؟ لا. الْقلمُ ليْسُ فوْقَ الْكتابِ. الْقلمُ تحْتَه

ظرف المكان منصوبًا + اسم مجرور (مضاف إليه)

ليس + ظرف المكان منصوبًا + اسم مجرور (مضاف إليه)

خامسًا: شبه الجملة:

	الجملة	شبه الجملة
١. ظرف	الشّجرة أمام الْمنْزل	أمام الْمنْزل
٢. جار ومجرور	الْكتاب معي	معي

سادسًا: التركيب الإضافي:

الجملة	التركيب الإضافي
أحْمد والد صديقي	والد صديقي

الوحدة الثالثة

جامِعَاتٌ ومدارِسُ

تقديم (١): حفلُ التّخَرُّج

هدف الدرس:

- وصفُ الأحداث والمُناسَبات والحَفَلات.
- الكلامُ عن الجامِعات والكُلِّيّات.

القواعد والتركيب:

الخَبر المُقدَّم.

جمع المُذَكَّر والمُؤنَّث السالِم – جمع التَّكسير.

المفردات:

أسماءُ الكُليّات والجامِعات / أسماءُ الشّهادات.

الثقافة:

القِراءَة عن جامِعاتٍ عرَبيَّةٍ وعُلَماء عرَب

تقديم (٢): مدارسُ ونِظامٌ

هدف الدرس:

- الكلامُ عن المَدارِسِ والحَياةِ الدِّراسيَّة لِطَلَبَةِ المَدارِس.
- الكلامُ عن الأفعالِ اليوميّةِ في حياةِ الطالب.

القواعد والتركيب:

- الفِعل المُضارِع المَرفوع الصَّحيح (السالِم) – المَهموز.
- تصريفُ الفِعلِ مع ضمائِر المُفرَد والمُثنّى والجَمع، نفْي الفِعل المُضارِع

المفردات:

مُفرَدات الأفعال اليَومِيَّة – أسماء المَواد الدِّراسِيَّة.

الثقافة:

التعرُّف على القِراءة عن برنامجِ مدرَسَةٍ مشهورَةٍ بالإسكَندَرِيَّة.

تقديم (١) ١

حفلُ التّخرُّجِ

كلِمات مُفيدَة: حفل - التَّخرُّج - أعمام - عمّات - خالات - كعكَة - هديَّة - الصَّف - أقارِبي - مأكولات - مشروبات - هدايا - سعيدَة

اِقرأ النصّ ثُمَّ أجِب على الأسئِلَة:

١. ما اسمُ صاحِبَةِ هذه الصّورَة؟ ما مُناسَبَة الصّورة؟

٢. اِقرأ واكتُب على الصورة أين؟ (الجَدّ، الجَدّة، الأَب، أولاد وبنات عمِّها، زوجُ خالَتِها)

اِقرأ النصّ مرَّةً أُخرى واملأ الفرَاغ:

١ . ------ طُلاّبٌ وأصدِقاءُ وأقارِبُ كثيرون في حفلِ التّخرُّجِ.

٢ . ------ ضُيوفٌ كثيرون. ٣. ------ العائِلَةُ الكَبيرَةُ.

٤ . ------ إخوةٌ كثيرون. ٥ . لنا ------ ولي ------.

النصّ ١

أنا اِسمي مها وهذه صورةُ حفلِ تخَرُّجي، هُناك طُلاّبٌ وأصدقاءُ وأقارِبُ كثيرون في حفلِ التَّخرُّجِ وأنا أيضًا. في هذه الصّورَةِ ضُيوفٌ كثيرون، أمامَكُم العائِلَةُ الكَبيرَةُ، جَدّي وجَدَّتي وخلفَهُما أبي.

لِعائِلَةِ أبي إخوَةٌ كثيرون، لنا أعمامٌ كثيرون وعندي عمّاتٌ كثيراتٌ أيضًا. هُناك أولاد وبنات عمّي أمامَهُم، بِجانِبِ أُمّي ابنَةُ خالَتي وعلى يمينِها أيضًا زَوجُ خالَتي، لي ثلاثُ بناتِ خالاتٍ وابنُ خالٍ واحدٌ، عِندَهُ سيّارَةٌ مرسيدِس جديدَةٌ أُحِبُّها كثيرًا. هناك كعكَةُ التّخرُّجِ فَوقَ الطّاوِلَةِ هدِيّةً مِن خالي، وهؤلاءِ أصدِقائي وهاتانِ زميلَتانِ في الصّفِّ من جامِعَتي. حَولَ المائِدَةِ كلُّ أقارِبي وكلُّ عائِلَتي الكَبيرَة. في حفلة تَخَرُجي مأكولاتٌ ومشروباتٌ وهدايا كثيرَةٌ. أنا سعيدَةٌ بالعائِلَةِ والأصدِقاء.

قارِن الجَدولَ مع الجُمَل التي كتَبتَها:

الجملة الإسمية

المُبتَدَأ	الخَبَر
هذه	صورَةُ حفلِ تخَرُّجي
أنا	اِسمي مها
هؤلاءِ	أصدِقائي
هاتانِ	زميلَتانِ

الخبر المقدم

الخَبَر	المُبتَدَأ
هُناك	طُلابٌ وأصدِقاءُ
في هذه الصّورَة	ضُيوفٌ كثيرون
في الصّورة أمامَكُم	العائِلَةُ الكَبيرَةُ
لعائِلَةِ أبي	إخوَةٌ كثيرون

لاحظ القَواعِد:

أولاً: الخبر المُقَدَّم في الجُملَة الاِسمِيَّة:

١. لاحِظ في الجَدوَل الأوّل الجُملة تبدأ بـ اسم معرفة + خبر مفرد أو جملة أو شبه جملة (ظرف، جار ومجرور).

المُبتَدأ	الخَبَر
هذه	صورة حفل تخرجي
أنا	اسمي مها
ضمير (مَعرِفَة)	جُملَة اِسمِيَّة

٢. لاحِظ في الجَدوَل الثاني.

الخَبَر المُقَدّم	المُبتَدَأ
هُناك ظرف شِبه جُملَة	طُلاّبٌ وأصدِقاءُ في حفلِ التَّخرُّجِ نكِرَة مُفرَد
في هذه الصّورَة جار ومجرور	ضيوفٌ كثيرون نكِرَة
لعائلةِ أبي جار ومجرور شِبه جُملَة	إخوةٌ كثيرون نكِرَة

القاعدة:

يجب أن يكون الخبر قبل المبتدأ في حالة أن يكون:

١. المبتدأ نكرة ٢. الخبر شبه جملة

تَدريباتٌ عَلى القَواعِدِ وَالمُفرَداتِ

تدريب (١)

كلِمات مُفيدَة: اِمتِحان – كُلِّيّات – أعمال منزِليَّة – مُهاجِرون – مسجِد

عيِّن المُبتَدأ (م) والخَبر(خ) في الجُملَة كالمِثال:

١ . لهم (خ) بَيتٌ (م) جميلٌ على شاطِئ البَحر.

٢ . حُجرَةُ المُدير كَبيرَةٌ.

٣ . عِندَنا امتِحان مُهم اليَوم.

٤ . في هذه الجامِعَة كُلِّيّاتٌ كثيرَةٌ.

٥ . لي ثلاثَةُ أولادٍ.

٦ . في فصلي نافِذَةٌ عريضَةٌ.

٧ . معي نُقودٌ كافِيَةٌ للتّسَوُّق. الحمدُ لله.

٨ . هُناك مُهاجِرون مصرِيّون في أمريكا.

٩ . بِجانِبِ الفُندُقِ ساحَةُ انتِظارٍ واسِعَةٌ.

١٠ . هاتانِ الطالِبَتانِ أمريكِيَّتانِ.

١١ . هذه ثِيابٌ جميلَةٌ وراقِيَةٌ.

١٢ . سُعاد لها أعمام وخالات كثيرون.

١٣ . مسجِدُ القَريَةِ بِجانِبِ مكتَبِ البَريدِ.

١٤ . هؤلاءِ الطَّلَبَةُ من كُلِّيَّةِ الاقتِصاد.

١٥ . عِندَها أعمالٌ منزِلِيَّةٌ كثيرَةٌ اليَوم.

تدريب (٢)

١. **صِل الكَلِمَة من أ و ب لِتُكَوِّن جُملَة واكتُبها:**

(أ)	(ب)
١. في الفَصلِ	أ . نُقودٌ كافِيَةٌ لِشراءِ هذا القاموس؟
٢. معَكَ	ب . كاميرا حديثَةٌ
٣. في المَكتَبِ	ت . نوافِذُ عريضَةٌ
٤. عِندَ أُستاذي	ث . قاعَةٌ فخمَةٌ للاجتِماعاتِ
٥. في جامِعَتي	ج . شجَرَةٌ ضخمَةٌ
٦. هُناكَ	ح . أربَعُ فُصولٍ في هذا المَبنى
٧. عِندَ طبيبِ الجامِعَةِ	خ . مُمَرِّضَةٌ جميلَةٌ
٨. أمامَ الكُلِّيَّةِ	د . آلَةُ تصوير زيروكس

٢. **كوّن سؤالاً لكل جملة كتبتها مستخدماً (ماذا - هل - أين؟)**

تدريب (٣)

أكمِل الجُملة بالمُفردات المُناسِبَة:

حَفل- التَّخَرُّج - أعمام- عمّات - خالات - كعكَة - هدِيَّة - الصّفّ - أقارِبي - مأكولات - مشروبات - هدايا - سعيدَة

١. في العيد أزورُ ------ي و------ي.

٢. أخَواتُ أمّي هُنّ ------.

٣. أذهَبُ بعد ------ إلى المَكتَبَةِ وأقرَأُ الدَّرسَ مرّةً أُخرَى.

٤. في عيدِ ميلادي يُحْضِرُ لي أصدِقائي ليسَ ------ واحدةً ولكِن ------ كثيرَة.

٥. في آخرِ يَومٍ في السَّنَة تعملُ أُسرَتي ------ كبيرًا. وفيه تطبُخُ أُمّي ------ لذيذَة.

٦. في حفلِ رأسِ السنَةِ يشتري أبي ------ كبيرَة و ------ مُختَلِفَة.

٧. أنا ------ بزِيارَة ------

٨. جامِعَتي تَعمَل دائِمًا حفلَ ------ في نِهايَةِ العامِ لطَلَبَةِ السنَةِ الرابِعَة

لاحِظ القَواعِد:

ثانياً: الجمع:

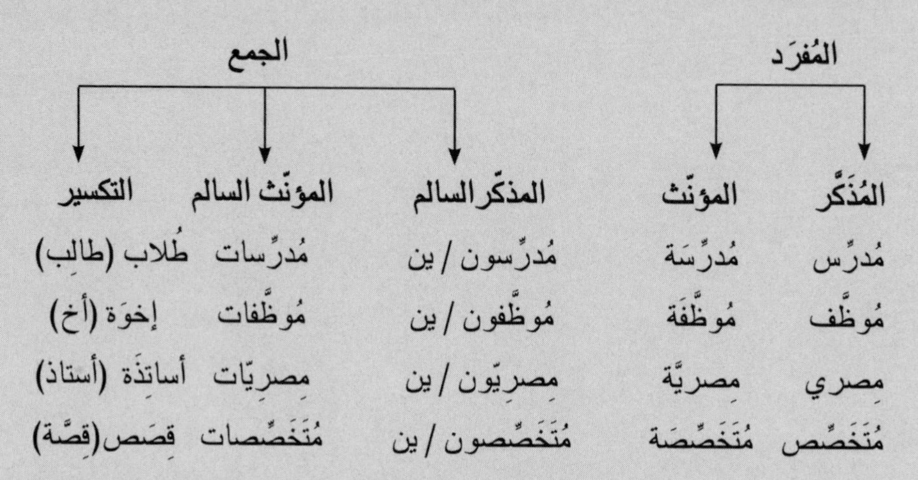

لاحظ اسم الإشارة مع: [1]

الجُملَة مع جمعِ المُذَكَّرِ	هؤُلاءِ مُهَندِسونَ مُجتَهِدونَ
الجُملَة مع جمعِ المُؤَنَّثِ	هؤُلاءِ مُهَندِساتٌ مُجتَهِداتٌ
الجُملَة مع جمعِ التَّكسيرِ للناس	هؤُلاءِ أساتِذَةٌ مُجتَهِدونَ – هؤُلاءِ نساءٌ مجتهداتٌ
الجُملَة مع جمعِ التَّكسيرِ للأشياء	هذه كُتُبٌ كثيرَةٌ / هذه قِصَصٌ جميلَةٌ

[1] للمدرس: لمزيد من علامات الإعراب انظر آخر الوحدة – اختياري

تدريب (٤)

أكتُب الجَمع المناسِب للكَلِمَة بين القوسَين:

١. عندي ثلاثةُ (قلم) غالِيَة.

٢. في حُجرَة (المَدرَسَة) طاوِلَة كبيرَة.

٣. في حفلِ التَّخَرُّج (طالِب وأُستاذ) كثيرون.

٤. هذه الحُجرَة بِها (مكتَب) كثيرَة.

٥. مستشفى الجامِعَة بِها (مُمَرِّضَة) كثيرات و(طبيب) مُتَخَصِّصون.

٦. لأُسرَتي الكَبيرَة (أخ وأُخت) في كُلِّ (مدينَة) بالمَملَكَة العربِيَّة السعودِيَّة.

تدريب (٥)

أكمِل الجُملة واستخدِم الجَمع للكَلِمات بين القوسَين:

مثال: هؤلاءِ مُهندِسون يابانِيّون (مُهندِس - ياباني)

١. هُنّ --- --- (مُوَظَّفَة- نشيطَة).

٢. نحنُ غالِبًا--- و--- يومَ الإجازة (نائِم - كسلان).

٣. هُم --- مع--- الآن (مشغول - صديق).

٤. عاصِم ونديم وفادي (مُمَثِّل - لُبنان).

٥. الإسكَندَرِيّة والأَقصُر وأسوان (مدينَة - أثَر).

تدريبات الاستماع  ٢

تدريب (٦)

أهلاً بالجامعة

أُنظُر إلى الصورة وأجِب:

١. أين سامي ورانيا؟

٢. مَن حَولَهُما؟

كلِمات مُفيدَة: تضُمّ – عديدَة – بِدايَة العام

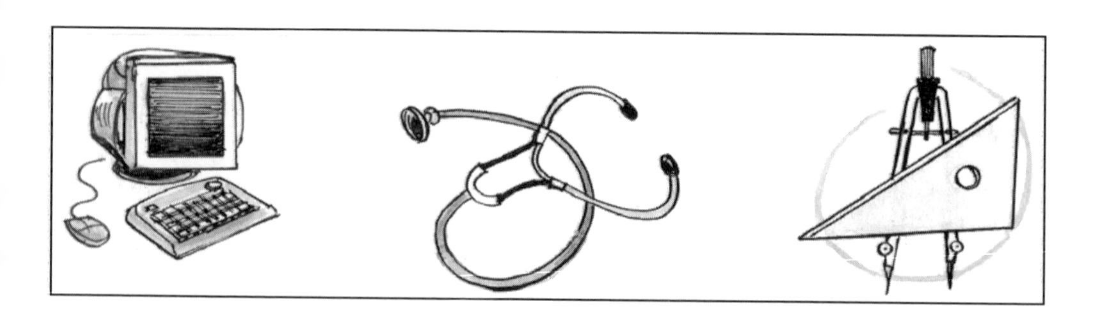

كُلِّيَّةُ التِّجارَة　　كُلِّيَّةُ الآداب　　كُلِّيَّةُ الحُقوق

كُلِّيَّةُ العُلوم　　كُلِّيَّةُ الزِّراعَة　　كُلِّيَّةُ الفُنون

اِسمَع الحِوار واختَر الكلِمة الصحيحَة:

١. رانيا وسامي في (الشّارِع - الجامِعَة - السِّينِما)

٢. الجامِعَةُ تضُمُّ كُليّات (قليلَة - مُختَلِفَةً - عديدَةً)

٣. الطالِبَةُ السوريَّة في كُلِّيَّةِ (الزِّراعَةِ - الطِّبِّ - التِّجارَةِ)

٤. هاتانِ الطالِبَتانِ المغرِبيَّتانِ في كُلِّيَّةِ (علومِ الحاسوبِ - الفنونِ - الآدابِ)

حوِّل هذه الجُمَل إلى صِيغة الجَمع:

الحلّ: هؤلاء طُلاّبٌ سُعوديّون.

١. هذا طالِبٌ سُعوديٌّ

٢. هذه مُدَرِّسَةٌ وهذا مُدَرِّسٌ في كُلِّيَّةِ الطِّبِّ.

٣. هذانِ طالِبانِ جزائِرِيّانِ في كُلِّيَّة العلوم.

٤. في دُرج مكتَبي عِندي كِتابٌ وقَلَمٌ.

٥. هذا طالِبٌ مِصرِيٌّ في كُلِّيَّةِ الحُقوق.

نصُّ الاستِماع لِتَدريب (٦): ٢

سامي: أهلاً بِكِ يا رانيا في الجامِعَة في بِدايَةِ العام الجَديد. هذه هي كُلِّيَّةُ العُلوم، وهؤلاء المُدَرِّسون والمُدَرِّساتُ في كُلِّيَّتنا. نحن عِندنا طُلاّبٌ من كُلِّ بِلادِ العالَمِ وجامِعَتُنا تضُمُّ كُلِّيَّاتٍ عديدَةً.

رانيا : ومِن أينَ هذه الطالِبَةُ ؟ وفي أيَّةِ كُلِّيَّةٍ ؟

سامي: هذه طالِبَةٌ من سوريا هي سورِيَّةٌ وفي كُلِّيَّةِ الطِّبّ.

رانيا : ومن أين هاتانِ الطّالِبَتانِ؟

سامي: هاتانِ الطّالِبَتانِ مغرِبِيَّتان في كُلِّيَّةِ الآدابِ.

رانيا : وهؤلاء مُدَرِّساتٌ؟

سامي: نعَم، هؤلاء مُدَرِّساتٌ مِصرِيّاتٌ في كُلِّيَّةِ الفنونِ.

رانيا : وهُناك طالِبٌ سعودِيٌّ. هل هذا الطّالِبُ السعودِيُّ في كُلِّيَّةِ الهَندَسَةِ ؟

سامي: لا، هذا الطّالِبُ السعودِيُّ ليسَ في كُلِّيَّةِ الهَندَسَةِ هو في كُلِّيَّةِ عُلومِ الحاسوبِ.

رانيا : ومن هذانِ الطّالِبانِ؟

سامي: هذانِ الطّالِبانِ هما نور وعُثمان، هما سودانِيّانِ في كُلِّيَّةِ الهَندَسَةِ.

رانيا : وهل هؤلاء الطُّلاّبُ مصرِيّونَ ؟ هل هم في كُلِّيَّةِ التِّجارَةِ؟

سامي: نعَم، هؤلاء الطُّلاّبُ مِصرِيّون وهُم في كُلِّيَّةِ التِّجارَةِ.

تدريبات القراءة: قراءة ١ ٣

تدريب (٧)

جامِعَةُ العُلومِ التَّطبيقِيّةِ الخاصَّةِ [٢]

كلِمات مُفيدَة: العُلوم التطبيقيّة - جامِعَة خاصَّة - تأَسَّسَت - تخرَّج في - فوجًا - المَملَكَة - حصلت على - مُختَلَف الكُلّيّات والتخَصُّصات.

شعار جامعة العلوم التطبيقية

الواجهة الغربية للجامعة شتاء

مبنى كُلّيّة الهندَسة

مسرَح ومكتَبة الجامِعَة

(٢) المعلومات والصور من موقع ويكيبيديا، الموسوعة الحرّة بتصرّف لتناسب المستوى.

تدريب على المفردات الجديدة

تدريب (أ)

كلمات مفيدة: المُمَيَّزة – شهادة الأَيزو – في مجال – التعليم العالي – البَحث العِلمي – تُسمَّى بـ – إجباري – اختِياري

املأ الفراغ بكلمة مناسبة:

١. لا أُحبّ دِراسة الآداب ولكِن أُحِبّ كثيرًا دِراسَة ------.

٢. صديقي يدرُس في ------ وليس جامِعَةً أهليَّة.

٣. خالي علاء ------ كُلِّيَّة العُلوم جامِعَة الإسكَندَرِيَّة سنة ١٩٨٩.

٤. ------ جامِعَة القاهِرَة الحُكومِيَّة في ١٢ / ٣ / سنة ١٩٢٣.

٥. الجامِعَة الأمريكيَّة بالقاهِرَة بِها كثير مِن ------.

٦. ------ شهادة الدُّكتوراه بعد زواجي بِسَنَتَين.

٧. يزور ------ العرَبِيَّة السّعودِيَّة ليسَ---- واحدًا فقَط، ولكِن أفواج من الحُجّاج سنَوِيًّا.

تدريب (ب)

املأ الفراغ بكلمة مناسبة:

١. جامِعَة العُلوم التطبيقِيَّة في الأردُن ------ بِجامِعَة كُلّ العَرَب.

٢. التعليمُ في هذه الجامِعَة رائِعٌ جدًا وحصل على ------ هذا العام.

٣. أعمامي كُلّهم أطبّاء مُتخصّصون ------ طِبّ العُيون.

٤. في مجالات التعليم أنواعٌ منها التعليمُ الابتدائي، والمُتوسِّط و---.

٥. في مِصرَ وزارَةٌ تُسَمَّى بوزارَة ------

٦. في هذا المركَزِ التجاري محَلاّتٌ ------ جِدًا، المُشتَرَيات جيِّدَة والأسعار مُناسِبَة.

٧. دِراسَة اللغة العَرَبِيَّة ------ في المدارِس الحُكومِيَّة في مِصر.

٨. دُخول الجَيشِ في أمريكا ------ للرجال.

القراءة الأولى

اِقرأ النصّ وأجب:

فِي أيٍّ بلَدٍ هذه الجامِعَة؟

جامِعَة العُلوم التطبيقِيّة	
البلد	
المدينة	
المنطقة	
سنة التأسيس	
نوع الجامعة	
رئيس الجامعة	د. زياد رمضان
عدد الطلاب	
نسبة الطلاب الأجانب	٪٢٦
شعار الجامعة	
الموقع الإلكتروني	www.asu.edu.jo

القراءة الثانية

١. اِقرأ وأكمِل المعلومات في الجَدول.

٢. اُذكُر أنواع الكُلّيّات في هذه الجامعة؟

٣. قارِن بَين هذه الكُلّيّات وبين الكُلّيّات في جامِعَتِكَ.

الكُليّات في هذه الجامعة	الكُليّات في جامعتي
كُليّة الآداب..	
ليس عندهم كُليّة..	عندنا كُليّة..

٤. اُكتُب ماذا تعرف عن مكتَبَة هذه الجامِعَة.

٥. هات من النصّ:

خبر مُقدَّم	مُبتَدَأ مُؤخَّر

نصُّ الاستِماع لِتَدريب (٧): ٣

جامِعَةُ العُلومِ التطبيقِيّةِ جامِعَةٌ أردُنِيَّةٌ خاصَّةٌ، من أوَائِلِ الجامِعاتِ الخاصّةِ في البِلادِ. تقعُ في مدينَةِ عَمّان في مِنطَقَةِ شفا بدران. تأسَّسَت الجامِعَةُ الأردُنيّة في ١٩ مِن أكتوبر عام ١٩٩١ م، تخرَّج في الجامِعَة حتى الآن أكثَرُ من ثلاثةَ عشرَ فَوجًا وعددُ الطُلاّب حوالي سبعَةَ عشرَ ألفَ طالِبٍ وطالِبَةٍ من مُختَلِفِ الكُلّيّات والتخصُّصات. الدّراسَةُ في الجامِعَةِ فصلانِ دراسيان إجباريان وفصلٌ دِراسيٌ صَيفيٌ اختِياري. وتُعتَبرُ حاليًا من الجامِعات المُمَيَّزة في المَملَكةِ والشرقِ الأوسطِ، حصلت الجامِعَةُ في عامِ ٢٠٠٣ على شهادةِ الأيزو ٩٠٠١ في مجالِ التعليمِ العالي والبَحثِ العِلمي كأوّلِ جامعةٍ في العالمِ العربي، وتُسمى الجامعةُ بجامِعَة كلِّ العَرَب وهو شعارُ الجامعةِ بسَبَبِ عددِ الجِنسيّاتِ العربيّة، والأجنبية الكبير، الجامِعَةُ فيها حوالي واحدٍ وخمسين جنسيّةً حتى عام ٢٠٠٨. مكتبَةُ الجامِعَةِ بها كثيرٌ من الكتبِ العِلميّةِ والأدبيّةِ حوالي مئةِ ألفِ كتابٍ.

كليّاتُ الجامعة: تضُم الجامعةُ عددًا من الكُليّات، عددُ التخصّصات في هذه الكليّاتِ ٣٤ تخصصًا. وفي الجامعةِ الدرجةُ الجامعيّةُ الأولى هي البكالوريوس (Bachelor)، في عَشْرِ كُليّاتٍ هي:

الآداب – الحُقوق – الاقتصاد والعُلوم الإداريّة – الهندَسَة – الصَيدَلَة

العُلوم الطبيّة المُساعِدَة – علم الحاسوب وتكنولوجيا المعلومات

العُلوم الأساسيّة – الفُنون والتصميم – التمريض.

تدريب (٨)

أحمد حسن زويل

كلمات مُفيدة: عالِم - كيميائي - مشهور - تخرَّج - حاصِل على - جائِزَة - يعيش - أهم إنجازات - الأمراض.

ادخل إلى الموقع للتدريب على الكلمات الجديدة وقراءة النصّ. 

تدريبات الكتابة 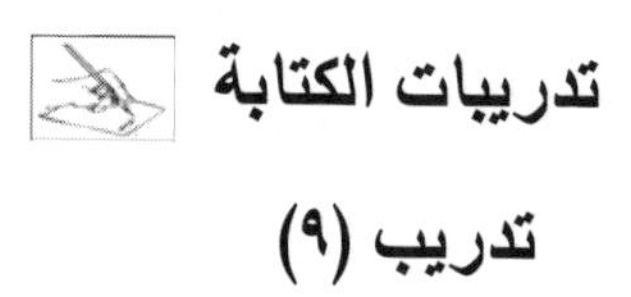

تدريب (٩)

اِستخِدم المعلومات من موقع جامعة الإسكندرية.[٣] أُكتُب ٣ أسطر عن هذه الجامعة. قدِّم المعلومات للفصل. أُدخُل إلى الموقع الموضّح أعلاه للحصول على معلومات أكثر.

مثال:

١. بعض الصور عن الجامعة والمباني

٢. أسماء بعض خريجي هذه الجامعة

---

(٣) ادخل إلى موقع جامعة الإسكندرية، من ويكيبيديا، الموسوعة الحرة

جامعة الإسكندرية	

نوع التعليم العالي:	حكومي عالي
الرئيس:	د. هند محمد ممدوح حنفى
سنة التأسيس:	١٩٣٨
المكان:	الإسكندرية – مصر
الموقع على الإنترنت:	الموقع الرسمي مكانة الجامعة: ثالث جامعة عدد الكليّات : أكثر من ٢٠ كليّة فروع أخرى: دمنهور – مطروح

تدريبات المحادثة

تدريب (١٠)

١. طالب أ: يسأل زميله / زميلته عن الكُليّة والجامِعَة في الموضوعات التالية:

أ . اسم الجامِعَة؟	ما اسم جامِعَتك؟
ب . موقع الجامِعَة	أين موقع الجامِعَة؟ في أي مدينة؟
ت . التخصّص	ماذا يدرس في الكُليّة؟
ث . عدد الكُليّات	كم عدد الكُليّات في جامِعَتك؟ ما أنواعُها؟
ج . اِسم رئيس الجامعة أو أستاذه / ها.	
ح . نَوع التعليم	هل التعليم حُكومي/خاص؟
خ . عدد سنوات الدراسة	كم عدد سنوات الدراسة بالجامِعَة؟
د . الشهادة	ما اسم الشهادة؟

٢. تبادلوا الأدوار.

٣. كلّ طالب يقدّم المعلومات عن جامِعَة زميله/ها أمام الفصل.

تقديم (٢) ٥

مدارس ونظام

عاصم حدّاد طالب لبناني في الصفّ الثاني يدرس في مدرسة ثانويّة فرنسيّة خاصّة.

١. تعلّم الأفعال التي تحتها خطّ من الصور.

٢. اِقرأ النصّ واكتُب جُملة من النصّ تحت الفِعل المُناسِب.

اقرأ النصّ مرّة ثانية وأجب:

١. متى تبدأ الدراسة ومتى تنتهي؟

٢. ماذا يفعل عاصم بعد المدرسة؟

النصّ ٥

أنا اسمي عاصِم وأسكُنُ في منطَقَة برِمّانا وأذهبُ إلى المَدرَسَة الفرنسيَّة في منطَقَة جونية خمسةَ أيّامٍ في الأُسبوعِ من الاثنَين إلى الجُمعَة. إجازتُنا الأُسبوعِيَّةُ يَومَ السبتِ والأحد، مدرسَتي بعيدَة عن المَنزِل.

أركبُ السيّارةَ مع أبي في الصباح ولكنّ أُختي تمشي إلى مدرَستِها القريبَة من المَنزِل، مدرسَتُنا تبدأ السّاعةَ الثامِنَةَ صباحًا. كلّ يوم أستَيقِظُ السّاعةَ السادِسَة وآخذُ دشًا، أُمّي وأُختي تُحَضِّران طعامَ الإفطار بينما ألبَسُ الزيَّ المَدرَسِي، نجلِسُ كُلُّنا لنُفطِرَ ثم نذهبُ إلى المدرَسَة. ندرسُ حتّى السّاعة الحادية عشَرة ثم نأخُذُ الاستِراحَة الأولى ونأكُلُ طعامَ الغذاء.

نأخُذُ الاستراحَةَ الثانيَةَ حوالي السّاعَة الواحِدَة ونقضي هذا الوقتَ في المَكتَبَةِ في القِراءةِ، بعضُ أصدِقائي يستخدِمون حُجرةَ الإنترنت ويعملون واجباتِهم بالكومبيوتر.

تنتهي الدراسةُ السّاعةَ الثالثةَ عصرًا. فادي ونديم صديقاي يلعبانِ معي كُرةَ القَدَم بعدِ المدرسةِ لمُدّة نصف ساعةٍ ثم يرجِعانِ إلى بيتِهما معي أنا وأبي، هما يسكُنانِ بجِوارِنا. مُعظَمُ أصدقائي لا يلعبونَ معنا بعد المَدرَسَةِ ويركبون أتوبيس المَدرَسَة ويرجعونَ إلى بُيوتِهم بعد المَدرَسَةِ مُباشَرَةً.

لاحظ القواعد:

زمَن الفعل المُضارِع في اللغة العربيّة يُعبِّر عن:

١. العادات اليوميّة. ٢. الأفعال التي تحدث الآن.

أولاً: الفعل المُضارِع المرفوع الصحيح: تصريف الفعل:

٦ ٧ ٨ ٩ ١٠

الضمير	يَذهَبُ	يَكتُبُ	يَأخُذُ	يسأَلُ	يقرَأُ
أنا	أذْهَبُ	أكْتُبُ	آخُذُ	أسْألُ	أقرَأ
نَحْنُ	نذْهَبُ	نكْتُبُ	نأخُذُ	نسْألُ	نقْرَأُ
أنْتَ	تذْهَبُ	تكْتُبُ	تأخُذُ	تسْألُ	تقْرَأ
أنْتِ ☆	تذْهَبينَ	تكْتُبينَ	تأخُذِين	تسْألين	تقْرَئين
أنْتُما ☆	تذْهَبان	تكْتُبان	تأخُذان	تسْألان	تقْرَآن
أنْتُم ☆	تذْهَبونَ	تكْتُبُونَ	تأخُذُونَ	تسْألُونَ	تقْرَؤُونَ
أنْتُنّ	تذْهَبْنَ	تكْتُبْنَ	تأخُذْنَ	تسْألْنَ	تقْرَأْنَ
هُو	يذْهَبُ	يكْتُبُ	يأخُذُ	يسْألُ	يقْرَأُ
هِي	تذْهَبُ	تكْتُبُ	تأخُذُ	تسْألُ	تقْرَأُ
هُما	يذْهَبان	يكْتُبان	يأخُذان	يسْألان	يقْرَآن
هُما	تذْهَبان	تكْتُبان	تأخُذان	تسْأَلان	تقْرَآن
هُم☆	يذْهَبُونَ	يكْتُبُونَ	يأخُذُونَ	يسْألُونَ	يقْرَؤُونَ
هُنّ	يذْهَبْنَ	يكْتُبْنَ	يأخُذْنَ	يسْألْنَ	يقْرَأْنَ

ثانياً: الفعل المضارع المرفوع: علامة رفع الفعل:

أ . **الضمّة:** مثل : أنا أذْهبُ – نحن نذْهبُ – أنت تذْهبُ (انظر الجدول)

ب. **ثبوت النون:** مع الأفعال التي اتصلت بـ (انظر الجدول)

☆ **مع الأفعالِ الخَمسَة:** واو الجماعة (هم يَذهَبونَ – أنتُم تذهَبونَ)

ياء المخاطبة (أنتِ تذهَبينَ)

ألف الإثنين (أنتما تذهبان – هما يذهبان/تذهبان)

لاحظ التصريف مع الضمير المؤنث أنتِ: هي تذهبُ

ثالثاً: نفي الفعل المضارع المرفوع هل تذهب إلى الجامعة؟ ١١

أنَا	نَحْنُ	أنْتَ	أنْتِ ☆	أنْتُما ☆	أنْتم ☆	أنْتُنّ
لا أذْهَبُ	لا نذْهَبُ	لا تذْهَبُ	لا تذْهَبينَ	لا تذْهَبان	لا تذْهَبونَ	لا تذْهَبْن

هُو	هِي	هُما ☆	هُما ☆	هُم ☆	هُنّ
لا يذْهَبُ	لا تذْهَبُ	لا يذْهَبان	لا تذْهَبان	لا يذْهَبونَ	لا يذْهَبْن

لا + فعل مضارع مرفوع مع جمع المؤنّث: مبني على السكون (لا تذْهَبْن – لا يذْهَبْن)

السؤال للفعل:

١. هل تُحِبُّ العُلومَ؟ = أَتُحِبُّ العُلومَ؟

٢. ماذا تفعَلُ الآن؟

٣. يمكن السؤال بالنفي: ألا تذهَبُ إلى المَدرَسَةِ اليَوم؟

تدريبات على القواعد والمفردات

تدريب (١)

كلمات مُفيدة: يعرِف – يحفَظ – يتَكَلَّم

أُكتُب الضّمير المُناسِب:

١ . ------ يقرأُ الجَريدَةَ كُلَّ صباح .

٢ . صحيح ------ تذهَبانِ إلى السينِما كُلّ يَوم خَميس بعدَ المُحاضَرات؟

٣ . ------ أسأَلُ المُدَرِّس عن كُلِّ الكَلِمات الصَّعبَة .

٤ . هل ------ يكتُبانِ كُلَّ الإجابات في كتابِهِما؟

٥ . هل------ تعمل مُدرِّسَة موسيقى في الكونسرفتوار؟

٦ . لماذا ------ لا تعرفين أسماءَ هؤلاء الطالِبات يا عبير؟

٧ . هل ------ حقًا تحفظونَ كلَّ القُرآن؟

٨ . ------ يتكلّمنَ ويعرِفنَ لُغاتٍ مُختَلِفَةً.

٩ . ------ يأخذون طعامًا من بُيوتِهم لكلِّ الأطفال في مدارِسِ الأحياءِ الفَقيرَة .

١٠. ------ تحفظنَ الكثيرَ من الكَلِماتِ العربيّةِ الصّعبةِ.

١١. هل ------ تدرس معنا في كُليّة الطِّبّ؟

١٢. لماذا ------ تتكلّمانِ دائمًا في الفَصل؟

١٣. ------ لا نعرِف الطريقَ إلى المدرسةِ الجديدةِ. كيف نصِلُ إلى هُناك؟

تدريب (٢)

ماذا يفعل هؤلاء الطلبة في المدرسة استخدم الأفعال واكتب جملة تحت كلّ صورة:

يدرسونَ - يتغَدّونَ - يلعَبونَ - يقرَءونَ - يستخدِمونَ - يكتُبونَ

هم يلعبون الكرة

تدريب (٣)

اكتب التصريف المناسب كالمثال:

مثال: أنا أستَيقِظُ السّاعَةَ الخامِسَةَ والنِّصفَ صباحًا كُلَّ يَوم.

١. نبيل وهناء ------ السّاعة التاسعة ويذهبان إلى العمل السّاعة العاشرة.

٢. أصدقائي يأخذون استراحة بعد المدرسة و ------ السّاعة السادسة بعد الظهر.

مثال: زَوجي يُدَرِّسُ في الجامِعَةِ.

١. هل ------ في مدرسة ثانويّة يا علياء؟

٢. هل أنتما ------ في كُليّة التجارة أم الحقوق؟

مثال: الحمدُ لله! أُمُّنا تُحَضِّر لنا الطعام الآن، أنا جائعٌ جِدًا.

١. هل ------ الدرس قبل المُحاضرة؟ (أنتُما)

٢. الامتحان غدًا، وصديقاتي لم ------ الدرس في وقت كافٍ.

تدريب (٤)

استخدم الأفعال التالية مع التصريف الصحيح في المكان المناسب:

(يسكُنُ – يُحَضِّرُ – يستَيقِظُ – يأخُذُ – يركَبُ – يرجِعُ – يأخُذُ استراحَة – يستَخدِمُ – يقضي – يمشي)

١ . سوزان ونادية لا ------- الأتوبيس إلى المَدرَسَة أبدًا، هُما --- التاكسي كلّ الوقت

٢ . أمي تتعَب كثيرًا لكلِّ الأُسرة ------ لنا طعام الإفطار قبلَ المَدرَسَةِ وطعام الغذاء عندما نرجِعُ من الجامِعَة والمدارِس

٣ . هل ------ بِجانِبِ الجامِعةِ يا عصام؟

٤ . متى ------ في الصباحِ يا أصدِقائي وما هو مَوعد المُحاضَرَة الأولى؟

٥ . مُراد ------ وقتًا طويلاً مع أصدقائِه في مكتَبَةِ الجامِعَةِ

٦ . سعيد وناجي ------ الكومبيوتر في تحضير الواجِبات المَدرسِيَّة

٧ . الحمدُ لله نحن ------ قريبًا و ------ إلى الجامِعَة يَوميًا

٨ . الأُستاذ صلاح الدين أستاذُ علومِ الحاسوب دائمًا ------ في مُنتَصَفِ المُحاضَرَةِ

٩ . خالي يعمل مُديرًا لِمدرَسَة الطبَري الثانَوِيّة و ------ إلى البيت كُلّ يَوم حوالي السّاعة الرابِعَة

١٠ . ياه!! هل ------ دُشًا وتلبَسُ ملابِسَكَ وتذهبُ إلى مدرسَتِكَ في نِصفِ ساعَةٍ فقط؟!

تدريب (٥)

أكمِل السُؤال واكتُب الإجابة عن كلّ صورة كالمِثال :

هل هما يقرآن الآن؟ لا . هما لا يقرآن الآن هما يشاهدان التليفزيون .

١ . هل هما يقرآن الآن؟

٢ . هل --- يكتبن ؟

٣ . هل --- يتكلّمون ؟

٤ . هل --- تأكل؟

٥ . هل---- تحضّران الشاي؟

٦ . هل--- يستخدم الكومبيوتر؟

٧ . هل --- يعمل؟

٨ . هل --- يلعبون الكرة؟

تدريبات الاستماع  ١٢

تدريب (٦)

ماذا يفعل هذا الرجل؟

كلمات مُفيدَة: لِص - غريب - غَير معقول - خِزَانة - يترُك - يرفَعُ - يُعلِّق - يفتح - يُغلِق - يُخْرِج

أكمُل الجملة بالكَلِمَة المُناسِبة من الكَلِمات السابقة:

١. أستاذُنا دائمًا يخرُج من الفصلِ و ------ أوراقَه على الطاوِلَة

٢. آلو . . قِسم الشُّرطَةِ هناك ------ يسرِقُ سيّارَةَ رئيس الجامِعَة من موقف السيّاراتِ

٣. مكتَبةُ الجامِعَة ------ أبوابَها الساعةَ العاشِرَةَ صباحًا و--- السّاعةَ التاسِعَةَ تمامًا

٤. أُستاذ اللغَة العربيّة ------ مقالاتِ الطَلَبَةِ الجميلَةَ على الحائِط ويقرأها كلُّ الطلاّبِ

٥. ميكروفون المَدرسَةِ لا يعمَلُ بطريقَةٍ جيِّدَةٍ ومُدرّسَتي ------ صوتَها طوال الوَقت

٦. الامتِحان غدًا يا محمود وأنت تجلِسُ أمام التليفزيون ٥ ساعات ولا تدرسُ هذا ------

٧. لماذا تُغلِق ------ الجامِعَة السّاعة الثانية عشرة هذا ------

موقف الاستماع:

هشام وسمير مُدرّسان يُحضّران الامتحانات في حُجرَة المُدرّسين حتّى ساعةٍ مُتأخّرةٍ في المَدرَسَة

اُنظُر إلى الصورة وكرِّر هذا الحوار مع زميلِكَ.

هشام : ماذا تُشاهد من النافِذة يا سمير؟ ١٢

سمير : أنا أُشاهد لِصًا في حُجرة المُدير.

هشام : لِصٌ!! هذا غريب وغَير معقول! ماذا يفعلُ في الحُجرة؟

سمير : هو يرفعُ صورة من على الحائِط! هناك خِزانَة وراء الصّورة، ياإلهي!! هو يفتح خِزانَة المُدير!

أ. اُنظُر إلى الصورة مرّةً أُخرى وأجِب:

١. مَن في حُجرةِ المُدير؟

٢. ماذا يفعلُ الرجُل؟

ب. أُنظُر إلى هذه الصُّوَر اسمَع. اُكتُب رقم الجُملَةِ أمام الصّورة المُناسِبَة.

١. هو يقفلُ الخِزانَةَ ويُعلّقُ الصّورةَ فوقَها.

٢. يفتح الخِزانة.

٣. يرفَعُ الصّورة.

٤. يكتُب رِسالَة على المَكتَبِ ويترُكُها.

٥. يترُكُ الظّرفَ بِداخِلِ الخِزانَة.

٦. يُخْرِجُ ظرفًا من حقيبَتِهِ.

١٣

أ . ما رأيك؟ هل هو لص؟

ب . اِقرأ الرِّسالة التالِيَة وأجب.

١. من هو هذا الشخص؟

٢ . ماذا يترُك في الخِزانة؟

٣ . كم هذه النُّقود؟ وما هي هذه النقود؟

Date : Ref. :

السيد المدير :

بعد التحية

اترك لك فى الحقيبة 50000 الف جنيه

وهى مرتبات المدرسين والعاملين .

انتهيت من كل الحسابات حوالى الساعة

التاسعة مساء .

أقابل سيادتكم غداً صباحاً ونبدأ حسابات

السنة الجديدة إن شاء الله .

مدير الحسابات

عبدالله محسن

مُسابَقة: ثُنائِيّات

أنتما تُشاهِدان رجُلاً الآن يدخُل منزِل الجيران. هو في حُجرة النَّوم. تبادلا وصف الأحداث واستخدِما الأفعال في الصور السابقة. الزميلان الفائِزان من يقولان أحسن وصف.

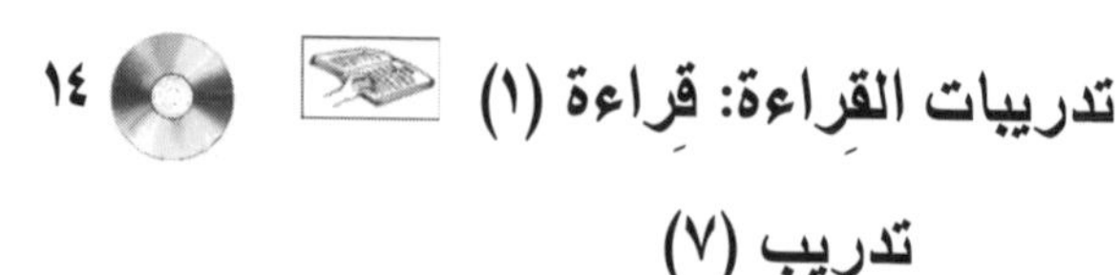

تدريبات القِراءة: قِراءة (١)

تدريب (٧)

مَدرَسَة سان مارك

كلِمات مُفيدة: أُنْشِئَتْ - اُفْتُتِحتْ - مَناهِج - تُؤَهِّل - مراحِل - في عهد المَلِك - مسرَح.

أكمِل الجُمَل بكَلِمَة مُناسِبَة من الكَلِمات السابِقَة:

١. تأسَّسَت جامِعَة القاهِرَة ------ فُؤاد الأوَّل سنة ١٩٢٣.

٢. الدراسَة والتعليم في مِصر ٣ ------ الابتِدائِيَّة والإعدادِيَّة والثانَوِيَّة.

٣. شيكسبير هو رِوائي وكاتِب ------ي مشهور.

٤. شهادة البكالوريوس ------ الطالب لدِراسَة الماجستير والدكتوراه بعد ذلك.

٥. ------ مكتبة الإسكندريّة الحديثَة بمِنطقة الشاطبي في أُكتوبر ٢٠٠٢.

٦. يدرس الطالِب في مراحِل الدراسَة المَدرَسِيَّة ------ الأدبِيَّة والعِلمِيَّة والتي تُؤَهِّل للدراسَة الجامِعِيَّة.

القِراءة الأولى:

أكمِل الجُمَل:

١. ------ مدرسة سان مارك ------ سنة و ------ سنة في ------

٢. تُعتَبَرُ المدرسةُ واحدةً من أقدمِ المدارسِ ------ في ------

القراءة الثانية: اقرأ النصّ مرّة ثانية ثم أجب:

١. أين تقعُ المَدرَسَة؟

٢. كم عدد المراحِل التي تُدرَّسُ في المَدرَسَة؟

٣. ما أسماء بعض المناهِج التي تُدرَّسُ في المَدرَسَة؟

٤. شهادة الثانويّة من هذه المَدرَسَة تؤهّل الطالِب للدراسَة في جامِعات بعضِ البلاد ما أسماء بعض هذه البِلاد؟

٥. ما أسماء بعض الخِرّيجين المشهورين من هذه الجامِعَة؟

منطقة حفائر أثرية شمال سور الكلية

المدخل الرئيسي للمدرسة وقبتها الشهيرة

النصّ [٤] ١٤

تُعتَبَرُ كُلِّيَّةُ سان مارك واحِدَةً من أقدَمِ المَدارِسِ الفرنسيَّةِ في الإسكَندَرِيَّةِ وهي تُدَرِّسُ جميعَ المَراحِلِ مِن الابتِدائِيَّةِ حتّى الجامِعَة. أُنشِئَتْ المَدرَسَةُ سَنَةَ ١٩٢٦ وافْتُتِحَتْ سَنَةَ ١٩٢٨ في عهدِ المَلِك فُؤاد الأَوَّل.

مَوقِعُ المَدرَسَةِ: تقَعُ الكُلِّيَّةُ في مِنطَقَةِ الشاطبي وتُطِلُّ على كورنيش البَحر، على ناصِيَةِ شارِع بورسعيد وهي قريبَةٌ من طريقِ الجَيشِ. بِجانِبِ المَدرَسَةِ مَحَطَّتَا تِرام الشاطبي والجامِعَةِ، بِجانِبِ الكُلِّيَّةِ أيضاً مباني كُلِّيَّةِ الهَندَسَةِ ومسرَحُ بيرم التونسي.

---

[٤] المعلومات والصور من ويكيبيديا، الموسوعة الحرة

الدِّراسَة: كُلِّيَّةُ سان مارك مَدرَسَةٌ خاصَّةٌ وتدرّس اللغَةَ الفرنسِيَّةَ لغةً أُولى بِجانِبِ اللُّغاتِ والمَوادِ الأُخرَى مِثل اللُّغةِ العربيَّةِ والكيمياء والفيزياء والمَناهِجِ الأُخرى. يجبُ أن يبدأَ الطالِبُ مِن المَرحَلَةِ الابتِدائيَّةِ ويستَمِرَّ في المَدرَسَةِ. يحصُلُ الطّالِبُ على شهادَةِ الثّانَوِيَّةِ، هذه الشّهادَةُ تُؤَهِّلُ للدِّراسَةِ في الجامِعاتِ المِصرِيَّةِ وفرَنسا وكنَدا وبِلجيكا وأسبانيا ودُوَلٍ أُخرى للحُصولِ على البكالوريوس مِن هذه الجامِعات. ومِن أشهَرِ الخِرّيجين مِن هذه المَدرَسَةِ:

- د. عِصمَت عبد المجيد، الأمينُ العامُ السابِقُ للجامِعَةِ العَرَبِيَّةِ.
- دودي الفايد، مليونير مِصري ابن مُحَمَّد الفايد صاحِب محَلاّت هارودز.
- رُشدي أباظة، مُمَثِّل مِصري مشهور.

قِراءة ٢ – إلى الموقع 

تدريب (٨)  ١٥

أولاد السفير

كلِمَات مُفيدة: السِّفارَة – السَّفير – يتَحَدَّث – لا أحَد – الدِّراسَة المَنزِلِيَّة – التّاريخ الإسلامي – عُلوم الدّين – النُّصوص العَرَبِيَّة – يشعُرُ بالوِحدَة

ادخل إلى الموقع لحلّ التدريبات وقراءة النصّ.

الكتابة

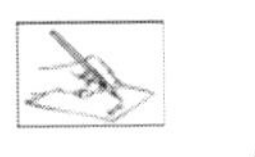

تدريب (٩)

يَوم في حياة ناظِر مدرَسَة

أُستاذ زاهِر أيُّوب مُدير وناظِر مدرَسَةِ النّصر بالمِنيا. أُنظُر إلى الصُّوَر، اُكتُب جُمَلاً عن كُلِّ صورة لِوَصف برنامج الأُستاذ زاهِر اليَومي.

المُحادَثَة

تدريب ١٠

محادثة ١:

هذه أجِندَة الطالِبَة أسماء رُشدي ، هي نشيطَة ومشغولَة دائِمًا في إجازَة نِصف العام

طالب (أ): اِسأل طالِب (ب) عن المعلومات الناقِصَة في الأجِندَة ، مثال: ماذا تفعل أسماء يَوم الاثنين صباحًا؟

الوقت	الأَحَد	الاثنَين	الثُّلاثاء	الأربعاء	الخَميس	الجُمعَة	السَّبت
الصَّباح	تمشي ٢كم في النادي		تُفطِرُ مع العائِلَة		تلعَبُ التِّنِس مع صديقَتِها		تزورُ جَدَّتِها
الظُّهر		تتغذى مع أولاد عمِّها		تُقابِلُ أصدِقاء المَدرَسَة		تدرُسُ الكيمياء للامتِحان بعد الإجازَة	
بعد الظُّهر	تذهبُ لطَبيب الأسنان		تُشاهِدُ فِيلمًا		تُقابِلُ الأصدِقاء في المَقهى		تُحَضِّرُ العَشاء لأُسرَتِها
المَساء		تُشاهِدُ التليفزيون		تقرَأُ كِتابًا		تنامُ مُبكِّرًا	

طالب (ب): هي تستَيقِظ مُتَأخِّرَة. اِسأل عن المعلومات النّاقِصَة عِندك في أجِندَتِها.

مِثال : ماذا تفعل أسماء يوم الأحد صباحًا؟

الوقت	الأَحَد	الاثنَين	الثُّلاثاء	الأربعاء	الخَميس	الجُمعَة	السَّبت
الصَّباح		تستَيقِظُ مُتأخِّرَةً		تشرَبُ القَهوَة وتقرَأُ		تُساعِدُ والِدَتَها	
الظُّهر	تُنَظِّفُ حُجرَتَها		تتَسَوَّقُ مع أمِّها		تطبُخُ مع أمِّها		تذهَبُ إلى السينما مع صديقاتِها
بعد الظُّهر		تدرُسُ الفيزياء للامتِحان بعد الإجازَة		تسمَعُ موسيقى		تلعَبُ رِياضَة في النادي	
المَساء	تكتُبُ رِسالَة		تدرُسُ الجُغرافيا		تعمَلُ واجِباتِها		تقضي وقتًا مع الأُسرَة

محادثة ٢:

١. أُكتُب أجِندَتَكَ الشَّخصِيَّة. ٢. تبادَل المَعلومات مع زميلِكَ عن أجِندَتِكُما.

تذكَّر

أولاً : الخبَر المُقدَّم في الجُملة الاسميّة:

الخبَر المُقدَّم	النَّوع	المُبتَدأ	النَّوع
هُناك	ظرف شبه جملة	شجرةٌ عالِيَةٌ في هذه الحديقةِ	نكِرة مُفرَد
في هذا الفصلِ	جار ومجرور	طلاّبٌ مجتهدون	نكِرة مُفرَد

الخبر قبل المبتدأ في حالة:١. المبتدأ نكرة ٢. الخبر شبه جملة والمبتدأ معرفة

ثانياً: الجمع:

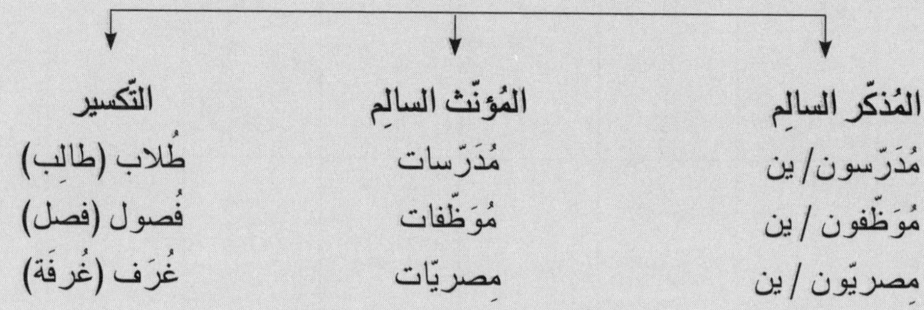

اِسم الإشارَة مع جمع المُذكّر السالِم جمع المُؤنّث السالِم	هؤلاء مُدرّسون مُجتهِدون هؤلاء مُدرّسات مُجتهِدات
اِسم الإشارَة مع جمع التكسير للناس	هؤلاء أطِبّاء مُجتهِدون هؤلاء نِساءٌ مجتهداتٌ
اِسم الإشارَة مع جمع التكسير للأشياء	هذه كتبٌ كثيرةٌ / هذه قصصٌ جميلةٌ

لاحظ اسم الإشارة مع الجمع - لاحظ علامات الإعراب مع الجمع

		مرفوع	منصوب	مجرور
جمعِ المُذَكَّرِ السالم	هؤُلاءِ مُهَندِسونَ مُجتَهِدونَ أحب المهندسين المجتهدين أسلّم على المهندسين المجتهدين	--- ون	--- ين	--- ين
جمع المُؤَنَّثِ السالم	هؤُلاءِ مُهَندِساتٌ مُجتَهِداتٌ أحبّ المُهَندِساتَ المُجتَهِداتَ أسلّم على المُهَندِساتِ المُجتَهِداتِ	---ٌ	---َ	---ِ
جمع التَّكسيرِ المذكّر	هؤُلاءِ طلابٌ مُجتَهِدون أحبّ الطلابَ المُجتَهِدين أسلّم على الطلابِ المجتهدين	---ٌ	---َ	---ِ
جمعِ التَّكسيرِ المؤنّث	هؤلاء نساءٌ مجتهداتٌ شاهدت نساءٍ مجتهداتٍ سلّمت على نساءٍ مجتهداتٍ	---ُ	---ِ	---ِ
جمعِ التَّكسيرِ للأشياء	هذه كُتُبٌ كثيرَةٌ هذه قِصَصٌ جميلَةٌ	---ٌ	---َ	---ِ

ثالثاً: الفِعل المُضارِع المرفوع

الفِعل المُضارِع في اللغة العربيّة يعبِّر عن:

١. العادات اليوميّة.   ٢. الأفعال التي تحدث الآن.

أولاً: تصريف الفِعل:

الفعل / الضمير	الفِعل الثُّلاثي الصحيح		الفِعل الثُّلاثي المهموز		
	يَذهَبُ	**يكتُبُ**	**يَأخُذُ**	**يسأَلُ**	**يقرَأُ**
أنَا	أذْهَبُ	أكْتُبُ	آخُذُ	أسْألُ	أقْرَأُ
نَحْنُ	نذْهَبُ	نكْتُبُ	نأخُذُ	نسْألُ	نقْرَأُ
أنْتَ	تذْهَبُ	تكْتُبُ	تأخُذُ	تسْألُ	تقْرَأُ
أنْتِ ☆	تذْهَبينَ	تكْتُبينَ	تأخُذِين	تسْألين	تقْرَئين
أنتما ☆	تذْهَبان	تكْتُبان	تأخُذان	تسْألان	تقْرَآن
أنْتُم ☆	تذْهَبونَ	تكْتُبُونَ	تأخُذُونَ	تسْألُونَ	تقْرَؤونَ
أنْتُنّ	تذْهَبْنَ	تكْتُبْنَ	تأخُذْنَ	تسْألْنَ	تقْرَأْنَ
هُو	يذْهَبُ	يكْتُبُ	يأخُذُ	يسْألُ	يقْرَأُ
هِي	تذْهَبُ	تكْتُبُ	تأخُذُ	تسْألُ	تقْرَأُ
هُما	يذْهَبان	يكْتُبان	يأخُذان	يسْألان	يقْرَآن
هُما	تذْهَبان	تكْتُبان	تأخُذان	تسْألان	تقْرَآن
هُم☆	يذْهَبُونَ	يكْتُبُونَ	يأخُذُونَ	يسْألُونَ	يقْرَؤونَ
هُنّ	يذْهَبْنَ	يكْتُبْنَ	يأخُذْنَ	يسْألْنَ	يقْرَأْنَ

ثانياً: علامة رفع الفِعل المُضارِع المرفوع

أ . الضمّة: مثل: أنا أذهبُ – نحن نذهبُ – أنت تذهبُ (انظر الجدول)

ب . ثبوت النون: مع الأفعال التي اتصلت بـ ------ (انظر الجدول)

☆ **الأفعال الخمسة**
- واو الجماعة (هم يذهبون – أنتم تذهبون)
- ياء المخاطبة (أنتِ تذهبين)
- ألف الإثنين (أنتما تذهبان – هما يذهبان/تذهبان)

ثالثاً: نفي الفِعل المُضارِع المرفوع هل تذهبُ إلى الجامعة؟

الإجابة: لا . أنا لا أذهبُ إلى الجامِعَةِ أنا أذهبُ إلى المَدرَسَةِ

أنَا	نَحْنُ	أنْتَ	أنْتِ ☆	أنْتُما ☆	أنْتُم ☆	أنْتُنّ
لا أذْهَبُ	لا نذْهَبُ	لا تذْهَبُ	لا تذْهبينَ	لا تذْهَبان	لا تذْهَبونَ	لا تذْهَبْن

هُو	هِي	هُما ☆	هُما ☆	هُم ☆	هُنّ
لا يذْهَبُ	لا تذْهَبُ	لا يذْهَبان	لاتذْهَبان	لا يذْهَبُونَ	لا يذْهَبْن

تابع الجدول لا + فِعل مُضارِع مرفوع بالضمّة.

مع جمع المُؤنَّث: السُّكون (لا تذْهَبْن– لا يذْهَبْن)

الْوِحْدة الرّابعة
خُطَطٌ وأنشِطَةٌ ورَحَلات

تقْديم (١): موظَّفون في هيلتون شرْم الشّيْخ

هدف الدّرْس:

- الْكلام عن الْمُوَظّفين ونِظام حياتِهم وأعْمالِهم وعاداتِهم.
- التّعْبير عن مُعدّل تكْرار الْعادات والأنشِطة الْيَوْميّة (أحْيانًا / دائِمًا / غالِبًا / نادِرًا).

الْقواعد والتّرْكيب:

- الْفِعْل الْمضارع الصّحيح (الْمُضعَّف) والْمُعْتلّ، الْمِثال (الْمُعْتلّ الأوّل) والنّاقِص (الْمُعْتلّ الآخِر) والأجوَف (الْمُعْتلّ الوَسَط).
- مواءَمَة الْفِعْل مع الْفاعِل.

الْمُفْردات:

أفْعال الأنْشِطَة السّياحيّة.

الثّقافة:

قِراءةُ رسالةٍ عن فنْدقٍ في مدينة شرْم الشّيْخ ومَواقِعِ مُدُنِ جنوب سَيْناء السّياحيّة.

تقْديم (٢): إجازة في جنوب سَيْناء.

هدف الدّرْس:

- التّخْطيطُ للإجازاتِ والرَّحَلاتِ والْمناسباتِ الْمُخْتلفةِ.
- الْكلام عن الْخُطَطِ والأنْشطةِ في الاحْتفالات.

الْقواعد والتّرْكيب:

- سَوْفَ أو سـ + فِعْل مُضارع للتّعبير عن الزّمن الْمُسْتقْبل.
- تصْريف كلِّ أنْواعِ الأفْعال السّابِقَةِ ونفْيها في الزّمن الْمُسْتقبل.

الْمُفْردات:

- مَزيدٌ من الأفْعال الْيَوْميَّة للْحياة الْمنْزليّةِ - وأفْعالِ أنْشطةٍ مُخْتلفة للرّحْلات.
- تعْبيرات تدُلُّ على الزّمن في الْمُسْتقْبل (غدًا / الْيوْم التّالي / الأسْبوع الْقادِم إلخ ..)

الثّقافة:

الْقراءةُ عن برْنامجٍ وتخْطيطُ كيْفيةِ قضاءِ عائلةٍ لُبْنانيّةٍ لإجازةِ رأْسِ السّنةِ في جبلِ لُبْنان.

تقْديم (١أ)

مُوظّفون في هيلتون شرْم الشّيْخ

اِدْرِسْ هذه الْكَلِمَات:

هذهِ شريهان تَعْمَلُ مُرْشِدَةً سِياحِيَّةً

هذهِ آمال مُوَظَّفَةُ اسْتِقْبالٍ

دائِمًا تَصْحُو مُبكِّرًا وتجْرِي ٣ كيلومتْرات

غالِبًا تشْتري الْمُشْتَرَياتِ وتُنَظِّفُ الْبَيْتِ

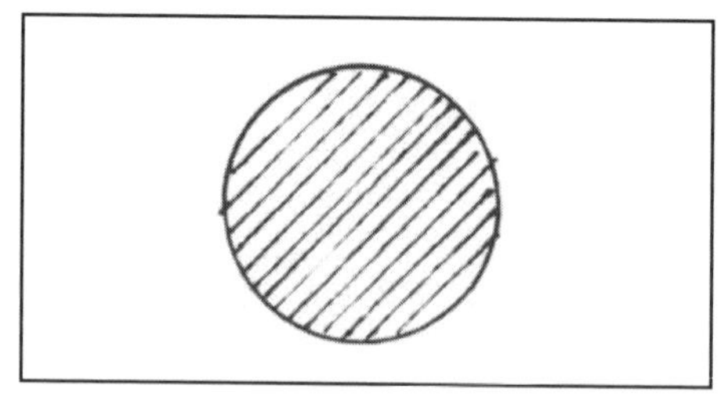

١٠٠ ٪ = دائِمًا = كُلَّ يَوْمٍ = يَوْمِيًا + فِعْل مُضارع

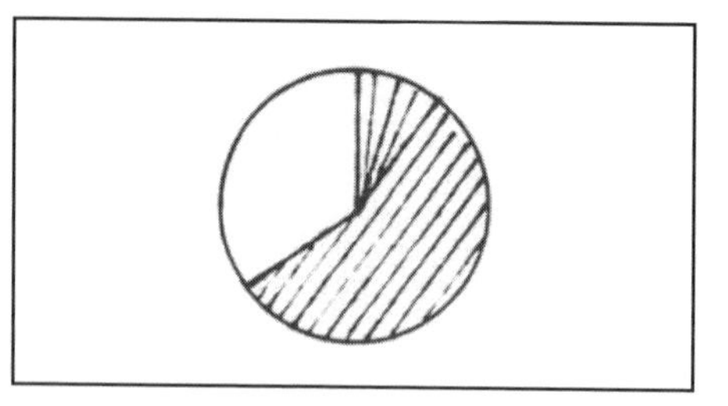

غالِبًا = ٩٠ ٪ + فِعْل مُضارع

أحْيانًا تتعَشَّيانِ في الْفُنْدُقِ

نادرًا ما تُفْطِرانِ في الْفُنْدُقِ

لا ترْجِعانِ إلى الْبَيْتِ مُتَأَخِّرَتَيْنِ أبدًا

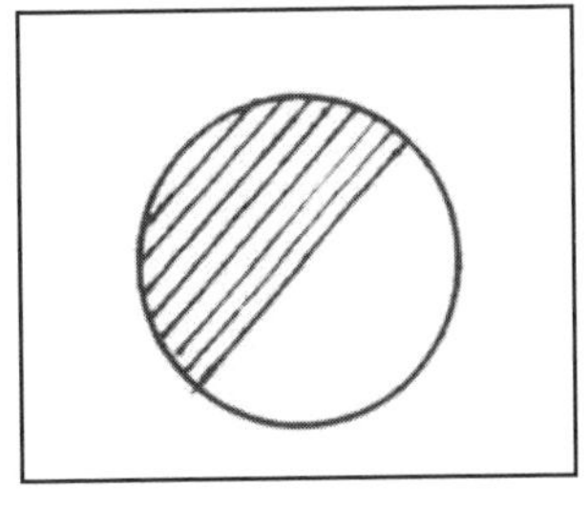

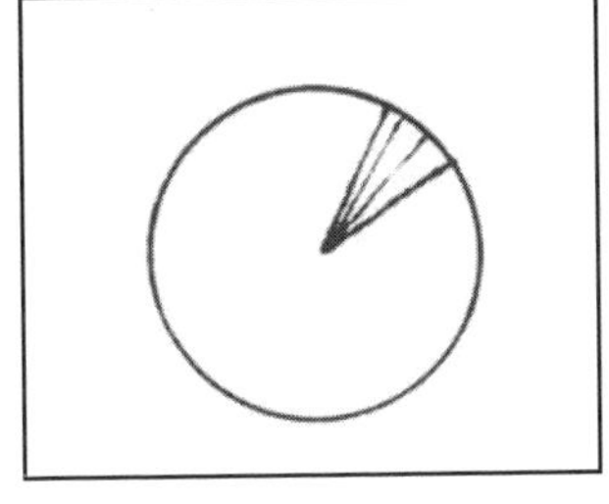

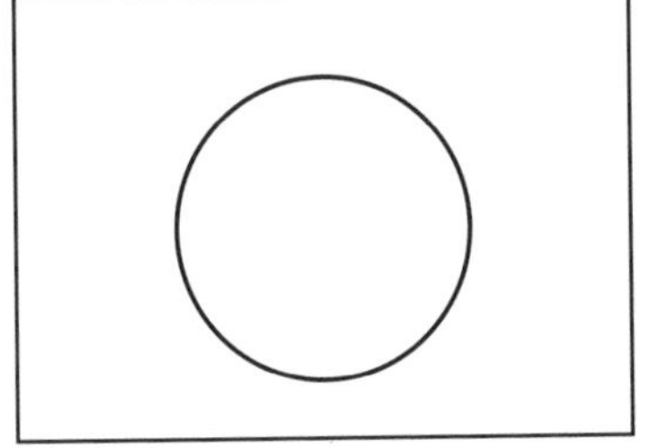

أحْيانًا = ٥٠٪ + فِعْل مُضارع

نادِرًا ما = ١٠٪ + فِعْل مُضارع

لا + فِعْل مُضارع + أبدًا = صفْر٪

التدْريبات على الْقواعد والْمُفْردات

تدْريب (١)

أُكْتُب النِّسْبَة ، اِسْتخدِم الْكَلِمات الْمُساعِدَة (دائِمًا - غالِبًا - أحْيانًا - نادِرًا ما - أبدًا)

١. لا أُسافِرُ بِالطّائِرَة أَبَدًا. صفْر ٪ أبدًا = ولا مرّةً واحدة

٢. أبي يَجْري كُلَّ يَوْمٍ قبْلَ الْعملِ. ____________________

٣. يَلْعَبانِ التّنسَ ٣ مرّاتٍ في الْأُسْبُوعِ بعْدَ نِهايَةِ يَوْمِ الْعَمَلِ. ____________________

٤. أَشْرَبُ قهْوَتي في الْمَكْتَبِ تَقْريبًا ٦ مَرّاتٍ في الْأُسْبُوعِ. ____________________

٥. يَلْعَبْنَ التّنسَ مرَّةً واحِدَةً في الشّهْرِ. ____________________

٦. أَجْري ٣ كيلومتْرات كُلَّ يَوْمٍ. ____________________

٧. عادةً أُقابِلُ أَصْدِقائي ٥ مَرّاتٍ في الْأُسْبوعِ. ____________________

تقْديم (اب)  ١

اِقْرَأ النّصّ واُكْتُب الأفْعال الْمناسبةَ تحْتَ الصّورَةِ 

  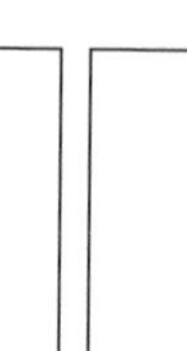

--------------- --------------- ---------------

--------------- --------------- تُنظِّم رحْلاتٍ بَحْرِيَّةً لِلْغَطْسِ

اِقْرَأ النّصّ مرّةً أُخْرى عن آمال وشريهان واسْمَع واُكْتُب √ أو × كالْمثال:

آمال	شريهان
١. تُحبُّ آمال الأَعْمالَ الْمنْزِليّةَ	١. تَصْحو مُتأخّرةً
٢. تُسجِّلُ أسْماءَ الضُّيوفِ	٢. تَجْري خمْسةَ كيلومتْراتٍ
٣. لا تَعيشُ مع أحدٍ في الشّقّة ✯	٣. تَرْتَدي ملابسَها بِسُرْعَة
٤. لا تُنظّفُ حُجْرَتَها	٤. هما تَقِفانِ وتَنْتَظِرانِ الأُتوبيس
٥. تَشْتري الْمُشْتَرَياتِ	٥. تُنظّم رحْلاتٍ بَحْريّةً للْغَطْسِ
٦. لا تَطْبُخُ الطّعامَ	٦. تَدْعو النّاسَ لمُشاهَدةِ الأماكِنِ الطّبيعيّةِ
٧. لا تَبْتَسمُ للضّيوفِ	٧. تتغدّى في الْفُنْدُقِ
٨. تُسجِّل أسْماءَ السّائحين	٨. لا تَتعشّى في الْفُنْدُقِ
٩. تُسكِّنُ الضُّيوفَ	٩. تَرْجِعُ إلى الْبَيْتِ السّاعةَ التّاسِعَةَ

نص الاستماع لتدريب (١):

١

آمال حسيْن عُمْرُها ٢٥ سنَةً ومن خِرِّيجي كُلِّيّةِ السّياحَةِ والْفَنادِقِ، تَعْمَلُ آمال موظّفةَ اسْتقْبالٍ في فُنْدُقِ هيلتون شرْم الشّيْخ. تَعيشُ آمال مع شريهان زميلتِها في شقّةٍ قريبةٍ من الْفُنْدُقِ، تُحبُّ آمال الْأعمالَ الْمنْزليّةَ، هي تنظّفُ حُجْرتَها وغالبًا تشْتري كلَّ الْمُشْترياتِ وتَطْبُخُ الطّعامَ.

تَعْملُ شريهان مُرْشِدةً سِياحيّةً، دائمًا يوْميًّا تصْحو مُبكِّرًا وتجْري ثلاثةَ كيلومتْرات، ترْتدي شريهان وآمال ملابِسَهما بسرْعةٍ وتقِفان وتنْتَظِران أتوبيسَ الْفُنْدُقِ. يَصلُ أتوبيسُ الْفنْدقِ السّاعةَ الثّامِنَةَ صباحًا، تدْخلُ آمال مكْتبَ الاسْتقْبالِ وتَسْتقْبلُ الضّيوفَ والسّائحين بابْتسامةٍ لطيفةٍ وتُسجّلُ أسْماءَهم ثمّ تُسَكّنُ الضّيوفَ في غُرَفِهم.

تُنظّم شريهان رَحَلاتٍ سِياحيّةً وبَحْريّةً للْغطْسِ في مِنْطقةِ رأْس محمّد الْمشْهورةِ وتدْعو النّاسَ لمُشاهدةِ الأماكنِ الطّبيعيّةِ الجّميلةِ. آمال وشريهان نادرًا ما تُفطران في الْفُنْدقِ، لكن كلّ يوْم تتغدّيان في الْفُنْدقِ وأحْيانًا تتعشّيان هناك ثمّ تَرْجعان إلى الْبيْت السّاعةَ التّاسعةَ مساءً. هما مُوظّفتان مُجْتهِدتان ولا تتأخّران في الليل أبدًا.

لاحِظ الْقواعد:

أوّلاً: الْجمْلة الْفعْليّة:

الْجمْلة الْفِعْليّة تبدأ بفِعل

ثانياً: التّرْكيب:

جُمْلة اسْمِيّة		جُمْلة فِعْليّة		
تُحبُ الأعْمالَ الْمنْزليّةَ	آمال	الأعْمالَ الْمنْزليّةَ	آمال	تُحبُ
↓	↓	↓	↓	↓
خبر جُمْلة فِعْليّة	مُبْتدأ	مفْعول به	فاعِل	فِعْل
	↓	↓	↓	↓
	مرْفوع بالضّمّة	منْصوب بالْفتْحة	مرْفوع بالضّمّة	**الإعْراب:**

ثالثاً: لاحظ تصْريف الْفِعْل مع بداية الْجمْلة الْفعْليّة: ٢

الْجمْلة الْفِعْليّة للْفاعل الْمُذكّر	الْجمْلة الْفِعْليّة للْفاعل الْمُؤنّث
يُحبّ الرّجلُ الْعملَ يُحبّ الرّجلان الْعملَ يُحبّ الرّجالُ الْعملَ	تُحبّ السّيّدةُ الْعملَ تُحبّ السّيّدتان الْعملَ تُحبّ السّيّداتُ الْعملَ
يتصرّف الْفِعْل مثْل الْمُفْرد الْمُذكّر	**يتصرّف الْفِعْل مثْل الْمُفْرد الْمُؤنّث**

٣

الجُملة الاسميّة	الجُملة الاسميّة
الرّجلُ يُحبُ الْعملَ	السّيّدةُ تُحبُ الْعملَ
الرّجلان يُحبّان الْعملَ	السّيّدتان تُحبّان الْعملَ
الرّجالُ يُحبّون الْعملَ	السّيّداتُ يُحْبِبْنَ الْعملَ
يتصرّف الْفِعْل حسب الْاسم أو الضّمير في بداية الْجمْلة في الْإفْراد والتّثْنية والجمع والتذكير والتأنيث	

رابعاً: الْفِعْل الثُّلاثي يتكوّن من ٣ حروف

↓ ↓ ↓

ف ع ل

_ _ _

الْفِعْل الصّحيح ← --- ليس فيه حرْف عِلّة (ا، و، ى) ★

الْفِعْل الْمُعْتلّ = √ حرْف عِلّة في الْأوّل (وقف) - الْوَسَط (ينام) - الْآخِر (يصْحو)

↓ ↓ ↓

و-- -ا- --و

اِدْرِسْ تصْريف الْأفْعال الْآتية: الفعل الْمُعْتلّ الْأوّل وصَل / يصلُ و -- ٤

أنا	نَحْن	أنْتَ	أنْتِ	أنْتُما	أنْتُم	أنْتُن
أصِلُ أ--	نصِلُ ن --	تصِلُ ت --	تصِلينَ ت -- ين	تصلان ت - لان	تصِلونَ ت -- ون	تصِلْنَ ت - ن

هُو	هي	هما	هما	هُم	هُنّ
يصِلُ يـ--	تصِلُ ت --	يصلان ي -- لان	تصلان ت -- لان	يصِلونَ يـ-- ون	يصِلْنَ ي - ن

نفْي الْفِعْل الْمضارع: تذكّر مما درسْت سابقًا أنّ نفْي الْفِعْل الْمضارع بأنْواعه:

لا + الْفِعْل الْمضارع الْمرْفوع بالضّمّة (لايشْربُ / يصلُ)

أو بثبوت النّون (لا يشْربون / يصلون)

الْمُعْتلّ الْآخِر بالْواو صحا / يصْحو (و) يـ - - - ولاحظ تصْريف الْفِعْل الْمُعْتلّ الْآخِر مع:

أنْتِ، أنتما، أنْتُم، هما، هُم

٥

أنا	نَحْن	أنْتَ	أنْتِ ✯	أنْتُما / أنْتُما ✯	أنْتُم ✯
أصْحُو أ - - و	نصْحُو ن - - و	تصْحُو ت - - و	تصْحين ت - - ين	تصحوان ت - - وان	تصْحُون ت - - ون

أنْتُن	هُو	هي	هُما / هُما ✯	هُم	هُنّ
تصْحُون ت - - ون	يصْحُو يـ - - و	تصْحُو ت - -	يصحوان يـ - - وان تصحوان ت - - وان	يصْحُون يـ - - ون ✯	يصْحُون يـ - - ون

✯ يُحْذَفُ حرْف الْعِلّة مع تصْريف الْفِعْل الْمُعْتلّ الْآخِر مع أنْتِ، أنْتُم، هُم

الْمُعْتلّ الآْخِرِ بالْياء: جرى / يجْري (ي) يـ-- ي ٦

أنا	نَحْن	أنْتَ	أنْتِ	أنْتُما	أنْتُم ★
أجْري أ-- ي	نجْري ن -- ي	تجْري ت -- ي	تجْرين ت -- ين ★	تجريان تـ-- يان	تجْرون ت -- ون

أنْتُن	هُو	هي	هما/هما	هُم	هُنّ
تجْرين ت -- ين ★	يجْري يـ-- ي	تجْري ت -- ي	يجريان يـ--- ان تجريان تـ--- ان	يجْرون يـ-- ون	يجْرين يـ-- ين

الْفِعلْ الْمُضعّف: نظَّف / يُنظِّفُ يـ- - -ّ ٧

أنا	نَحْن	أنْتَ	أنْتِ	أنْتُما	أنْتُم
أُنظِّفُ أ- -ّ -	نُنظِّفُ ن - -ّ -	تُنظِّفُ ت - -ّ -	تُنظِّفينَ ت - -ّ - ين ★	تُنظِّفان تـ - -ّ - ان	تُنظِّفونَ ت - -ّ - ون ★

أنْتُن	هُو	هي	هما/هما	هُم	هُنّ
تُنظِّفْنَ ت - -ّ - ن ★	يُنظِّفُ يـ - -ّ -	تُنظِّفُ ت - -ّ -	يُنظِّفان يـ--- ان تُنظِّفان تـ--- ان	يُنظِّفونَ ي - -ّ - ون ★	يُنظِّفْنَ ي--ّ- ن

الْفِعْل الْمُعْتلّ الْوَسَط (الْأَجْوَف): خاف / يخاف (ا) – قال / يقول (و) – عاض /يعيش (ى)

	أ	و	ي
أنا	أخافُ	أقولُ	أعيشُ
نحْن	نخافُ	نقولُ	نعيشُ
أنْت	تخافُ	تقولُ	تعيشُ
أنْتِ	تخافينَ	تقولينَ	تعيشينَ
أنتما	تخافان	تقولان	تعيشان
أنتما	تخافان	تقولان	تعيشان
أنْتم	تخافونَ	تقولونَ	تعيشونَ
أنْتنّ	تخَفْنَ ★	تقُلْنَ ★	تَعِشْنَ ★

	أ	و	ي
هو	يخافُ	يقولُ	يعيشُ
هي	تخافُ	تقولُ	تعيشُ
هما	يخافان	يقولان	يعيشان
هما	تخافان	تقولان	تعيشان
هم	يخافونَ	يقولونَ	يعيشونَ
هن	يَخَفْنَ ★	يَقُلْنَ ★	يَعِشْنَ ★

لاحظ حرْف الْعِلّة مع أنْتن / هن

ا / و/ ي لا يوجد حرْف الْعِلّة ★

٨ ٩ ١٠

تدْريبات على الْقواعد والْمُفْردات

تدْريب (٢)

حوِّل الْجُمَل الاسْميّة إلى جُمَل فِعْليّة كالْمثال:

أسْتاذة الْكيمْياء أحْيانًا تنظّمُ الامْتحانات وتحضّرُها

الْحلّ : تنظّمُ أسْتاذةُ الْكيمْياءِ الامْتحانَات وتحضّرُها أحْيانًا

١. الْعلماءُ دائمًا يَروْن الْفيروس بالْميكْروسكوب الإلكْتْروني

٢. غالبًا الْعاملاتُ يُنظّفنَ حجراتِ الْفنْدقِ صباحًا

٣. مديرُ الشّركةِ لا يدْعو الْموظّفينَ والْموظّفاتِ للْعشاءِ أبدًا

٤. فاطمةُ ترْكبُ الْمتْرو دائمًا، ونادرًا ما تصلُ إلى الْعملِ متأخّرة

٥. نحْن نحبُّ الْبنوكَ ودائمًا نعْملُ محاسبيْن في هذا الْبنْك

٦. هل الْمدرّساتُ يُحْضِرْن الْكتبَ للْفصلِ أحْيانًا؟

تدْريب (٣)

اِسْتخْرِج الْفِعْل والْفاعلَ والْمفعولَ به من الْجُمَل السّابِقة:

الْفعْل	الْفاعل	الْمفْعول به
١. تنظّمُ وتحضّرُ	أسْتاذةُ الْكيمْياءِ	الامْتحانَ
٢.		
٣.		
٤.		
٥.		
٦.		

تدْريب (٤)

اِسْتخدِم الْأفْعال التّالية مع التّصْريف الْمناسب كالْمثال:

لماذا ------ الدّكْتور مُصْطفي الْفيزْياء في جامعةِ الْقاهرة فقط؟ (يُدرّس)

الْحلّ : لماذا يُدرّس الدّكْتور مُصْطفي الْفيزْياء في جامعةِ الْقاهرة فقط؟

١. الْمُمَرِّضاتُ ------ طويلاً مع الطّبيبِ في الْمُسْتشْفى (يقف)

٢. ------ الْمديرون في التّليفون كثيرًا (يتكلّم)

٣. يا ماجدة هل ------ لي الْقهوة في الاسْتراحَةِ؟ (يشتري)

٤. السُّفَراءُ ------ اجْتماعَ رئيسِ مُنظّمةِ الْوِحدةِ الْأفْريقيّةِ (ينظّم)

٥. هل المريضان ------ الطّبيبَ من وقْتٍ طويلٍ يا أحْمد؟ (ينتظر)

٦. متى ------ و ------ للْعملِ يا نوال؟ (يصحو / يذهب)

٧. أيْن --- أصْدقاؤك كلّ صباحٍ قبْلَ الْعملِ؟ (يجري)

٨. أنا وزُملائي ------ فيلمًا أجْنبيًّا في السّينما كلّ يوْمِ خميسٍ بعْدَ الْعمل (يشاهد)

٩. ------ الْمُوظّفاتُ مُتأخّراتٍ بعْدَ بدايةِ الْعمل (يصل)

تدْريب (٥)

أُكْتُب الضّميرَ الْمناسب:

١. (أَنْتُم) هَل لا تَعْرِفُونَ مَنْ هُوَ مُديرُ الشّرِكَةِ؟

٢. (------) لِماذا لا تَجْرِينَ مَعي فِي الصّبَاحِ قَبْلَ الْعَمَلِ؟

٣. (------) لِماذا لا تَقِفْنَ أمامَ بَابِ الشّرِكَةِ؟ أَيْنَ --- الْآنَ؟

٤. (------) كَيْفَ تَصِلان إلى الْعَمَلِ؟ بِالسّيّارَةِ أو بِمتْرو الْأَنْفَاقِ؟

٥. (------) مِن أيْنَ يَشْتَرِينَ هَذِهِ الْكُتُبَ الرّخيصَةِ؟

٦. (------) مَاذَا تَرَيْنَ الْآنَ من النّافِذَةِ؟

٧. (------) يَاإلَهي! هَلْ تَمْشُونَ لِلْعَمَلِ كُلّ يَوْمٍ؟ هَذَا صَعْبٌ وَ مُتَعِبٌ جِدًّا!

تدْريب (٦)

رَتِّبْ هَذِهِ الْجُمَلَ مَعَ التّشْكيلِ:

١. كلّ الرّسائل – تكْتب – السّكرْتيرات – غالبًا

٢. الرّجال – الْعمل الْكثير – يحبّون – دائمًا

٣. الْعاملات – الْبيوت – تنظّف

٤. لا تكْتبان – الدّرْس أبدًا – الْمدرّستان – على السبورة

٥. أوْراق الْملفّات – ترتّب – لوريس – أحْيانًا

٦. إلى قاعة الاجْتماعات – السّفراء – دائمًا يمْشون

٧. الْمديرون – الْمشاكل كثيرة في الشّركة – يرى – نادرًا ما

٨. مبْنى ضخْمًا – يبْنون أحْيانًا – الْمهنْدسون

٩. الْممرّضات – مع الطّبيب دائمًا – تقف

١٠. قصصًا جميلة – الرّوائيّون – غالبًا يكْتب

تدْريب (٧)

أَجِبْ على هَذِهِ الأَسْئلَةِ فِي صِيغَةِ النّفْي:

١. يا أحْمَدُ هَل ابْنَتُكَ تَمشِي لِلْمدرَسَةِ؟

لا. هي لا تَمْشي لِلْمَدرَسَةِ أبَدًا . هي دائمًا ترْكَبُ الأُتوبيس.

٢. هل تأْكُلينَ في هَذا الْمَطعَم دَائمًا؟ لا ———— ولَكِنْ أحْيانًا ———— .

٣. هل عادَةً تَدْعُون كُلَّ الْمُوَظّفينَ لِلاجْتِماعِ؟ لا ———— أبَدًا.

٤. هل تَتَغدّيْنَ مَعَهُن فِي الشّرِكَةِ؟ لا ———— نَادِرًا مَا ———— .

٥. هل يَصِلْنَ السّاعَةَ الْعَاشِرَةَ إلى الْعَمَلِ؟ لا ———— أبَدًا

٦. هَلْ تنْتَهيان مِنَ الْعَمَلِ السّاعَةَ الثّانِيَةَ؟ لا ———— دائمًا.

تدْريباتُ الاسْتِماعِ ١١

تدْريب (٨)

يوميّاتُ طبيبٍ

الطّبيبُ خالد سليم أخِصّائيُّ الأمْرَاضِ الْباطِنَةِ. هو يَعْمَلُ كثيرًا. الْمُذيعَةُ فَاتِن الشّوربَجيّ تُجْرِي حِوارًا مَعَ الطّبيبِ. اِدْرِسْ الْكَلِمَات من الصُّوَرِ: يَفْحَصُ - يُعَالِجُ - يكْتُبُ الدّواءَ.

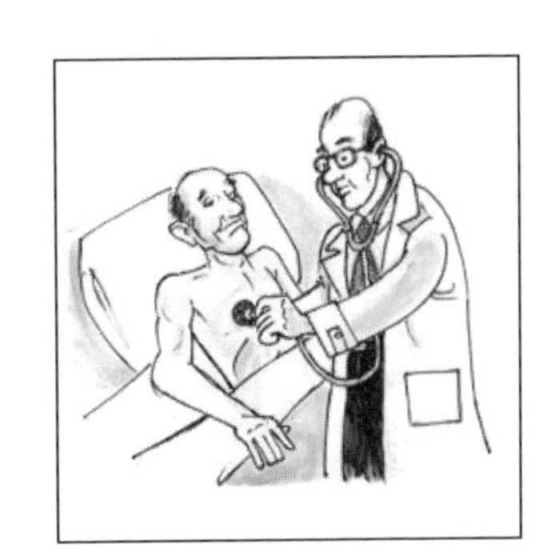

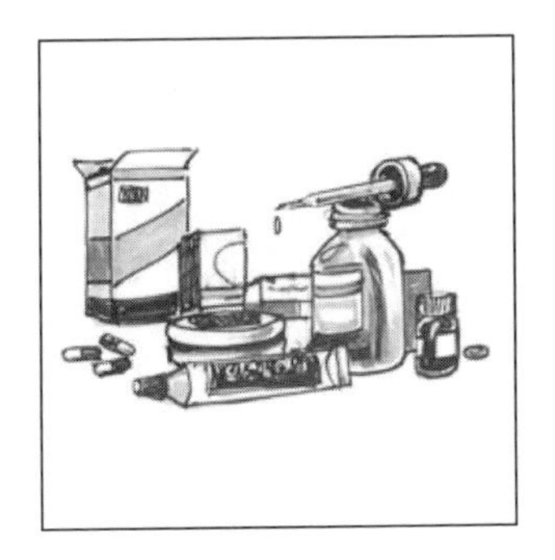

اِسْمَع النّصّ وأجِبْ:

١. أيْن يعْملُ الطّبيبُ خالد صباحًا ؟

٢. اِسْمَع مرَّة أُخْرى وأجِبْ من الْجدول كالْمثال:

دائمًا	غالبًا	أحْيانًا	نادرًا ما ...	لا ... أبدًا
يصْحو السّاعة ٦				

النّصّ

١١

مُذيعَة : هَلْ يُمْكِنُ أَنْ تَحْكِيَ لَنا عَن بَرْنامَجِكَ الْيَومي يا دُكْتور خالِد؟

الطّبيب : أنا بَرْنامَجي مشْغولٌ جدًا، أنا أَصْحو السّاعَةَ السّادِسَةَ صَبَاحًا أُفْطِرُ وأرْتَدي مَلابِسي ثُمَّ أذْهَبُ إلى الْجامِعَةِ، أَنَا أُدرِّسُ في كلّيّةِ الطِّبِّ الأمْراضَ الْباطِنيّة ٣ أيّامٍ فِي الأُسْبوعِ.

مُذيعَة : وهَل تَذْهَبُ إلى الْمُسْتَشْفى؟

الطّبيب : نعَم أذْهَبُ إلى مُسْتَشْفى الْجامِعَةِ يَوْمِيًّا في الظُّهْرَ، أَفْحَصُ وأُعالِجُ الْمَرْضى، وأكْتُبُ الدّواءَ.

مُذيعَة : وهل تتَغَدّى في الْجامِعَةِ؟

الطّبيب : أحْيانًا، وَلَكِن غالِبًا أَرْجِعُ إلى الْبَيْتِ ونتَغَدّى أنا وأُسْرَتي معًا.

مُذيعَة : ومتى تَذْهَبُ إلى عِيادَتِكَ؟

الطّبيب : أَذْهَبُ إلى عِيادَتي حَوالي السّاعَةِ السّادِسَةِ.

مُذيعَة : وهل تَلْعَبُ أَيَّة رِياضَةٍ؟ أو تُشاهِدُ التّليفِزْيون أو تَذْهَبُ إلى الْمَقْهى؟

الطّبيب : إمم .. أنا أحْيانًا أَلْعَبُ رِياضَةً، أَمْشي أو أَجْرِي فِي الْمَساءِ بَعْدَ الْعَمَلِ، وَنادِرًا ما أُشاهِدُ التّليفِزْيون، ولا أذْهَبُ إلى الْمَقهى أبدًا.

مُذيعَة : وهل تَأْخُذُ إجازَةً؟

الطّبيب : إم .. نَعَمْ .. أحْيانًا.

تدْريبات القْراءة : قراءة ١  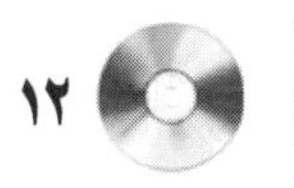 ١٢

تدْريب (٩)

رسالة من هيلْتون

شلّالات الْماء[1]

مارْتن سائحٌ سويديّ يزور مصْر حاليًا في إجازة من الْعمل. مارْتن يكْتُب رسالة إلى أسْرتهِ

كلمات مفيدة: تبْدَأ – تنْتَهي – يغوص – نسْبَح – يحْجِز – يتَمشّى – يُعْجِبني – شلّالات – يأْتِي

تدْريب على الْمُفْردات الْجديدة

اِسْتخدِم الْأفْعال السّابقة مع التصْريف الْمناسب:

١. ------ دَوْرة دِراسَة اللّغةِ الْعربيّةِ الأُسْبوعَ الْقادِمَ و ------ بعْد ٥ أسابيع.

٢. ------ الْموسيقى الْخفيفة ولكن تُحبّان كثيرًا الْموسيقى الْكِلاسيكيّة.

٣. أنا أُحبّ مِنْطقةَ ------ نياجْرا في الشْمال بيْن أمْريكا وكندا، الْمناظر الطّبيعيّة هناك رائعَة.

---

[1] الصور والمعلومات من جوجل فندق هيلتون الشلالات

٤. كلُّ مرّةٍ نذْهبُ إلى الْبحرِ الْأحْمرِ، أبي ------ في مِنْطقة رأْس محمّد.

٥. الْمِصْريُّون ------ على كورْنيش النّيل في الصَّيف.

٦. السُّيّاح ------ من كُلّ الْبلادِ لِزِيارة مِصْرَ ومشاهدةِ الْأهْرامات والْآثار الْفِرعَوْنِيّةِ.

اِقْرَأ النّصّ ثمّ أجبْ:

أيْن مارْتن الْآن؟ أيْن هذا الْفنْدق؟

اِقْرَأ النّصّ مرّة أخْرى

١. ثمّ أكْمل الْجمل في أ بما يناسبها من ب عمّا يفْعله مارْتن:

أ	ب
أنا أجْري ثمّ أسْبَحُ نِصْف ساعة ونذْهبُ إلى أماكِنِ الْغَوصِ ونغُوصُ في نذْهبُ إلى الشّاطئ بعْد الْغداء ونلْعبُ الْألعابِ الْمائِيّةِ	منْطقة رأْس محمّد ونُشاهِد الْأسْماكَ الْجميلةَ وأشْربُ الْعصائِرَ اللّذيذةَ مع أصْدقائي في مطاعِمَ كثيرةٍ على الشّاطئ كلَّ صباح قبْلَ الإفْطار

٢. ماذا تفْعل الْآنسة آمال لمارْتن وأصْدقائه؟

٣. ماذا يفْعل أصْدقاء مارْتن بعْد الظّهْر؟

نصّ الرّسالة: ١٢

أبي وأُمّي الْأعزّاء

بعْدَ التّحيّة،

أنا وأصْدِقائي الْآنَ في شرْم الشّيْخ وهي مَدينَةٌ جَميلَةٌ تَقَعُ جَنُوبَ سيْناء وتُطِلُ علَى البَحرِ الأحْمَرِ، نَحْنُ في فُنْدُقِ هيلْتُون شَلّالات الْماءِ. الْفُنْدُق جَميلٌ جدًا ويتَكوّنُ مِن ٢٤٥ غُرْفَةً تُطِلُ كُلُّها على الْبَحرِ. تَبْدَأُ الشّلّالاتُ مِن صالَةِ اسْتِقْبَالِ الْفُنْدُقِ وتنْتَهِي إلى حمّام السِّباحَةِ الضّخْم. الْفُنْدُق بِهِ ٣ حمّامات لِلسِّبَاحَة. أنا أجْرِي كُلَّ صَبَاح ثُمّ أَسْبَحُ نِصْفَ ساعَة قَبْلَ الإفْطارِ. الْمُوظفةُ شيريهان تُنَظِّمُ لَنَا رَحلاتٍ بَحْرِيَّةً ونذْهَبُ إلى أماكِنِ الْغَوْصِ ونَغُوصُ في مِنْطَقَة رأْس مُحَمّد وَنُشَاهِدُ الأَسْمَاكَ الْجَمِيلَة، وَتَتَغَدَّي مَعَنَا شريهان ثُمّ نَرْجِعُ إلى الْفُنْدُق. نَذْهَبُ إلى الشّاطِئِ بَعْدَ الْغداءِ وَنَلْعَبُ بالْألعَابِ الْمَائِيّةِ وَأَشْرَبُ الْعَصَائِرَ اللّذيذَةَ مَعَ أَصْدِقَائي في مَطَاعِمَ كَثِيرَةٍ على الشّاطِئِ وَوَسطَ الْحَدَائِقِ الْمُخْتَلفَةِ في الْفُنْدُق. الْآنِسَةُ آمال مُوَظّفَة الاسْتِقبَالِ تَحْجِزُ لَنَا أحْيانًا الْأُتوبِيس ومَطْعَمًا في خَلِيج نِعْمَة وَنَتَعَشّى هُنَاكَ. بَعْدَ الظُّهْرِ نادِرًا ما أَجلِسُ في غُرْفَتي بِمُفْرَدي، وَلَكِن غالِبًا يَأْتي أَصْدِقَائي لِنَجْلِسَ في الشّرفَةِ وَنَلْعَبُ الْوَرَقَ أو الشّطرَنْج وَنَسْمَعُ الْمُوسيقَى أو نَتَمَشّى وَسَطَ الْحَدَائِقِ والشَّلالاتِ. الْآنِسَةُ آمال مُوَظّفَة الاسْتِقْبَالِ تُعْجِبُني كَثِيرًا. أَرَاكُمْ قريبًا.

ابْنكم مارْتن

قراءة ٢ - إلى الْموْقع 

تدْريب (١٠)

من جريدةِ أخْبارِ السّاعةِ: زيارةُ عملٍ وسِياحَةٍ

كلِماتٌ مُفيدَة: يبْني - يُناقِش - يرى - يُلْقي
مُحاضَرةً - مصْنَع - وزيرُ الصِّحَّةِ

ادْرِسْ الْكَلِمَات السّابقة مع الْمُدرّس. أُكْتُب ترْجمة كلّ كلمة من قاموس الْكتاب
أُدْخُل إلى الْموقع لحلّ التّدْريبات وقراءة النّصّ.

أكْتُب الْكلمة الصّحيحة تحْت الصّورة:

تدْريبات الْكتابة 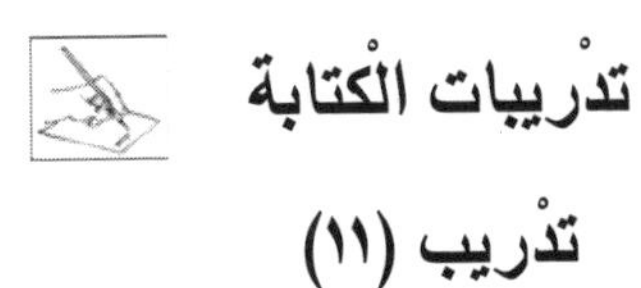

تدْريب (١١)

كلِمات مُفيدة: يُلمّع - يكْوي - يعْزف - يُغنّي

أُكْتُب جملاً عن كلّ صورة كالْمثال:

صورة ١

صورة ٢

صورة ٣

صورة ٤

صورة ١: سعاد تكْوي ملابسَها، ماجد يُنظّف ويُلمّع النّافذة.

تدْريب (١٢)

أوّلاً: اقْرأ رسالة سامح الإلكْترونيّة (e - mail) إلى صديقه ثرْوت عن الْحفْلة الْعائليّة ثمّ أجبْ:

١. ما مُناسبة الْحفْلة؟ ولمن؟

٢. ماذا يفْعلُ كلُّ شخْصٍ للْمُساعدة؟

عزيزي ثرْوت

هذه رِسالَةٌ سَرِيعَةٌ، فأنا مَشْغُولٌ جِدًا اليَوْمَ. عِنْدَنا حَفْلَةٌ عَائِلِيّةٌ كبيرَةٌ إنّهُ عيدُ ميلاد جَدِّي وكُلُّنا نُحَضّرُ للْاحْتفال. أبِي يُعَلّقُ الزّينَةَ والْأنْوارَ، أُمّي وخالاتي يطْبُخْنَ وَيَخْبِزْنَ كعْكَةَ عيد الْمِيلادِ، أُخْتي تُنَظِّفُ الْبَيْتَ، أوْلادُ خالي يُرَتِّبُونَ الطّاوِلَةَ والْكراسي. أولادُ عَمِّي يَقِفُونَ ويَتَمَشّونَ في كُلِّ مَكَانٍ وَلَكِنْ لا يُسَاعِدُونَ. هم يلْعَبُونَ على الْكومْبِيُوتر فَقَط. أَرَاكَ غدًا.

سامح

ثانياً: أنْت الْآن تُحضّر لحفْلة، اُكْتُب إلى صديقك عن إحدى الْمناسبات الْآتية:

أ. حفْلة عشاء عائليّة

ب. عيد ميلاد أحد الأصْدقاء

ت. الْفصْل يعْمل حفْلة لمُدرّس ينْتهي عمله بالْمدْرسة

اُكْتُب لصديقك رسالة إلْكترونيّة (e - mail) تصِف ما يحْدث

تدْريبات الْمُحادثة

تدْريب (١٣)

مُحادثة ١:

مازن يعْمل في بنْك في الصّباح ويدْرس التّصوير والرّسم في الْمساء.

اقْرأ هذا الْحوار:

حسام : وماذا تفْعل الآن يامازن؟

مازِن : أنا؟ أنا حَالِيًا أعْمَلُ مُحَاسِبًا في البَنْكِ الْعَرَبيّ
وَأكْتُبُ ثَالِثَ قِصّةٍ لجَريدةِ أَخْبَارِ السّاعَةِ، وأدْرُسُ في الْمَسَاءِ التّصويرَ والرّسْمَ، أنا عِنْدي مَعْرِضٌ كَبيرٌ في شَهْرِ مَايُو الْقادمِ وَأعْمَلُ في إجَازَتي الأُسْبُوعِيّةِ يَوْمَينِ في مُسْتَشْفَى لمُسَاعَدَةِ الأطْفَالِ الْمَرْضَى، وأنْتَ مَاذَا تَفْعَلُ هَذِه الأيّام؟

اِسْأل زميلك ماذا يفْعل حاليًا قدّم للْفصْل ما تعْرف من معْلومات عن صديقك.

محادثة ٢:

اسْألوا زملاءكم وأكْملوا الْجدْول: متى تصْحو من النّوْم؟

اسْم الطّالب					
طالب ١					
طالب٢					
طالب٣					
طالب٤					

تقْديم (٢) ١٤

إجازة في جنوب سيْناء

اِدْرِسْ هذه الْكَلِمَات: غدًا – الأسْبوعَ التّالي – الشّهْرَ الْقادم – سنَبْقى – يقومُ ب – يقولُ – يقْضي – بعْد غدٍ – خلال ٣ أيّام.

رحْلة برّيّة

سِباحة

رِياضة مائيّة

صَيْد السّمك

زَوْرق زُجاجيّ

عَشاء بَدويّ

سِياحة شَواطىء

تَسوُّق

مَزارات سياحيّة

تدْريب على الْمُفْردات

املأ الفراغ بكلمة من الكلمات التالية:

(صيد السمك – السفر – يقْضون – يبْقَى – يقومُ ب – تقولُ – الزَّوْرق الزُّجاجي – الرِّياضات الْمائيّة)

١. ------ الْفَوْج السّياحيّ غدًا – زيارة الْمتحف الْمِصْريّ ومُشاهدة الْآثار الْمِصْريّة.

٢. مُدير شركة آمون للسّياحة دائمًا ------ في مكْتبه ويعمل حتّى ساعة مُتأخّرة.

٣. أولاد عمّى أحْيانًا ------ إجازتهم في الْغرْدقة.

٤. زَوْجتي ------ دائمًا أنّ السّفر إلى مُدن الْبحْر الْأحْمر إجازةٌ جميلةٌ.

٥. رِحْلة في ------ رِحْلة ممْتازة فيمْكن أنْ تُشاهد كلّ الْأسْماك وأنْت تجْلس في الْقارِب.

٦. أنا وأولادي نلْعب كثيرًا من ------ مثْل التّزَحْلُق على الْماء.

٧. لا أُحبّ ------ أبدًا في الْإجازة ولكن زوْجتي وبناتي يحببْنه جدًا.

٨. أنا لا أُحبّ السّمك ونادرًا ما أذْهب مع أصْدقائي في رحْلات ------

مهمّة ١:

هذه مدن جنوب سيْناء السّيّاحيّة ،اقْرأ صفْحة الْإعْلانات في موْقع جوجل ويكبيديا للسّياحة أي مدينة تحبّ زيارتها؟

مهمّة ٢: 

اجْمع معْلومات عن كلّ مدينة من الْموْقع الْإلكْتروني (الْموْقع – الْمعالم السّياحيّة – فنْدق مشْهور للْحجْز – رياضات مشْهورة في الْمدينة) اخْتر مدينة وقدّم ما تعْرف عنْها للْفصْل

اِسْتخدِم الْخريطة والصّور التّالية للْمساعدة [٢]

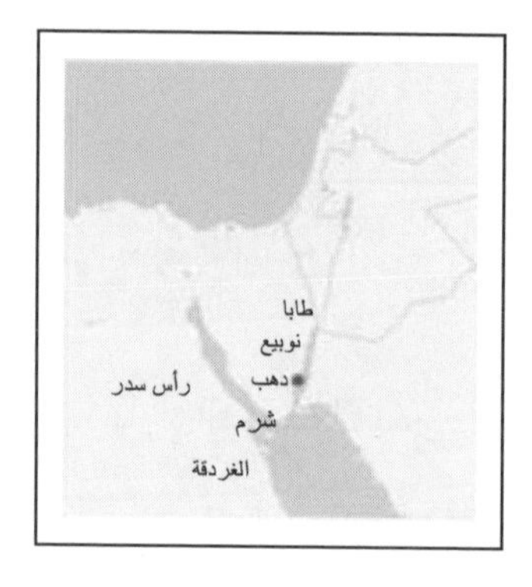

دهب

الْأسْعار رخيصة، الرّياضات الْمائية، السّباحة

الْغرْدقة

صيْد السّمك، الرّحلة الْبرّيّة، الْمزارات السّياحيّة

شرْم الشّيْخ

الْغطْس، الرّياضات الْمائيّة، الرّحلة الْبرّيّة، غالية

نويبع

الْأسْعار رخيصة، الرّياضات الْمائيّة، السّباحة

---

(٢) الْخريطة والصّور من موْقع جوجل ويكبيديا للسّياحة. مدن جنوب سيْناء.

غدًا سَتَصِلُ عائِلَةُ مَارْتِن إلى مِصْرَ هُمْ عِنْدَهُمْ إجَازَةٌ كُلُّ شَهْرٍ مَايُو. سَيُقِيمُونَ الْأُسْبُوعَ الْقَادِمَ مَعَ مَارْتِن في فُنْدُقِ شلّالات هيلْتُونْ شرْم الشّيْخ.

اسْمع الْحوار بيْن مارْتن والْآنسة آمال عن رحْلات الْعائلة في الإجازة وأجبْ:

منْ سيصل؟ متى؟	عائلة مارْتن ستصل الْأسْبوع الْقادم
أيْن ستقيم عائلة مارْتن؟	عائلة مارْتن ---------- تقيم ----------
من سيقول لمارْتن الْبرْنامج؟	الْآنسة شيريهان --------- تقول لمارْتن ---------

الْحوار: ١٤

مارْتِن: وَأيْنَ سَنَذهَبُ في الْأُسْبوع الْأوّل يا آنِسَة آمال؟

آمال: في الْأُسْبوعِ الْأوّل ستبْقون يَوْمَينِ في شرْم الشّيْخ وَسيَنامُونَ في غُرْفَةٍ بِجانِبِكَ.

مارْتِن: وَهل سنَقومُ برَحَلاتٍ إلى الْمَدينَةِ وسنتسَوّقُ في خَليجِ نِعْمَةَ؟ هل هُم يبيعون هدايا مِصْرِيّةً جميلَةً في هَذِهِ الْأسْواق؟

آمال: نعم، تقولُ الْآنسة شريهان ذلك، وستقومون بِرحْلة غطْسٍ في رأْس محمّد.

مارْتِن: وماذا سنفْعلُ في الْيَومِ الثّالثِ؟

آمال: ستذْهبون في الْيوْمِ الثّالثِ في رحْلةٍ برِّيَّةٍ إلى دهب. ستقْضون جزْءًا من الْيوْم على الشّاطِىء وستدْخُلون الصّحراء للرّحْلَةِ البرِّيّةِ.

مارْتِن: وهل سنسافرُ إلى رأْس سدْر؟

آمال: لا . لنْ تسافروا إلى رأس سدْر ولكن أعْتقدُ في الْيوْمِ الرّابعِ ستسافرون إلى نويبع .

مارْتِن: وماذا سنفْعلُ هناك؟

آمال: أظنُّ ستُقيمون في فُنْدُق هيلْتون نويبع .الآنسة شريهان هي الْمُرْشِدةُ السّياحيّةُ، وسوْف تقولُ لك كلّ برْنامج الرّحْلات خلال الْفتْرةِ الْقادمةٍ وأتمنّى لك وقْتًا سعيدًا مع عائلتِكَ .

مارْتِن: أنا سعيدٌ وأُحبّ الْحديثَ معَكِ يا آمال .

آمال: وأنا أيضًا سعيدةٌ وأُحبُّ الْحديثَ معك يا مارْتن .

اِقْرأ الْحوار السّابق مع زميلك بالتّبادُل ثمّ أكْمِل الْجدول: ماذا سيفْعل مارْتن وعائلته؟

الْوقْت	النّشاط / الْفِعْل
الْأسْبوع الْأوّل، الْيوْم الْأوّل والثّاني الْيوم الثّالث	سيُقيمون في الْفنْدق / سيَبْقوْن في شرْم الشّيْخ / سيَتسوّقون في خليج نعْمة
الْيوْم الرّابع	
باقي الأسْبوع	

لاحِظ الْقواعد:

أوّلاً: للتّخْطيط والْكلام عن أحْداث في الْمسْتقْبل:

سـ + الْفِعْل الْمضارع   أو   سوْف + الْفِعْل الْمضارع

ثانياً: لاحظ تصْريف الأفعال في المستقبل:

الْفِعْل الصّحيح الْمُعْتل الْأوّل (الْمَثال) الوسط (الْأجْوف) الْآخِر (النّاقص)

١٥ ١٦ ١٧ ١٨ ١٩ ٢٠

	يذهبُ	**يقِفُ**	**ينامُ**	**يزورُ**	**يبيعُ**	**يقضي**
أنا	سأذْهبُ	سأقِفُ	سأنامُ	سأزورُ	سأبيعُ	سأقْضي
نحْن	سنذْهبُ	سنقِفُ	سننامُ	سنزورُ	سنبيعُ	سنقْضي
أنْت	ستذْهبُ	ستقِفُ	ستنامُ	ستزورُ	ستبيعُ	ستقْضي
أنْتِ	ستذْهبيْنَ	ستقِفينَ	ستنامينَ	ستزورينَ	ستبيعينَ	ستقْضينَ
أنْتما	ستذهبان	ستقفان	ستنامان	ستزوران	ستبيعان	ستقضيان
أنْتم	ستذْهبونَ	ستقِفونَ	ستنامونَ	ستزورونَ	ستبيعونَ	ستقْضونَ
أنْتنَّ	ستذْهبْنَ	ستقِفْنَ	ستنمْنَ ☆	ستزُرْنَ ☆	ستبِعنَ ☆	ستقْضينَ

هو	سيذْهبُ	سيقِفُ	سينامُ	سيزورُ	سيبيعُ	سيقْضي
هي	ستذْهبُ	ستقِفُ	ستنامُ	ستزورُ	ستبيعُ	ستقْضيُ
هما	سيذهبان	سيقفان	سينامان	سيزوران	سيبيعان	سيقضيان
هما	ستذهبان	ستقفان	ستنامان	ستزوران	ستبيعان	ستقضيان
هم	سيذْهبونَ	سيقِفونَ	سينامونَ	سيزورونَ	سيبيعونَ	سيقْضونَ
هن	سيذْهبْنَ	سيقِفْنَ	سينمْنَ ☆	سيزُرْنَ ☆	سيبِعْنَ ☆	سيقْضينَ

ثالثاً: نفْي الْفِعْل في الْمُسْتقْبل:

(لن + فِعْل مُضارع منْصوب بالْفتحة، حذف النون ✯ أنتِ، أنتم، أنتما، هما، هم)

أنا	لنْ	أذهبَ	أقِفَ	أنامَ	أزورَ	أبيعَ	أقضيَ
نحْن	لنْ	نذهبَ	نقِفَ	ننامَ	نزورَ	نبيعَ	نقضيَ
أنْت	لنْ	تذهبَ	تقِفَ	تنامَ	تزورَ	تبيعَ	تقضيَ
أنْتِ ✯	لنْ	تذهبي	تقِفي	تنامي	تزوري	تبيعي	تقضي
أنتما	لنْ	تذهبَا	تقفَا	تنامَا	تزورَا	تبيعَا	تقضيَا
أنْتم ✯	لنْ	تذهبوا	تقِفوا	تناموا	تزوروا	تبيعوا	تقضوا
أنْتنّ	لنْ	تذهبْنَ	تقِفْنَ	تنمْنَ	تزُرنَ	تبِعنَ	تقضينَ
هو	لنْ	يذهبَ	يقِفَ	ينامَ	يزورَ	يبيعَ	يقضيَ
هي	لنْ	تذهبَ	تقِفَ	تنامَ	تزورَ	تبيعَ	تقضيَ
هما	لنْ	يذهبا	يقفا	يناما	يزورا	يبيعا	يقضيا
هما	لنْ	تذهبا	تقفا	تناما	تزورا	تبيعا	تقضيا
هم ✯	لنْ	يذهبوا	يقِفوا	يناموا	يزوروا	يبيعوا	يقضوا
هن	لنْ	يذهبنَ	يقِفْنَ	ينمْنَ ✯	يزُرْنَ ✯	يبِعنَ ✯	يقضينَ

٢١ ٢٢ ٢٣ ٢٤ ٢٥ ٢٦

التّدْريبات على الْقواعد والْمُفْردات ٢٧

تدْريب (١)

اِسْتخدِم الْكلِمَات الْآتية وأكْمل الْحوار بيْن مارْتن وصديقه الْمصْريّ عن رحْلة عائلة مارْتن الْقادمة إلى مصْر.

الْكلِمَات: سيحْضرون – أسْتطيعُ – أنْتَظِرُ – سيشْترون – سيأخذُ – سيُشاهدون – سيصْطادُ – سنبْقى – سنَقْضي – سنقومُ ب – سيغْطسُ – سيتفرجون.

حسام : أهْلاً يا مارْتن كيْف حالُكَ؟ ماذا ستفْعلُ غدًا؟ هل تأْتي معي إلى خليج نعْمة وقْتَ الْعَشاء؟

مارْتن: أنا بخيْرٍ يا حسام ولكن لنْ ------ مقابلتك الْيوْم، أنا ------ عائلتي الْيوْم في مطار شرْم الشّيْخ.

حسام : آه. هذا رائِع! أ ------ الْيوْم؟ وأيْن ستذْهبُ معهم؟

مارْتن: ------ في الْفُنْدق أوّل يوْميْن و ------ الْوقْت في السِّباحة والرّاحة وسياحة الشّواطئ الْمُخْتلفةِ للْفنادقِ الْأخْرى.

حسام : وهل ستأْخذُ الْعائلةَ إلى خليج نعْمة؟

مارْتن: طبْعًا ------ على كلّ الْأماكن ------ أبي ويُشاهدُ الْأسْماكَ الْمُلوَّنةَ و------ أخواتي إلى السّوقِ الْقديمِ وطبْعًا ------ كلّ شيْء هاها..

حسام : وهل ستشاهدون مُدُنًا أُخْرى؟

مارْتن: سنذْهبُ إلى دهب ونوييع و ------ رحْلات برّية وعشاء بدويّ ، و ------ أخي في دهب فهُناك رَحَلاتُ صيْدٍ جميلةٌ وسيقوم برياضاتٍ مائيّةٍ كثيرةٍ.

حسام : هذه رحْلاتٌ جميلةٌ، أتمنّى لكم وقْتًا سعيدًا.

اسْمع وصحّح الْحوار.

تدْريب (٢)

أكْمل الْجملة بالتّصْريف الْمناسب كالْمثال:

١. ------ (يزور - نحْن) جدّتي وجدّي الصّيفَ الْقادم في كندا.

سنزور جدّتي وجدّي الصّيفَ الْقادم في كندا.

٢. هل ------ (أنْت - تحضر) السّبتَ الْقادم؟ ------ (نحْن - يقيم) حفْلةَ عشاء في بَيْتي؟

٣. أمّي ------ (يُسافر) إلى لنْدن الأسْبوعَ الْقادم. ------ (يرْكب) طائرةَ السّاعةِ الْخامسةِ صباحًا.

٤. خالاتي ------ (يصل) في قطارِ السّاعةِ الرّابعةِ من أسْيوط .و ------ (يُغادر) في صباحِ الْيومِ التّالي.

٥. أخي لن ------ (هو - يأْتي) هذه الإجازةَ معنا ، هو ------ (يبيع) سيّارته غدًا.

٦. هل ------ (أنتِ - يخْرج) معي اللّيلة؟ أمْ أنْتِ مشْغولة؟

لا . آسفة أنا متْعبة جدًا ------ (أنا - يبقى) اللّيْلة في الْبيْت ------ (أنا - ينام) مبكّرًا.

٧. هل صديقاتُنا ------ (يحجز) في نفْس الْفنْدق معنا الأسْبوعَ الْقادم؟

لا أظنُّ! هن ------ (ينام) في فنْدق أرْخص.

٨. هل إخْوتك ------ (يتغدّى) معنا يا سمر الْيوْم؟

لا. للْأسف، هم لن ------ (يتغدّى) معنا الْيوْم، هم ------ (يقابل) أصْدقاءهم الْيوْم و ------ (يتعشّى) معهم.

تدْريب (٣)

أجبْ على هذه الْأسْئلة بالنّفْي كالْمثال:

١- أ : هل ستزورين ماجدة الْيوْمَ يا نوال؟

ب : لا. لنْ أزورَ ماجدة، صديقتي الْإنْجليزيّة ستزورني الْيوْمَ.

٢- أ : هل ستذْهبن معي غدًا للتّسوّق؟

ب : ------------------------------------

٣- أ : هل سيذاكرن لامْتحان الرّياضيّات خلالَ الْأيّامِ الْقادمةِ؟

ب : ------------------------------------

٤- أ : هل سيلْعبون التّنس في الْإجازةِ؟

ب : ------------------------------------

٥- أ : هل أولادُ عمِّك سيصلون يوْم الْأرْبعاء من ألْمانيا؟

ب : ------------------------------------

٦- أ : هل سَوْفَ تقابلين الْمديرَ بعْدَ قليل؟

ب : ------------------------------------

٧- أ : هل ستذْهبُان لطبيبِ الْأسنان بعْد غدٍ؟

ب : ------------------------------------

٨- أ : هل سيصل الْقطارُ خلالَ السّاعةِ الْقادمةِ؟

ب : ------------------------------------

تدْريب (٤)

اخْتر تعْبيراً آخر مناسباً من تعْبيرات الزّمن الآتية للْكلام عن الْمسْتقبل:

(غدًا – الْأسْبوعَ التّالي – الشّهرَ الْقادم– سنبْقى – يقومُ ب – يقولُ- يقْضي – بعْدَ غدٍ – خلالَ ٣ أيّام)

مثال:

١. الْيوْمَ الْجُمعة، وسأُسافر إلى تونس يوْمَ الْأرْبعاء الْقادم. (خلال ٥ أيّام)

٢. سيدْخُل الْقِطار الْمحطّةَ بعْد دقائق. (--------)

٣. سيصل أبي من دبي بعْدَ يوْميْن. (--------)

٤. الْيوْمَ الثّلاثاء، ستكون الرّحْلةُ يوْمَ الْخميس إنْ شاء اللّه. (--------)

٥. هذا شهْر مايو. ستبْدأُ الْإجازةُ الصّيْفيّةُ في شهْر يوليو. (--------)

٦. نحْن الْآنَ في سنة ٢٠١٠، سنشْتري سيّارةً جديدةً سنةَ ٢٠١٣ (--------)

تدْريبات الاسْتماع   ٢٨

تدْريب (٥)

الْإجازة الصّيْفيّة

كلمات مفيدة: سأُحاوِل – سأشْترِك – وقْتَ الْفراغ – شيشة – طاولة – مُسْتشْفي السّرَطان – شَطَرَنْج.

ستبْدأُ الْإجازةُ الصّيفيّةُ للْجامعات الْأسْبوعَ الْقادِمَ. اِسْمَع ماذا سيفْعلُ حازم وشيْماء في إجازتِهما وأجِبْ.

ماذا سيلْعب حازم في الْإجازة الْقادمة؟ ومع منْ؟

اسْمع مرّة أخْرى وأكْتب تحْت كلّ صورة جمْلة مناسبة ماذا سيفْعل كلّ من حازم / شيْماء :

نصّ الْحوار: ٢٨

حازم: أخيرًا سنأْخذُ الْإجازةَ يا شيْماء، أنا مُتْعَبٌ جداً من الدّراسة هذا الْعام وسأنامُ كثيرًا. وسأصْحو مُتأخّرًا في خلال هذه الْإجازة، آه. الْكسلُ لذيذٌ جدًا.

شيْماء: إم . . . وأنا أيضًا مُتْعبَةٌ، معك حقّ يا حازم ولكن لنْ أنامَ كثيرًا ولنْ أصحُوَ متأخّرة!

حازم: صحيح !! وماذا ستفْعلين إذًا في إجَازتِك؟

شيْماء: سألْعبُ التّنس مع فريق النّادي ٥ ساعات يوْميًا وغالبًا سأشْترِكُ في فريق السّباحة أيْضًا. وأنْت هل ستنامُ كلَّ الْوقْت؟ هل ستلْعبُ أيّة رياضة؟ هل ستعْملُ أيّ شيْء مفيد؟

حازم: طبْعًا . . طبْعًا. أنا أيْضًا سألْعبُ كرةَ الْقدم في النّادي مع أوْلاد أخي الصّغار وسأزورُ أصْدقائي في الْإسْكنْدريّة، وهناك سنذْهبُ إلى السّينما وسوْف نُشاهدُ كلَّ الْأفْلامِ الْحديثة.
هل تُحبّيْن السّينما يا شيْماء؟

شيْماء: نعم أُحبُّ السّينما ولكن ليْس عنْدي وقْتٌ كثير، سأُساعدُ جدّتي فهي كبيرةٌ في السّنِّ ومريضةٌ، وسأقْضي وقْتًا مع الْأطْفالِ الْمرْضى في مسْتشْفي السّرطان. وسأنْتهي من كتابةِ بعْضِ الرّسائلِ، وسأحاولُ قراءةَ كتابٍ مُفيدٍ في وقْتِ الْفراغ. وماذا تفْعلُ أنْت في وقْتِ فراغِكَ يا حازم؟

حازم: عادةً أُقابلُ أصْدقائي ونذْهبُ إلى الْمقهى ونلْعبُ الشّطرنْج أو النّرْد وندخِّنُ الشّيشة و..

شيْماء: النّرْد . . الشّيشة . . الشطرنْج!!

   ٢٩

تدْريب (٦)

عيد رأس السّنة

كلمات مفيدة: كلّ عامٍ وأنْت بخيْر - ضَيْعَة - الدّيك الْحبشيّ - أرْز بالْمكسّرات - الْفطائر - الْحَلوى - نتبادلُ - الْهَدايا - سيُشارِك بـ - بيْت الْمُسنِّين - سيُعْطي - قميصًا للنّوم - بطّانيّة - سيُقدّم.

تدْريب على الْمُفْردات الْجديدة: صل الْكلمة من أ بما يناسب من ب

أ	ب
ضَيْعَة	نقوداً
كلّ عام وأنْت بخيْر	بيْت يعيش فيه كبير السّن
نتبادل	الشّاي / الْمحاضرة
بيْت الْمسنّين	فكْرة / الاجْتماع
سيُقدّم	تحيّة نقولُها في الْعيد
سيُشارك بـ / في	قرْية
سيُعْطي	الرّأي / الْهدايا

اقْرأ ثمّ أجبْ: أيْن ستقْضي زُهْرَة حدّاد عيد رأْس السّنة؟

اقْرأ مرّة ثانية ثمّ أجبْ:

١. كيْف ستقْضي زُهْرَة حدّاد الْعيد؟

٢. من سيأْتي إلى الْعشاء؟

٣. ماذا سيأْكلون في الْعشاء؟

٤. اسْمع الْفقْرة الأخيرة من النّصّ وأكْمل الْفراغ:

أ. زُهْرَة حدّاد في الْيوْم التّالي ١يناير ----- مع بنْت خالتها -----.

ب. ----- زُهْرَة وصديقتها كلّ سيّدة ----- أو ----- وبعْضاً من ----- و -----.

ت. ----- زُهْرَة وصديقتها ----- لكلّ سيّدة.

٥. **صل لتكوّن جملا مفيدة حسب النّصّ: اسْمع النّصّ وصحّح**

جمْلة ١	جمْلة ٢
١. سنحْتفل هذه السّنة بالْعيد.	أ . وسأشْتري هدايا لكلّ أفْراد الأسْرة.
٢. عائلة أبي وأمي سيحْضرون الْعشاء معنا.	ب. وسنقابل أصْدقاءنا وسنرْجع إلى الْمنْزل حوالي السّاعة الْحادية عشرة.
٣. سأقوم بتزْيين الْبيْت.	ت. قبْل السّاعة الثّانية عشرة.
٤. سنذْهب إلى الْكنيسة حوالي السّاعة الثّامنة.	ث. في بيْتنا الرّيفي في ضيْعتنا بمنْطقة ضهور الشّوير.

زُهْرَة حدّاد شابّة لبْنانيّة لها صديقة أيرْلنْديّة اسْمها جين. هذه رسالة إلكْترونيّة من زُهْرَة لصديقتها جين في إنْجلترا اقْرأ الرّسالة عما ستفْعل زُهْرَة في عيد رأْس السّنة في لبْنان.

النّصّ: ٢٩

صديقتي الْعزيزة جين:

كُلُّ عامٍ وأنْتِ بِخيْرٍ يا جين. السّنةُ الْجديدةُ في خلالِ يوْمَين. سنحْتفلُ هذه السّنةَ بالْعيدِ في بيْتِنا الرّيفيّ في ضَيْعتِنا بمنْطقةِ ضُهُورالشّوير ولنْ نقْضيَ هذه الْمناسبةَ في بيْروت هذا الْعام. الْجبلُ في الشّتاءِ جميلٌ جدًا كلُّه مُغطّى بالثّلْج. سنُقيمُ الْحفْلةَ يوْم ٣١ ديسمْبر. أنا سأقومُ بتزيينِ الْبيْتِ وسأشْتري هدايا لكلِّ أفْرادِ الأسْرةِ. سنذْهبُ إلى الْكنيسةِ حوالي السّاعةِ الثّامنة وسنُقابلُ أصْدقاءَنا وسنرْجِعُ إلى الْمنْزلِ حوالي السّاعةِ الْحاديةَ عشرةَ.

عائلةُ أبي وأمي سيحْضرون الْعشاءَ معنا قبْل السّاعة الثّانية عشرة. أُمي تطْبخُ لنا طعامًا جميلاً في هذه اللّيْلةِ مثْل الدّيك الْحبشيّ والْأُرْز بالْمكسّرات وكثير من

الْفطائرِ والْحلْوى ثمّ نجْلسُ بعْدَ الْعشاءِ حوْلَ الْمدْفأةِ نتبادلُ الْهدايا. كلُّ فرْدٍ من أفْراد الْعائلةِ سيُشاركُ بأهمِّ الْأحداثِ في هذا الْعام وأيْضاً أخْبارِ الْعائلة وعائلتنا الْكبيرة.

سأزورُ يوْم ١ يناير مع بنْت خالتي بيْتَ الْمُسنّين الْقريبة من منْزلِنا الْجبليّ وسنُقدّمُ لكلِّ سيّدةٍ وجْبةً ساخِنةً وسنُعْطي قميصًا للنّوْم أو بطّانيّة وبعْضًا من الْحلْوى والْعصائر. هم يسْتقْبلون الضّيوف بابْتسامةٍ جميلةٍ وسعادةٍ، أنا أُحبُّ هذه الزّيارةَ جداً. أُكْتُبي لي ماذا ستفْعلين هذا الْعيد؟ وأيْن ستقْضين هذه اللّيْلةَ؟

صديقتُك زُهْرَة

قراءة ٢ - إلى الْموْقع

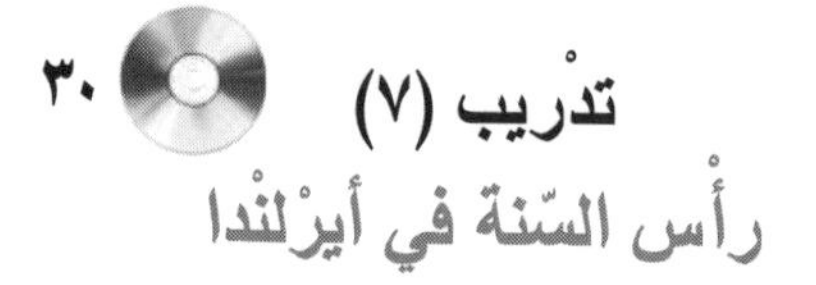

تدْريب (٧) ٣٠

رأْس السّنة في أيرْلنْدا

كلمات مُفيدة: يقودُ - مزْرعة كبيرة - يطْلبُ - مرْكزُ علاج إدْمانِ الْمخدّرات والْكحول - منْشورات - يُعدّ الطّعام - سنتناولُ الْغداء - لحْمُ البقرِ - كَعْكةٌ - حانات - يُوزّع - سنُحاول

تدْريبات الْكتابة

تدْريب (٨)

طلّال في الأرْدنّ

طلّال طالب من السّعوديّة سوْف يقومُ برحْلةٍ سياحيّةٍ إلى الأردن مع زملائهِ بالْجامعةِ.

١. سيقومُ طلّال بزيارة منْطقة الْعقبة على الْبحْر الأحْمر وسوْف يشاهدُ الْعاصمة عمّان.

٢. سيزورُ منْطقة الْبحْر الْميّت - وادي رم شمال خليج الْعقبة - منْطقة آثار الْبتْراء.

اقْرأ بعْض الْمعلومات عن الْأردن في موْقع ويكبيديا للسّياحة:

الْبلد: الْممْلكة الْأر دنيّة الْهاشميّة[3]

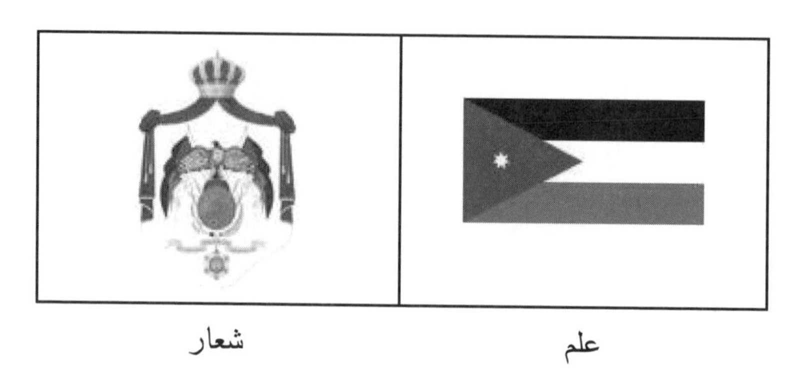

علم   شعار

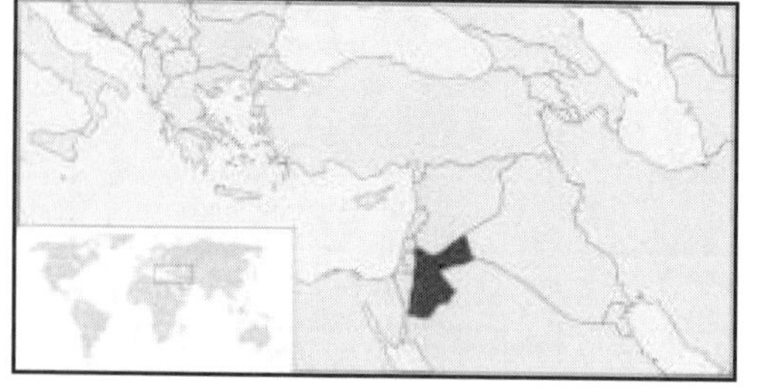

ادْخل إلى الْموْقع واِسْتخدِم خريطة الْموْقع

حدّد من أيْن يبْدأ الرّحْلة؟

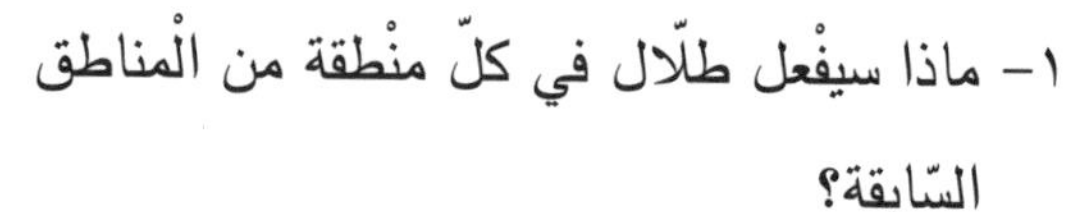

١- ماذا سيفْعل طلّال في كلّ منْطقة من الْمناطق السّابقة؟

٢- اِسْتخدِم صور الآّنشطة واُكْتُب جملاً عن موْقع الأرْدنّ، وعنْ برْنامج رحْلة طلّال وأصدقائه.

مثال: الْأرْدن بلد عربيّ يقع في --------

سيبْدأ طلّال وأصْدقاؤه الرّحْلة من مطار عمّان. سوْف ينْزلون في فنْدق -------- سيقوم بزيارة منْطقة -------- أوّلاً وهناك سوْف --------

٣- اِسْتخدِم صور الأنشطة والْهوايات السّابقة لتكْتب موْضوعًا وبرْنامجًا لرحْلتك مع أصْدقائك واقْرأه أمام الْفصْل.

---

(٣) الخريطة والصور من موقع جوجل ويكبيديا للسياحة

تدْريب (٩)

أمّي مريضة

والدة نجْوى مريضة في الْمسْتشْفى. هي أفْضل كثيراً الآن، غداً سترْجع والدة نجْوى إلى الْبيْت. صديقات نجْوى في الْجامعة سيساعدن صديقتهن في ترْتيب وتنْظيف المنزل. ماهي خطّة نجْوى وصديقاتها لترْتيب الْمنزل؟ ماذا تقول نجْوى لوالدتها في التّليفون؟

أُكْتُب حوارًا بيْن الأم ونجْوى بجمل مناسبة من الصّور.

مثال:

الأم : هل ستكْوين الْملابس؟ من سوْف يكْوي ملابسي؟

نجوى: نعم سأكْوي كلّ الْملابس وبسْمة ستكْوي ملابسك.

الأم: ومن سينظّف الْبيْت؟

نجوى: ------ سوْف ------ النّوافذ و ------
سوْف ------ الأرْض.

الأم: وماذا عن حجْرة النّوْم؟

نجوى: ------ سـ ------ في دولابك و------
سـ ------ السّرير.

الأم: ومن سيعْمل في الْمطْبخ ويعد الطّعام؟

نجوى: ------ سوْف ------ من السّوبر ماركت و ------ سـ ------
الطّعام و ------ الأطْباق وأدوات الْمطْبخ.

الأم: شكْراً يا ابْنتي!! أنْت منظّمة جداً.

تدْريبات الْمحادثة: محادثة ١

تدْريب (١٠)

١. أكْملْ الْحوار التالي، امْلأ الْفراغ في جمل الْحوار مسْتخْدما الْكَلِمَات الْآتية ثمّ كرّرْه مع زميلك:

نحْتفل – يكلّفنا – أتّصل – أطْلب – الْهديّة – نأْخذ رأْيهم

محْمود: عيد ميلاد صديقنا علي الْأسْبوع الْقادم كيْف وأيْن سنحْتفل به؟

صلاح: ما رأْيك ------ به في فصْلنا في الْمدرسة؟

محْمود: ماذا؟! لا هذا ليْس مناسباً . لن نحْتفل في الْمدرسة .نحْن لسْنا أطْفالاً.

صلاح: حسناً. سوْف ------ لأحْجز مكاناً في أحد الْمطاعم.

محْمود: لا. لا هذا سوْف ------ كثيراً، هل عنْدك فكْرة أخْرى؟

صلاح: إم . . أخْتي عنْدها حديقة كبيرة سوْف ------ منها أن نحْتفل هناك.

محْمود: فكْرة رائعة. وماذا عن الطّعام و ------ ؟

صلاح: طعام، هديّة؟ هيا نسْأل الزّملاء في الْفصْل و ------ .

تمْثيل:

٢. عيد ميلاد زميلكم في الْفصْل الْأسْبوع الْقادم كرّر الْحوار السّابق مع زميلك.

٣. ناقشوا مع زملائكم الْمكان . . أيْن؟ الطّعام . . كيْف ومن أيْن؟ الْهديّة . . ماذا؟

محادثة ٢:

تدْريب (١١)

نحن في إجازة نصْف الْعام

هذه منْشورات شركة سياحيّة تعْلن عن عدّة برامج لزيارة مدن الْبحْر الْأحْمر والْقاهرة، اسْم منْدوب شركة السّياحة للْحجْز معه في الْكارت الشّخْصي.

اقْرأ الْبرامج الْمخْتلفة، اخْتر الْبرْنامج الْمناسب، ناقش مع فصْلك إجازة نصْف العام وماذا ستفْعلون في الرّحلة.

طالب ١ : صاحب الْكارْت منْدوب شركة السّياحة.

طالب ٢ : اسْأل الْمنْدوب عن معْلومات عن الرّحْلة الّتي اخْترْتها؟

شركة مايا للسّياحة [٤]

برْنامج ٣ **يوْم ١:** الْوصول إلى مطار الْقاهرة وفنْدق في الْقاهرة. **يوْم ٢:** زيارة الْمتْحف الْمصْريّ/ الْأهْرام/ أبي الْهوْل بعْد الْإفْطار – الرّجوع إلى الْفنْدق **يوْم ٣:** الْمطار والسّفر إلى الْغرْدقة بعْد الْإفْطار **يوْم ٤:** إفْطار – عشاء – يوم حُرّ **يوْم ٥:** إفْطار – عشاء – يوم حُرّ **يوْم ٦:** إفْطار – عشاء – يوم حُرّ **يوْم ٧:** بعد الْإفْطار السفر من مطار الغردقة إلى القاهرة ثمّ السفر إلى الخارج نفس اليوْم	**يوْم ٦:** بعد الإفْطار الذّهاب إلى المطار للسّفر والْعوْدة	**برْنامج ١** **يوْم ١:** الْوصول إلى مطار الْقاهرة والْمبيت في فنْدق في الْقاهرة. **يوْم ٢:** بعْد الْإفْطار زيارة الْمتْحف الْمصْريّ/ الْأهْرام / أبي الْهوْل / غداء في منْطقة الْأهْرام الْمساء رحلة الصّوْت والضّوْء / الرّجوع إلى الْفنْدق **يوْم ٣:** بعْد الْإفطار زيارة ممْفيس وسقّارة./ الْقلْعة – غداء في الْمنْطقة الرّجوع إلى الْفنْدق – عشاء بالْفنْدق **يوْم ٤:** بعْد الْإفْطار زيارة مصْر الْقديمة خان الْخليلي – الْغداء السّاعة الْخامسة الْعشاء على متْن الْباخرة نايل فيرو . إبْحار في النّيل لمدّة ساعتيْن - الرّجوع إلى الْفنْدق **يوْم ٥:** بعْد الْإفْطار زيارة الْقرية الْفرعونيّة – الغداء هناك – رجوع إلى الْفنْدق الْعشاء بالْفنْدق

---

[٤] منشورات شركة مايا للسياحة

تذكّر

الْجزْء الأوّل:

أوّلاً: الْجمْلة الْفِعْليّة:

الْفاعل	الْجمْلة تبْدأ بفعْل	الْفعْل	الْفاعل	الْمفْعول به
الْمذكّر	يكْتبُ الْولدُ الدّرْسَ	يكْتبُ يـ - - - ُ	الْولدُ مرْفوع بالضّمّة	الدّرْسَ منْصوب بالْفتْحة
الْمؤنّث	تكْتبُ الْبنْتُ الدّرْسَ	تكْتبُ تـ - - - ُ	الْبنْتُ مرْفوع بالضّمّة	الدّرْسَ منْصوب بالْفتْحة

ثانياً: مواءمة الْفِعْل مع الْفاعل

جمْلة فعْليّة / فاعل مذكّر	جمْلة فعْليّة / فاعل مؤنّث
يلْعب الرّجل التّنس فعْل فاعل مفْعول به	تلعب السيدة التنس فعْل فاعل مفْعول به
يلْعب الرّجلان التّنس	تلْعب السّيّدتان التّنس
يلْعب الرّجال التنس	تلْعب السّيّدات التّنس
يتصرّف الْفِعْل مثْل الْمُفْرد الْمُذكّر والْمؤنّث	

جمْلة اسْميّة / مبْتدأ - خبر	جمْلة اسْميّة / مبْتدأ - خبر
الرّجل يلْعب التّنس مبْتدأ خبر	السّيدة تلعب التّنس مبتدأ خبر
الرّجلان يلْعبان التّنس	السّيدتان تلْعبان التّنس
الرّجال يلْعبون التّنس	السّيدات تلْعبن التّنس
يتصرف الْفِعْل حسب الاسم أو الضّمير في الْجملة	

ثالثاً:

الْفِعْل الثّلاثي الصّحيح يتكوّن من ٣ حروف ف ع ل ---

الْفِعْل الصّحيح كتب ⟵ --- بدون حرْف علّة (ا، و، ى) ★

الْفِعْل الْمُعْتلّ = √ حرْف عِلّة في الأوّل (وقف) - في الوَسَط (ينام) - في الآخِر (يصْحو)

و--   -ا-   --و

رابعاً: تصْريف الأفْعال المُعْتلّة:

١. الْمُعْتلّ الأوّل يصلُ / وصل و - - -

أنا	نَحْن	أنْتَ	أنْتِ	أنْتُما	أنْتُم
أصِلُ أ - -	نصِلُ ن - -	تصِلُ ت - -	تصِلينَ ت - - ين	تصلان تـ - لان	تصِلونَ ت - - ون

أنْتُن	هُو	هي	هُما / هما	هُم	هُنّ
تصِلْنَ ت - - ن	يصِلُ يـ - -	تصِلُ ت - -	يصِلان يـ - - لان تصِلان ت - - لان	يصِلونَ يـ - - ون	يصِلْنَ ي - - ن

نفْي الْفِعْل الْمضارع. تذكّر مما درسْت سابقاً أن نفْي الْفِعْل الْمضارع بأنْواعه:

لا + الْفعْل الْمضارع الْمرْفوع بالضّمّة (لا يشْربُ/ يصلُ)

أو بثبوت النّون (لا يشْربون/ يصلون)

٢. الْمُعْتلّ الْآخِر بالْواو صحا / يصْحو (و) يـ - - و ☆ يُحْذَفُ حرْف الْعِلّة مع تصْريف الْفِعْل الْمُعْتلّ الأخر مع أنتِ، أنْتُم، هُم

أنا	نَحْن	أنْتَ	أنْتِ ☆	أنْتُما / أنْتُما ☆	أنْتُم
أصْحُو أ - - و	نصْحُو ن - - و	تصْحُو ت - - و	تصْحين ت - - ين	تصحوان تـ - - وان	تصْحُون ت - - ون

أنْتُن ☆	هُو	هي	هُما / هُما ☆	هُم	هُنّ
تصْحُون ت - - و ن	يصْحُو يـ - - و	تصْحُو ت - - و	تصحُونا تـ - - ونا يصحُونا يـ - - ونا	يصْحُون يـ - - ون	يصْحُون يـ - - و ن

٣. الْمُعْتلّ الْآخِر بالْياء جرى / يجْري (ي) يـ - - ي ☆

أنا	نَحْن	أنْتَ	أنْتِ	أنْتُما / أنْتُما	أنْتُم
أجْري أ - - ي	نجْري ن - - ي	تجْري ت - - ي	تجْرين ت - - ين ☆	تجريان تـ - - يان ☆	تجْرون ت - - ون ☆

أنْتُن	هُو	هي	هُما / هُما ☆	هُم	هُنّ
تجْرين ت - - ين	يجْري يـ - - ي	تجْري ت - - ي	يُنظِّفان يـ - - - تُنظِّفان يـ - - -	يجْرون يـ - - ون ☆	يجْرين يـ - - ين

☆ يُحْذَفُ حرْف الْعِلّة مع تصْريف الْفِعْل الْمُعْتلّ الْأخر مع أنْتِ، أنْتُم، هُم

خامسًا: الْفِعْل المُضعّف: نظّف / يُنظّفُ يـ - - ّ -

أنتُن	أنْتُم	أنتما	أنْتِ	أنْتَ	نَحْن	أنا
تُنظّفْنَ ت - - ّ - ن	تُنظّفونَ ت - - ّ - ون	تُنَظّفان تـ - - ّ - ان	تُنظّفينَ ت - - ّ - ين	تُنظّفُ ت - - ّ -	نُنظّفُ ن - - ّ -	أُنظّفُ أ - - ّ -

هُنّ	هُم	هما	هما	هي	هُو
يُنظّفنَ ي - - ّ - ن	يُنظّفونَ ي - - ّ - ون	تُنظّفان تـ - - ّ - ان	يُنظّفان يـ - - ّ - ان	تُنظّفُ ت - - ّ -	يُنظّفُ ي - - ّ -

سادسًا: الْفِعْل الْمُعْتلّ الْوَسَط (الْأجْوَف): خاف/يخاف(ا) / قال/يقول(و) / عاش/يعيش(ى)

	(أ)	(و)	(ي)
أنا	أخافُ	أقولُ	أعيشُ
نحن	نخافُ	نقولُ	نعيشُ
أنت	تخافُ	تقولُ	تعيشُ
أنتِ	تخافينَ	تقولينَ	تعيشينَ
أنتما	تخافان	تقولان	تعيشان
أنتما	تخافان	تقولان	تعيشان
أنتم	تخافونَ	تقولونَ	تعيشونَ
أنتنّ	تخفْنَ ✯	تقُلْنَ ✯	تَعِشْنَ ✯

	(أ)	(و)	(ي)
هو	يخافُ	يقولُ	يعيشُ
هي	تخافُ	تقولُ	تعيشُ
هما	يخافان	يقولان	يعيشان
هما	تخافان	تقولان	تعيشان
هم	يخافونَ	يقولونَ	يعيشونَ
هن	يَخَفْنَ ✯	يَقُلْنَ ✯	يَعِشْنَ ✯

لاحظ حرْف الْعِلّة مع أنْتن / هن

ا / و / ي لا يوْجد حرْف الْعِلّة ✯

سابعًا: نفي الْفِعْل الْمضارع الْمُعْتلّ

لا + الْفِعْل الْمضارع الْمرْفوع — لا + يخاف / ينام / يصْحو

الْجُزء الثّاني

الْفِعْل في زمن الْمُسْتقْبل:

أوّلاً: للتّخْطيط والْكلام عن أحْداث في الْمُسْتقْبل:

سـ + الْفِعْل الْمضارع أو سوْف + الْفِعْل الْمضارع

ثانياً: لاحِظ التّصْريف مع أنْواع الْفِعْل:

الْفِعْل الصّحيح الْمُعْتلّ الأوّل (الْمثال) الْوسط (الأجْوف) الآخِر (النّاقص)

	يذْهبُ	يقِفُ	ينامُ	يزورُ	يبيعُ	يقْضي
أنا	سأذْهبُ	سأقِفُ	سأنامُ	سأزورُ	سأبيعُ	سأقْضي
نحْن	سنذْهبُ	سنقِفُ	سننامُ	سنزورُ	سنبيعُ	سنقْضي
أنْت	ستذْهبُ	ستقِفُ	ستنامُ	ستزورُ	ستبيعُ	ستقْضي
أنْتِ	ستذْهبيْنَ	ستقِفينَ	ستنامينَ	ستزورينَ	ستبيعينَ	ستقْضينَ
أنْتما	ستذهبان	ستقفان	ستنامان	ستزوران	ستبيعان	ستقضيان
أنْتم	ستذْهبونَ	ستقِفونَ	ستنامونَ	ستزورونَ	ستبيعونَ	ستقْضونَ
أنْتنّ	ستذْهبْنَ	ستقِفْنَ	ستنمْنَ ✩	ستزُرْنَ ✩	ستبِعنَ ✩	ستقْضينَ

هو	سيذْهبُ	سيقِفُ	سينامُ	سيزورُ	سيبيعُ	سيقْضي
هي	ستذْهبُ	ستقِفُ	ستنامُ	ستزورُ	ستبيعُ	ستقْضيُ
هما	سيذهبان	سيقفان	سينامان	سيزوران	سيبيعان	سيقضيان
هما	ستذهبان	ستقفان	ستنامان	ستزوران	ستبيعان	ستقضيان
هم	سيذْهبونَ	سيقِفونَ	سينامونَ	سيزورونَ	سيبيعونَ	سيقْضونَ
هن	سيذْهبْنَ	سيقِفْنَ	سينمْنَ ✩	سيزُرْنَ ✩	سيبِعْنَ ✩	سيقْضينَ

ثالثًا: نفْي الفِعْل في الْمُسْتقْبل:

(لن + فِعْل مُضارع منْصوب بالْفتْحة، أو بحذْف النون ✮ أنْتِ، أنْتم، أنتما، هما، هم)

أنا	لن	أذْهبَ	أقِفَ	أنامَ	أزورَ	أبيعُ	أقضي
نحن	لن	نذْهبَ	نقِفَ	ننامَ	نزورَ	نبيعَ	نقضيَ
أنت	لن	تذْهبَ	تقِفَ	تنامَ	تزورَ	تبيعَ	تقضيَ
أنتِ	لن	تذْهبي	تقِفي	تنامي	تزوري	تبيعي	تقضي
أنتما	لن	تذهبا	تقفا	تناما	تزورا	تبيعا	تقضيا
أنتم	لن	تذْهبوا	تقِفوا	تناموا	تزوروا	تبيعوا	تقضوا
أنتنّ	لن	تذْهبْنَ	تقِفْن	تنمْنَ ✮	تزُرنَ ✮	تبِعنَ ✮	تقضينَ
هو	لن	يذْهبَ	يقِفَ	ينامَ	يزورَ	يبيعَ	يقضيَ
هي	لن	تذْهبَ	تقِفَ	تنامَ	تزورَ	تبيعَ	تقضيَ
هما	لن	يذهبا	يقفا	يناما	يزورا	يبيعا	يقضيا
هما	لن	تذهبا	تقفا	تناما	تزورا	تبيعا	تقضيا
هم	لن	يذْهبوا	يقِفوا	يناموا	يزوروا	يبيعوا	يقضوا
هن	لن	يذْهبْنَ	يقِفْن	ينمْنَ ✮	يزُرْنَ ✮	يبِعنَ ✮	يقضينَ

مُراجَعَة من وِحدَة ١ إلى وِحدَة ٤

تدْريب (١)

أكمِل الجُملَة بِخَبَر مُناسِب:

١ . الحُجرَة ------

٢ . حديقَتُنا ------

٣ . الطاوِلَة ------

٤ . المَدينَة ------

٥ . صديقي ------

٦ . أُسرَتي ------

٧ . قِطَّتي ------ .

٧ . حُجرَةُ النَّومِ لَونُها ------

٨ . عائِلَةُ خالي ------

٩ . هل سيّارَتُك ------

١٠. ياسمين بيتُها ------

١١. القَريَةُ ------

تدْريب (٢)

١. رتِّب الكَلِمات لِتُكَوِّنَ سُؤالاً صحيحاً:

١. تَفعَلُ / الآنَ / يا أحمَد / ماذا

٢. في الإجازَةِ / السينِما / إلى / ستَذهَبونَ / هل / يا أصدِقائي

٣. في أيَّامِ الدِراسَةِ / تستَيقِظين / يا وفاء / في الصَباحِ / متى

٤. الفَتَياتُ على / لِماذا / السِباحَة / لا / اليوم / يتَدَرَّبنَ

٥. الفُندُقِ / واسِعَةٌ / بِجانِبِ / ساحَةُ انتِظارٍ / هل

٦. عِندَنا / مُهِمّ / امتِحانٌ / اليَوم / هل

٧. هؤلاءِ / كُلِّيَّةِ / الطَّلَبَةُ / من أيَّة

٨. حَولَ المائِدَةِ / يجلِسُ / من

٩. في المَكتَبَةِ / بعد الدِراسَةِ / تقضون وقتًا / في الصَفِّ / لِماذا

٢. اِقرَأ الإجاباتِ التاليَةَ واختَر الإجابَةَ المُناسِبَةَ للأسئِلَةِ السابِقَة.

أ . يجلِسُ حَولَ المائِدَةِ كلُّ أقارِبي و عائِلَتي.

ب . لأنَّنا بعدَ الصَفِّ نُحَضِّرُ درسَ الغدِ ونَعمَلُ الواجِبَ اليَومِيّ.

ت . أنا أَكتُبُ رِسالَةً إلكترونيَّةً لِصديقي في أمريكا.

ث . هؤلاءِ الطَلَبَةُ من كُلِّيَّةِ الاقتِصاد.

ج . نعَم، سوفَ نذهَبُ بعدَ الظُهرِ حَوالَي الساعَةِ السادِسَة، هل ستَذهَبُ معَنا.

ح . غدًا امتِحاناتُ آخِرِ العامِ ولا وقتَ للتَدريب!!

خ . أَستَيقِظُ حَوالَي الساعَةِ السادِسَةِ والنَّصف.

د . نعَم، يُوجَدُ مكانٌ واسِعٌ جِدًا، ولكِنَّ سِعرَ الانتِظارِ ٥ جُنَيهاتٍ للساعَة.

ذ . نعَم، غدًا امتِحانُ نِصفِ السَّنَة.

تدريب (٣)
أحسَنُ أصدقاء

اختَر الكَلِمَةَ الصّحيحَة:

محمود (طالِب / طالِبَة) في جامِعَة عين شمس هو (درَسَ / سيدرُسُ) الطِبّ لأنَّه (سيكتُبُ / سيعمَلُ) (طبيبَة / طبيبًا) في المُستَقبَل. محمود (يُحِبُّ / يُحِبُّون) الموسيقى ولَعِبِ كُرةِ القَدَم، هو (غالِبًا / أحيانًا) يلعَبُ الكُرة ٥ مرّاتٍ في الأُسبوع، ودائِمًا (يشتَري / يأكُلُ) بِكُلِّ نُقودِه شرائِطَ وCD موسيقى وأغانيَ أجنَبيَّة. هذه الأيّامُ محمود لا (يشتَري / يبيعُ) شرائِطَ موسيقى كثيرًا، فهو يُريدُ أن (يُسافِرَ / يجرِيَ) إلى السعوديَّة للحَجّ. محمود (يزورُ / يضرِبُ) أصدِقاءَهُ مرّةً في الأُسبوع ولا (يقضي / يقعُدُ) على المقهى أبدًا. محمود (يقرأُ / يقولُ) إنَّ أحسَنَ أصدِقائِهِ هُما الموسيقى و الرِياضَة.

تدْريب (٤)

اِستَخدِم الأفعالَ التاليَةَ بالتَصريف الصَحيح وأكمِل الجُملَة:

يَجري – يَصِلُ – يَخافُ – يَقولُ – يَعيشُ – يُنَظِّفُ – يَقضي – يُغنّي – يُحِبُّ – يَشتَري – يَتَغَذّى

١ . هل ------ في لوس أنجلوس أم نيويورك؟

مثال: هل تعيشون في لوس أنجلوس أم نيويورك؟

٢ . متى ------ طائِرَتُكَ إلى لندَن؟

٣ . العامِلاتُ ------ مكاتِبَ الشَرِكَةِ كُلَّ يومٍ صباحًا.

٤ . أنا آسِفٌ يا سَيِّدي المُدير، ولَكِنَّ زميلاتي لا ------ الحَقيقَةَ في هذا المَوضوع.

٥ . إخوَتي دائِمًا ------ في الحَمّام.

٦ . صديقاتي لا ------ أكلَ الحلوى أبَدًا لأنَّهُنَّ ------ من زِيادَةِ الوَزنِ والسِمنَة.

٧ . عائِلَةُ صديقي ------ هذا الصَيفَ في لُبنان.

٨ . لِماذا لا ------ في النادي صباحًا يا خَديجَة؟ الجَوُّ في الصَباحِ لَيسَ حارًا!!

٩ . ------ كلَّ أُسبوعٍ مع عائِلَةِ زَوجَتي في نادي الصَيد.

١٠ . لِماذا لا ------ طَلَباتِكُم من السُوق يَومَ الجُمعَة؟

تدْريب (٥)

عائِلَةُ عُمَر

أ . **اِقرَأ النَصَّ ثُمَّ أكمِل:**

صديقُ سالِم اِسمُهُ ------.

ب . **اِقرَأ النَصَّ مرَّةً أُخري ثُمَّ اختَر الإجابَة الصَحيحَة:**

١ . كم أُختًا لِعُمَر راضي؟ (٣ أَخَوات – أُختان – أُخت)

٢ . ما اسمُ جَدِّ عُمَر؟ (سامي – إبراهيم) ماذا عِندَهُ؟ (سيّارَة مرسيدِس – مزرَعَة كبيرَة)

٣ . لِماذا يُحِبُّ عُمَر مزرَعَةَ جَدِّهِ؟ (لأنَّها فَوقَ الجَبَل – لأنَّ بها حَيَوانات وأشجار كثيرَة)

ج . **أكمِلِ الجُمَلَ من النَصّ:**

١ . جدَّتُه لا ------ ولَكِن ------ الطعَام لِكُلِّ ------ الكبيرَة.

٢ . الجَدُّ عِندَهُ ------ كبيرَة يزرَعُها ------ و ------ كثيرَة.

٣ . عُمَر ------ مزرَعَة جدِّهِ لأنَّها مزرَعَة كبيرَة و بِها ------ و ------ كثيرَة.

٤ . عُمَر له ثلاثَةُ أولاد ------، ------، و ------.

د . **صِل العِبارَة أ مع العِبارَة ب**

أ	ب
١. عِصام هو الابنُ الكبيرُ، هو مُتزَوِّج.	أ . يَزرَعُ الأرضَ، يَعمَلُ ٨ ساعاتٍ كُلَّ يَوم.
٢. حُسَين الابنُ الأصغَرُ مُدرِّسٌ في مَدرَسَةِ القَريَة. هو لَيسَ مُتَزَوِّجًا.	ب. وَلَيس عِندَهُ أَولاد، ولكِن عِندَهُ درّاجَة جميلَة.
٣. راضي هو والِدُ عُمَر. هو يُساعِدُ والِدَهُ إبراهيم في الزِراعَة.	ت . وله ٣ أَولاد، ويعملُ طبيبًا في القَريَة.

هـ . اِستَخرِج من النَصّ:

المَطلوب	الجُملَة
١. مُضاف و مُضاف إلَيه	
٢. جُملَة اسمِيَّة	
٣. نفي الفِعل المُضارِع	
٤. نفي جُملَة اسمِيَّة	
٥. حرف جرّ	

نص القراءة لتدريب (٥)

أنَا اسمِي سالِم، صَديقِي اِسمُهُ عُمَر رَاضِي هُوَ زَمِيلِي أيضًا في الجامِعَة. لهُ أُخْت واحِدَة تَذْهَبُ إلى المَدرَسَة. صَديقِي عُمَر عِندَهُ بَيْتٌ كبيرٌ في القَريَة، البَيْتُ وَاسِعٌ وَكَبير. عَائِلَةُ عُمَرَ عائِلَةٌ كَبيرَةٌ، جَدُّهُ إبراهيمُ يَعمَلُ في الزِرَاعَة، الجَدُّ عِندَهُ مَزرَعَةٌ كبيرَةٌ يزرَعُهَا فَوَاكِهَ وَخُضرَواتٍ كثيرَةً. عُمَرُ يُحِبُّ مَزْرَعَةَ جَدِّهِ لأَنَّها مَزرَعَةٌ كبيرَةٌ بِهَا حَيَواناتٌ وَأَشجَارٌ كَثِيرَة. جَدَّتُهُ لا تَعمَلُ وَلَكِنْ تَطْبُخُ الطَعَامَ لِكُلِّ العائِلَةِ الكَبيرَة. جَدُّ عُمَرَ لَهُ ثَلاثَةُ أولادٍ: عِصَام، وراضي، وَحُسَين. عِصام هُوَ الابنُ الكَبِيرُ. هُوَ مُتَزَوِّجٌ وَلَهُ ٣ أَولادٍ وَيَعمَلُ طَبِيبًا في القَرْيَةِ. راضي هُوَ وَالِدُ عُمَرَ. هُوَ يُسَاعِدُ وَالِدَهُ إبرَاهِيمَ في الزِرَاعَة، يَزرَعُ الأرضَ، يَعمَلُ ٨ ساعاتٍ كُلَّ يَوم، وَعِندَهُ شَاحِنَةٌ كَبيرَةٌ يَنقُلُ فيهَا الخُضرَواتِ وَالفَواكِه إلى السُوق. حُسَين الابنُ الأَصغَرُ هُوَ مُدَرِّسٌ في مَدرَسَةِ القَريَةِ، هُوَ لَيْسَ مُتَزَوِّجًا وَلَيسَ عِندَهُ أولادٌ، وَلَكِن عِنْدَهُ درَّاجَةٌ جمِيلَة. عُمَرُ يَذهَبُ إلى القَريَةِ في الإجازَةِ الأُسبوْعِيَّة وَيركَبُ درَّاجَةَ عَمِّهِ حُسَين.

الْوحْدة الْخامسة
أخْبارٌ وشخْصيّاتٌ من الْماضي

تقْديم (١): حظٌّ سيّء

هدف الدّرْس:

- وصْفُ وسرْدُ أخْبارٍ وأحْداثٍ حدثتْ في الْماضي.
- الْكلامُ عن السّيرةِ الذّاتيّة.

الْقواعد والتّرْكيب:

- تصْريفُ الْفعلِ الْماضي الثُّلاثي الصّحيح بأنواعِه ونفْيُه.
- تصْريفُ الْفعلِ الْمُشدَّدِ ونفْيُه.
- استخدامُ أدواتِ الاستفهامِ للسؤالِ عن السيرةِ الذاتيّةِ متى / أين / هل / ماذا / ما؟

الْمفْردات:

- أفعالُ الأحداثِ اليوميّةِ في حياةِ الناس - أفعالٌ للكلامِ عن السيرةِ الذاتيّة (وُلِدَ - تَخَرَّجَ).

الثقافة:

- التعرُّف على السيرةِ الذاتيّةِ لبعض المشاهيرِ العربِ (يوسف إدريس - سمْحة الخولي).

تقْديم (٢): شجاعةُ أولادٍ

هدف الدّرْس:

- الكلامُ عن حوادثَ وَقَعَت في الْماضي.

الْقواعد والتّركيب:

- تصْريفُ الْفعْل الْماضي الثّلاثي الْمُعتلّ الْوَسط ونفْيُه.

الْمفْردات:

- الْأفْعال الْمُعتلّة الْوسط بالْواو- بالْياء.

الثّقافة:

الْقراءةُ عن حوادثَ في بيئةٍ مِصْريّة - الْقراءةُ عن حوادثَ في بيئةٍ سياحيّةٍ سوريّة.

تقْديم (١) ١

حظٌّ سيّءٌ

كلِماتٌ مُفيدَة: أمْس – أوّل أمْس – مُنْذُ يَوْمَيْن / ثلاثة أيّام / أُسْبوع / شهْر / سنَة – الْأُسبوع / الْعام الْماضي – أنْقَذَ – اِصْطَدَمَ – حادِثٌ – فجْأةً – كسر ساق – ماذا حدَثَ؟ = حصلَ؟

اِسْمَعْ واقْرَأْ الْحوار ثمّ اكْتُبْ الأفْعالَ الْمُناسِبة من الْحوار تحْتَ الصّورةِ الْمُناسِبَة:

أكلْنا وشرِبْنا و سمِعْنا موسيقى

ذَهَبَ الأُستاذُ ممدوح في رِحْلةٍ مع أوْلادِه إلى الْفَيّوم وهي مدينةٌ في جنوبَ الْقاهِرة. السّيّدةُ هناء جارةُ الأُسْتاذ ممْدوح وعائلَتِه قابلتْه أمام باب الْمنْزل. اسْمَع واقْرأ الْحِوار.

الْحِوار: ١

هنـاء : أهْلاً أُسْتاذ ممْدوح هلْ ذهَبْتُم إلى الْفَيّوم أمْس؟ ماذا حدَثَ لَكَ؟! هلْ وقَعْتَ؟

ممدوح : أهْلاً بكِ يا مدام هَناء. نعَم سافَرنا إلى الْفَيُّوم أمْس وذهَبْنا إلى مِنْطَقَةِ بُحَيْرةِ قارون ولكن لم أَقَعْ بل اصْطَدَمْتُ بِقارِبٍ في الْماء.

هنـاء : لم تقَعْ!! اصْطَدَمْتَ بِقارِبٍ في الْماء!! كيْف حدَثَ هذا؟

ممدوح : قِصَّة طَويلَة .. في الصَّباحِ حضَّرَت زَوجَتي الطَّعامَ والْفطائِرَ اللّذيذَةَ للإفطارِ وأنا اشْتَرَيْتُ الْعصائِرَ والْمُثَلَّجاتِ مِثْل الْكوكاكولا وزُجاجاتِ الْمِياه اللازمةِ للرِّحلَةِ ورَكِبْتُ السّيّارةَ مع أوْلادي وزَوْجَتي. أكَلْنا وشرِبْنا في الطّريقِ وسمِعْنا الأخْبارَ والْموسيقى

هنـاء : هذا جميلٌ. ووَصلْتُم بِسُرعة؟

ممدوح : نعم وصلْنا بِسُرعة إلى بُحَيْرَة قارون وشاهَدْنا منْظَرَ الْماءِ الْجميلَ، وأجَّرْتُ قارِبًا ونزَلْتُ مع أوْلادي إلى الْماء. أنا اصْطَدْتُ سمَكًا كثيرًا وأوْلادي لعِبوا بعْضَ الرّياضاتِ الْمائيّةِ، وفَجْأةً رأَيْتُ أحدَ أوْلادي يغْرَقُ في الْماء. قُدْتُ الْقاربَ بِسُرعَةٍ إليه فاصْطَدَمتُ بِأَحَدِ الْقَوارِبِ في الْمِنْطَقَةِ و كُسِرَت ساقي، لكن مدَدْتُ يدي وأمْسَكْتُهُ وأنْقَذْتُ ابْني.

هنـاء : آه.. أنا آسِفَةٌ جِدًا لِهذا الْحادِثِ ولكن الْحمْدُ للّه أنْقَذتَ ابْنَكَ و هذا خَبَرٌ سعيد.

لاحظ الْقواعد:

١. تصْريفُ الْفِعل الْماضي (لاحِظ الْفَرق بين الْمُضارِع والْماضي): [١] ٢

أنا	نَحْن	أنْتَ	أنْتِ	أنْتم	أنْتُن
أذْهبُ	نذْهبُ	تذْهبُ	تذْهبين	تذْهبون	تذْهبْنَ
ذهبْتُ	ذهبْنا	ذهبْتَ	ذهبْتِ	ذهبْتُم	ذهبْتُنّ
- - -ْ تُ	- - -ْ نا	- - -ْ تَ	- - -ْ تِ	- - -ْ تُم	- - -ْ تُنّ

هُو	هي	هُم	هُنّ
يذْهبُ	تذْهبُ	يذْهبون	يذْهبْنَ
ذهبَ	ذهَبَتْ	ذهبُوا	ذهبْنَ
- - -َ	- - -َ تْ	- - -ُ وا	- - -ْ نَ

---

[١] انظر آخر الوحدة لتدريس جدول المثنى (اختياري في هذه المرحلة) وسيتم إضافته في جزء تذكر في آخر كل وحدة

٢. تصْريف الْفعْل الْماضي الثّلاثي الصّحيح - لاحظ الشَّدَّة مع الْفعْل الْمضعّف:

(هو - هي - هم) ☆

الضّمير / الْفعْل	أنا	نَحْن	أنْتَ	أنْتِ	أنْتُم	أنْتُن	
السّالم	شرِبْتُ	شرِبْنا	شرِبْتَ	شرِبْتِ	شرِبْتُم	شرِبْتُنّ	٣
الْمهْموز	أخذْتُ	أخذْنا	أخذْتَ	أخذْتِ	أخذْتُم	أخذْتُنّ	٤
	قرأْتُ	قرأْنا	قرأْتَ	قرأْتِ	قرأْتُم	قرأْتُنّ	٥
المضعّف	مدَدْتُ	مدَدْنا	مدَدْتَ	مدَدْتِ	مدَدْتُم	مددْتُنّ	٦

الضّمير / الْفعْل	هُو ☆	هي ☆	هُم ☆	هُنّ
السّالم	شرِبَ	شرِبَتْ	شرِبوا	شرِبْنَ
الْمهموز	أخذَ	أخذَتْ	أخذوا	أخذْنَ
	قَرَأَ	قَرأَتْ	قرأوا	قرأْنَ
الْمضعّف	مدَّ	مدَّت	مدُّوا	مدَدْنَ

٣. نفْي الْفِعل الْماضي الثّلاثي الصّحيح:

الْفعْل / الضّمير	أنا	نَحْن	أنْتَ	أنْتِ ✯	أنْتُم ✯	أنْتُن	
السّالم (لم)	أشْربْ	نشْربْ	تشْربْ	تشْربي	تشْربوا	تشْربْن	٧
	أكْبُرْ	نكْبُرْ	تكْبُرْ	تكْبُري	تكْبُروا	تكْبُرْن	٨
الْمهْموز (لم)	آخذْ	نأْخذْ	تأْخذْ	تأْخْذي	تأْخذوا	تأْخذْن	٩
	أسْألْ	نسْألْ	تسْألْ	تسْألي	تسْألوا	تسْألْن	١٠
	أقْرأْ	نقْرأْ	تقْرأْ	تقْرئي	تقْرأوا	تقْرأن	١١
المضعّف (لم)	أمُدّ	نَمُدّ	تَمُدُ	تَمُدّي	تَمُدّوا	تمْدُدن	١٢

الْفعْل / الضّمير	هُو	هي	هُم ✯	هُنّ
السّالم (لم)	يشْربْ	تشْربْ	يشْربوا	يشْربْن
	يكْبرْ	تكْبرْ	يكْبروا	يكْبرْن
الْمهْموز (لم)	يأْخذْ	تأْخذْ	يأْخذوا	يأْخذْن
	يَسْألْ	تَسْألْ	يَسْألوا	يَسْألْن
	يقْرأْ	تقْرأْ	يقْرأوا	يقْرأن
المضعّف (لم)	يَمُدّ	تَمُدّ	يَمُدّوا	يَمْدُدن

نفْي الْفعْل الْماضي: لم أشْربْ (لم + الْفعْل المضارع المجزوم)

حذف النون مع الضمائر أنتِ/أنْتُم/هم

٤. طريقة أخْرى لنفْي الْماضي أقلّ شيوعاً:

الضّمير / الفعْل	أنا	نَحْن	أنْتَ	أنْتِ	أنْتُم	أنْتُن	
السّالم (ما)	شربْتُ	شربْنا	شربْتَ	شربْتِ	شربْتُم	شربْتُنّ	١٣
	كَبُرْتُ	كَبُرْنا	كَبُرْتَ	كَبُرْتِ	كَبُرتم	كَبُرْتُنّ	١٤
الْمهْموز (ما)	أخذْتُ	أخذْنا	أخذْتَ	أخذْتِ	أخذْتم	أخذْتُنّ	١٥
	سألْتُ	سألْنا	سألْتَ	سألْتِ	سألْتم	سألْتُنّ	١٦
	قرأْتُ	قرأْنا	قرأْتَ	قرأْتِ	قرأْتم	قرأْتُنّ	١٧
المضعّف (ما)	مددْتُ	مددْنا	مددْتَ	مددْتِ	مددْتُم	مددْتُنّ	١٨

الْفعْل	هُو	هي	هُم	هُنّ
السّالم (ما)	شَربَ	شَربتْ	شَربوا	شَربْنَ
	كَبُرَ	كَبُرَتْ	كَبُروا	كَبُرْنَ
الْمهْموز (ما)	أَخَذَ	أَخَذَتْ	أَخذوُا	أَخَذْنَ
	سألَ	سألَتْ	سألوا	سألْنَ
	قرأَ	قرأَتْ	قرأوا	قرأْنَ
المضعّف (ما)	مدَّ	مدّتْ	مدّوا	مددْنَ

نفْي الْفعْل الْماضي: ما شربَ (ما + الْفعْل الْماضي)

تَدْريباتٌ عَلى الْقَواعِدِ وَالْمُفْرَداتِ

تدْريب (١) 

أكْمِل الْجُمَل بالْفِعل الْمُناسِب:

(دخَلَ - أخذت - ترَكْن - يُسافروا - شاهدْتُم - مدّ - تقْرأ - دفعتْ - يسْكنَّ - جلَس - تسْألْنَ - كبُرْنا)

١ . هؤلاءِ الْموظّفون لم ------ في رِحْلة الْعمَل الْأخيرة.

٢ . الْمُسافراتُ ------ الْكافيتيريا بِسُرعةٍ لِيَركبْن الْقِطار.

٣ . الطالِبَةُ لم ------ الدّرْسَ قبْلَ الْمُحاضرة.

٤ . أنا سعيدةٌ جدًا، أُسرتي ------ لي كلّ ثمَنِ السّيّارةِ الْجديدةِ هديّةً في عيد ميلادي.

٥ . أخواتي لم ------ في الرّيف أبدًا.

٦ . هل ------ شقّتك بِسِعرٍ مُناسبٍ يا سميحة؟

٧ . نحن ------ في بَيْتِ الْعائِلةِ وحوْلَنا كلّ أوْلاد عمّي وعمّتي.

٨ . حصل الْأسْتاذ حامد على جائزةِ الْعلومِ من جامِعتِه فـ ------ في مقْعده سعيداً.

٩ . ------ أحمد الحجرة و ------ يده وسلّم على أصْدقائِه.

١٠ . كم مرّةً ------ هذا الْفيلم يا أصْحابي.

١١ . لماذا لم ------ الْمُوَظّفَ الْمُختصَّ عن ميعاد الْقطار بالضّبْط.

تدْريب (٢)

أُكْتُب الْفِعلَ الْماضي مع التّصْريف الْمُناسِب:

١ . وُلِد حسّان في مدينةِ الْبصْرة و ------ الْهندسةَ في مدينة بغْداد. (يدرس)

٢ . الْمُسافرون ------ الطّائرةَ من الْبابِ الْخَلْفيّ. (يدخل)

٣ . الطّالباتُ ------ في الْمكْتبة. (يقرأ)

٤ . ------ نادية هذا الصّباح مُبكّرًا. (يستيقظ)

٥ . الأوْلاد ------ الدّرسَ. (يكتب)

٦ . هل ------ طعامَ الْغداء يا داليا؟ أم ليْس بعْد؟ (يأكل)

٧ . الْمُديرةُ ------ قهْوتَها بِسُرعةٍ. (يشرب)

٨ . هل ------ مع رئيسِكُنّ أمْس؟ (يجتمع)

٩ . أيْن والدي وإخْوتي؟ هل ------ إلى الْمسْجدِ للصّلاة؟ (يذهب)

١٠ . الْمُعيداتُ ------ مع رئيسةِ الْقِسْمِ عن مَوْعدِ الامْتِحان. (يتكلّم)

١١ . بعْضُ الطّلاّبِ ------ مِنَحٍ دِراسِيّةٍ في الْجامعة. (يحصل على)

١٢ . نبيل وناجي وراشد ------ معي ليْلةَ الْجمعة في مقْهى الْفيشاوي. (يسهر)

١٣ . ------ إجازتَنا الأسْبوعيّة وسافرْنا إلى الْبيتِ الْكبيرِ مع جدي. (يأخذ)

١٤ . أنا ------ أمّي في أعْمالِ الْبَيْت ثم ------ التّنسَ في النّادي. (يُساعد – يلعب)

١٥ . في أيّةِ ساعةٍ ------ الْبيْتَ يا أولاد؟ ومتى ------ ؟ (يترك – يرجع)

تدْريب (٣)

أخْبار عن مشاهير

اِسْمَع وأكْمِلِ الْخبرَ بكلمةٍ مُناسبةٍ من الْكلمات التّالية:  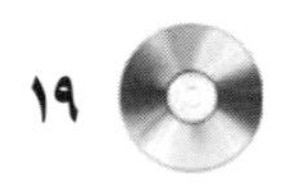 ١٩

(أثْناءَ – شكر – ساعدَه – اسْتقْبَلَ – عبرَ – لم يأْكُلْ – أخَذَ – قطَعَ)

الْخبرُ الأوّل: تشارْلز لينْدبرْج أوّل منْ عبرَ الأطْلنْطي

------ تشارْلز لينْدبرْج الأطْلنْطي لأوّلِ مرّةٍ من مدينة نيويورْك إلى مدينة باريس سنة ١٩٢٧ في طائرةٍ بمُفْرَدِهِ دونَ توقُّف. ------ تشارْلز معه في الرّحلةِ طعامًا كثيرًا، عدّةَ شطائِرَ

وكثيرًا من زُجاجاتِ الْمِياه. ------ الرِّحْلةِ شرِبَ
عدّةَ زُجاجاتٍ من الْمِياه ولكن ------ كلَّ الطعام.
تشارْلز ------ الرّحلة إلى باريس في ٣٣ ساعة.
------ رئيسُ الْمدينةِ وكثيرٌ من الْفرنْسيين الطّيّارَ
الشُّجاع. ------ تشارلز كلَّ من ------.

اِسْمَع مرّةً أخْرى وصحّح ٢٠

الْخبر الثّاني: أوّلُ حِذاءٍ للتّزَحْلُق

أكمل الخبر بكلمة مناسبة من الكلمات التالية:

(اسْتطاعَ - عزَفَ - دخَلَ - رقَصَ - لم يلفّ - نقَلَ - وقَعَ - لم تكسِرْ - جَرَحَتْ - اصْطَدَمَ)

اخْترَعَ جوزيف ميريلين أوّلَ حِذاءٍ للتّزحْلُق سنة ١٧٦٠ وقرَّرَ أنْ يعرِضَ الْحِذاءَ في حفْلٍ كبيرٍ أمامَ أهمِّ الضُيوفِ في الْمدينةِ. ------ صالةَ الْحفلِ
و------ بالْحذاءِ و ------ الْكمان ولكن للأسف
------ بسُرْعةٍ جيدة و ------ بمِرْآةٍ كبيرةٍ.
------ جوزيف على الأرْضِ وكُسِرَ الْكمان
والْحِذاءُ. ------ الضُّيوفُ جوزيفَ إلى الْمُسْتشْفى.
الْحمْد للّه الْمرْآة الْمكْسورة ------ جوزيفَ فقط
و------ ساقه و------ الرّقْصَ ثانيةً.

اِسْمع مرّةً أُخْرى وصحِّح.

تدْريب (٤)

متى حدثَ ذلك؟

اِسْتَخْدِمْ تعْبيرات الزّمن للْفعل الْماضي مثل: الْأسْبوع / السّنة / الشّهْر / الْخميس الْماضي / أمْس / أوّل أمْس / منْذ ٣ أيّام . . . وأجبْ على هذه الْأسْئلة مع زميلِك كالْمثال ، ثمّ اكْتبْ إجابتَه.

تزوّجوا منْذ ٣ أيّام. يوم الْأرْبعاء الْماضي

طالب (أ)	طالب (ب)
١. متى غادرَ الْقِطارُ الْمحطّةَ؟ ٢. متى امْتحنْتَ التّاريخَ؟ ٣. متى اسْتقْبلْتُم الْمديرَ الْجديدَ؟ ٤. متى خرجَتْ الْمُدرّسةُ؟ ٥. متى حصْلتِ على الدّكْتوراه؟	

تدْريب (٥) 

رَتِّب الْجُملَ الْآتيةَ مع التّشْكيل:

١. درسْتِ الْأدبَ / يا منى /كمْ سنةً / الْإنْجليزيَ؟
٢. عنْوانَ بيْتِ أحْمد / يا شباب؟ / كيْف عرفْتُم
٣. في الْحقيقةِ/ هبة مُنْذ شهْر / هي لم تُكلِّمْ

٤. لا. / زَوْجي قبْلَ الزّواج / أنا لم أُحبّ
٥. أدرُسَ اللّغةَ الْيابانيّة/ أبي رفضَ أنْ
٦. عملوا الأسْبوعَ الْماضي/ الْموظّفون / طوال الْيوْمِ في الْمكْتب
٧. آسف. / لم أسْتيْقظْ مُبكرًا / تأخّرْتُ
٨. حُجْرةَ الْمكْتب؟ / أيْن عاملُ النّظافة؟ / لماذا لمْ يُنظّفْ

تدْريب (٦)

أجِبْ على هذه الأسْئلة في النّفْي واكْتُب الإجابة:

١. هل شاهدتُم فيلْمًا الأسْبوعَ الْماضي؟
٢. هل درسْتُنّ كثيرًا أمْس؟
٣. هل اسْتمعْتِ إلى الرّاديو هذا الصّباح؟
٤. هل اسْتحْممْتَ الْيوْم؟
٥. هل هنّ يفْطرْن الآن؟
٦. هل ساعدوا زملاءهم في الصّف الْيوْم؟

تدْريبات الاسْتِماع   ٢١

تدْريب (٧)

برْنامج من الْمشاهير

دكْتور يوسف إدْريس كاتِبٌ قصصي ومسْرحيّ ورِوائيّ مصْريّ مشْهورٌ. وُلِدَ سنة ١٩٢٧ وتُوُفِّيَ سنة ١٩٩١ (٢)

(٢) الحوار خيالي- المعلومات من موقع ويكبيديا والصورة من موقع جوجل يوسف إدريس

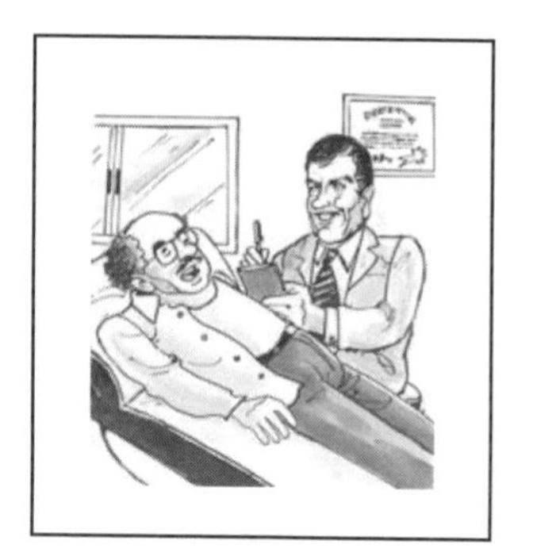

اسْمَع وأجِبْ. ماذا درسَ يوسف إدْريس؟ ومتى تخرّج في الْجامعة؟ 

اسْمَع مرّة أخْرى واكْتُب √ أو ×:

١. يوسف إدْريس ليْس طبيبًا بل مهنْدسًا.

٢. هو تركَ الطّبّ وعمل كاتبًا وصحفيًا.

٣. لمْ يدْخلْ السّجْن.

٤. كتب قصصًا قصيرةً ورواياتٍ طويلةً ومسْرحيّاتٍ عديدةً.

٥. لم يحْصلْ على أيّةِ جوائزَ من الدّولةِ ولم يسافرْ أبدًا.

٦. يوسف إدْريس أحبّ السّياسةَ وكتب مقالاتٍ سياسيّةً كثيرةً.

نصّ الاستماع لتدريب (٧): ٢١

الْمُذيعة: مرْحبًا يا دكتور يوسف في برْنامَجِنا، هل يمْكن أنْ تُحدِّثَنا قليلاً عن حياتِك؟ مثلاً أيْن وُلِدتَ؟ وماذا درسْتَ؟ ومتى تخرَّجْتَ؟

د. يوسف: مرحبًا بِكِ. أنا وُلِدْتُ في قريَةٍ قريبةٍ من مرْكز فاقوس عام ١٩٢٧ وسكَنْتُ مع جَدّي قريبًا من الْمدرسةِ. درسْتُ الطّبَّ بالْقاهرة وَحصُلْت على الْبكالورْيوس وتخرّجْتُ عام ١٩٤٧.

الْمُذيعة: وماذا حدثَ أثْناءَ الدّراسةِ والْجامِعَةِ؟

د. يوسف: اشْتركتُ في مظاهراتٍ ضدَّ بريطانيا ونظام الْملك فاروق، وطبعًا سُجِنتُ. أنا أُحبُّ السّياسَةَ كثيرًا وكتبْتُ مقالاتٍ سياسيّةً أثْناءَ السّجنِ. وخرجْتُ من السّجنِ بعْد شهورٍ.

الْمُذيعة: وهل عملْتَ بعْد الْبكالورْيوس؟ أم أكْملتَ دراسة الْماجِسْتير؟

د. يوسف: لا. لم أدْرسْ الْماجستير ولكن عملْتُ طبيبًا في مسْتشْفى قصْر الْعيْني من عام ١٩٥٠ إلي عام ١٩٦٠ وحاولتُ أنْ أعْملَ طبيبًا نفْسيًا ولكن لم أُحبّ ذلك بل أحْببْتُ الْكتابةَ كثيرًا.

الْمُذيعة: وما أنْواعُ الْكتابةِ الّتي أحْببْتَها؟

د. يوسف: كتابةُ الْقصّةِ الْقصيرةِ. كتبْتُ عشَراتِ الْقِصَصِ وأشْهرُ مجْموعةٍ هي "أرْخص ليالي". ثم كتبْتُ مسْرحيّاتٍ كثيرة للمَسرَح منْها "الْفرافير" و "الْمخططين" وكتبْتُ عددًا كبيرًا من الرّوايات الطّويلة للسّينما، مثْل "الْحرام" وغيرِها. وحصُلتُ علي جوائزَ كثيرةٍ وسافرتُ إلى بلادٍ عديدةٍ أيْضًا.

تدْريبات الْقِراءَة: قِراءَة ١ ٢٢

تدْريب (٨)

رجل الْإطْفاء الشّجاع

كلمات مفيدة: يُطْفِئُ / أطْفَأَ - رجلُ إطْفاء - مرْكزُ إطْفاء - يْحترِقُ / احْترَقَ - يبْكي / بكى - نار - دُخّان - سقطَ - حَملَ - أنْجبَ - صفّقَ - فرِحَ - اتّجه - وِسامُ الشّجاعة.

تدْريب على الْمفْردات: اِختَر الْمفْردات الْمناسبة وامْلأ الْفراغ:

١. شاهدَ مصْطفى النّارَ في مطْبخ الْجيران واتّصل ب ------. (يحْترقُ - مرْكزِ الْإطْفاء)

٢. تحدّثتْ زيْنب في التّليفون طويلاً وتركت الطّعام فوْق الْموْقد و ------. (احْترقَ - فرِحَ)

٣. ضربَ محْمود ابْنَ عمِّه الصّغير و ------ الطّفلُ كثيراً. (صفّقَ - بكَى)

٤. ------ خالدٌ طفْلاً جميلاً و ------ الْعائلةُ. (بكَى - أنجبَ / نار - فرِحَتْ)

٥. ------ الطِّفْلُ على السُّلَّمِ ولكن ------ ـه أبوه بسرْعة. (صفّقَ - سقطَ / نار - حملَ)

٦. ------ سيّارةُ الْإطفاءِ بسرْعةٍ إلى مكانِ الْحريق. (وسام الشّجاعة - اتّجهت)

٧. عمل ------ واجبَه بِشَجاعَةٍ. (صفّق - رجلُ الإطفاءِ)

٨. ------ النّاسُ لِرِجال الْإطفاءِ لإنْقاذِهم السّكّانَ من النّار و ------.

(اتّجه - صفّق / الدُّخّان - نار)

٩. حصلَ رجُلُ الْإطفاءِ على ------ لِشّجاعَتِه. (صفّق - وسامِ الشّجاعَةِ)

الْقراءة الْأولى: ما وظيفةُ حمْدي عبْد الْواحد؟

اِقْرأ النّصّ و أَكْمِل بالْفعْلِ الْمُناسِب:

حمْدي عبْد الْواحد ------ في الْمدرسةِ الثّانويةِ الصّناعيّةِ و ------ في معْهدٍ مُتوسّطٍ لمُدّةِ عاميْن للتّدْريبِ على الْإطفاء. ------ حمْدي رجلَ إطْفاءٍ في جنوبِ مِصْرَ في مُدُنٍ كثيرَةٍ و ------ جائزةِ أحْسنِ رجلِ إطْفاءٍ في مُحافظةِ أسْيوط. ------ حمْدي إلى مُحافَظَةِ الْجيزة و ------ مُديرَ مركَزِ إطْفاءِ مدينةِ الْعيّاط، ------ حمْدي وهو في سِنّ ٢٥ و ------ ٣ أطْفال.

اِسْمَع النّص وصحِّح

الْقراءة الثّانية: أوّلاً: رتِّب الْأحْداثَ حسب النّصّ

١. جرى حمْدي ودخلَ الْبيْتَ ومعه بطّانيةٌ مُبْتلّةٌ، بحَثَ في كُلِّ مكانٍ عن الصّوْت، والنّارُ والدُّخّانُ حوْلَه.

٢. صفّقَ النّاسُ وفرِحَتْ الْأمُّ بابْنِها.

٣. بعْد ٤ ساعات أنْقذَ حمْدي كلَّ الْعُمّالِ والنّاسِ في الْمنازِلِ الْقريبة.

٤. حصلَ حمْدي من رئيسِ مرْكزِ الْإطفاءِ ورئيسِ الْمدينةِ على جائزةٍ ووِسامِ الشّجاعة.

٥. وجدَ الطّفلَ في الدّوْر الثّاني خائفًا يبْكي.

٦. سمِعَ حمْدي إنْذارَ الْحريق، خرجَ بسيّارتِهِ بِسُرْعةٍ مع فريقِه واتّجهَ إلى الْمكان.

٧. حملَ الطّفْلَ بِسُرْعَةٍ في الْبطّانِيّة ونزلَ من النّافذةِ على سُلّمِ الْحريقِ وسقطَ الْبيْتُ بعْد ما خرجَ.

ثانياً: اُكْتُب جمْلةً مُناسبةً عن كلّ صورةٍ من هذه الصُّوَر:

نص الاستماع لتدريب (٨): 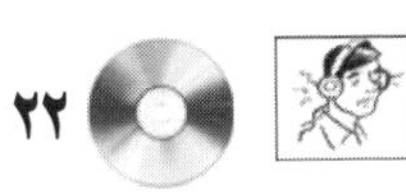 ٢٢

حمْدي عبْد الْواحد تخرّجَ في الْمدْرسةِ الثّانَويّةِ الصّناعيّةِ ودرسَ في معْهدٍ مُتَوسّطٍ لمُدّةِ عاميْن للتدريب على الإطْفاء. عملَ حمْدي رجلَ إطْفاءٍ في جَنوبِ مِصْرَ في مُدُنٍ كثيرَةٍ وحصلَ على جائزةِ أحْسنِ رجلِ إطْفاءٍ في مُحافظةِ أسْيوط. نُقِلَ حمْدي إلى مُحافَظَةِ الْجيزة وعُيِّنَ مُديرَ مرْكَزِ إطْفاءِ مدينةِ الْعيّاط، تزوَّجَ حمْدي وهو في سِنّ ٢٥ وأنْجَبَ ٣ أطْفال.

في يوْمٍ سمِع حمْدي إنْذارَ الْحريق، خرج حمْدي بسيّارتِهِ بِسُرْعةٍ مع فريقِهِ واتّجه إلى الْمكان.

وجد حمْدي حريقاً كبيرًا في مصْنعٍ للْورقِ وحوْلَه بعْضُ منازِلَ أمْسَكَتْ فيها النّار، حاول حمْدي وزُملاؤه أنْ يساعدوا كلَّ عُمّال الْمصْنع. بعْد ٤ ساعات أنْقذَ حمْدي كلَّ الْعُمّالِ والنّاسِ في الْمنازِلِ الْقريبة، ولكن سمعَ حمْدي صوْتَ طفْلٍ صغيرٍ يبْكي في بيْتٍ يحْترق. جرى حمْدي ودخلَ الْبيْتَ ومعه بطّانيةٌ مُبْتلّةٌ، بحثَ في كلّ مكانٍ عن الصّوت والنّار والدّخان حوْلَه. وجد الطّفْلَ في الدّوْرِ الثّاني خائفًا يبْكي، حملَ الطّفْل بِسُرْعةٍ في الْبطّانيّة ونزلَ من النّافذةِ على سُلّمِ الْحريقِ وسقطَ الْبيْتُ حوْلَه بعْد ما خرج. صَفّقَ النّاسُ وفَرِحتْ الأم بابْنِها وأنْقذَ حمْدي وزُملاؤه كلَّ الْمِنْطقةِ من الْحريق. حَصُلَ حمْدي من رئيس مرْكزِ الإطْفاءِ ورئيسِ الْمدينةِ على جائزةٍ ووِسامِ الشّجاعَة.

قراءة ٢: إلى الموقع 

تدْريب (٩) ٢٣ ٢٤

سمْحة أمين الْخولي

كلمات مفيدة: (وُلِدَتْ في القاهرة ٢٧ / يوليو / ١٩٢٥ - تُوُفِّيَتْ ٢٥ / ١ / ٢٠٠٦)

١. ادْرس الْكلمات وصل الْمعاني الآتية:

الْكلمة	معناها
١. اشْتُهِرَتْ	أ . كتبت مقالاتٍ من لغة أجنبيّة إلى العربيّة
٢. تخصّصتْ	ب. حصلت على / أخذت درجةَ الدكتوراه
٣. عزْفُ البيانو	ت. توظّفت - أخذت وظيفةً بالمعهد
٤. نالَتْ درجةَ الدكْتوراه	ث. حضرت مؤتمراتٍ كثيرةً
٥. عُيّنت بالْمعْهَد	ج . لَعِب البيانو
٦. عميدةُ الْمعْهَد	ح . أنشأت معهدَ الموسيقى العربيّة
٧. شارَكَتْ في مؤْتمرات	خ . كتبت أبحاثًا
٨. أسّستْ معْهدَ الْموسيْقى الْعربيّة	د . كلُّ الناسِ تعرف عنها (مشهورة)
٩. ألّفتْ أبْحاثًا	ذ . رئيسةُ المعهد
١٠. ترْجَمتْ مقالاتٍ عديدةً	ر . درست كثيراً في هذا الموضوع

٢. ادْخلْ إلى الْموْقع للتّدْريبات والْقراءة

تدْريبات الْكتابة 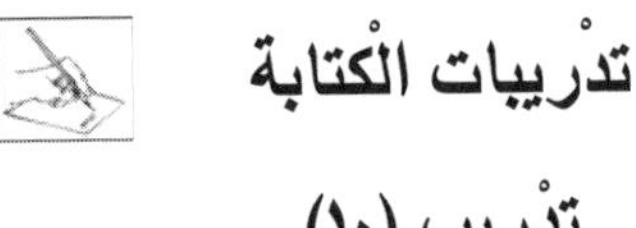

تدْريب (١٠)

رتّب الْكلمات لتكوّن جملاً:

١. في شركةِ أوراسكوم / السّنةَ الْماضية / تخرّجْتُ وعملْتُ مهنْدسًا
٢. في كليّة الْعلوم. / الْعامَ الْماضي / نحْن تخرّجْنا
٣. ثم تزوّجتْ / وتخرّجتْ / بعْد ذلك. / هي درستْ
٤. ثم أنْجبتْ طفْلاً ثالثًا مُنْذ شهْر. / سعاد أنْجبتْ طفْليْن منْذ ٣ سنوات بعْد التّخرّج / هل سمعْتِ؟
٥. وحصلتْ الْأسْبوع الْماضي / درستْ الْعزْف على البيانو / على جائزة و وسام في الْعزْف.
٦. مع محْمود؟ / الْجيْش / هل دخلْتَ
٧. شهادةِ البكالوريوس / الْعامَ الْماضي؟ / هل حصلْتِ على
٨. ثم أصْبحْتُ عميدا للكليّة / عُينْتُ رئيس قسْم الْكيمياء / الشّهْرَ الْماضي. / مُنْذ سنتيْن

تدْريب (١١)

أكْمل الْجمْلة بكلام مناسب من عنْدك كالْمثال:

١. منْذ ٤ سنوات درسَ ماجد ومنى ------ (علوم الكومبيوتر).
٢. ليْلةَ أمْس ذهبْتُ إلى الْمكْتبة و ------
٣. تخرّجتْ أميْمة الْعام الْماضي في كليّة الْحقوق و ------
٤. السّنة الْماضية ذهبْنا في بعْثةٍ دراسيّة و ------
٥. أخوات نادية ------ في مدْرسة الدّليفراند الْفرنسيّة ثم ------ و ------

تدْريب (١٢)

اكْتبْ في كلّ من الْموضوعات الْآتية:

١. ماذا فعْلتَ أمْس؟

٢. السّيرةُ الذّاتيّةُ لشخْصيّةٍ مشْهورةٍ في بلدِك.

تدْريبات الْمحادثة

تدْريب (١٣)

محادثة ١: صلْ أداة الاسْتفْهام مع الْفعْل الْمناسب: أيْن – ماذا – هلْ – متى

الْأفْعال : درسَ – سكنَ – وُلِدَ – أنْجبَ – تخرّجَ – عمِلَ – حصلَ على وظيفة – تزوّجَ

اسْأل زميلَك / زملاءك في الْفصل عن سيرتِه الذّاتيّة واكْتُب الْمعْلومات في الْجدْول.

اسْأل عن	الْاسم: طالب ١	الْاسم: طالب ٢	الْاسم: طالب ٣
تاريخُ الْميلاد			
الدّراسةُ في الْمدْرسة			
الدّراسةُ في الْجامعة			
السّكنُ في بلده			
الْعملُ			
الزّواجُ والْأطْفالُ			

محادثة ٢: اسْأل زميلك ماذا فعل في الْإجازةِ الصّيْفيّةِ الْماضيةِ؟

تقْديم (٢) ٢٥

شجاعة أوْلاد

كلمات مفيدة: أفْعال: خافَ – حاولَ – نامَ – قالَ – عاشَ – عادَ – باعَ – اسْتطاعَ أنْ – غادرَ.
أسْماء: مناطق طبيعيّة – عجوز – جِسْر – خشَب – آلات – قطْع الأشْجار.

أ. اختْر الْكلمة الصّحيحة:

١. رجعَ حسامُ من عملِه مُتْعبا السّاعةَ الثّالثة و ------ حتى السّاعةِ السّابعةِ مساءً. (باع – نام)
٢. شاهد الطّفلُ خالد كلْبًا كبيرًا يجْري في الشّارع و ------ جدًا. (حاول – خاف)
٣. ------ نابليون في آخرِ حياتِه في جزيرةٍ بمُفْرَدِه. (باع – عاش)
٤. ------ الْمديرُ الْمكْتبَ بسرْعةٍ شديدةٍ. (باع – غادر) ثمّ ------ (عاد – خاف) بعْد ساعة.
٥. ------ الْكاتبُ طه حسيْن ---- يكْتبَ كُتُبًا كثيرةً وهو أعْمى. (استطاع أن – غادر)
٦. ------ الْكاتبُ توْفيق الْحكيم أنْ يحْصلَ على جائزة نوبل للْأدب. (خاف – حاول)

ب. صل الْكلمة بمعْناها:

الْكلمة	معناها
مناطِقُ طبيعيةٌ	ماكينات
عجوز	كوبري
جِسْر	سنُّه كبير
خشَب	جسْم الشّجر
آلات	مناطِقُ بها شجر لم يزْرعْه أحد

١. اسْمع واقْرأ النّصّ ثم أجبْ:

أ . ما اسْمُ الْقرْية؟

ب. أيْن عاشَ الْأولادُ وأيْن ناموا؟

ت. هل خافَ الْأوْلاد؟

٢ . اقْرأ الْقصّة مرّة أخْري ورتّب الصّور.

٣ . اقْرأ الْقصّة وضعْ خطاً تحْت الْأفْعال الْمُعْتلّة في النّصّ.

نص الاستماع: ٢٥

قرْيةُ الْبرادعة قرْيةٌ جميلةٌ في منْطقةِ الْقناطرِ الْخَيريّةِ بشمالِ الْقاهرة. حوْلَ الْقريةِ الحقولُ ومناطقُ طبيعيّةٌ خضْراءُ بها أشْجارٌ عمْرُها أكْثرُ من ٧٠ سنة. وفي وسطِ الْمنْطقةِ أيْضًا شجرةٌ عجوزٌ عاشتْ حواليَ ١٠٠ عام إلى الْآن. كلَّ سنةٍ في الصّيف يذْهبُ الْأولادُ ويقْضون الْيوْمَ في اللّعبِ حوْلَ الْأشْجارِ ويجْلِسونَ تحْتَ الشّجرةِ الْعجوز. ذاتَ يوْمٍ وصلَ إلى الْقرْيةِ وفدٌ حكوميٌّ، قابلَ الْعُمْدةُ الْوفْدَ بابْتسامةٍ جميلةٍ واسْتقْبلَهم في مجْلسِ الْقرْيةِ. رجالُ الْوفْدِ قالوا إنّ الْحكومةَ ستبْني جِسْراً وطريقاً للْقطار في منْطقة الْأشجار. ضاعت الابْتسامةُ منْ وجْهِ الْعُمْدةِ وغضبَتْ الْقرْيةُ جدًا. فكّرَ أهْلُ الْقرْيةِ والْأوْلادُ ماذا يفْعلون؟ وكيْف يُنْقذونَ منْطقةَ الْأشْجارِ الْجميلة؟ وصلَ الْأوْلادُ إلى فكْرةٍ جميلةٍ، أحْضرَ الْأولادُ خشبًا كثيرًا، ساعَدَ الأهالي الأولاد وبنوْا لهم بيوتًا خشبيّةً صغيرةً فوْقَ الْأشْجار. أحْضرَتْ كلُّ أسْرةٍ لأوْلادها الطّعامَ والْماءَ كلَّ يَوْم، وعاشَ الْأوْلادُ وناموا في بُيوتِهم فوْقَ الْأشْجارِ الْجميلةِ لمُدّةِ أُسْبوع. عاد رجالُ الْحكومةِ ومعهم آلاتٌ وحاولوا قطْعَ الْأشْجار. لم يَخَفْ أهلُ الْقرْيةِ، ولمْ ينْزِلْ الْأوْلادُ

من الشّجر. غادرَ الرّجالُ الْقرْيةَ ثم رجعوا بعْدَ أُسْبوعٍ وحاولوا مرّةً أُخْرى. لم يسْتَطِعْ الرجالُ قطْعَ الْأشْجارِ أبدًا. الرّجالُ غادروا الْقريةَ هذه الْمرّةَ ولم يقْطعوا الْأشْجار. فرِحَ أهْلُ الْقرْيةِ والْأوْلاد. باعَ الْعمْدةُ لرجالِ الْحُكومةِ قِطْعةَ أرْضٍ أُخْرى وبَنَتْ الْحكومةُ الْجِسْرَ بعيدًا عن مِنْطقةِ الْأشْجارِ الْجميلة.

لاحظ الْقواعد: [٣]

(هناك ثلاث حالات للْفعْل الثّلاثي الْمعْتل الْوسط (الْأجْوف) في الْماضي)[٤]:

- قام (الْأصْل: قَوَمَ – فعَلَ) – قُمْتُ، ومن أمْثلته: قال – زار – عاد.
- باع (الْأصْل: بَيَعَ – فَعَلَ) – بِعْتُ، ومن أمْثلته: عاش – غاب – ضاع.
- خاف (الأصل: خَوِفَ – فَعِلَ) – خِفْتُ، ومن أمْثلته: نام – نال – غار.

وهناك ثلاث حالات أيْضًا عنْدما ننْتقل من الزّمن الْماضي للْفعْل الثّلاثي الْمعْتلّ الْوسط في صيغة الْمضارع:

- قام – يقُومُ – لن يقُومَ – لم يقُمْ.
- باع – يبِيعُ – لن يبِيعَ – لم يبِعْ.
- خاف – يخَافُ – لن يخَافَ – لم يخَفْ.

---

(٣) يمكن تدريس تصريفات المثنى اختياري. الجداول في آخر الوحدة

(٤) **ملاحظة (١):** صيغة الْماضي: لا يتضح من شكل الْماضي ما إذا كان أصل الألف واوًا أو ياءً، حيث يرتبط ذلك بحركة نوع الْفعْل، كما يساعد المضارع بالنسبة للحالتين الْأولى والثانية، لذلك من الأفضل منْذ البداية أن يربط الطالب بين شكل الْماضي وشكل المضارع الخاص به.

ملاحظة (٢): صيغة المضارع: في الحالات الثلاث عندما يسكن الحرف الثالث في الْفعْل في التصْريف يُحذف الحرف الثاني (الألف)، وفي هذه الحالة تكون حركة الحرف الأول بالنسبة للحالة الأْولى ضمة، والحالتين الثانية والثالثة كسرة.

أولاً: ماضي الْفعْل الْمعْتلّ الْوسط (الْأجْوف) ٢٦

الْفعْل الْأجْوف	أنا	نَحْن	أنْتَ	أنْتِ	أنْتم	أنْتُن
بالواو يقول / قال	قُلْتُ -- تُ	قُلْنا -- نا	قُلْتَ -- تَ	قُلْتِ -- تِ	قُلْتُم -- تُم	قُلْتُنّ -- تُنّ

الْفعْل الأجوف	هُو ✭	هي ✭	هُم ✭	هُنّ
بالواو يقول / قال	قالَ -ا-	قالتْ -ا- تْ	قالوا -ا- وا	قُلْنَ -- نَ

٢٧

الْفعْل الْأجْوف	أنا	نَحْن	أنْتَ	أنْتِ	أنْتُم	أنْتُن
بالياء يعيش / عاش	عِشْتُ -- تُ	عِشْنا -- نا	عِشْتَ -- تَ	عِشْتِ -- تِ	عِشْتُم -- تُم	عِشْتُنّ -- تُنّ

الْفعْل الْأجْوف	هُو ✭	هي ✭	هُم ✭	هُنّ
بالياء يعيش / عاش	عاشَ -ا-	عاشتْ -ا- تْ	عاشوا -ا- وا	عِشنَ -- نَ

✭ يظْهر حرْف الْعلّة مع هو / هي / هم

ثانيًا: نفى الْفعْل الْماضي الْمعْتلّ الْوسط (الْأجْوف) لم + فعل مضارع مجزوم

٢٨

الْفعْل الْأجْوف	أنا	نَحْن	أنْتَ	أنْتِ ☆	أنْتُم ☆	أنْتُن
بالواو لم يقل	أقُلْ أ--	نقُلْ ن--	تقُلْ ت--	تقُولي ت-و-ي	تقُولوا ت-و-وا	تقُلْنَ ت--ن

الْفعْل الْأجْوف	هُو	هي	هُم ☆	هُنّ
بالواو لم يقل	يقُلْ يـ--	تقُلْ ت--	يقُولوا يـ-و-وا	يقُلْنَ ي--ن

٢٩

الْفعْل الْأجْوف	أنا	نَحْن	أنْتَ	أنْتِ ☆	أنْتُم ☆	أنْتُن
بالياء لم يعش	أعِشْ أ--	نعِشْ ن--	تعِشْ ت--	تعِيشي ت-يـ-ي	تعِيشوا ت-يـ-وا	تعِشْنَ ت--ن

الْفعْل الأجوف	هُو	هي	هُم ☆	هُنّ
بالياء لم يعش	يعِشْ يـ--	تعِشْ ت--	يعيشوا يـ-يـ-وا	يعشِنْ ي--ن

☆ يظْهر ويبْقى حرْف الْعلّة مع أنْتِ / أنْتم / هم وتحذْف النّون مع هذه الضّمائر

لاحظ السّكون مع حذْف حرْف الْعلّة في الْأفْعال الْأخْرى

تدْريبات على الْقواعد والْمفْردات

تدْريب (١)

اِختَر الْفعْلَ المُناسب:

١. دخلَ الْمدرّسُ الْفصْلَ و ------ «غداً إجازة». (قالوا – قال)

٢. أخواتُ عائشة ------ في الأرْدنّ مع والِدهن. (عاشوا – عِشْنَ)

٣. هل ------ بعْدَ الْفيلم يا سوزان؟ (نِمتِ – نِمتم)

٤. الْبائعون ------ كل ما عنْدهم من فاكهةٍ بِسعْرٍ مُناسبٍ. (باعوا – باعَت)

٥. سائقُ التّاكسي ------ السّيّارةَ بِسُرْعةٍ عاليةٍ. (قاد – قُدنَ)

٦. ------ الرّاكبةُ من السّائق ونزلتْ من التّاكسي. (خِفنَ – خافَت)

٧. أنا ------ مدّةً طويلةً في مدينة نيويورك. (عِشتم – عِشتُ)

٨. أنتن ------ لنا موْعدَ الْفيلم الْخطأ!! أنا آسف لن أذْهبَ معكم الآن. (قُلتم – قُلتنّ)

٩. بحثَ ناجي عن محْفظتِه في الأتوبيس، ولكن الْمحْفظةَ ------ للأسف. (ضاعَت – ضِعتُنّ)

تدْريب (٢)

اِختَر الْفِعل المُناسب:

١. ساعدْتُ صديقاتي كثيرا ولكن لم ------ شكْرًا أبدًا. أنا حزينةٌ جدًا. (تقولوا – يقُلن)

٢. لماذا لم ------ جدّكم الأسْبوعَ الْماضي يا أوْلادي؟ (تزوروا – أزُرْ)

٣. أسامة لم ------ من النّوْمِ مبكرًا وتأخّر على محاضرته. (يقُمْ – يقوموا)

٤. أخْتي لم ------ سيّارتَها أمْس. (باعت – تبِعْ)

٥. لماذا لم ------ زوجُك إلى الْبيْتِ حتّى الآن؟ (يعود – يعُدْ)

٦. يا صديقاتي كيْف لم ------ الْمتحفَ الْمصْريَّ حتّى الآن؟ (تزُرنَ – تزوروا)

٧. لا. طبْعًا ابني شجاع ولم ------ من اللّصِّ وطلبَ الشّرْطةَ. (يخاف – يخَفْ)

تدْريب (٣)

أجبْ بـ لا:

١. هل قامت زيْنب من النّوْمِ متأخّرة؟ لا. ------------------------

٢. هل نمْتَ مبكرا حتّى يوْم الْجمعة؟ لا. ------------------------

٣. هل ضاعَ الْكومبيرتر الْمحْمول؟ لا. ------------------------

٤. هل قُلْتُنّ للْمديرَ أمْس عن المشكلة؟ لا. ------------------------

٥. هل قلْتم لأبيكم عن خبرِ زواجنا؟ لا. ------------------------

٦. هل طارت في الْميعاد طائرتُكم؟ لا. ------------------------

٧. هل باعَ أحْمدُ الْبيْتَ بِثمنٍ مُناسب؟ لا. ------------------------

٨. هل إخْوتك زاروا بيْتَ الْعائلةِ أمْس؟ لا. ------------------------

٩. هل عشتِ في دوْلة الْإمارات قبْلَ ذلك؟ لا. ------------------------

١٠. هل نامَ أخوك في سريرِه؟ لا. ------------------------

تدْريب (٤)

اِسْتخْدِم التّصْريفَ الْمناسبَ في الْجمْلةِ:

١. خالد ------ الْبيْتَ السّاعَةَ ٧ صباحًا. (تركَ)

٢. عائلتي لم ------ أنّني تركْتُ الشّركةَ والْعملَ. (عرفَ)

٣. أخواتي ------ إنّ الْجوَّ باردٌ الْيومَ ولم ------. (قالَ – خرجَ)

٤. أخي لم ------ الزّواجَ منْها فهي صغيرةٌ جدًا. (رغب)

٥. لم ------ اللّاعبُ الْمشْهورُ أنْ يلْعبَ الْيوْمَ وخسرَ الْفريقُ. (قدر)

٦. لماذا لم ------ يانجوى ألسْتِ جائعةً؟ (أكلَ)

٧. هل ------ كلَّ الْعائلةِ أم لا يا أمي الأسْبوعَ الْماضي؟ (زارَ)

٨. لماذا لم ------ يدَكَ و ------ عليْه؟ (مدَّ – سلّمَ)

تدْريبات الاسْتماع ٣٠

تدْريب (٥)

حادث مؤْسف

كلمات مفيدة: قادَ - سيّارةُ سباق - اصْطدمَ - قرّر أنْ - تسابقَ - راقبَ - خسِرَ - كسبَ

الاسْتماع الأوّل: اِسْمع الْحِوار وأجبْ. إلى أيْن ذهب حارث؟

الاسْتماع الثّاني: اِسْمع الْحِوار مرّة أخْرى واكْتُب إجابةً كاملة:

١. إلى أي مدينة ذهب حارث وعائلته؟

٢. هل قادَ حارث درّاجة؟

٣. هل نامَ حارث في الإجازة واسْتراحَ كثيراً؟

٤. هل كسرَ حارث ساقه؟

٥. صل الْجمْلة أ مع الْجمْلة ب:

أ	ب
١. وماذا فعلْتَ هناك؟ هل نِمْتَ واسْترحْتَ جيداً؟	أ .نعم. قدْتُ سيّارتي بسرْعة وكسبْتُ مرّتين. ولكن في الْمرّة الثّالثة خسِرتُ.
٢. لماذا؟ ماذا حدثَ لك؟	ب. لم أنمْ أو أسْترحْ كثيرًا، لكن شاهدت الْمعالمَ السّياحيّةَ الْمهمّة، وقررّت أنْ أتعلّم قيادةَ السّيّاراتِ السّريعةِ.
٣. وهل تسابقْتَ؟	ت. قُدْتُ السّيّارةَ بسرْعةٍ ولمْ أشاهدْ سورَ الْملْعبِ الْقريب، اصْطدمْتُ بالسّورِ وكُسِرَتْ ذراعي.

٦. رتّب الأَحْداثَ في الْجُملِ من الاسْتماع

حارِث من دوْلةِ الْبحْريْن. ذهبَ في إجازةِ الصّيْفِ الْماضي إلى أوروبا مع عائلتِه. اسْمَع ماذا قالَ حارث في بدايةِ الْفصْلِ الدّراسي الْجديدِ عن رحْلتِه إلى أوروبا.

نص الاستماع: ٣٠

الْمُدرّس: ماذا حدثَ لك يا حارِث؟

حارِث: حادثٌ بسيط ولكن مُؤْسِف. كُسِرَتْ ذِراعي!!

الْمُدرّس: آه. الْحمْدُ للّه أنّك بِخيْر. أيْن سافرْتَ في الإْجازة الْماضيةِ يا حارِث؟

حارِث: سافرْتُ إلى فرنسا.

الْمُدرّس: وماذا فعلْتَ هُناك؟ هل نِمْتَ واسْترحْتَ جيّدًا؟

حارِث: كَلاّ. لم أنمْ أو أسْترحْ كثيرًا، لكن شاهدْتُ الْمعالمَ السّياحيّةَ الْمهمّةَ، مثْل متْحفِ اللّوفر وبُرْجِ إيفل وكنيسةِ نوتْرْدام وشارعِ الشّانْزْلزيه الْمشْهور وشاهدْتُ منْطقةَ سباقِ السّيّارات. أحْببْتُ هذه اللّعبةَ جدا وقرّرْتَ أنْ أتعلّمَ قيادةَ السّيّاراتِ السّريعة.

الْمُدرّس: وهل تسابقْتَ؟

حارِث: نعم تسابقْتُ مع زملائي من اللاّعبين الْمبْتدئين مِثْلي. قُدْتُ سيّارَتي بِسُرْعة وكسبْتُ مرّتيْن. ولكن في الْمرّةِ الثّالثة خسِرتُ.

الْمُدرّس: لِماذا؟ ماذا حدثَ لكَ؟

حارِث: قُدْتُ السّيّارةَ بِسُرْعةٍ ولكن نظرْتُ إلى يميني لأُراقبَ أيْن زميلي ولم أشاهدْ سورَ الْملْعبِ الْقريبِ على الْيسار. اصْطدمْتُ بالسّورِ وكُسِرت ذراعي.

تدْريبات الْقراءة: قراءة ١  ٣٠

تدْريب (٦)

إفْطارُ يوْمِ الْإجازةِ

كلمات مفيدة: جاعَ - يُعدُّ الطّعام - وضعَ - سلقَت الْبَيْض - قطّعت الطّماطم - جرحَ إصْبعَه - لم يهْتمّ - أشارَت إلى - شمّت الطّعامَ - احْترقَ الطّعامُ - صاحَ.

اسْتخْدم الْكلمات السّابقة في الْجمل التّالية:

١ . شاهد الْموظّفُ اللّصَ أمام خزانةِ الْمكْتبِ فـ ------ وطلبَ رجالَ الْأمن.
٢ . عمِل مصْطفى في الْمكْتبِ لساعةٍ متأخّرةٍ و ------ فطلب وجْبةً سريعةً.
٣ . السّائحةُ ------ بعْضِ الْآثارِ الْفرْعوْنيّة في الْمتْحف وسألتْ عنْها.
٤ . باعَ الْفاكهي كلَّ الْفاكهة و ------ كلَّ النّقودِ في محْفظتِه ولكن سرقَها لصّ.
٥ . قدّمَ أحْمد الطّعامَ واللّبنَ إلى الْقطّةِ فـ ------ وشربَتْ اللّبن فقط.
٦ . أمْسكَ الصّغير سمير بالسّكّين فـ ------.
٧ . تكلّمَتْ ماجدة في التّليفون وتركتْ الطّعام على الْموْقِد و ------.
٨ . حضّرتْ سناء طعامَ الْإفطارِ لزوْجِها ------ و ------ وذهبتْ إلى الْعمل.
٩ . يُحبّ محْمود أنْ ------ الْإفْطارِ لعائلتِه يوْمَ الْجُمعة.
١٠. طلبْت منْ مديري يوْمَ إجازة فلمْ يسْمعْني و ------.

الْقراءة الْأولى: 

منْ صالح؟ أكْمل الْمعْلومات من النّص.

صالح ------ في كلّيةِ التّجارة و ------ محاسبًا في مدينةِ الْقوصيّة في جنوبِ مصْر، بيْتُه بجانب الْحقولِ الْجميلةِ، صالح لمْ ------ ولكن ------ في منْزله الصّغير بِمُفْردِهِ سعيدًا.

الْقراءة الثّانية:

اكْتُب رقْم الْفقْرة أمام الصّورة الْمناسبة للنّصّ.

اكْتُب صحيح أم خطأ. اكْتُب الْإجابة الصّحيحة.

١. صالح لم يجُعْ.

٢. صالح أكلَ طبقَ الْفول.

٣. صالح لم يساعدْ الْأم.

٤. صالح أنْقذَ الطّفلَ ولكن الْقطّة سقطتْ وماتتْ.

أجب على الأسئلة:

١. ماذا فعل صالح؟ كيْف أنْقذَ الطّفل؟

٢. كيْف أنْقذَ الْقطّة؟

٣. ماذا حدثَ لطعامه؟

٤. ماذا أفْطرَ صالح؟

نص الاستماع: 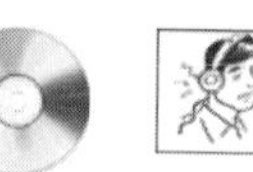  ٣١

١. صالِح تخرّجَ في كلّيةِ التّجارةِ وعملَ محاسبًا وعُيّنَ في مدينةِ الْقُوصِيَّة في جنوبِ مصْر، بيْتُه بِجانبِ الْحُقولِ الْجميلةِ، صالح لم يتزوّجْ وعاشَ في منْزلِهِ الصّغيرِ بمُفْردِهِ سعيدًا.

٢. اسْتيْقظَ صالح صباحَ يوْمِ الْجُمعةِ وشرِبَ الشّايَ وأحْضرَ الْجريدةَ ليقْرأَ الْأخْبارَ وقرّرَ أنْ يُعدّ طبقًا شهيًا من الْفول. طلبَ من الْبوّاب أنْ يشْتريَ له الْفلافلَ السّاخِنةَ والْخبزَ الطّازِجَ.

٣. دخلَ صالح الْحمّامَ واسْتحمَّ وارْتدى ملابسَ مُريحةً، فتحَ الرّاديو وسمِعَ الْأخْبارَ ثم الْموسيقى الْخفيفةَ وقرأَ الْجريدةَ. جاءَ صالح أخيرًا، وبدأ يُعدُّ طبقَ الْفولِ اللّذيذ. وضعَ الْفولَ فوْقَ الْموقدَ وسلقَ الْبيْضَ ثم قطّع الطّماطمَ والْبصَلَ والْجُبْنَ.

٣٢

٤. فجْأةً سمعَ صوْتًا عالِيًا وسيّدةٌ صاحت: ابْني، وضَربَتْ جرسَ الْباب. خافَ صالح، طارتْ قطعُ الطّماطِم، اصْطدمَ بالْبابِ وجرحَ السّكّينُ إصْبَعَهُ، لم يهتمّ صالح وفتحَ الْبابَ بسْرعةٍ، وجدَ سّيّدةً تصْرُخُ: اِبْني. سألَ صالح عن الْمُشْكلَة.

٥. أشارت السّيّدةُ إلى شجرةٍ وشاهدَ صالح طِفْلاً مُعلّقًا من ملابسِهِ وقطّةً صغيرةً خائفةً في أعْلى الشّجرةِ والطّفْلُ سيسْقطُ من الشّجرة.

٦. جرى صالح بسرْعةٍ وصعدَ وأنْقذَ الطّفلَ ثمّ دخلَ الْبيْتَ وأحْضرَ الْجُبْنَ والْبَيْضَ، شمّتْ الْقطةُ الطّعامَ فنَزلتْ من الشّجرة.

٧. أنْقذَ صالح الطّفلَ وقطّتَهُ، ولكن شاهدَ دُخّانا من نافِذةِ الْمطْبخِ يا خُسارة.. اِحْترقَ الْفولُ وضاعَ الْإفطارُ.

تدْريب (٧)

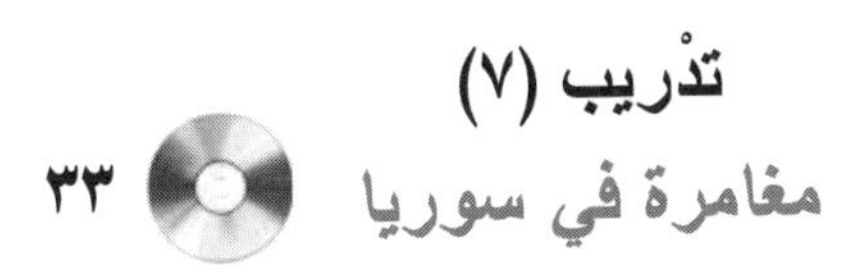

كلمات مفيدة: تجوّلَ - بحثَ - نزلْنا في فنْدق - لم يعُدْ - انْتظرَ - نزلْنا من السّيّارة - تاهَ - اِعْتذرَ

صل الْكلمة بالْمرادف لها:

الْكلمة	الْمرادف
١. تجوّلَ	أ . قالَ أنا آسِف
٢. نزلْنا في فنْدق	ب . لم يرْجِع
٣. لم يَعُدْ	ت . خرجْنا من السّيّارة
٤. نزلْنا من السّيّارة	ث . ضاعَ
٥. تاهَ	ج . اسْتأْجرْنا حُجْرةً في فُنْدق
٦. اِعْتذرَ	ح . تَمشّى

ادْخُل إلى الْموْقع واقْرأ النّصّ واتّبِع التّعْليمات

تدْريبات الْكتابة 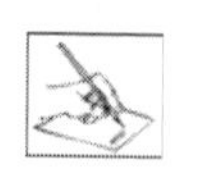

تدْريب (٨)

١. اكْتُب في زمن الْماضي ٥ أسْطر عن الْحادث في الصّور. اِسْتخْدِم إجابات الأسْئلة والْكلمات الْمساعدة في الْكتابة:

منْ قادَ السّيّارةَ ومن ركِبَ معه؟
مع منْ تسابقَ حمْدي؟
ماذا حدثَ للسّيّارة؟
تسابقَ - تاهَ - تعطّلتْ
قادَ - احْترقَ - دُخّان

ماذا فعلَ حمْدي؟
منْ وقفَ ونزلَ؟
ماذا طلبَ حمْدي منْه؟
وقفَ - نزلَ - راقبَ -
أشارَ إلى - طلبَ منْ

ماذا عرضَ صاحبُ السّيّارةِ على حمْدي؟
منْ ركِبَ مع الرجل وماذا فعلَ؟ وماذا حدثَ بعْد ذلك؟
عرضَ - ركِبَ - تركَ -
غضِبَ - غادرَ

٢. أُكْتُب عن حادثةٍ حصلتْ لك في الْماضي.

تدْريبات الْمحادثة

تدْريب (٩)

هذا حدثَ لي:

١. اِخترْ حادثةً من الْحوادثِ التّاليةِ وتكلّمْ عنها مع زميلك:

أ. تعطّلَ أتوبيسَ الرّحلاتِ في الصّحراء ومعكم كثيرٌ من الأطْفالِ والنّساء. الْماءُ والطّعامُ قليل..
اسْتخْدم أفْعالاً مما درسْتَ (نادَى – صرخَ – أشارَ إلى – أنْقذَ.. إلخ)

ب. ترك طفْلٌ يدَ أُمِّه وجرى في وسط الشّارع الْمُزدحم.

ج. سقطتْ شجرةٌ في وسط الشّارع.

٢. اسْأل زميلك عما حدث في الأوْقات التّالية:

ماذا حدثَ له أمْس – الأسْبوعَ الْماضي – الشّهْرَ الْماضي – السّنةَ الْماضية

تذكّر

١. تصْريف الْفعْل الْماضي الثّلاثي الصّحيح (السالم - الْمهْموز)

أنا	كتبْتُ ---ت	أكلْتُ	سألْتُ	قرأْتُ
نحن	كتبْنا ---نا	أكلْنا	سألْنا	قرأْنا
أنْتَ	كتبْتَ ---تَ	أكلْتَ	سألْتَ	قرأْتَ
أنتِ	كتبْتِ ---تِ	أكلْتِ	سألْتِ	قرأْتِ
أنتما	كتبْتما ---تُما	أكلْتُما	سألْتُما	قرأْتُما
أنتم	كتبْتُم ---تُم	أكلْتُم	سألْتُم	قرأْتُم
أنتنّ	كتبْتُنَّ ---تُنَّ	أكلْتُنَّ	سألْتُنَّ	قرأْتُنَّ
هو	كتَبَ ---	أكلَ	سألَ	قرأَ
هي	كتَبَتْ ---ت	أكلَتْ	سألَتْ	قرأَتْ
هما	كتبَا ---َا	أكلَا	سألَا	قرَآ
هما	كتبَتا ---َتا	أكلَتا	سألَتا	قرأَتا
هم	كتبُوا ---وا	أكلُوا	سألُوا	قرؤوا
هن	كتبْنَ ---ن	أكلْنَ	سألْنَ	قرأْنَ

٢. تصْريف الْفعْل الْماضي الْمشدد - لاحظ الشّدّة مع الضمائر (هو - هي - هما - هم)

الضّمير / الْفعْل	أنا	نَحْن	أنْتَ	أنْتِ	أنتما
المشدد	مددْتُ ---ت	مددْنا ---نا	مددْتَ ---تَ	مددْتِ ---تِ	مددتُما ---تما

الضّمير / الْفعْل	أنْتُم	أنْتُن	هو ✯	هي ✯	هما
الْمشدّد	مددْتُم ---تُم	مددْتُنّ ---تُنّ	مدّ -ـّ	مدّتْ -ت	مدّا مـ-ا

الضّمير / الْفعْل	هما	هم ✯	هن
المشدد	مدّتا مـ-تا	مدُّوا --وا	مَددْنَ ---ن

٣. نفْي الْفعْل الْماضي الثّلاثي الصّحيح (السّالم - الْمهْموز - الْمُشدّد)

الضّمير / الْفعْل		أنا	نَحْن	أنْتَ	أنْتِ ✫	أنتما ✫	أنْتُم ✫	أنْتُن
السّالم (لم)		أشْربْ	نشْربْ	تشْربْ	تشْربي	تشربا	تشْربوا	تشْربْن
		أكْبر	نكْبرْ	تكْبرْ	تكْبري	تكبرا	تكْبروا	تكْبرْن
الْمهْموز (لم)		آخذْ	نأْخذْ	تأْخذْ	تأْخذي	تأخذا	تأْخذوا	تأْخذْن
		أسْألْ	نسْألْ	تسْألْ	تسْألي	تسألا	تسْألوا	تسْألْن
		أقْرأْ	نقْرأْ	تقْرأْ	تقْرئي	تقرآ	تقْرؤوا	تقْرأْن
الْمضعّف (لم)		أمدّ	نمدّ	تمدّ	تمدّي	تمدّا	تمدّوا	تمْددْن

الضّمير / الْفعْل	هو	هي	هما ✫	هما ✫	هم ✫	هن
السّالم (لم)	يشْربْ	تشْربْ	يشربا	تشربا	يشْربوا	يشْربْن
	يكْبرْ	تكْبرْ	يكبرا	تكبرا	يكْبروا	يكْبرْن
الْمهْموز (لم)	يأْخذْ	تأْخذْ	يأخذا	تأخذا	يأْخذوا	يأْخذْن
	يسْألْ	تسْألْ	يسألا	تسألا	يسْألوا	يسْألْن
	يقْرأْ	تقْرأْ	يقرآ	تقرآ	يقْرؤوا	يقْرأْن
الْمضعّف (لم)	يمدّ	تمدّ	يمدّا	تمدّا	يمدّوا	يمْددْن

نفْي الْفعْل الْماضي: لم أشْربْ (لم + الْفعْل الْمضارع الْمجْزوم)

✫ حذف النون مع الأفعال الخمسة

٤. ماضي الْفعْل الْمعْتلّ الْوسط (الْأجْوف)

الْفعْل الْأجْوف	أنا	نَحْن	أنْتَ	أنْتِ	أنتما	أنْتُم	أنْتُن
أصْله واو يخاف / خاف	خِفْتُ -- ت	خِفْنا -- نا	خِفْتَ -- ت	خِفْتِ -- ت	خِفتُما -- تما	خِفْتُم -- تم	خِفْتُنّ -- تن
بالْواو يقول / قال	قُلْتُ -- ت	قُلْنا -- نا	قُلْتَ -- ت	قُلْتِ -- ت	قُلْتُما -- تما	قُلْتُم -- تم	قُلْتُنّ -- تن
بالْياء يبيع / باع	بِعْتُ -- ت	بِعْنا -- نا	بِعْتَ -- ت	بِعْتِ -- ت	بِعْتُما -- تما	بِعْتُم -- تم	بِعْتن -- تن

الْفعْل الْأجْوف	هو ☆	هي ☆	هما	هما	هم ☆	هن
أصْله واو يخاف / خاف	خافَ -ا-	خافَتْ -ا- ت	خافا -ا-ا	خافتا -ا- تا	خافُوا -ا- وا	خِفْنَ -- ن
بالْواو يقول / قال	قالَ -ا-	قالَتْ -ا- ت	قالا -ا-ا	قالتا -ا- تا	قالُوا -ا- وا	قُلْتُنّ -- ن
بالْياء يبيع / باع	باعَ -ا-	باعَتْ -ا- ت	باعا -ا-ا	باعتا -ا- تا	باعُوا -ا- وا	بِعْتُنّ -- ن

☆ يظْهر حرْف الْعلّة مع **هو / هي / هما / هم**

٥. نفْى الْفعْل الْماضي الْمعْتلّ الْوسط (الْأجْوف) لم + فعْل مضارع مجْزوم

الْفعْل الْأجوف	أنا	نَحْن	أنْتَ	أنْتِ ★	أنتما	أنْتُم ★	أنْتُن
أصْله واو	أخَفْ	نخَفْ	تخَفْ	تخافي	تخافا	تخافوا	تخَفْن
لم يخَفْ	أ --	ن --	ت --	ت - ا - ي	ت-ا-ا	ت - ا - وا	ت -- ن
بالْواو	أقُلْ	نقُلْ	تقُلْ	تقولي	تقولا	تقولوا	تقُلْن
يقول / قال	أ --	ن --	ت --	ت - و - ي	ت-و-ا	ت - و - وا	ت -- ن
بالْياء	أبِعْ	نبِعْ	تبِعْ	تبيعي	تبيعا	تبيعوا	تبِعْن
يبيع / باع	أ --	ن --	ت --	ت - يـ - ي	ت-ي-ا	ت - يـ - وا	ت -- ن

الْفعْل الْأجْوف	هو	هي	هما	هما	هم ★	هن
أصْله واو	يخَفْ	تخَفْ	يخافا	تخافا	يخافوا	يخَفْن
يخاف / خاف	ي --	ت --	ي-ا-ا	ت-ا-ا	ي - ا - وا	ي -- ن
بالْواو	يقُلْ	تقُلْ	يقولا	تقولا	يقولوا	يقُلْن
يقول / قال	ي --	ت --	ي-و-ا	ت-و-ا	ي - و - وا	ي -- ن
بالْياء	يبِعْ	تبِعْ	يبيعا	تبيعا	يبيعوا	يبِعْن
يبيع / باع	ي --	ت --	ي-ي-ا	ت-ي-ا	ي - يـ - وا	ي -- ن

★ يظْهر ويبْقى حرْف الْعلّة مع **أنْتِ/أنتما/هما/أنْتم/هم** وتحْذف النّون مع هذه الضّمائر

لاحِظ السّكُون مع حذْفِ حرْفِ الْعِلّة في الْأفعال مع الضمائر الْأُخْرى

٦. طريقة أخْرى أقلّ شيوعاً لنفْي الْماضي:

الضّمير / الْفعْل	أنا	نَحْن	أنْتَ	أنْتِ	أنتما	أنْتُم	أنْتن
سالم (ما)	شربْتُ	شربْنا	شربْتَ	شربْتِ	شربتما	شربْتم	شربْتُنّ
	كَبُرْت	كَبُرْنا	كَبُرْتَ	كبرْتِ	كبرتما	كبرْتم	كبرْتُنّ
مهْموز (ما)	أَخذْتُ	أخذْنا	أَخذْتَ	أخذْتِ	أخذتما	أخذْتم	أخذْتُنّ
	سَألْتُ	سألْنا	سألْتَ	سألْتِ	سألتما	سألْتم	سألْتُنّ
	قَرأْتُ	قرأْنا	قرأْتَ	قرأْتِ	قرأتما	قرأْتم	قرأْتُنّ
مضعّف (ما)	مَددْتُ	مددْنا	مَددْتَ	مددْتِ	مددتما	مددْتم	مددْتُنّ

الضّمير / الْفعْل	هو	هي	هما	هما	هم	هن
الْفعْل السّالم (ما)	شَرِبَ	شَرِبَتْ	شربا	شربتا	شربُوا	شربْن
	كَبُرَ	كَبُرَتْ	كبرا	كبرتا	كَبُرُوا	كَبُرْن
الْفعْل الْمهْموز (ما)	أَخَذَ	أَخذَتْ	أخذا	أخذتا	أَخذُوا	أخذْن
	سَأَلَ	سَألَتْ	سألا	سألتا	سَألوا	سألن
	قرأَ	قَرأَتْ	قرآ	قرأتا	قرؤوا	قرأْن
الْفعْل الْمضعّف (ما)	مَدَّ	مَدّتْ	مدّا	مدّتا	مدّوا	مددْن

نفْي الْفعْل الْماضي: ما شربَ (ما + الْفعْل الْماضي)

الْوحْدة السّادسة
قصصٌ من التّراثِ وأخْبار

تقْديم (١): صُرْصور الْحشائش

هدف الدّرْس:

- قراءةُ الْقصصَ الْقصيرةَ وقصُّ الْحِكايات.
- كِتابةُ الْقصصِ والنّصوص السّرديّة.

الْقواعد والتّرْكيب:

- تصْريفُ الْفِعْل الْماضي الثّلاثي الْمُعْتلّ الآخر ونفْيُه.
- تابع أدواتِ الرّبط :للتّتابع و السّببيّة مثْل(و / لـ / فـ / بِسَببِ / ولِهذا / ثُمّ / بعْد ذلك).

الْمُفْردات:

أفْعالُ أحْداثِ الْقصص (حكى - بكى - جرى - سقى - رمى - بقي - نادى).

الثّقافة:

التّعرُّف على قصصِ التّراث لبعْضِ الْبلادِ الْعربيّة (مِصْر - الْيَمَن - الْعِراق).

تقْديم (٢): أخْبارٌ من الصّحفِ و الْمجلّات

هدف الدّرْس:

- قِراءةُ الْأخبارِ الْقصيرةِ وكتابتُها وسرْدُها.
- التّعرُّفُ على أنْواعِ الْأخبارِ الْمُخْتلِفَة.

الْقواعد والتّرْكيب:

- تصْريفُ الْفِعْلِ الْماضي الثّلاثي الْمُعتل الْأوّل ونفْيُه.
- الْجُمْلة الْوصْفيّة / الاسم الْموْصول (الّذي / الّتي / الّذين / اللّاتي).

الْمُفْردات:

- الْفعْلُ الْمُعتلّ الْأوّل (وجد - وقع - وعد - وصل . .).
- بعْضُ الْأفْعال الإخْباريّة (أعْلن - أخْبر - صرّح - قرّر - قال إنّ . .).

الثّقافة:

الْقراءةُ عن أخْبارٍ مِصْريةٍ وعالميّة - الْقراءةُ عن حوادثَ وأخْبارٍ عامّة.

تقْديم (١) ١

صُرْصور الْحشائش

كلمات مفيدة: رأى - أعْطى - حفِظ - جرى - ردّ - غنّى - بكى - مضى - جمَع - حمَل - نادى - بقِيَ

أسْماء: صُرْصور - حشائش - نَمْل / نمْلَة - حقْل - جُحْر - صخْر - أغْصانُ الشّجر - زهْرَة.

كم اسم أو فعْل تعرف في هذه الصورة؟ اُكْتُب أكبَرَ عددٍ مُمكنٍ من الأسماءِ أو الْأفْعالِ السابِقَةِ على الصُورَة.

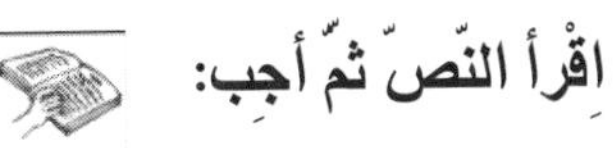

اِقْرأ النّصّ ثمّ أجِب:

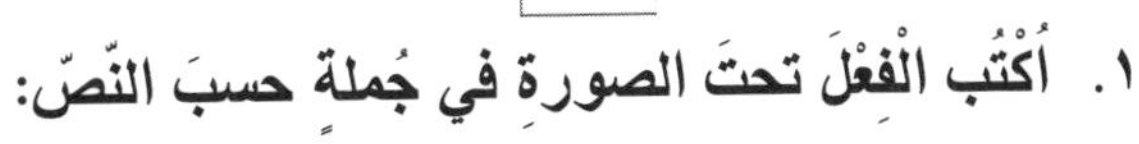

١. اُكْتُبِ الْفِعْلَ تحتَ الصورةِ في جُملةٍ حسبَ النّصّ:

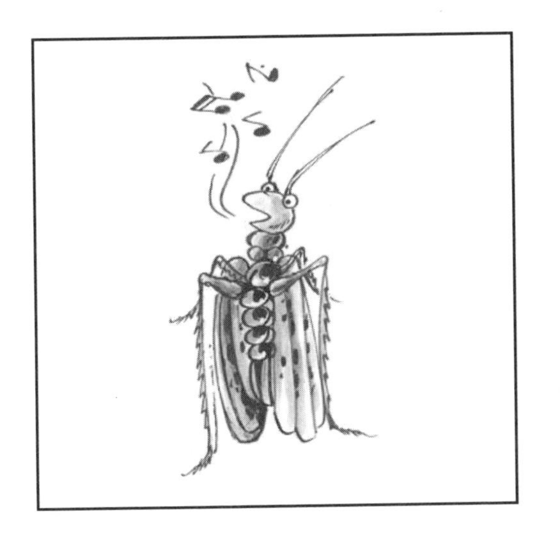

----

٢. أُكْتُبِ الاسْمَ تحتَ الصّورةِ الْمُناسِبَةِ في جُمْلة حسبَ النّصّ:

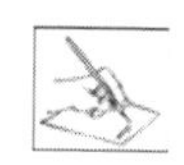

----

٣. أَكْمِلِ الْجُمْلةَ بِفِعْلٍ من الأَفْعالِ الآتية:

مضَت - جرى - رأى - نادى - بكى - بقِيَ - تُعْطِ

١. ترَكَت النّملةُ الصّرْصورَ و ------ مع أصْدِقائها و دخَلَت الْجُحر.

٢. ------ الصّرْصورُ بيْن الْحشائشِ وغنّى ولَعِبَ كثيرًا.

٣. ------ الصّرْصورُ صفًا طويلاً من النّملِ دخلَ جُحْرًا في الصّخر.

٤. جاءَ الشّتاءُ وجاعَ الصّرْصورُ و ------ على صديقته النّملَة.

٥. طلبَ الصّرْصورُ من النّمْلةِ طعامًا ولكن لم ------ النّمْلةُ صديقَها شيْئًا، فحَزِن و ------

٦. جاءَ الشّتاءُ و ------ الصّرْصورُ جائعًا.

النصّ ١

قضى صرْصورُ الْحشائشِ الصّيْفَ كلَّه في الشّمْس، فجرى في الْحُقولِ وغنّى وطارَ فوْق الْأزْهارِ المُلَوَّنَة، بعد ذلك أكلَ الصّرْصورُ الْحشائشَ من كُلِّ حقْلٍ ورقصَ طويلاً فوْقَ أغْصانِ الشّجَر. ذاتَ يَوْمٍ وقفَ فوْقَ زهْرةٍ حمْراءَ يُشاهِدُ بقيَّةَ الْأزْهارِ، فرأى الصّرْصورُ بيْن الْحشائشِ صفًّا طويلاً من النّمْلِ تحْتَ الشّجرة. مشى صفُّ النّمْلِ ووصلَ أمامَ جُحْرٍ في الصّخْر، ثمّ دخلَ النّمْلُ الْجُحْرَ بِنِظام. بعْد ذلك رأى الصّرْصورُ أيْضًا نمْلةً حمَلَت قِطْعَةَ خُبْزٍ ثقيلَةٍ وجرَت بِسُرْعَةٍ ووَقَفت في الصّفِّ وساعدَ عددٌ من النّمْلِ هذهِ النّمْلةَ فمدّوا يدَهُم والْتقطوا منِها الْخُبْز. فسألَ الصّرْصورُ النّمْلَةَ: لماذا جرَيْتِ وتَعِبْتِ هكذا، ولماذا حمَلْتِ كلَّ هذا الطّعام؟ قالت النّمْلةُ: كلُّنا نحْفظُ طعامَنا لِوَقْتِ الشّتاء، وأنْتَ لماذا تقْضي وقتَكَ تلْعبُ وتُغنّي ولا تعْملُ؟ فلم يَرُدّ الصّرْصورُ ولكن تركَ النّمْلةَ وطارَ ورقصَ وغنَّى مرّةً أُخْرى. جاء الشّتاءُ والْهواءُ الْبارِدُ الشّديد، فماتت الْحشائشُ وسقطَ الْورقُ وطار مع الْهواء ولم يبْقَ طعامٌ أو زهورٌ بعْد ذلك ليأْكلَ الصّرْصورُ فجاعَ وبكَى ونادَى على صديقتِه النّمْلةِ وطلبَ منها طعامًا، فرفضَت النّمْلةُ ولم تُعطِ الصّرْصورَ طعامًا وقالت له: لا. أنْت لم تتْعَبْ في الصّيْف ولم تجْمَعْ طعامَك، ولم تُفكِّرْ في غدِكَ! فلماذا نُساعدُك وتأْكلُ طعامَنا في الشّتاء؟ فمضَى الصّرْصورُ حزينًا و بَقِيَ جائعًا ثُمّ ماتَ بعْدَ أُسْبوع.

لاحِظ القْواعد: [1]

أوّلاً: تصْريفُ المُعْتلّ الآخر

أنا	نَحْن	أنْتَ	أنْتِ	أنْتُم	أنْتُن
بكَيْتُ ---تُ	بكَيْنا ---نا	بكَيْتَ ---تَ	بكَيْتِ ---تِ	بكَيْتُم ---تم	بكَيْتُنّ ---تُنّ
صحَوْتُ ---تُ	صحَوْنا ---نا	صحَوْتَ ---تَ	صحَوْتِ ---تِ	صحَوْتم ---تم	صحَوْتُنّ ---تُنّ

٢

٣

هُو	هي ★	هُم ★	هُنَ
بكَى ---	بكَت --ت	بكَوْا --وا	بكَينَ ---نَ
صحَا ---	صحَت --ت	صحَوْا --وا	صحَوْنَ ---نَ

★ **لاحِظ:** حذْف حرْف الْعِلّة مع هي / هُم لاتصال الفعل بالضمير

---

(١) لتدريس المثنى انظر الجدول آخر الوحدة. اختياري في هذه المرحلة.

ثانياً: نفي الْفِعْل الْمُعْتلّ الآخر: هو لم يبْكِ / لم يصْحُ (لم + فعْل مضارع مجْزوم)

أنا لم	نَحْن لم	أنْتَ لم	أنْتِ لم	أنْتُم لم	أنْتُن لم
أبْكِ أ - -	نبْكِ ن - -	تبْكِ ت - -	تبْكي ت - - ي	تبْكوا ت - - وا	تبْكين ت - - ون
أصْحُ أ - - *	نصْحُ ن - - *	تصْحُ ت - - *	تصْحي ت - - ي * ☆	تصْحوا ت - - وا * ☆	تصْحونَ ت - - ون

٤

٥

هُو لم	هي لم	هُم لم	هُنّ لم
يبْكِ ي - -	تبْكِ ت - -	يبْكوا ي - - وا	يبْكين
يصْحُ ي - - *	تصْحُ ت - - *	يصْحُوا ي - - وا * ☆	يصْحونَ ي - - ون

☆ **لاحظ** حذْف النّون مع أنْتِ / أنْتُم / هُم

* **لاحظ** حذْف حرْف الْعلّة مع أنا / نحْن / أنْتَ / هو / هي

✎ **لاحِظ** أيْضًا أنّه مع أنا / نحْن / أنْتَ / هو / هي لابد من الْإشارة إلى حرْف الْعلّة الْمحْذوف بحركته الْقصيرة (الْكسْرة للْإشارة إلى أنّ الْمحْذوف ياء، والضّمّة للْإشارة إلى أنّ الْمحْذوف واو.)

ثالثاً: لاحِظ كلماتِ ربْط الْجُمل وتتابُعِ الأَحْداث: ثُمّ/ بعْدَ ذلِكَ / وَ / فَـ / لِـ

لتتابُع الأَحْداث	لتوْضيح السّبب
الْفاء دخلَ النّمْلُ الْجُحْرَ ، فـدخلتْ النّمْلةُ أيْضًا . **ثُمّ** دخلَ النّمْلُ الْجُحْرَ ثُمّ دخلتْ النّمْلةُ أيْضًا . **و** دخلَ النّمْلُ الْجُحْرَ ودخلتْ النّمْلةُ أيْضًا . **بعْدَ ذلِكَ** دخلَ النّمْلُ الْجُحْرَ و بعْدَ ذلِكَ دخلتْ النّمْلةُ أيْضًا .	**الْفاء** ماتتْ الحشائشُ فـجاعَ الصّرْصورُ . **اللام** جمعَ النّمْلُ الطّعامَ لِفصلِ الشتاءِ .

اقْرأ الأمْثلة لتوْضيح الْفرْق بيْن أدوات الْعطْف (Conjunctions)

الْواو:

دخل سامي وخالد = دخل خالد وسامي (وليس مهمًا هنا المسافة الزمنية بيْن دخول الشخصين)

الْفاء: للتّرْتيب والتّعاقب

دخل سامي فخالد = دخل سامي أوّلاً وبعْد ذلك بوقْت قصير دخل خالد.

دخل سامي ثمّ خالد = دخل سامي أوّلاً وبعْد ذلك بوقْت متوسّط أو طويل دخل خالد.

الْفرْق بيْن الفاء واللام في بيان السّبب و النّتيجة:

الْفاء تبيْن النّتيجة

ماتتْ الْحشائشُ **(سبب)** فـ جاعَ الصّرْصورُ **(نتيجة)**

اللام تبيْن السّبب

جمعَ النّمْلُ الطّعامَ **(نتيجة)** لـِ فصلِ الشتاءِ **(سبب)**

تدْريبات الْقواعد والْمُفْردات

تدْريب (١)

أكْمِل الْجدْول بالتّصْريف الْمُناسب:

أنا	نَحْن	أنْتَ	أنْتِ	أنْتُم	أنْتُن
جرَيْتُ				جريْتُم	
		مشيْت			
			نادَيْتِ		
					بقيْتن

هُو	هي ✮	هُم ✮	هُنّ
جرَى			
مشى			
نادَى			
		مضَوْا	

اِسْتخْدِم الْأفْعالَ السّابقةَ واكْتُب جُمْلةً عن كُلّ فِعْل

تدْريب (٢)

أكْمِل الْجُملة بالْفِعْل الْمُناسِب:

مضَت - جرَى - رأى - بَقِيَ - بكَى - نادَى

١. ------ ماجد صديقه يقْرأُ في الْمكتَبة.

٢. ------ الْكلْبُ خلفَ صاحِبه.

٣. غضِبَت الزّوْجةُ وتركَت الْمنْزِلَ و ------ إلى بَيْتِ والدِها.

٤. ------ الْولدُ عنْدما ضاعَت نقودُه.

٥. بحثَ الْأبُ عن ابْنِه في النّادي و ------ علَيْهِ.

٦. خرجَ الْأبُ و ------ الْأوْلادُ في الْمنْزِلِ يلْعَبون.

تدْريب (٣)

اِسْتخْدِم الْفِعْل في التّصْريف الْمُناسب:

أعْطَى - بقِيَ - بكَى - صحَا - رأَى - قضَى - غنَّى - مشَى

١. تاهَت الطِّفْلةُ في الْحديقةِ و ------ ولكن الْحمْدُ للّه ساعدَ الشُّرطِيُّ الطّفْلة ووجدَت أُمَّها.

٢. خرجَت الْأُمُّ و لكن بناتِها ------ في الْبيْت.

٣. أصْدقائي ------ ورقصوا كثيرًا في حفْلِ زواجي شكْرًا لهم.

٤. يا إلهي! أنْتُنّ------ كثيرًا، حوالي ٣ كم لماذا لم تقُدْن السّيّارةَ إلى دار الْأوبرا؟

٥. لماذا تأخّرْتِ الْيوْمَ يا سُعاد؟ في أيّةِ ساعةٍ ------؟

٦. سافَرْنا الشّهْرَ الْماضي إلى دُبَي للتّسَوُّق و------ وقْتًا مُمْتعًا في الْمَراكِزِ التّجارِيّة.

٧. هل زُرْتم مسْتشْفى مرْضى السّرطان للأطْفال و ------ كلَّ طِفْلٍ هدِيّةً صغيرة؟

٨. قُدْنا السّيّارةَ بِجانبِ الْحُقولِ و ------ مناظِرَ طبيعيّةً جميلة.

تدْريب (٤)

أكْتُب تصْريفَ الْفِعْل (رأى) كالْمثال في الْجمْلة:

مثال: أنا رأيْتُ موظّفةَ الاسْتِقْبالِ تُرحّبُ بالضّيوفِ جيّدا.

١ . هي ------ موظّفةَ الاسْتقْبالِ تُرحّبُ بالضّيوفِ جيّدًا.

٢ . السّائحون ------ سيّارةَ السّياحةِ قادمةً فوقفوا صفًا ليرْكبوا.

٣ . نحْن ------ الْمديرَ يُرحّبُ بالْموظّفين جيّداً ففَرِحْنا جدًا.

٤ . هل حقًا ------ رئيسَ الْجُمْهوريّة؟ أنا لا أصدِّقُكُم!

٥ . يا سامية هل ------ الْمديرَ يدْخلُ الْحُجْرة؟

٦ . الْمدرّسات ------ ناظرةَ الْمدْرسةِ غاضِبةً جدًا فدخلْنَ فُصولهُنّ بِسُرْعة.

تدْريب (٥)

أكْمِل الْفراغ في النّفْي بالتّصْريفِ الْمُناسِب:

أنا لم	نَحْن لم	أنْتَ لم	أنْتِ لم	أنْتُم لم	أنْتُن لم
أرَ				ترَوْا	ترَيْن
	نقْضِ				
أُغنِّ					
				تدعوا	

هُو لم	هي لم	هُم لم	هُنّ لم
		يُغنّوا	

اِسْتخْدِم الأفْعال السّابِقة واكْتُب جُمْلةً عن كُلّ فِعْل.

تدْريب (٦)

أجِب بالنّفْي عن هذه الْأسْئلة إجابةً كاملة:

١. هل قضَيْتَ كلَّ الصّيْف في كتابة رسالةِ الْماجستير؟

٢. هل بكَيْنَ كثيرًا عنْدما مات زوْجُ خالةِ مديرهنّ ؟

٣. لماذا حصلْتُنّ على هذه الدّرجات السّيِّئة؟ هل قضيْتُنّ الْوقْتَ في اللّعب؟

٤. هل أعْطيْتُم موظّفَ الْفُندق مُفْتاحَ الْغُرْفة؟

٥. هل غنّت مادونا في حفْلِ رأْسِ السّنة؟

٦. يا سعيد هل نادَيتَ عليَّ الْآن؟

٧. هل دعتْنا سوزان إلى حفْلِ زواجِها؟

٨. هل صحى ماجد في مَوعدِ الْمُحاضرة؟

٩. هل مشوْا إلى السّينما؟

تدْريباتُ الاسْتِماعِ ٦

تدْريب (٧)

قصّة مصْريّة: جِسْرُعائلةِ رَشْدان

كلِمات مُفيدة: سقَى – حصَدَ – زرَعَ – تشاجَرَ– انْقَطَعَ – بنَى – اسْتَمرّ – اخْتَلَفَ – طرَقَ.
تعْبيرات مُفيدة: بالرّغْمِ من – في تِلكَ اللّحْظة – جرى نحْوَ – صمَتَ – بِدون كلام – بديعًا.

أوّلاً: اِسْمَع ثمّ أجِب:

١. ما اسْمُ الْأخويْن؟ من الْأخ الْكبير؟
٢. أيْن يسْكُن الْأخوان؟

ثانيًا: اِسْمَع ورتِّب الصُّوَر:

ثالثًا: اِسْمَع مرّةً أُخْرى وأجِب بـ √ أم ×:

١. لم يزْرعْ ولم يسقِ أو يحْصدْ عاطف مع أخيه.
٢. سكنَ عاطف في بيْتٍ على جانبِ النّهْر أمام بيْتِ أخيه على الجّانب الْآخر من النّهْر.
٣. تشاجرَ الْأخوان بسبب الْماء.
٤. انْقطع الْحوارُ أُسْبوعًا.
٥. بنى الْعاملُ سورًا بديعًا.
٦. بنى الْعاملُ جِسْرًا.
٧. بَقِيَ الْعاملُ واسْتمرَّ في الْعملِ مع **مصْطفى** وعاطف.
٨. ذهبَ الْعاملُ لِيبْنيَ جسورًا أُخْرى.
٩. رجعتْ علاقةُ الْأخويْن.

رابعاً: هات من النّصّ كلمةً بالْمعْنى الْمُماثِل:

الْكلمة	معْنى مماثل
صمت	بِدونِ كلام
انْقطع الْحوار	لا كلامَ ولا حديث
	رجع كلُّ واحد إلى الْبيْت
	كوبري
	في هذا الْوقْت
	مع أن

الْكلمة	معْنى مماثل
	أنْشأ
	لا يُريدُ أنْ يُشاهدَ
	جسْر جميل
	اسْتمرَّ في الْمكان
	جرى في اتّجاه
	جمعَ

خامساً: هات مضادَّ هذه الْكلمات من النّصّ:

الْكلمة	مضادّها
جاءَ	
ذهب	رجع
انْقطعَ الْحِوارُ	
صمت	

الْكلمة	مضادّها
أنْهى الْعملَ	
اخْتلفَ	اتّفقَ
سافرَ	
مضَى	

نصّ الاسْتِماع

٦

مُصْطفى رشْدان وعاطف أخوه من عائلة كبيرةٍ من مدينةِ (أبو كبير) في مُحافظةِ الشّرْقيّة، هما عنْدهما أرْضٌ زراعِيّةٌ واسعةٌ ويسْكُنُ كلُّ واحدٍ منْهما على جانِبِ النّهْرِ في بيْتٍ كبيرٍ وجميل. مُصْطفى، الْأخُ الْكبيرُ أحبَّ أخاه الصّغيرَ عاطف جدًا. عمِلَ مُصْطفى كلَّ شيْءٍ مع أخيه، أكلَ معه وزرعَ وسقَى وحصدَ. جاء يوْمُ صيْفٍ حار، بدأ خِلافٌ بيْنهما بِسببِ الْماءِ من يسْقي أوّلاً؟ تشاجرَ الْأخوان واخْتلفا ومضى كلٌّ واحِدٍ إلى بيْتِه وقضى كلٌّ مِنْهُما وقتًا طويلاً في صمْتٍ وبِدونِ كلام. انْقطعَ الْحِوارُ واستمر الانقطاع عدة أسابيع. ذاتَ يَوم جاء شخْصٌ وطرقَ بابَ مُصْطفى، فتحَ مُصْطفى الْبابَ ورأى عامِلَ بِناءٍ يطْلبُ عملاً. طلبَ الْأخُ الْأكْبرُ مِنه أن يبْنيَ له من حِجارةِ النّهْرِ سورًا عاليًا أمامَ النّهْرِ فهو لا يريدُ أنْ يرى أخاه ثانِيَةً. أعْطى مُصْطفى كلَّ أدواتِ الْبِناءِ للْعامِلِ وسافرَ أُسْبوعًا. عنْدما رجعَ وجدَ الْعامِلَ أنْهى العملَ ولكن رأى مُصْطفى مُفاجأة!! بنى الْعامِلُ جِسْرًا بديعًا بدلاً من السّور!! في تِلك اللّحظَةِ خرجَ عاطف الْأخُ الصّغيرُ من منْزِلِه وجرى نحْوَ أخيه وقالَ: أنْتَ أخٌ رائِعٌ، بنَيْتَ جِسْرًا بيْننا بالرّغْم من كلِّ ما حدث! أنا سعيدٌ بِكَ. جمعَ الْعامِلُ أدواتِه ومشَى بعيدًا، نادَى عليه الْأخوان ليسْتمرَّ في الْعملِ معهما، رفضَ الْعامِلُ وأجابَ: أُحبُّ أنْ أبْقَى معكُما ولكن سأذْهبُ لأبْني جسورًا أُخْرى.

تدْريبات القْراءة : قراءة ١   ٧

تدْريب (٨)

قصص من التّراث: جُحا وبيْتُه الْجديد

جُحا شخْصيّةٌ ليْست حقيقيّةً، لا أحدَ يعْرِفُ من أين بدأت هذه الشّخْصيّة، من **الْعراق / الْهنْد / الصّين؟** جُحا مشْهورٌ بالذّكاء، و هو يُحِبُّ الْفُقَراءَ أيْضًا. اِقْرأ قصّةَ بَيْتِه الْجديد والْعُمدَة.

كلمات مُفيدة: ادّخرَ - اقْترضَ من - سدّدَ - الدَّيْن - اتّفقَ مع - هدَمَ - يحْمي

صِل الْمعْنى:

الْكلِمة	الْمعْنَى
ادّخرَ / يدّخرُ	يحافظُ على
اقْترضَ / يقْترضُ من	النُّقودُ الّتي أخذَها من الشّخْص
الدَّيْن	أخذ نقودًا من شخْصٍ لِفَتْرةٍ من الْوقْت
سدّد الدَّيْن / يُسدّدُ	أجابَ
اتّفقَ مع - على / يتّفقُ مع - على	دفعَ النّقودَ (الدَّيْن)

قراءة أولى: اِقْرأ النّصَّ من الصُّوَر ثمّ أجِب:

١. ماذا أرادَ جُحا أن يفْعل؟

قراءة ثانية:

١. اِقْرأ وأكْمِلِ الْفراغ بالأفْعال في الصّورة رقم ٢

------ جُحا أرْضًا وبنَى بيْتًا جميلاً من طابِقَين و ------ حَوْلَه حديقةً جميلةً بكُلِّ ما معَهُ من الْمال. جلسَ ------ مع زوْجتِه ولكن حدثَت مُفاجأة! سمِع صَوْتَ الْعُمْدةِ وزوْجتِه وأوْلادِه، ------ الْعُمدةُ عليْهِ وطلبَ مِنْه أنْ ------ الدّيْنَ فوْرًا أو يُسْكِنَ الْعمْدةَ وعائلتَه في الطّابقِ الثّاني ويُسدّدَ له الدّيْنَ أيْضًا. غضِبَ جُحا واخْتلفَ مع الْعُمْدةِ و ------ معَه وأخيرًا ------، وصعدَ الْعُمْدةُ وعائلتُه وسكنوا في الطّابِقِ الثّاني.

٢. اقْرأ الْفقْرة الثّالثة في الصّورة ٣ ثمّ أجب بـ √ أو ×:

أ . جُحا أكل وتغذّى وتعشّى مع زوْجتِه

ب . هدم جُحا جدارَ الطّابقِ الأوّلِ كلّه

ت . طلب الْعُمْدةُ من جُحا أنْ لا يهْدمَ الطّابقَ الأوّل

ث . اسْتمرّ جُحا في الْعملِ ولم يسْتمعْ لصياح الْعُمْدة

٣. اقْرأ الْفقْرة الرّابعة في الصّورة ٤ وأجب:

أ . هل باعَ جُحا بيْتَه؟

ب . هل مضَى جُحا حزينًا؟

ج . اكْتب مماثلاً لهذه الْكلمات من الْكلمات الّتي درسْتها:

مال : ------------

جِدار : ------------

يسْتمرُّ : ------------

نادى على : ------------

 ٧

١. أرادَ جُحا أنْ يبْنِيَ بيْتًا لِعائلتِهِ. ادّخرَ جُحا مالاً لِمُدّةٍ طويلةٍ لكنّ نقودَه لم تكْفِ. اِقْترضَ جُحا من الْعُمْدةِ مائتي دينارٍ دَيْنًا، واتّفقَ جُحا مع الْعمْدةِ أن يُسدِّدَ الدّيْنَ بعْدَ شهرَيْنِ.

 ٨

٢. اِشْترَى جُحا أرْضًا وبنَى بيْتًا جميلاً من طابقَيْنِ وزرعَ حَوْلَه حديقةً جميلةً بِكُلِّ ما معَهُ من الْمال. جلسَ يتعشّى مع زوْجتِه ولكن حدثَت مُفاجأة! سمِعَ صَوْتَ الْعُمْدةِ وزوْجتِه وأوْلادِه. نادى الْعُمْدةُ عليهِ وطلبَ مِنه أن يُسدّدَ الدّيْنَ فوْرًا أو يُسْكِنَ الْعمْدةَ وعائلتَهُ في الطابقِ الثّاني ويُسدّدَ له الدّيْنَ أيْضًا. غَضِبَ جُحا واخْتلفَ مع الْعُمدةِ وتشاجرَ معَه وأخيرًا وافقَ، وصعدَ الْعُمْدةُ وعائلتُه وسكنوا في الطّابِقِ الثّاني.

٩

٣. لم يأكُلْ جُحا ولم يتغدَّ أو يتعَشَّ، ولم ينمْ جيّدًا لمدّةِ أيّام. فكَّرَ وفكَّرَ في الْمُشْكلةِ وأخيرًا بعْدَ بِضْعةِ أيّام وجدَ حلاً. صحا مُبكّرًا و بدأ جحا يهْدِمُ جِدارَ الطّابقِ الأوّل، اسْتيْقظَ الْعُمْدةُ على الصّوْت، نادى جُحا وصاحَ: كيْفَ تهْدِمُ الطّابقَ الأوّل؟ سوْف يسْقُطُ الطّابقُ الثّاني وأنا وأوْلادي سنموتُ! ردَّ جُحا بِهُدوء إنّي أهدِمُ طابِقي فقط، يمكنُ أن تَبْقى أنْتَ في طابِقِكَ وتحْمي أوْلادَك. اسْتمرَّ جُحا في الْعملِ ولم يسْتَمِعْ لِصِياحِ الْعُمْدة.

٤ . حاولَ الْعُمْدةُ مع جُحا عدّةَ مرّات وأخيراً طلب من جُحا أنْ يشْتريَ الطابقَ الأوّل، باع جُحا البيتَ بثلاثمّائةِ دينارٍ ومضَى مع زوْجتِه سعيدًا.

قراءة رقم ٢ - إلى الْموْقع  

تدْريب (٩)  ١٠

قصّة من الْيمن: الْجَرّة الْمشْروخَة

> كلمات مُفيدة: سقّا - كتِف - جرّة - مشْروخ - يمْلأُ - يتسرّبُ - نما

أُكْتُب أكْبرَ عددٍ من هذه الْكلمات تحْتَ كلّ صورة: 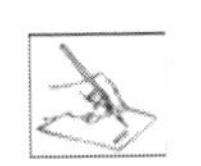

---------------- ---------------- --------------------

---------------- ---------------- --------------------

أُدْخُل إلى الْموْقع لِقراءة النّصّ وحل التّدْريبات: 

الْكِتابة

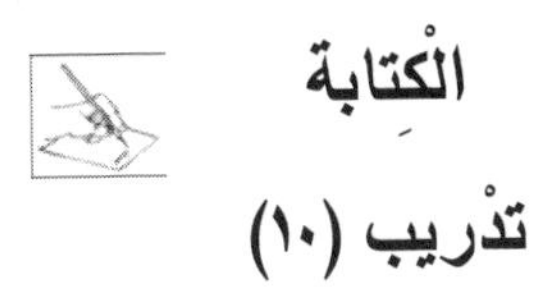

تدْريب (١٠)

صِل السّؤالَ بالْإجابةِ الصّحيحةِ لتكوّنَ قصّةَ لِصّ الْكومبيوتر والْمَحْفظة:

السّؤال	الْإجابة
١. متى غادرتِ الْمكْتَب؟	أ. دخلْتُ الْمَحَلَّ بِسُرْعَة وطلبْتُ من صاحِب الْمَحَلّ أنْ يتّصِلَ بالشُّرطَةِ فجاءت بِسُرْعةٍ وأمسكَتْ به.
٢. ماذا فعَلْتِ عنْدما غادَرْتِ الْمكتَب؟	ب. غادرْتُ الْمَكْتبَ السّاعةَ الْخامِسَةَ مساءً.
٣. كيْف عرَفتِ أنّ لِصًا سرَقَ حقيبَةَ الْكومبيوتر والْمَحْفَظَة؟	ت. رأيْتُ رجلاً خارجًا من الْجراج يمْشي بِسُرْعة وحقيبةُ الْكومبيوتر ومحْفظتي في يدِه، ثمّ توقّفَ يشاهدُ نافذةَ محلٍّ للْكومبيوتر.
٤. ماذا فعَلْتِ عنْدما تعطّلَت السّيّارَة؟	ث. فتَحْتُ السّيّارة وركِبْتُ و وَجَدْتُ السّيّارةَ قد تعطّلت.
٥. هل السّارق عامل الْجراج؟	ج. لم أرَ حقيبَةَ الْكومبيوتر ومحْفَظَتي بِداخِلها.
٦. كيْف شاهَدتِ اللّصَّ؟	ح. نادَيْتُ عامِلَ الْجراج وطَلَبْتُ مِنه ميكانيكي وجرَيْتُ أبْحثُ عن مَن أخذَ الْكومبيوتر والْمحْفَظَة.
٧. كيْف أمْسَكتِ باللّصِّ؟	خ. أنا أعْرِفُ عامِلَ جراج الشّرِكَة وهو رجُلٌ أمينٌ ولم يسْرِقْ شيْئًا أبدًا من قبْل.

تدْريب (١١)
قَتيلٌ في الشّقّة

أُكْتُب أسْئلةَ الشّرطي لِتُكْمِلَ الْحِوار مع خادمةٍ عن قِصَّةِ الْأُسْتاذ عادل، الْقَتيل:

الشّرطي: --------------------؟

خديجَة: أنا أعملُ عِنْد الأسْتاذ عادل عاملةَ نظافةٍ، ودخلْتُ لأنظِّفَ الشّقَّة.

الشّرطي: --------------------؟

خديجَة: صرَخْتُ، وخِفْتُ ثمّ جرَيْتُ وطَلبْتُ الشّرْطَة بالتّليفون؟

الشّرطي: --------------------؟

خديجَة: أذْهبُ دائمًا يوْمَ الْخميس، وأحْيانًا أُنظِّفُ الشّقّة يوْمَ الاثْنيْن.

الشّرطي: ولكن الْيوْمَ الْأرْبعاء!! --------------------؟

خديجَة: لا أعْرِف!! هو اتّصلَ وطلبَ أنْ أُنظّف الشّقّةَ الْيوْم. ولا أسْتطيعُ أنْ أسْألَه الآن!!

تدْريب (١٢)

أُكْتُب ما لا يقِلُّ عن ٥ أسْطر عن قصةٍ قرأْتَها أو سمعْتَها في طفولتِكَ وقدِّمها للْفصْل.

تدْريبات الْكلام

تدْريب (١٣)

اِسْأل زميلَك عن قِصةٍ من تُراثِ بلدِه واطْلُب منه أنْ يَحْكِيَ الْقصّةَ لك.

اِعْكِسوا الْأدوارَ وكررّوا النّشاط.

تقديم (٢)

أخْبارٌ مِن الصُّحُفِ والْمَجلاّت

تامِر يُعِدُّ مجلّةَ الْفصْل، وجمعَ أخْبارًا كثيرةً من كلِّ نَوْعٍ؛ سِياسيَّة واجْتِماعِيّة وعِلْميّة.

مهمّة ١: اخْتَر الْكَلِمَةَ الصَّواب لِتَعْرِفَ معْنى الْكَلِماتِ الْجَديدَةِ كالْمِثال في الْكَلِمَةِ الأُولى:

الْكلِمة	معْناها
أجّلَ	أسْرعَ – قدّمَ – أخّرَ
أعْلَنَ أنَّ / عَن	قالَ الْخبرَ لِكُلِّ النّاس – لم يقُلْ لأحَدٍ
رئيسُ الْوُزَراء	رئيسُ الْبلَدِ – رئيسُ الْحُكومَةِ
صنَعَ الْبيتْسا	عمِلَ الْبيتْسا وخبَزَها – اشْتَرَى الْبيتْسا
علِمَ أنَّ	قالَ إنّ – عَرِفَ أنّ
اكْتَشفَ	وجَدَ لأوّلِ مرّة – أضاعَ
يقْضي على	يبْدأ – ينْتهي من
خبَرٌ سِياسي	خبَرٌ عن الْفَن – خبَرٌ عن الدّوْلَةِ
خبَرٌ اِجْتِماعي	خبَرٌ عن النّاس – خبَرٌ عن اجْتِماعٍ
خبَرٌ عِلْمي	خبَرٌ معْلوم – خبَرٌ عن الْعُلومِ والصِّحَّةِ

مهمّة ٢: صل ب ، ج لِتكوّنَ الْخَبَرَ الْمُناسِبَ مِن الْجدْوَل.

مهمّة ٣: اِخْتَر نَوْعَ الْخَبْرَ من أ

اسْمع وصحّح رقم الْخبر

أ. نَوْعُ الْخبَر	ب. الْجُزْءُ الْأوَّلُ من الْخَبر	ج. الْجُزْءُ الثّاني مِن الْخَبر
اِجْتِماعيّ ١٢	١. أجّلَ رئيسَ وُزراءِ إيطاليا الاجْتماعاتِ الّتي ستُعقَدُ مع السّيّدةِ رئيسةِ وزراءِ الْيونان والّتي ستزورُ إيطاليا الْيَوْم.	أ. لم يصِلْ الدّواءُ الّذي أعْلَنَت عنْهُ الْهَيْئةُ إلى الْأسْواقِ الْعربيّةِ حتّى الْآن.
عِلْميّ ١٣	٢. كتَبَت جريدةُ الشّبابِ عن شابٍّ أكل ٢٠ قرْصًا كبيرًا من الْبيتْسا. الْولدُ الّذي أكلَ الْبيتْسا اسْمه لويجي فرْنانْدو وعمْرُه ١٥ عامًا وبهذا سجّلَ رقمًا عالميًّا جديدًا.	ب. لم تصِلْ طائرةُ رئيسةِ الْوزراءِ في الْمَوْعِدِ الْمُحدّدِ، بِسَبَبِ عاصِفَةٍ ثلْجيّةٍ وتأخَّرت الزّيارةُ إلى إيطاليا إلى الْيوْمِ التّالي.
سِياسيّ ١١	٣. أعْلَنَت مُنظَّمةُ الصِّحّةِ الْعالَمِيَّة عن اكْتشافِ دواءٍ مهمٍ يقْضي على أنفلْونْزا الطّيور.	ج. لم تجِدْ الْجريدةُ السّيّدةَ الّتي صنَعَت الْبيتْسا لِتُجْريَ معها حوارًا وعلِمَت أنّها تعْملُ في الْمطْعمِ الإيطالي الّذي يقعُ بجوارِ مبْنى الْجريدة.

مهمّة ٤: اِخْتَر عِنوانًا مُناسِبًا للْخبر: دواءٌ حديث – زِيارةٌ قادِمَة – رقمٌ عالَمِيٌّ جديد

مهمّة ٥: اِقْرأ خبر ١ وأجِب: هل وصَلَت رئيسةُ الْوُزراءِ في الْمَوْعِدِ الْمُحدّدِ؟

مهمّة ٦: اِقْرأ خبر ١ وأكْمِل:

أجّلَ رئيسَ وُزراءِ إيطاليا الاْجْتماعاتِ ------ ستُعقَدُ مع السّيّدةِ رئيسةِ وزراءِ الْيونان. رئيسةُ وزراءِ الْيونان هى --- ستزورُ إيطاليا الْيَوْم. هل وصَلَت طائرةُ رئيسةِ الْوزراءِ الْيَوْم؟ لا----- طائرةُ رئيسةِ الْوزراءِ الْيَوْم.

اِقْرأ خبَر ٢ وأكْمِل:

------ الْجريدةُ السّيّدةَ ------ صنَعَت الْبيتْسا. الْولدُ ------ أكلَ الْبيتْسا اسْمُه لويجي فرْنانْدو.

اِقْرأ خبَر ٣:

أعْلنَت مُنظّمةُ الصِّحّةِ الْعالمية عن اِكْتِشاف دواءٍ ولكن------ الدّواءُ ------ أعْلنَت عنْه الْمنظّمةُ----- إلى الأسْواقِ الْعربيّةِ حتّى الآن.

لاحِظ الْقواعد: [٢]

أوّلاً: نفي الْفِعْل الْمُعْتلّ الأول: مِثال: وصلَ / وقفَ / وجدَ / وعدَ ١٤

أنا لم	نَحْن لم	أنْتَ لم	أنْتِ لم	أنْتُم لم	أنْتُن لم
أصِلْ	نصِلْ	تصِلْ	تصِلي	تصِلوا	تصِلْنَ
أ - -	ن - -	ت - -	ت - - ي	ت - - وا	ت - - ن
✯	✯	✯	✯ ✳	✯ ✳	

هُو لم	هي لم	هُم لم	هُنَّ لم
يصِلْ	تصِلْ	يصِلوا	يصِلنَ
ي - -	ت - -	ي - - وا	ي - - ن
✳	✳	✯ ✳	✯

✯ **لاحِظ حذْفَ حرْفِ الْعِلّة مِن أوّلِ الْفِعْل المُعتّل وحذْف النّون مع أنْتِ - أنْتُم - هم**

لَم + الْفعْل مضارع مجْزوم وعلامة الْجزْم السّكون

لاحِظ الْإشارة إلى حرْف الْعلّة الْمحْذوف مع الضّمائر: أنا / نحْن / أنْتَ / هو / هي

بحركته الْقصيرة (الْكسْرة للْإشارة إلى أنّ الْمحْذوف ياء، والضّمّة للْإشارة إلىأنّ الْمحْذوف واو)

---

[٢] لتدريس المثنى انظر الجدول آخر الوحدة

تدْريبات على القْواعد والمُفْردات

تدْريب (١)

كلمة مفيدة: صرّحَت بأنّ

أُكْتُب التّصْريفَ الصّحيحَ للفِعْل (وعد):

١. أعْلَنَت وزارةُ التَّعْليم أنَّ الْمَدارِس لم ------ الطَّلَبَةَ بأيِّ دُروسٍ إضافِيَّة.
٢. أعْلَنَت وزارةُ التَّعْليم أنَّ الْمدْرّسة لم ------ الطَّلَبَةَ بأيِّ دُروسٍ إضافِيَّة.
٣. أعْلَنَت وزارةُ التَّعْليم أنَّ الْمُدرِّسين لم ------ الطَّلَبَة بأيِّ دُروسٍ إضافِيَّة.
٤. أعْلَنَت وزارةُ التَّعْليم أنَّ الْمدرّس لم ------ الطَّلَبَةَ بأيِّ دُروسٍ إضافِيَّة.
٥. أعْلَنَت وزارةُ التَّعْليم أنَّ الْمُدَرِّسة لم ------ الطَّلَبَةَ بأيِّ دُروسٍ إضافِيَّة.
٦. أعْلَنَت وزارةُ التَّعْليم أنَّ الْمدرِّسات لم ------ الطَّلَبَةَ بأيِّ دُروسٍ إضافِيَّة.

تدْريب (٢)

أُكْتُب التّصْريفَ الصّحيحَ للفِعْل: (وصَلَ)

١. صرَّحَت إيرانُ بأنّ الْوَزيرَ الإيرانيّ لم ------ إلى قاعَةِ الْمُؤتَمَرِ بعْد.
٢. صرَّحَت إيرانُ بأنّ الْوزيرةَ الإيرانيّةَ لم ------ إلى قاعَةِ الْمُؤتَمَرِ بعْد.
٣. صرَّحَت إيرانُ بأنّ الْوزراءَ الإيرانيّين لم --- إلى قاعَةِ الْمُؤتَمَرِ بعْد.

تدْريب (٣)

أعِد كِتابةَ الْجُملةِ وغيّر ما يلْزَم لِتصْريفِ الْفِعْل: (وصَلَ - وجَدَ)

١. **قالَ الصّحَفِيُّ:** وَصَلْتُ إلى مقَرِّ اجْتِماعِ الْمُنظّمَةِ ولم ------ أحدًا.
رَدَّ رئيسُ الْجَريدَةِ: أنت ------ متأخّراً وبسببِ هذا أنْتَ لم ------ أحدًا.

٢. قالَ الصّحَفِيّون: ------ إلى مقَرِّ اجْتِماعِ الْمُنظّمَةِ ولم ------ أحدًا.

ردَّ رئيسُ الْجَريدَةِ: أنْتم ------ مُتأخّرين وبسببِ هذا أنْتُم لم ------ أحدًا.

٣. قالَت الصّحَفِيّاتُ: ------ إلى مقَرِّ اجْتِماعِ الْمُنظّمَةِ ولم ------ أحدًا.

ردَّ رئيسُ الْجَريدَةِ: ------ مُتأخّرات وبسببِ هذا ------ لم ------ أحدًا.

٤. قالَت الصّحَفِيَّةُ: وصلْت إلى مقَرِّ اجْتِماعِ الْمُنظّمَةِ ولم ------ أحدًا.

ردَّ رئيسُ الْجَريدَةِ: أنت ------ مُتأخّرة وبسببِ هذا أنْتِ لم ------ أحدًا.

ثانيًا: الْجُملةُ الْوَصْفِيّةُ لِوصْفِ النّاسِ أو الْأشْياء:

أ. الْموْصوف مَعْرِفة في أوّل الْجمْلة: الْاسْمُ الْمَوْصول جُمْلَةُ صِلَةِ الْمَوْصول

الرّجُلُ	الّذي	سيَزورُ إيطاليا اسْمُه . . .
الرّجُلان	اللّذان	سيَزوران إيطاليا اسْماهما . . .
الرّجالُ	الّذين	سيَزورون إيطاليا أسْماؤهم . . .
السّيِّدةُ	الّتي	ستَزورُ إيطاليا اسْمُها . . .
السّيِّدتان	اللّتان	ستَزوران إيطاليا اسْماهما . . .
السّيِّداتُ	اللّاتي	سيَزُرْنَ إيطاليا أسْماؤهن . . .

ب. الْاسْمُ المَوْصول (مبتدأ) جُمْلةُ صِلَةِ الْمَوْصول الخبر

الذي	سيزورُ إيطاليا	رجلٌ اسْمُه . . .
اللذان	سيزوران إيطاليا	رجلان اسْماهُما . . .
الذين	سيزورون إيطاليا	رِجالٌ أسْماؤهم . . .
التي	ستزورُ إيطاليا	سيدةٌ اسْمُها . . .
اللتان	ستزوران إيطاليا	سيّدتان اسْماهُما . . .
اللاتي	سيزُرْن إيطاليا	سيداتٌ أسْماؤهُن . . .

ج. مبتدأ	الْاسم الْمَوْصول	جُمْلة صِلة الْمَوْصول	خبر
الرّجلُ	الّذي	اسْمُه . . .	سيزورُ إيطاليا
السّيّدةُ	الّتي	اسْمُها . . .	ستزورُ إيطاليا

تدْريب (٤) ١٥

اسْمع وضع خطًا تحْتَ جُمْلةِ الصِّلَة في الْجُمل الْآتية:

١ . وصلَ السّفيرُ الْيابانيُّ الّذي يزورُ الْقاهرةَ حاليًا السّاعةَ الرّابعةَ مساءً.

٢ . قابلَت الضّيْفتانِ الرّوسيّتانِ اللّتان تزوران لُبنانَ حاليًا السّفيرَ الرّوسيّ.

٣ . لم تعِدْ وزيرةُ الْخارجيّةِ الأمْريكيّة الّتي تزورُ فلسطينَ حاليًا بأيّةِ مُساعدات.

٤ . أعْلنَ وزيرُ الصّحّةِ الْفرنْسيّ الّذي يزورُ رواندا هذا الْأسْبوعَ أنّ فرنْسا ستُساعِدُ الْبلادَ بالْأدْويةِ لعلاجِ مرضِ الْإيدز.

٥ . ذكرَ الشُّرْطيّ الّذي أمسكَ اللصَ أنّه لم يجد الحقيبةَ معَه.

٦ . أعلن الضّابطان اللّذان شاهدا اللّص أنّه لم يمُت في السّجن.

٧ . وقف الصّحفي الّذي يكْتبُ في جريدةِ الْمساءِ مع زملائه وسمِعَ الْأخْبارَ الْجديدةَ من الْوزير.

٨ . صرّحَت مُديرةُ الْمدرَسَةِ بأنّ وزيرَ التّعليمِ الّذي يزورُ الْمِنطقةَ سيزورُ مدرستَهم.

٩ . قالَت الطّالباتُ اللّاتي أجَبْنَ على الْأسْئلةِ إنّ الامْتحانَ سهْلٌ.

١٠ . صرّحَ الْوُزراءُ الّذين حضروا الْمؤْتمرَ بأنَّ الْمشْكِلةَ صعْبةٌ.

تدْريب (٥)

حلِّل الْجُملَ السّابقةَ في كُراستِك وامْلأ جدْولا كالْمِثال وصحّح مع زميلِك: (كلّ طالبيْن معًا)

الْموْصوف	الاسْم الْمَوْصول	جُمْلة صلةِ الْمَوْصول
١. السّفيرُ الْيابانيّ	الّذي	يزورُ الْقاهرةَ حاليًا

تدْريب (٦)

كلِمات مُفيدة: فازَ – مؤخّرًا – أخْبرَ بأنّ – مُراسِل – تُسلّمُ على – تقْرير

أُكْتُب (الّذي – الّتي – الّذين – اللّاتي) في الْجُمل التّالية:

١ . الْمغنيّةُ ------ زارَت مِصْرَ صَوْتُها جميل.

٢ . لم يسْتقبِلْ الشّيخُ الصُّباح السّفيرَ الْبريطانيّ ------ وصلَ إلى الْكويْت مؤخّرًا.

٣ . لم تقِفْ الأميرةُ ------ وصلَت أمْس من الدّانمرك لتُسلِّمَ على الضّيوف فغضِبوا.

٤ . لم يفُزْ لاعبُ التّنس الْعالمي ------ حصلَ على بُطولةِ ويمْبلْدون الْعامَ الْماضي بالْكأْس.

٥ . اللّاعبون ------ لعِبوا مباراةَ أمْس لم يقعوا كثيرًا ولم تحْدُث أيّةُ جُروح.

٦ . اللّاعباتُ ------ وصلْنَ من الصّين مديرتُهنَّ صعْبَة.

٧ . وقَعَت الْمدرّبةُ الرّوسيّةُ ------ سوْف تُدرّبُ فريقَ الْجُمباز و كُسرت رجْلُها.

٨ . أخْبرَ الْمُراسِلُ ------ يكْتُبُ لجريدةِ الْحياةِ زميلته بأنّ الْمظاهراتِ انْتهت.

٩ . الْمراسلون ------ وصلوا من دُبَي لم يجدوا حجْزَ غُرفِهم في الْفُنْدق.

١٠ . الصّحفِيّاتُ ------ حضرْنَ الْمؤتمرَ كتبْنَ تقاريرَ واضِحَة.

تدْريب (٧)

١. صِل نِصْفَ الْخبر أ بِنِصْفِ الْخبر ب . ارْبِط الْجُمْلةَ مُسْتخْدِمًا (الّذي - الّتي - اللذين - اللاتي)

٢. حدّد نوْع الْخبر في كلّ جمْلة . (سِياسيّ - ثقافيّ - حَوادِث - فنّيّ - اجْتِماعيّ - أخْبار عامّة)

مثال: تحدّثَ الرّئيسُ مع الْوزيرِ الّذي يعْملُ نائبًا للْحُكومَة .

أ	ب
١. أعْلنَ الْمتْحفُ الْمصريُّ للآثارِ أنّ عامِلَ الْمصْنعِ اكْتشفَ التّمْثال	أ . الْممثّلاتُ من كلّ الدُّوَل الْعربيّة
٢. تحدّثَ الرّئيسُ مع الْوزيرِ	ب . الْكتابُ يتكلّمُ عن حرْبِ الْخليج
٣. سألَ الْوفدُ عن موْعِدِ قيامِ الطّائرَة	ت . الطّائرةُ تسافرُ إلى روسيا
٤. صرّحَت الْمُحاضِرة بأنّها لم تجِدْ الْكِتابَ	ث . الْوزيرُ يعْملُ نائبًا للْحُكومَة
٥. الرّجالُ لم يقفوا في الصّفِ في مكْتَبِ التّأشيرات	ج . الْعاملُ عمْرُهُ ٣٠ سنة
٦. قرّرت الْممثّلاتُ أنْ لا تأْخذْن أجْرًا عن فيلم فلسطين	ح . الرّجالُ من الْوفْدِ الدِّبْلوماسيّ
٧. افتتحَ أمير ويلز الْجامعةَ الْبريطانيّةَ	خ . الأميرُ يُشجّعُ الْعِلْمَ والثّقافَة

صحّح مع زميلك .

تدْريب (٨)

أخْبارٌ من هُنا وهُناك

١. أُكْتُب الْفِعْل في النَفْي. ٢. حدِّد نوْعَ الْخبرِ من الأنْواع الّتي درسْتَها (اقْتصاديّ / رياضيّ إلخ).

١ . لم ------ رئيسةُ وزراءِ سيريلانكا بزيارة الْهِندَ الآن بسببِ التّعبِ الشّديد. (قام)

٢ . فريقُ كُرةِ الْقدمِ لم ------ إلى الْملْعبِ الرّئيسيّ في الْموْعِدِ الْمُحدّد. (وصلَ)

٣ . أرادَ الرّئيسُ أنْ يُعطيَ جائزةً للْمُمثّلِ الْمشْهورِ عن فيلمِه الْجديد ولكنَّه لم ------ الْجائزة على الطّاوِلَة، وغضِبَ جدا. (وجدَ)

٤ . لم ------ الْوزيرةُ خِطابَها في قاعَةِ الْمُؤْتمراتِ هذا الْعامَ ولكن ------ أمامَ كُلّ النّاسِ في إسْتاد الْمدينةِ و ------ الْخِطابَ. (ألقى - وقفَ)

٥ . أعْلنَ مُدير بنْكِ بروكسل أنّ دوْلةَ السّودان سدّدَت دَيْنَ الْعامِ الْماضي و لم ------ أيُّ دَيْنٍ هذا الْعام. (بقِيَ)

٦ . الّذي لم ------ بزيادةِ الْمُرتّبات اسْمُه وائل عبْد الرّحيم مساعدُ الْوزير. (وعدَ)

٧ . الّتي كتبَت الْمقالةَ ولم ------ تشْجيعًا من أحدٍ هي الْكاتِبة سُعاد الصّباح. (وجدَ)

٨ . الّذين لعِبوا مباراةً رائِعَةً هم الْفريقُ الأحْمرُ و لم ------ أمامَهم أو يكسْبهم أيّ فريقٍ آخر. (وقفَ)

٩ . الّتي صرّحَت بأخْبارِ الْحرْبِ هي الْملكةُ ولكن لم ------ بأيّة مساعدةٍ عسْكريّة. (وعدَ)

١٠. صرّحَ مُدرِّبُ الْفريقِ الّذي حضرَ كلَّ الْمباراةِ بأنّه لم ------ مدرّبَ الْفريقِ الآخر أو يتحدّث معه. (رأى)

تدْريبات الاسْتماع: أخْبارٌ رياضيّةٌ   ١٦

تدْريب (٩)

مُباراةُ الْمَوْسِمِ

> **كلِمات مُفيدة:** أجْرى حِوارًا – ضِدَّ – مُكافأة – كسب – خسِر – تدرَّب – أطْعِمة دسِمة – يكُفُّ

لعِبَ فريقُ كُرةِ الْقدمِ الْأحْمرُ ضِدَّ الْفريقِ الْأبْيضِ مُباراةً قوِيّةً. فازَ الْفريقُ الْأحْمرُ فوزًا كبيرًا وجميلاً. أجْرَت الصّحفيّةُ هذا الْحوارَ مع مُدرِّبِ الْفريق.

١. صِلِ الْكلِمةَ بالْمعْنى:

الْكَلمة: يكُفُّ – ضِدَّ – أجْرى حِوارًا – مُكافأة – كسب – أطْعمة دسِمة – تدرَّب – خسِر
الْمَعْنى: تمرَّن – عكس أطْعِمة خفيفَة – جائِزَة – عكس مع – فازَ – عمِل حديثًا – يتوقّفُ – عكس فاز

٢. ضع كلَّ كلِمة في جُمْلة.

٣. اِسْمَعِ الْحوار ثمّ أجِب. هل الصّحفيّةُ لم تُهنِّئْ الْمُدرّبَ بالْفوز؟

٤. اِسْمَع مرّة أخْرى ثمّ أجِب بـ √ أو × واكْتُب إجابةً كامِلة:

١. خسِر الْفريقُ الأحْمرُ الْمباراة. (×) لا. لم يخْسَرْ الْفريقُ الأحْمرُ الْمباراةَ ولكن فازَ.

٢. كفَّ الْفريقُ عن التّدرّبِ مُدّةً طويلة.

٣. لم يَجْرِ اللّاعبون كثيرًا أو يأكلوا أكْلاً مُفيدًا أو يشْربوا ماء كافيًا.

٤. لم يلْعبْ الْفريقُ مُبارياتٍ تجْريبيّةً.

٥. اللّاعبون سهروا كثيرًا و ناموا متأخّرين.

٦. لم ينْضبطْ الْفريقُ ولم يُوجد نظامٌ أو برْنامج مُحدّد.

٧. كسب الْفريقُ جائِزَةً كبيرة.

نصُّ حِوار الاسْتماع: ١٦

الصّحَفِيّةُ: أسْتاذ حسن شاهين، أوّلاً تهنئة كلِّ الْمُشاهدين في التِّلفاز والْإذاعةِ والْمجلاّتِ لكُم على هذا الْفَوزِ الرّائع، وثانيًا أريدُ أنْ أسْألَك عن أسْبابِ هذا الْفوزِ الْعظيم؟

الْمُدَرِّبُ: السّببُ التّدْريبُ الْكثيرُ الْمُسْتَمِرُّ، لم يكُفّ الْفريق أو يتوقّفْ عن التّدْريبِ والرّياضةِ الْيَوْمِيّة.

الصّحَفِيّةُ: ماذا فعْلتُم وكيْف تدرّبْتُم؟

الْمُدَرِّبُ: اللّاعبون جروْا كثيرا، أكلوا الْفواكهَ الطّازَجَة، لم يأْكلوا الأطْعِمةَ الدّسِمَة، لعِبوا مُبارياتٍ تجْريبيّةً مع فِرَقٍ أُخْرى، شرِبوا الْماءَ الْكثير.

الصّحَفِيّةُ: وهل ناموا مُبكِّرًا أم سهروا؟

الْمُدَرِّبُ: لا لم يسْهروا أبداً. بل ناموا مُبكِّرين وهذا سببُ الْفَوز، وَجَدُوا نظامًا لبرْنامج التّدْريبات وأيْضًا انْضبطوا بسبب الْقوانين والْجوائزِ الْمُختلِفة.

الصّحَفِيَّةُ: وما الْمكافآت الّتي أخذَها اللّاعِبون؟

الْمُدَرِّبُ: أخذَ اللّاعِبون آلاف الْجُنَيْهات وكذلك سيّارةً لكُلّ لاعِب.

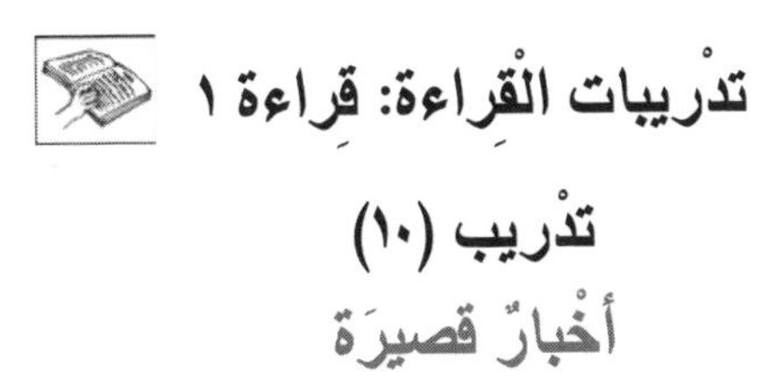

تدْريبات الْقِراءة: قِراءة ١

تدْريب (١٠)

أخْبارٌ قصيرَة

كلِماتٌ مُفيدَة: السِّلاح النّوَوي - نزْعُ السِّلاح - الطّاقةُ النّوويّة السِّلْميّة - عقَدَ مُؤْتمَرًا - دعا إلى - حقّق أرْباحًا - كافأ - مُجَوْهرات - أبْلَغ

١. حضِّر من قاموس كتابِك معاني الْكلماتِ السّابِقَة، أُكْتُب معْنى الْكلِمَة تحْتَ الصّورَة الْمُناسِبَة:

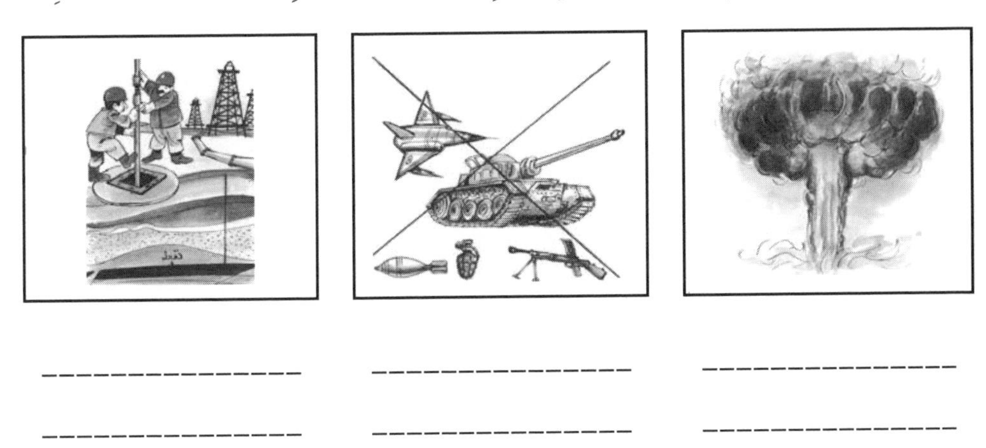

______________ ______________ ______________

______________ ______________ ______________

٢. صِل الْكلِمَة بِمعْناها:

الْكلِمة	معْناها
١. حقّقَ أرْباحًا ٢. عقَدَ مُؤْتمرا ٣. نزَعَ السِّلاح النّوَويّ ٤. كافأ ٥. دعا إلى مُؤْتمر ٦. أبْلَغَ	أ . لا يسْتخْدِمُ السّلاحَ النّوويّ أو يصْنَعُه ب . أعْطى جائزَة ت . اجْتَمَعَ ث . طلَبَ من النّاس حُضورَ اجْتِماع ج . قالَ لـ ح . كسبَ نُقودًا كثيرَة

٣. أُكْتُب الْكلِمات السّابِقة في جُمل واقْرأْها أمامَ الْفصْل.

الْقِراءة الأُولى: اخْتَر الْعُنوان الْمُناسِب لِكلّ خبَر من هذهِ الْعناوين واكْتُبه مع الْخَبر:

١. زواجُ ابْنةِ الْمُمَثِّلة
٢. حرْبٌ ضِدَّ مَوْقِع جوجل
٣. اكتِشافُ لَوحةٍ فِرعَونِيَّة
٤. سرِقَة في فُنْدُق
٥. مُؤْتمر طَهْران لِنَزْع السّلاح النّوَويّ

عِنْوانُ الْخَبَرِ الأوّل:
عِنْوانُ الْخَبَرِ الثّاني:
عِنْوانُ الْخَبَرِ الثّالث:
عِنْوانُ الْخَبَرِ الرّابع:
عِنْوانُ الْخَبَرِ الْخامس:

الْقراءة الثّانية: أجب على السّؤالِ الْأوّلِ وأكْمِل السّؤالَ الثّاني بأداة الرّبْط الْمناسبة (الّذي - الّتي)

اخْتَر نوْعَ الْخبَرِ من الأنْواعِ الآتية: اجْتِماعيّ - سِياسيّ - ثقافيّ - اقْتِصاديّ - حَوادِث 

الْخبرُ الْأوّلُ نَوْعُه: ----	١. أيْن مكانُ الْمُؤْتمرِ؟ ------ ٢. ------ دعَت إليه إيرانُ كلَّ دُوَلِ الْمِنْطَقة هو مُؤْتمرُ نزْعِ الْأسْلحةِ النّوويّة.
الْخبرُ الثّاني نَوْعُه: ----	١. ما اسْمُ الشَّرِكَة؟ ------ ٢. الشَّرِكات ------ تسْتَخْدِمُ موْقعَ جوجل للْإعْلانات تقولُ إنّ شركةَ جوجل في حرْبٍ مع شَرِكَة مايكروسوفْت و أبل ماكنْتوش و . . .
الْخبرُ الثّالِثُ نَوْعُه: ----	١. مَنْ ريتْشل و مَنْ تزوَّجَت؟------ ٢. الرّجلُ ------ تزوَّجَتْه يعْملُ ------.
الْخبر الرّابع نَوْعُه: ----	١. ماذا اكْتشفَ عثْمان عبْد الْحميد؟------ ٢. عثْمان ------ يعْملُ فلّاحًا و------ عنْده حقْل، زرعَ أرْضَه.
الْخبرالْخامس نَوْعُه: ----	١. من سرَقَ الْمُجَوْهَرات؟ ٢. ------ تزورُ بلْجيكا حاليًا هي مديرةُ الْبنْك السّويسْريّ

الْخَبَرُ الْأوَّل: ---------------- [1] ١٧

يبْدَأُ الْيَوْمَ في طَهْرانَ مُؤْتَمَرٌ لِنَزْعِ الْأَسْلِحَةِ النَّوَوِيَّةِ الّذي دَعَتْ إلَيه إيرانُ كُلَّ دُوَلِ الْمِنْطَقَةِ تحْتَ عُنْوانِ: (الطّاقَةُ النَّوَوِيَّةُ السِّلْمِيَّةُ لِلْجَميعِ والسِّلاحُ النَّوَوِيُّ لَيْسَ لأحَد).

---

[1] (١٧ ابريل ٢٠١٠ جريدة الشرق الأوسط العربيّة - سياسة)

الْخَبَرُ الثّاني: ------------------ [٢] ١٨

تقولُ الشّرِكاتُ الّتي تَسْتَخْدِمُ مَوْقِعَ جوجُل لِلْإعْلاناتِ إنَّ شَرِكَةَ جوجُل في حرْبٍ ضِدَّ شَرِكَةِ أبل ماكِنْتوش وشَرِكَةِ مايكْروسوفْت والْحُكُومَةِ الصّينيَّةِ بِسَبَبِ الْإعْلاناتِ في مَوْقِعِ جوجُل على شبكَةِ الإنْتَرْنِت الّتي حقَّقَت أرْباحًا في الرُّبْعِ الْأوَّلِ مِن هَذا الْعامِ بلَغَت ١,٩٦ مِليار دولار.

الْخَبَرُ الثّالث: ------------------ [٣] ١٩

تزَوَّجَتْ ريتشل ابْنَةُ الْمُمَثِّلَةِ الْمَشْهورَةِ دونا هيوسْتون من ضابِطِ الْأمنِ الّذي يقِفُ أمامَ منْزِلِ والِدَتِها. ريتشل هي الْمُغَنِّيَةُ الْمَشْهورَةُ الّتي تُغَنِّي الْآنَ في نَوادي لاس فيجاس الليلِيَّة. ضابِطُ الْأمنِ لمْ يقِفْ أمامَ بابِ منْزِلِ الْمُمَثِّلَةِ دونا بعْدَ ذلك أبَدًا.

الْخَبَرُ الرابِع: ------------------ [٤] ٢٠

اكْتَشَفَ عُثْمان عبْد الْحَميد آثارًا فِرْعَونيَّةً في حقْلِه. عُثْمانُ الّذي يعْمَلُ فلّاحًا والّذي عِنْدَهُ حقْلٌ صغيرٌ في قرْيَةِ الْمَحمودِيّ بِأسْيوط، زرَعَ أرْضَهُ فوَجَدَ أثْناءَ عمَلِه لَوْحَةً أثَرِيَّةً فِرْعونِيَّةً قديمَة. سَلَّمَ عُثْمانُ اللوْحَةَ الّتي اكْتَشَفَها إلى شُرْطَةِ الْآثارِ بِالْمِنْطَقَة. كافَأَت الْحُكومَةُ عُثْمانَ بِمُكافأةٍ كبيرَة.

الْخَبَرُ الْخامِس: ------------------ [٥] ٢١

اكْتَشَفَت مُديرَةُ الْبَنْكِ السّويسْرِيّ الّتي تزورُ بلْجيكا حالِيًا سَرِقَةَ مُجَوْهَرَاتِها مِن غُرْفَةِ الْفُنْدُقِ أثْناءَ اجْتِماعِها في الْبَنْكِ الْبَلْجيكِيّ صباحَ أمْس. أبْلَغَت الْمُديرَةُ إدارَةَ الْفُنْدُقِ والشُّرْطَة. وجَدَت الشُّرْطَةُ الْمُجَوْهَراتُ في الْيَوْمِ التّالي مع عامِلَةِ النّظافَةِ بِالْفُنْدُق.

---

[٢] (١٤ ابريل ٢٠١٠ جريدة الشرق الأوسط العربيّة- العدد ١١٤٦٠ صفحة الرأي)

[٣] (١٠ ابريل ٢٠١٠ جريدة حول العالم - المعهد الدولي للغات)

[٤] (٧ ابريل ٢٠١٠ جريدة حول العالم - المعهد الدولي للغات)

[٥] (٣ مارس ٢٠١٠ جريدة حول العالم - المعهد الدولي للغات)

قراءة ٢ - إلى الْموْقع:   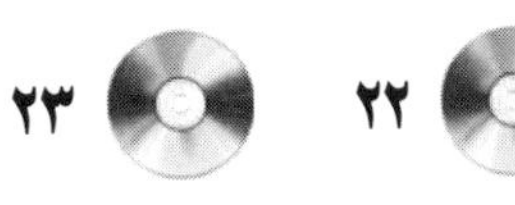

تدْريب (١١)

عمَلٌ كثيرٌ ومالٌ قليل

كلماتٌ مُفيدَة: عُلماءُ الْبِحار - الْمَشْروع - الشُعَب الْمُرْجانِيَّة - بقايا الطّعام - تلَوُّث - ميزانِيَّة - مجال

صِل الْكَلِمة بِمعْناها:

الْكلِمة	معْناها
مجال	المهمّة - المَوضوعُ الذي نعملُ فيه الآن.
عُلماءُ الْبِحار	عالِم/علماء يعملون ويبحثون في مشاكِل البَحرِ والسمَك ونظافَةِ البَحر.
الْمَشْروع	ماءُ البَحرِ ليس نظيفًا بِسَببِ البترول - النفايات في البحر.
الشُعَب الْمُرْجانِيَّة	النقودُ التي نصرِفُها في مشروع.
تلَوُّث	الأشجارُ الحجرِيَّةُ المُلَوّنةُ تحتَ الماء.
ميزانِيَّة	مَوْضوع

أُدْخُل إلى الْمَوْقِع لتقْرأ الْخبرَ والتّدْريبات. 

تدْريباتُ الْكِتابة

تدْريب (١٢)

كِلماتٌ مُفيدة: اِسْتَقْبَل – مهْرَجان – يتَسَلَّم – وزيرُ الْخارِجيَّة.

رتِّب الْأخْبارَ الْآتية:

١ . الّذي وصَلَ صباحَ أمْس / وزير الْخارِجيَّة الْأمْريكيّ / اسْتقْبلت ملِكَةُ إنْجلْترا
٢ . زيادَة الْأسْعار / الّذي يزورُ ألْمانيا حاليًا/ أعْلنَ وزيرُ الْبتْرول السّعوديّ
٣ . الّتي أخذَتها من دوْلةِ السّويد / بعْضًا من الدّيون / سدَّدَت الصّومال
٤ . مهْرجان كان / لتحضرَ / سافرت الْمُمَثِّلَة الْمشْهورَة
٥ . وسافرَ الْمُخْرجُ الّذي أخْرجَ الْفيلم / فازَ الْفيلمُ الْمِصْريّ بِجائزةِ قرْطاج / لِيَتَسَلَّمَ الْجائزةَ
٦ . مشْروعًا لعِلاج /الْحُكومَة قدّمَت / تلوُّث الْمِياه
٧ . بنَت الْحكومةَ /محافظة الْمنْيا / جِسْرًا جديدا في
٨ . الْوفْد الْأجْنبيّ في مبْنَى الْجريدة / الّذي يعْملُ في مجالِ الصّحافَة / اسْتقْبلَ جلال عيسى
٩ . فيه ١٧٩سريرًا / الْحُكومَة لأمْراضِ سرطانِ الْأطْفال / الْمُسْتشْفى الّذي بنَتْه
١٠ . ضُبّاط الشُّرْطة والْجَيْش / في الْمُسْتشْفى الّذي بنَتْه / ساعَدوا بالْمالِ منْ مُرتَّباتِهم

تدْريب (١٣)

أخْبارٌ فنِّيَّة

اسْتخْدِم الْكلِمات: قاعَة – تقومُ بـ – يُقدِّم

اِقْرأ الْإعْلانَيْن وحوِّل الْإعْلانَ إلى خبَر. اسْتخْدِم الْمعْلومات في الْإعْلان لتكْتُبَ الْخبر.

١. **خبَرُ الْإعْلانِ الْأوَّل:**

يقدمُ الْموسيقار ---------- حَفْلَةً في ---------- يَوْمَ ----------

يبْدأُ الْحَفلُ السّاعَةَ ---------- في قاعَةِ----------. للحَجْزِ سِعْرُ التَّذْكَرَةِ ----------

للْكُرسي و ---------- لـ ----------

٢. **خبَرُ الْإعْلانِ الثّاني:**

يقدمُ الْفَنّانُ ----------أكْمِل الْخَبَر.

تدْريباتُ الْمُحادَثَة

تدْريب (١٤)

١. اِسْأل زميلَكَ عن خبَرٍ قرَأهُ

ما نَوْعُ الْخَبَرِ؟	مكانُ الْخَبرِ؟ أيْن حدَثَ؟	ما الْخبرُ؟	متى حدَثَ؟

٢. اِعْكِسوا الأدْوارَ وكرِّروا النّشاط

٣. كلُّ طالِبٍ يكْتُبُ الْخَبَرَ الّذي سمِعَهُ مِن زَميلِهِ ويقرأهُ لِزَميلٍ آخَر

تذكّر

أوّلاً: تصْريفُ الْمُعْتلّ الآخر:

أنا	نَحْن	أنْتَ	أنْتِ	أنتما	أنْتُم	أنْتُن
بكَيْتُ	بكَيْنا	بكَيْتَ	بكَيْتِ	بكَيتُما	بكيْتُم	بكيْتُنّ
صحَوتُ ---تُ	صحَونا ---نْا	صحَوتَ ---تُ	صحَوتِ ---تُ	صحَوتُما ---تْمُا	صحَوتُم ---تُم	صحَوتُنّ ---تُن

هُو	هي ☆	هما	هما	هُم ☆	هُنّ
بكَى	بكَت	بكَيا	بكَتا	بكَوْا	بكَيْنَ
صحَا --ى	صحَت --ت	صحيا --ى	صحَتا --ت	صحَوْا --وا	صحَوْنَ ---نَ

☆ **لاحِظ:** حذْف حرْف الْعِلّة مع **هي / هما / هُم**

ثانيًا: نفْي الْفعْل الْمُعْتلّ الآخر: هو لم يبْكِ / لم يصْحُ (لم + الْفعْل مضارع مجْزوم)

أنا لم	نَحن لم	أنْتَ لم	أنْتِ لم	أنتما لم	أنْتُم لم	أنْتُن لم
أبْكِ	نبْكِ	تبْكِ	تبْكي	تبكيا	تبْكوا	تبْكين
أصْحُ أ - - ☆	نصْحُ ن - - ☆	تصْحُ ت - - ☆	تصْحي ت - - ي ☆ ✳	تصحوا ت - - وا	تصْحوا ت - - وا ☆ ✳	تصْحون ت - - ون

هُو لم	هي لم	هما لم	هما لم	هُم لم	هُنّ لم
يبكِ	تبكِ	يبكيا	تبكيا	يبكوا	يبكين
يصحُ ي - - ✳	تصحُ ت - - ✳	يصحوا ي - - وا ☆ ✳	تصحوا ت - - وا ☆ ✳	يصحوا ي - - وا ☆ ✳	يصحون ي - - ون ☆

☆ **لاحظ:** حذْف النّون مع **أنْتِ / أنتما / هما / أنْتُم / هُم (الأفعال الخمسة)**[6]

✳ **لاحظ:** حذْف حرْف الْعلّة مع أنا / نحْن / أنْتَ / هو/ هي/

لاحظ: أيْضًا أنّه مع أنا / نحْن / أنْتَ / هو/ هي لابد من الْإشارة إلى حرْف الْعلّة الْمحْذوف بحركته الْقصيرة (الْكسْرة للْإشارة إلى أنّ الْمحْذوف ياء، والضّمّة للْإشارة إلى أنّ الْمحْذوف واو، والفتحة للإشارة إلى أن المحذوف ألف)

---

[6] حذف حرف العلة ليس علامة جزم مع (أنتِ / أنتم / هم) رغم أنه محذوف

ثالثًا: لاحِظ أدوات ربْط الْجُمل وتتابُعِ الأحْداث: ثُمّ/ بعْدَ ذلِكَ /وَ / فـ/ لِـ

أدوات لكتابة السّبب والنّتيجة: فـ / لِـ

رابعاً: نفْي الْفِعْل الْمُعْتلّ الأوّل:

أنا لم	نَحْن لم	أنْتَ لم	أنْتِ لم	أنتما لم	أنْتُم لم	أنْتُن لم
أصِلْ	نصِلْ	تصِلْ	تصِلي	تصِلا	تصِلوا	تصِلنَ
أ - - ✮	نـ - - ✮	تـ - - ✮	تـ - - ي ✮ ✳	تـ - لا	تـ - - وا ✮ ✳	تـ - - ن

هُو لم	هي لم	هما لم	هما لم	هُم لم	هُنّ لم
يصِلْ	تصِلْ	يصِلا	تصِلا	يصِلوا	يصِلْنَ
يـ - - ✳	تـ - - ✳	يـ - - ✮ ✳	تـ - - ✮ ✳	يـ - - وا ✮ ✳	يـ - - ن ✮

✮ **لاحِظ:** حذْفَ حرْفِ الْعِلّة مِن أوّلِ الْفِعْل الْمُعتّل وحذْف النّون مع **أنْتِ - أنتما - أنْتُم - هما - هم**

لَم + الْفعْل مضارع مجْزوم وعلامة الْجزْم السّكون (في حالة الفعل الصحيح الآخر)

لاحظ الإشارة إلى حرف العلة المحذوف مع الضمائر: أنا / نحن / أنْتَ / هو / هي بحركته القصيرة (الكسرة للإشارة إلى أن المحذوف ياء، والضمة للإشارة إلى أن المحذوف واو، والفتحة للإشارة إلى أن المحذوف ألف)

خامِسًا: الْجُملةُ الْوصْفيّةُ لِوصْفِ النّاسِ أو الأشْياء:

أ. الْموْصوف مَعْرِفة في أوّل الْجمْلة: الاسْمُ المَوْصول جُمْلَةُ صِلَةِ الْمَوْصول

الرّجُلُ	الّذي	سيَزورُ إيطاليا اسْمُه . . .
الرّجُلان	اللّذان	سيَزوران إيطاليا اسْماهما . . .
الرّجالُ	الّذين	سيَزورون إيطاليا أسْماؤهم . . .
السّيِّدةُ	الّتي	ستَزورُ إيطاليا اسْمُها . . .
السّيِّدتان	اللّتان	ستَزوران إيطاليا اسْماهما . . .
السّيِّداتُ	اللاّتي	سيَزُرْنَ إيطاليا أسْماؤهن . . .

ب. الاسْمُ المَوْصول (مبتدأ) جُمْلةُ صِلَةِ المَوْصول خبر

الّذي	سيزورُ إيطاليا	رجلٌ اسْمُه . . .
اللّذان	سيزوران إيطاليا	رجلان اسْماهُما . . .
الّذين	سيزورون إيطاليا	رجالٌ أسْماؤهم . . .
الّتي	ستزورُ إيطاليا	سيِّدةٌ اسْمُها . . .
اللّتان	ستزوران إيطاليا	سيِّدتان اسْماهُما . . .
اللاّتي	سيزُرْن إيطاليا	سيِّداتٌ أسْماؤهُن . . .

خبر	جُمْلة صِلة الْمَوْصول	الْاسْم الْمَوْصول	مبتدأ	ج.
سيزورُ إيطاليا	اسْمُه . . .	الّذي	الرّجلُ	
ستزورُ إيطاليا	اسْمُها . . .	الّتي	السّيّدةُ	

الْوحْدة السّابِعَة
علاقاتٌ ناجِحَة

تقْديم (١): لاعِبان و صديقان

هدف الدّرْس:

- قراءةُ مقالاتٍ قصيرةٍ عن تأْثيرِ بعْضِ الشّخْصيّاتِ في حياةِ النّاسِ والْمشاهير.
- سرْدُ قصصِ علاقاتٍ ثنائيّةٍ ناجحة.
- كتابةُ فقْراتٍ طويلةٍ ومقالةٍ قصيرة.

الْقواعد والتّرْكيب:

- جذْر الْفعْل الثُّلاثي – المجرّد والمزيد – الْبحْثُ في الْقاموس عن معاني الأفعال.
- أشْكالُ الْفعْل الثُّلاثي وأوْزانُه.

الْمُفْردات:

أفْعالٌ من مُخْتلفِ الأشْكال خاصّةٌ بِسَرْد سِيَر الشّخْصيّاتِ.

الثّقافة:

التّعرُّف على سِيَرِ بعْضِ الشّخْصيّاتِ من الْمُغنّين والْكُتّاب، ومن التُّراثِ لبعْضِ الْبلادِ الْعربيّةِ والأجنبية.

تقْديم (٢): هِوايتي الْمُفضّلة

هدف الدّرْس:

- الْقراءةُ والسّرْدُ عن أبْطالٍ حوّلوا الْهوايةَ إلى بطولاتٍ عالميّةٍ بتأْثير شخْصيّاتٍ في حياتهم.
- كتابةُ الرّسائلِ للتّعارفِ و الْمُراسلة.

الْقواعد والتّرْكيب:

- الْمصْدرُ من الْفِعْل الثُّلاثي وأوْزانه.

الْمُفْردات:

- الْهِوايات الْمُخْتلفة.
- بعْضُ التّعْبيرات الْمُفيدة: كما – مثْل – كأفْضل / حينئذ / تمّ اخْتيار / قام باخْتيار.

الثّقافة:

- الْقِراءة عن أبْطالِ رياضةٍ عربٍ وعالميين – الْقِراءة عن هواياتِ شخْصيّاتٍ عربيّة.

تقْديم (١أ)

لاعبان وصديقان

جِذْر الْفِعْل

صِل السُّؤال بالْإجابة:

السُّؤال	الْإجابة
١. ماذا درَسْتَ الْيَوْم؟ ٢. أيْن درَسْتَ هذا الْمَوْضوع؟ ٣. كيْف درَسْتَ عن هذا الْمَوْضوع؟ ٤. كيْف حضَّرْتَ الدَّرْسَ؟ ٥. ماذا يفْعلُ باقي الزُّمَلاء؟	أ . يُحضّرون دروسًا مِثْلي، كلُّ طالبٍ يكْتُبُ مقالةً صغيرةً من الْكُتبِ الْمدْرسِيّةِ أو من أي مكْتباتٍ أُخْرى. ب . درّستْ لنا الْمُدرِّسةُ الْكلماتِ ثمَّ حضّرتْ الدّرْس. ج . درسْتُ هذا الْموْضوعَ في الْمدْرسة. د . بعْد تدْريسِ الْكلماتِ قرأْتُ عن الْموضوعِ في كِتابٍ من الْمكْتبةِ ثمَّ كتبْتُ مقالةً قصيرةٍ عن الصّداقة. هـ . درسْتُ عن الصّداقة.

لاحِظ:

١. كم كلمةً من الْفعل **درس** في الْجُمل السّابِقَة؟

من هذا الْفعْل كلمات كثيرة لها علاقة بالدِّراسة ومكان الدِّراسة:

درسَ / يدْرسُ – درّسَ – مُدرِّس – مَدْرسة / مدارِس – تدْريس – دِراسة – درْس / دُروس

٢. كلمات من الْفعْل **كتب** لها علاقة بالْكتابة والْكتب ومكان الْكتب:

كتبَ / يكْتبُ – الْكِتابة – مكْتَب / مكاتِب – مكْتَبة / مكْتَبات – كِتاب / كُتُب

انْظُر إلى الْجدْول: ما حروف الزِّيادة في الْفعل درس؟ امْلأ الْجدْول للْفعْل (كتب) مع الْمُدرّس.

الْكلِمَة	الْجِذْر	حُروف الزِّيادَة
درسَ	د – ر – س	
درّس	د – ر – س	ر
تدارس	د – ر – س	ت – ا
تدرّس	د – ر – س	ت
يدرس	د – ر – س	ي

الْكلِمَة	الْجِذْر	حُروف الزِّيادَة
كتبَ	ك – ت – ب	
تكاتب	ك – ت – ب	ت – ا
انكتب	ك – ت – ب	ا – ن
استكتب	ك – ت – ب	ا – س – ت
يكتُبُ	ك – ت – ب	ي
اكتتب	ك – ت – ب	ا – ت

كلِمات أُخرى مما درست:

الكلِمَة	الجِذر	حُروف الزيادَة
انقَطعَ	ق – ط – ع	ق – ب – ل
استَقبلَ	ا – ن	ا – س – ت
أكبر	ك – ب – ر	أ

لاحِظ القْواعد:

١. **الْجِذْر الثُّلاثي يتكوّن من ٣ حروف أساسيّة تُكوِّن معْنى الكلمة.**

٢. **حروف الزيادة:** ١. حروف العِلّة (ا – و – ى)

٢. الحروف: س – أ – ل – ت – م – ن – هـ

✩ **كلّ الحُروف تكوّن كلمة (سألتمونيها)**

٣. **كيف نعرف جذر الكلمة؟**	**الكلمة**	**الجذر**
أ. احذِف حرف المضارع	يِكتب	ك – ت – ب
ب. احذِف ال	الكتب	ك – ت – ب
ت. احذِف حروف الزيادة	مكاتبه	ك – ت – ب
ث. الكلمة المُضعّفة فيها حرف ثالِث	مدّ	م – د – د
ج. فِعل مُعتلّ الوسط مثل قال يُردّ للمُضارع	يقول	ق – و – ل

٤. **الهمزة بأشكالها (ئـ / ء / أ / ؤ) تُعدّ حرفا ساكنا وتكون حرفا من الجذر**

مثال: الْفعْل: استأجر (ء – ج – ر) أو قرأ (ق – ر – أ)

٥. الحروف (و – ي) حروف علّة وتعمل كحروف ساكنة وجزء من جِذْر الْفعْل أيضا

مثال:

قال / يقول (ق – و – ل) أو بكى / يبكي (ب – ك – ي)

أو صحا / يصحو (ص – ح – و) أو جاء / يجيء (ج – ي – ء)

التّدْريب على القَواعد والمُفردات

تدْريب (١)

عيِّن حُروف الزيادة في هذه الْكلمات:

تشاجرَ	اختلفَ	انقطعَ	استمرَّ	علّق	اسْتزْرع	رجَعوا

تدْريب (٢)

صِل الكلمة بالْجِذْر المُناسِب:

أرجع	و – ل – د	تسوّق	ل – ح – ق
استشفى	ق – و – ل	تشاجرا	ع – ل – ن
يقولون	ش – خ – ص	بيّت	س – و – ق
خاف	ج – م – ع	أمضَينا	خ – ر – ج
تواصُل	ر – ج – ع	أعلنَ	ب – ي – ت
توالد	ش – ف – ي	صرّحَ	م – ض – ي
شخّص	خ – و – ف	التحقَ	ش – ج – ر
اجتمع	و – ص – ل	تخرّجَ	ص – ر – ح

تدْريب (٣)

عيِّن جِذْر هذه الْكلمات وصحِّح مع زملائك: (ثلاثة طُلاب)

طالب ١

كلِمات	ك – ل – م
أطعمنا	
استدرك	
تاجر	
انضبط	
استمَعَ	
صاحوا	
غادرَت	
اكتتب	
سدّد	

طالب ٢

استخدَمَ	
تعلّم	
حقّقوا	
تصادقَ	
شاهَدوا	
أحبّ	
استَيقظَ	
أخبرَ	
ألبس	
جادل	

طالب ٣

تغنّي	
غضِبَتْ	
تزاوج	
استقطع	
حملت	
تجاسر	
اقترضَ	
اشترى	
أعلن	
يتسَرّبُ	

تدْريب (٤)

عيِّن جِذْر كُلّ من الأفعال الآتية:

كانَ	بدَأَ	بقِيَ	جاءَ	أعلن	أقامَ	انتَهى	استطاعَ	خافَ	قرأ

تقْديم (اب)

لاعِبان وصديقان [1]

كلِمات مُفيدة: أحْرزَ - احْتضنَ - احْمرَّ - سِباق - درّبَ - مدى الْحياة

جيسي أوينز بطْل الأولمْبياد لقفْز الْحواجز

لويتز لونج الْميدالية الْفضيّة

(جوجل جيسي اوينز - لويتز لونج)

صِل الْكلِمَة لتعْرفَ الْمَعْنى:

الْكلِمَة	الْمَعنى
أحْرزَ	أصْبح و تغيّر إلى اللون الأحمر
درّبَ	كسب - فاز
مدى الحياة	تمرّنَ - تدرّبَ
احمرَّ	طول الحياة - كُلّ الحياة

[1] (موقع جوجل - جيسي أوينز)

اكْتب الكلمة تحتْ الصّورة الصّحيحة: 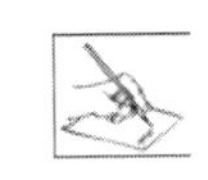

_______________ _______________ _______________

اسْمع وتابع النّصّ ثم أجب:

١. ماذا فعلَ لويتز لونج لِزميلِه؟

٢. من فاز بالمِداليَة الذهبيّة في المُباراة النِهائيّة؟ كم ميداليةً أُخرى أحرزها هذا اللاعِب؟

٣. بماذا فازَ أيضًا اللاعِب الأمريكي؟

النّصّ ١

في مُبارَياتِ الأوّلمبياد في بِرلين سنَةَ ١٩٣٦ تقابَلَ اللاعِبُ الأمريكِيُ الأفريقِيُ المَشهورُ في رِياضَةِ القَفزِ العالي وسِباقِ الجَرْي ٤٠٠ متر جيسي أوينز مع زميلِهِ الألماني لويتز لونج في التّدْريباتِ النِهائِيَّةِ، ساعدَ لويتز زميلَهُ جيسي ودرَّبَهُ على القَفزِ وتكلَّمَ معَهُ عن أفضَلِ وأسرَعِ طريقَةٍ في القفز. حضرَ أدولف هِتلر المُباراةَ النهائِيّةَ، لعِبَ في هذه المُباراةِ اللاعبُ الأمريكيُ جيسي أوينج ضِدَّ مُنافسِهِ الألماني لويتز لونج ولكنْ تساوى اللاعبان في النتيجةِ الأُولى. أعادَ المسئولون المُباراةَ وقفزَ جيسي أعلى من زميلِهِ لونج بحوالي ٢٥ سنتيمترا وأحرزَ الميدالية

الذهبيّةَ. احتضنَ لونج زميلَهُ وسلَّمَ عليهِ، فرِحَ الناسُ وصفّقوا كثيرًا للاعبِ الأمريكي الأسمرِ ولكنّ هتلر انفعلَ واحمرَّ وجهُهُ وخرجَ من الإستادِ غاضِبًا. أحرز جيسي في مُبارياتِ الْأوّلمبياد في بِرلين سنة ١٩٣٦حوالي ٣ ميدالياتٍ ذهبيّةٍ أُخرى وعادَ إلى بلادِه سعيدًا واستقبلَه عددٌ كبيرٌ من الأمريكيين. لم يكسَبْ جيسي الميدالياتِ الذهبيّةَ فقط، ولكن كسبَ مدى الحياة الصديقَ الألماني لويتز لونج الّذي ساعدَه في الفوز.

حلّ الأفعال الّتي تحْتها خط في الْجدْول:

الْفِعْل	الْجِذْر	حُروف الزيادة	الشّكْل	الوَزن
حضرَ	ح – ض – ر		فعل	١
درّبَ		ر	فعّل (ّ)	٢
ساعَدَ	س – ع – د	ا	فاعل (ا)	٣
أحْرزَ			أفْعل (أ)	٤
تكلّمَ		ت – ل	تفعّل (ت / ّ)	٥
تقابلَ		ت – ا	تفاعل (ت / ا)	٦
انفعلَ	ف – ع – ل		انفعل (ا / ن)	٧
احتَضَنَ		ا – ت	افتعل (ا / ت)	٨
احمرَّ	ح – م – ر		افعلّ (ا / ّ)	٩
استقبلَ			اسْتفْعل (ا / س / ت)	١٠

لاحِظ الْقواعد:

أوّلاً: الْفِعْل

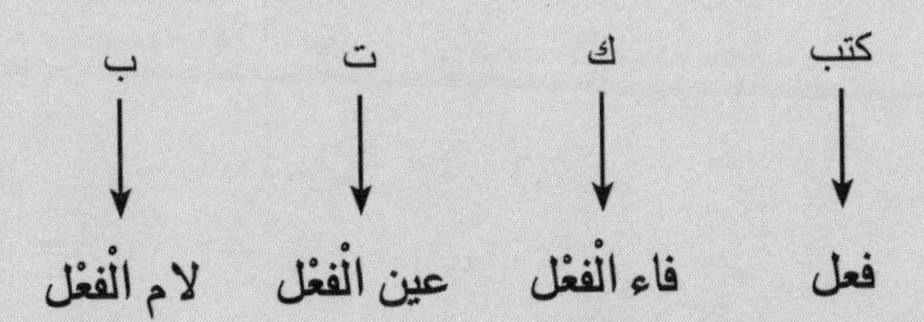

★ حروف الزيادة تُغيّر شكلَ ووزنَ الْفعْل ومعناه. (درس – درّس)

ثانيًا: أوزان الْفِعْل الماضي والمُضارع

	الْوزْن	الشّكْل		الشّكْل		الْفعْل الماضي	الْفعْل المضارع
	١	فعَلَ	ـَـَـ	يفعَلُ	يـَـَـَـ	فتَح	يفتَحُ
		فعَلَ	ـَـَـ	يفعُلُ	يـَـُـ	كتَبَ	يكتُبُ
٢		فعَلَ	ـَـَـ	يفعِلُ	يـَـِـ	نزَلَ	ينزِلُ
		فعِلَ	ـِـ	يفعَلُ	يـَـَـ	شرِبَ	يشرَبُ
		فعُلَ	ـُـ	يفعُلُ	يـَـُـ	كبُرَ	يكبُرُ
٣	٢	فعّلَ	ـّـ	يُفعِّلُ	يُـّـ	علَّمَ (ـّ)	يُعلِّمُ
٤	٣	فاعَلَ	ـا ـَـ	يُفاعِلُ	يُـ ـا ـِـ	سافَرَ (ا)	يُسافِرُ
٥	٤	أفْعَلَ	أ ـْـ	يُفْعِلُ	يُـْـِـ	أعلَنَ (أ)	يُعْلِنُ
٦	٥	تفعَّل	تـ ـّـ	يتفعَّلُ	يتـ ـّـ	تكلَّمَ (ت / ـّ)	يتكلَّمُ
٧	٦	تَفاعَلَ	تـ ـا ـ	يتفاعَلُ	يت ـا ـ	تقابَلَ (ت / ا)	يتقابَلُ
٨	٧	انفعَلَ	انـ ـــ	ينفعِلُ	ينـ ـــ	انكسَرَ (ا / ن)	ينكسِرُ
٩	٨	افْتَعلَ	ا ـ ت ـ	يَفْتَعِلُ	يـ ـ ت ـ	اجتَمَعَ (ا / ت)	يَجْتَمِعُ
١٠	٩	افعَلّ	ا ـّ	يَفعَلّ	يـ ـّ	احمَرّ (ا / ـّ)	يَحْمَرّ
١١	١٠	استفْعَل	استـ ـْـَـ	يستفْعِل	يستـ ـْـِـ	استقْبَل (استـ)	يستقْبِلُ

ثالثًا: اختلاف معْنى الْفعْل حسب الْوزْن: الْفعْل خرج (خ - ر - ج)

الْوزْن		الماضي	المُضارِع	المَعْنى
١	فعل	خرجَ	يَخرجُ	To go out
٢	فعّل	خرّجَ	يُخرّجُ	To make someone graduate
٤	أفْعل	أخْرَجَ	يُخْرِجُ	To take it out
٥	تفعّل	تخرّجَ	يَتخرّجُ	To graduate
١٠	استفْعل	استَخْرَجَ	يَسْتخْرجُ	To extract

رابعًا: التركيب: لم . . . . . . فقط، ولكن (بل) . . . . .

لم يكسبْ جيسي الميداليات الذَهبِيَّة **فقط، ولكن** كسبَ مدى الحياة صديقَه لويتز لونج

لم يلعبْ مباريات في الأوّلمبياد **فقط، بل** لعبَ في بلاد كثيرة حول العالم.

لم + فعل مضارع + . . . **فقط، بل / لكن** + فعل ماضي أو مضارع + . . .

التّدْريب على الْقواعد و الْمفْردات

تدْريب (١)

اكْتُب في جدْول الْفعْل أسْفل الشّكْل الصّحيح كالْمثال:

تشاجرَ / درّسَ / أحْرَزَ / فازَ / يَصْفرُّ / يسْتخْدِمُ / يتخرَّجُ / عادَ / بنَى / يُغنِّي / تسابقَ / احْتضَنَ / بكَى / اسْتعْملَ / يتغدّى / تمشّى / اشْتَرى / يتقابلُ / أعادَ / انْتظَرَ / يخْضَرُّ / يجْمعُ / انْقطعَ / مضَى / تعشَّى / راسلَ / انْتصرَ / نظّفَ / تراسلَ / انفعلَ / دافعَ / اقْتربَ / تمنَّى / أحبَّ / قاتلَ / تفهّمَ / باعَ / يشاهدُ / أخذَ

١	٢	٣	٤	٥	٦	٧	٨	٩	١٠
أخذ									

تدْريب (٢)

ضع خطًا تحْت الْفِعْل الْخطأ في الْمجْموعة:

١ . رأى / جاءَ / ذهبَ / درّبَ

٢ . انْكتبَ / انْفعلَ / اجْتمعَ / انْكسرَ

٣ . دافعَ / قابلَ / راسلَ / باعَ

٤ . اجْتمعَ / احْتضنَ / اخْضرَّ / اشْترىَ

٥ . اسْتخْدمَ / اسْتمعَ / اسْتقْبلَ / اسْتعْلمَ

٦ . ابْيضَّ / اسْودَّ / انْتظَر / اصْفرَّ

٧ . أرسلَ / أخرجَ / أخذَ / أمسكَ

٨ . رتّبَ / صرّحَ / علِمَ / قرّرَ

٩ . تفهّمَ / تعلّمَ / تفاهمَ / تمشّى

١٠ . تقابلَ / تراسلَ / تخرّجَ / تشاجرَ

تدْريب (٣)

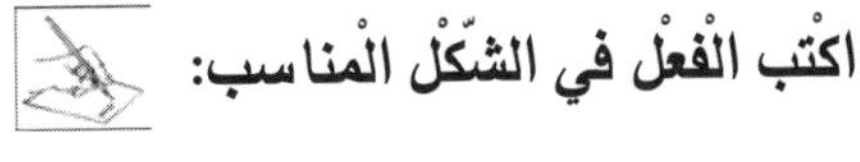

اكْتب الْفعْل في الشّكْل الْمنا سب:

١ . ------ سعاد خطيبَها في الْمَطعمِ الْإيطالي أمْس. (ق.ب.ل) ٣

٢ . عماد ------ بريدَه الْإليكْترونيّ وردَّ عليْه. (ق.ر.أ) ١

٣ . ------ شاشةُ الْكومْبْيوتر و------ واحدةً جديدةً الْأسْبوعَ الْماضي.
(ك.س.ر) ٧، (ش.ر.ى) ٨

٤ . ------ الطّلّابُ مع الْمدرّسةِ و ناقشوا الدّرْس. (ق.ب.ل) ٦

٥ . ------ الْأشْجارُ في فصْلِ الرّبيع. (خ.ض.ر) ٩

٦ . ------ الْأمُ ابْنها درْسَ اللّغةِ الْفرنْسيّة. (د.ر.س) ٢

٧ . لم ------ إيلين اللّغةَ الْعربيّةَ فقط خلال السّنةِ الماضيةِ بل الْفرنْسيّة أيْضاً. (ع.ل.م) ٥

٨ . ------ الرّئيسُ الْمصْريّ الرّئيسَ الْأمْريكيّ أمْس. (ق.ب.ل) ١٠

٩ . ------ الْمديرةُ الْيوْم مع كلِّ الْمُوَظّفين. (ج.م.ع) ٨

١٠ . لم ------ بجدتِها فقط بل ------ أيْضاً. (و.ص.ل) ٨ (ز.و.ر) ١

تدْريب (٤)

اكْتُب الْفِعْل في الشّكْل و الزّمن الْمناسِبَيْن:

١ . ------ أحْمدُ كلَّ يوْمٍ مع زوْجتِه حوالي السّاعةِ الرّابعة. (غ.ذ.ى) ٥

٢ . ------ زيْنب إلى الْفيّوم ل ------ والدتها مرّتيْن في الأُسْبوع. (س.ف.ر) ٣ (ز.و.ر) ١

٣. دائمًا ------ ماهر الْكومْبْيوتر في عمله في الشّركة. (خ.د.م) ١٠

٤. زميلاتي الْمدرّسات ------ أحْيانًا في معْهد محْو الْأمّيّة بجانب عملهن. (د.ر.س) ٢

٥. غالباً أنا وأصْدقائي ------ في الْقهْوة بعْد الْعملِ ونشْربُ الْقهْوة. (ق.ب.ل) ٦

٦. لم ------ الْكوبُ فقط بل ------ الزّجاجةُ أيْضًا! (ك.س.ر) ٧

٧. مع السّلامةِ يا زيْنب! ------ أنْ أراك قريباً مرّة أخْرى. (م.ن.ى) ٥

٨. الْموظّفون ------ غداً مع الْمدير لمناقشةِ الْمشْكلة. (ج.م.ع) ٨

٩. ------ وجهُ فاطمة عنْدما ------ لها خطيبُها "أحبُّكِ". (ح.م.ر) ٩ (ق.و.ل) ١

١٠. ------ الْوزيرتان و ------ الْجريدةُ الْخبرَ أمْس. (ش.ج.ر) ٦ (ع.ل.ن) ٤

تدْريباتُ الاْستِماع

تدْريب (٥)

طه حسيْن و شخْصيّات في حياته [٢]

كلمات مُفيدة: ناقد – فقدَ الْبصر – تتلْمذَ – تحوّلَ – تولّى إدارة – لعِبَ دوْرًا – أعْمى.

صِل الْكلمة بالْمعْنى:

الْكلمة	الْمعْنى
ناقِد	أصْبحَ تلْميذًا
فقدَ الْبصر	يذْكرُ الرّأْيَ الْإيجابيَ والسّلْبي
تتلْمذَ	أعْمى – لا يرى

الْكلمة	الْمعْنى
تحوّلَ	أصْبحَ مُديرا
تولّى إدارة	له دَوْرٌ مهم
لعِبَ دوْرًا	تغيّرَ

(٢) الصّورة من جوجل – سيرة ومعلومات عن طه حسين

١. الاسْتماع الأوّل: اسْمع النّص وأجب:

ماذا عمل طه حسيْن؟ ماذا حدث له في طفولته؟

٢. اسْتماع الْجزْء الأوّل: اسْمع وأكْمِل الْجدْول:

تاريخُ ومكانُ الْولادة	
الْمرْكزُ الْعائلى	

الْجزْء الثّاني:

مكانُ الدّراسة	
الدّرجاتُ الّتي حصلَ عليْها	

الْجزْء الثّالث:

الْوظائفُ الّتي شغلها	
بعْضُ الْمؤلّفات	

٣. **هات من النّصّ كلمة بمعْنى:**

الْكلمة	روائيّا	توظّفَ	تعلّمَ من	نالَ	درّسَ
الْمعْنى من النّصّ	كاتبا				
جذْرالْكلمة	ك.ت.ب				

الْكلمة	تغيّرَ	رئيس	مشاكِل	فقدَ
الْمعْنى من النّصّ				
جذْرالْكلمة				

ما معْنى الْجمْلة "التّعْليمُ كالْماءِ والْهواءِ حقٌ لِكُلِّ مُواطِن" **اشْرح الْجمْلة بأسْلوبك**

٤. **اسْتخْرج من الْقاموس كلّ معاني الْفعْل "علم" والْجذْر (ع - ل - م)**

الْوزن		الْماضي	الْمُضارع	الْمعْنى
١.	فعل			
٢.	فعّل			
٣.				
٤.				
٥.				
٦.				
١٠.				

نصّ الاسْتماع: الْجزْء الأوّل (٣)  ١٢

طهَ حُسَيْن واحِدٌ من أهمِّ الْمُفكّرينَ الْعرَبِ في الْقرْنِ الْعشْرين. عمِلَ كاتبًا وناقدًا. وُلدَ طهَ حُسَيْن في ١٤ مِن نوفمْبر سنةَ ١٨٨٩، وتُوُفِيَ في ٢٨ أكْتوبر من ١٩٧٣في قريَةٍ تقعُ بالقربِ مِن (مغاغة) بمُحافظةِ المنيا بالصَعيد. ضاعَ بصرَه في السّادسةِ من عمْره نتيجةَ الْفقْرِ والْجَهْل. وكان والدُه حُسَيْن عليّ موظفًا صغيرًا في شركةِ السّكر، له ثلاثة عشر ولدًا، سابِعُهم طهَ حُسَيْن.

الْجزْءُ الثّاني: ١٣

تتلْمَذَ على يدِ الإمامِ مُحمّد عبْدُه الّذي علَّمَهُ كثيرًا فَدَرَسَ في الْأزْهَر، والْتحقَ بالْجامعةِ الْمصْريّةِ الْجديدةِ الّتي حَصُلَ فيها على درجةِ الدّكْتوراه الأولى في الآداب. سافرَ إلى فرنْسا للْحصولِ على درجةِ الدّكْتوراه من جامعةِ السّوربون الْفرنْسيّة. عمِل أسْتاذًا للتّاريخِ الْيونانيّ والرّومانيّ إلى سنةِ ١٩٢٥، حيْثُ تم تعيينُه أسْتاذًا في قِسْم اللغةِ الْعربيّةِ وتحوّلت الْجامعةُ الأهْليةُ إلى جامِعَةٍ حُكوميّة.

الْجُزْء الثّالث: ١٤

أصْبحَ عميدًا لكليّةِ الآدابِ سنةَ ١٩٣٠. تولّى إدارةَ جامعةِ الإسْكنْدريّة سنةَ ١٩٤٣ ثمّ أصْبحَ وزيرَ الْمعارفِ سنةَ ١٩٥٠. أنْجزَ أيْضًا الْعديدَ من المشاريع، إذ أسّسَ كليّةً جديدةً للطّب وكذلك جامعةً جديدةً هي جامعةُ إبْراهيم الّتي أصْبحتْ تُسمّى الآن جامعةُ عيْن شمْس، وأنْشأ الْمعْهدَ الإسْلاميَ في مدْريد أيْضًا.

---

(٣) المعلومات بتصرّف لتلائم المستوى من: المصدر: جوجل – طه حسين – العرب اون لاين

من مؤلّفاتِه: "في الْأدبِ الْجاهليّ" و"الْأيّام" سيرتُه الذّاتيّة، إضافةً إلى بعْضِ الْأعمالِ الْقصَصيّةِ "دعاء الْكروان"، "شجرة الْبؤْس"، "الْمعذّبون في الْأرْض"، والتّاريخيّةِ مثْل "على هامش السّيرة". من أهم أقْواله: "التّعْليمُ كالْماءِ والْهواءِ حقٌّ لكلِّ مُواطن". لعِبَ الْأسْتاذ لطْفي السّيّد صديق الْأسْرة دوْرًا جميلاً في حياةِ أسْرةِ طهَ حُسَيْن و كان صديقًا مُخْلصًا له في أوْقاتِ الْخلافاتِ الصّعْبة مع رجالِ الدّين أو الصّحفيّين والسّياسيّين الْمُعارضين لآرائِه.

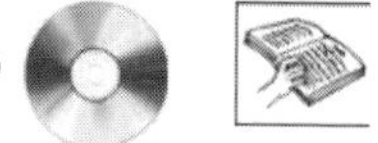 ١٥

تدْريبات الْقراءة : قراءة ١

تدْريب (٦)

طهَ حُسَيْن في مرآةِ زوْجتِه الْفرنْسيّة

مُقدّمة: بعْضُ الشّخْصيّاتِ تُؤثّرُ في حياةِ الْإنسان وتلْعبُ دوْرًا مهمًّا في حياتِه.

درسْتَ عن شخصيّاتٍ في حياةِ الْمُفكّرِ طهَ حُسَيْن مِثْل الإمام مُحمّد عبْدُه وصديق الْعائِلَة السّيّد لُطْفي السّيّد، وهذه شخْصيَّةٌ أُخْرى لَعِبَت، ليس دوْرًا مهمّا فقط، بل كانت أجْملَ وأهمَّ شخْصِيّةٍ على الْإطْلاق في حياتِه الطَّويلَة، سيّدةٌ أحبّتْ زوْجَها وساعدَته في أنْ ينْجَحَ نجاحًا عظيمًا في ظُروفٍ شبه مُسْتحيلَة.

كلِمات مُفيدَة: تعرَّفَ على – اضْطُرّت – الْمشاكل الْمادِيّة الْحادّة – يُشجِّعُني – ينصحُ – لا يُطاقُ – تتبدَّدُ – حياة مديدَة – تفاصيلُ اليوم – ضِياء – أيَّدَ – أثَّرَ

صِل الْكلِمة بالْمَعْنى:

الْكلِمة	الْمَعْنى
تعرّف على	وافقَ على رأْيٍ
اضْطُرّت	مُشْكلة شديدة عن النّقود
الْمشاكِل الْماديّة الْحادّة	يجِبُ أنْ – لازم
يشجِّعُنى	كلُّ صغيرَة وكبيرَة
تفاصيلُ الْيوْم	تقابلَ مع شخْصٍ لأوّلِ مرّة
أيّدَ	يقول: مُمْتاز وحسنًا لكُلّ فِعْل

الْكلِمة	الْمَعْنى
ينْصحُ	لا يُحْتَمَل
لا يُطاق	تنْتهي – تزول
تَتَبدّدُ	نور
حياة مديدَة	غيّرَ في حياةِ شخْص
ضِياء	يقولُ رأْيًا ليُساعدَ الشّخْص
أثّرَ	حياة طَويلَة

اِخْتَر الْكلِمة الْمُناسِبَة:

١. تعلّمتُ من أبي الْكثيرَ و ------ في حياتي وشخْصِيّتي إلى حدٍّ كبير. (ضِياء – أثّر)

٢. أُمّي علَّمتْني أنْ أهْتّمَ بـ ------ الْعملِ ليكونَ عملي كاملاً. (أيّد – تفاصيل)

٣. لم تشْتَرِ ناهِد الدّواءَ لِخادِمَتها فقط بل ------ أنْ تنْقلَها إلى الْمُسْتشْفى أيْضًا.

(نصحَ – اضْطُرّت)

٤. عنْدما خافَ اللاعِبُ في الْمُباراة ------ ـه الْمدرّبُ كثيرًا لـ ------ خوْفُه.

(يتبدّد – اضْطُرّ – شجّع)

٥. قالَ الْأبُ لأوْلادِه رأْيَه عن الْمُشْكِلة و ------ الْأمُّ هذا الرّأْي. (تتبدّد – أيّدت)

٦. سألَت الْفتاةُ أمَّها عن رأْيِها في الْعريس الْجديد فـ ------ تها أنْ تُفكّر مرّةً أُخْرى.

(مشاكل حادّة – نصَح)

اِقْرأ نصّ الْجُزْء الْأوّل ثم أجِب:

١. متى تعرّف طَهَ حسين على زوْجتِهِ الْفرنْسيّة؟ أيْن تمَّ ذلك؟

٢. ماذا كان مَوْقِف الْعائِلَة؟

٣. ماذا كان موْقِف سوزان؟

٤. عيِّن شكْل - وزْن - جِذْر الْأفْعال الّتي تحْتَها خطّ.

الْفِعْل	الشّكْل	الْوزْن	الْجِذْر

نصّ الْجزْء الأوّل: ١٥

عندما كان طَه حُسَيْن طالبًا في فرنْسا تعرّفَ على زوْجتِه الْفرنْسيّة. وكان ذلك يوْمَ ١٢ مِن مايو ١٩١٥ في مدينةِ "مونبلييه". أحبَّتْهُ وقرّرَتْ الزّواجَ منْه فغضِبَتْ الْعائِلَة وصاحوا فيها غاضبين: "كيْف؟ من أجْنبيّ؟ وأعْمى؟"، ولكن الْفتاةَ قرّرَتْ ولم تُغيِّرْ رأْيَها. وتزوّجَ الْمِصْريُّ الأعْمَى من الْفتاةِ الْفرنْسيّةِ يوْم ٩ مِن أغسطس ١٩١٧. وفي خريفِ عام ١٩١٩ سافرَ الزّوجانِ إلى مِصْرَ ليبْدآ حياةً أُخْرى هُناك، حياةً كان فيها الْكثيرُ من الصّعوبات، وَخُصوصًا في الْبِداية.

اقْرأ نصّ الْجُزْء الثّاني ثم أجِب:

١. لماذا رجعَت السّيّدة سوزان إلى فرنْسا؟

٢. هل كان الْأديبُ الْكبير يُحبُّ زوْجتَه؟ اُذْكُر كيْف كان ذلك كما فهِمْتَ من النّصّ؟

٣. ما الدّوْرُ الّذي لعِبَتْه زوْجتُه في حياتِه؟

٤. عيِّن شكْل – وزْن – جذْر الْأفْعال الّتي تحْتها خطّ.

الْفِعْل	الشّكْل	الْوزْن	الْجِذْر

نصّ الْجُزْء الثّاني: [٤] ١٦

بعدَ زواجِهِما بِقليل أصْبحَ لهُما طِفْلان، بِنْتٌ تُدْعى أمينة وولدٌ يُدْعى مُؤْنِس، واضْطُرّت السّيّدةُ سوزان إلى الْعوْدةِ إلى فرنْسا بسببِ الْمَشاكِلِ الْماديَّة الْحادَّة للْعائِلَة الصّغيرة. فكتب طَهَ حُسَيْن إلى زوْجتِه سوزان يقولُ: "بدونكِ أشْعُرُ أنّي أعْمى حقًّا، أمّا وأنا معْك، فإنّي أسْتطيعُ أنْ أشْعرَ بكُلِّ الْأشْياءِ الّتي تُحيطُ بي".

تبادَلَت الرّسائِلَ يوميًّا مع زوْجِها الْبعيد عنها. وتحدَّثَ كلٌّ واحدٍ منْهُما إلى الْآخر عن تفاصيلِ حياتِه الْيوْميّة. وفى واحدةٍ من رسائله، كتبَ طَهَ حُسَيْن يقولُ لزوْجتِه: "هل أعْملُ؟! ولكن كيْف أعْملُ بِدونِ صوْتِك الّذي يُشجِّعُني وينصْحُني؟ وبِدونِ حُضورِك الّذي يُقوِّيني؟ ومع مَن أسْتطيعُ أنْ أتكلَّمَ بِحُرِّيَّة؟".

وفى نفْسِ الرِّسالةِ، يُضيفُ قائلاً: "اسْتيَقَظْتُ على ظُلْمةٍ لا تُطاق. وقرّرْتُ أنْ أكْتُبَ لَكِ لتتبدّدَ هذه الظُّلْمَة. أترَيْن كيْف أنَّكِ ضِيائي حاضِرَةً كُنْتِ أم غائِبَة؟"

اقْرأ نصّ الْجُزْء الثّالث ثم أجب:

١. كم سنةً عاش الْكاتبُ الْكبير؟

---

[٤] المعلومات بتصرّف لتلائم المستوى من: المصدر: جوجل – طه حسين – العرب اون لاين

٢. هل أحبَّت سوزان زَوْجَها بِنفْسِ الطّريقَة؟ وضِّح ذلك؟

٣. ما موْضوعُ كتابِ (معك) الّذي كتبَتْه سوزان طه حسيْن؟

٤. عيّن شكْل - وزْن - جِذْر الأفْعال الّتي تحْتها خطّ.

الْفِعْل	الشّكْل	الْوزْن	الْجِذْر

نصّ الْجُزْء الثالث: ١٧

وخِلالَ حياتِه الْمَديدَة (عاشَ ٨٣ عامًا)، وعقِبَ وفاتِه، كتبَتْ عنْه زوْجَتُه سوزان كتابًا عنْوانُه: "معَكَ"(٥). وثيقَة لا عن حياتِه الشّخْصِيَّة وأفْكارِه وآرائِه فقَط ولكن عن الْحياةِ الثّقافيَّةِ والسّياسيّةِ في مِصْر على مدى أكْثَر من خمْسين عامًا.

عِنْدَ وفاته كتبَتْ لعائِلتِها تقولُ: "كان يجْعلُ ويرى الْحياةَ وكلَّ شيء حوْلي جميلاً".
وكتبَتْ أيْضًا تقول: "ذِراعي لنْ تُمْسِكَ بِذراعِكَ أبدًا، ويداي الّتي كتبَتْ وعمِلَتْ منْ أجْلِكَ تبْدو لي بِلا فائِدَة وبِلا عمَلٍ بِدونِكَ."

ومن الأصْدقاءِ الّذين أحبّوا وأيّدوا وأثّروا في حَياةِ طَهَ حُسَيْن، السّيِّدة سوزان النّحاس باشا والسّيِّدة هدى شعْراوي رئيسة الاتّحاد النِّسائي ولُطْفي السّيّد ومصْطفى وعلي عبْد الرّازق وخليل مُطْران.

---

(٥) جوجل - طه حسين - مقتطفات من مقال حسونة المصباحي بتصرّف لتلائم المستوى
كتاب - معك: سوزان طه حسين - ترجمة بدر الدين عرودكي. دار المعارف. ١٩٨٢

قراءة ٢ - إلى الْموْقع

تدْريب (٧)

أُسْطورةُ الْغِناء الْعَربيّ أُمّ كُلْثوم [٦]

١٨ ١٩ ٢٠

اِدْرِس معاني هذه الْكلمات من قاموس الْكِتاب:

اشْتهرتْ - مُؤذِّن - مصْدَر - دخْل - انْتَقَل - مُطْرِب - كبار الْقَوْم - شاعِر - مُلحِّن - لحَّن - فِرْقة - لعِب دوْراً - الْجماهير.

أم كلْثوم

معلومات عامّة

الاسم عند الوِلادة:

أم كُلثوم إبراهيم البلتاجي

أُمّ كلْثوم مُغنِّيَة مِصْريّة وُلِدَت سنةَ ١٨٩٨ في قرية طماي الزّهايرة بالدّقهْليّة. تُوفِّيَت بالْقاهرة سنة ١٩٧٥. اشْتهرتْ بِلَقَبِ سيِّدةِ الْغِناء الْعربيّ أو كَوْكَب الشَّرْق.

ادْخل إلى الْموْقع لقراءة النّصّ وعمل التّدْريبات 

---

[٦] المصادر من:

١. المصري اليوم: افتتاح معرض أم كلْثوم في معهد العالم العربيّ بباريس

٢. الفرات: الاحتفال بمرور مئة عام على ميلاد أم كلْثوم

٣. الصّورة من أم كلْثوم جوجل - ويكبيديا

كتاب "أم كلْثوم معجزة الغناء العربيّ" - تأليف رتيبة الحفني - دار الشروق.

تدْريبات الْكِتابة

تدْريب (٨)

صِلْ الْجمْلة أ بالْجمْلة ب وكوّن جملا صحيحة:

مثال: **لم** يدْرسْ الْماجسْتير **فقط بل** حصلَ على الدّكْتوراه **أيْضاً**.

الْجمْلة أ	الْجمْلة ب
١. لم يُحبّها لِسنواتٍ طويلة فقط	أ . بل سيشْتري لابْنتِه أيْضاً.
٢. لم يُسافرْ إلى السّعوديّة فقط	ب . ولكن دعتْ كلَّ أصْدقائِها.
٣. لم يشْترِ سيّارةً جديدَةً لِنفْسِه فقط	ت ولكن ذهبوا إلى السّينما أيْضاً.
٤. لم تدْعُ سناء في عيد ميلادها أقْرباءها فقط	ث . ولكن تأخرْتُنّ عن مَوْعِد الْمُحاضَرَة أيْضاً.
٥. لم يزُرْ الأصدقاءُ صديقَهم الْمريض في الْمُسْتشْفى فقط	ج . بل سافر إلى كُلّ الْبِلاد الْعربيَّة أيْضاً.
٦. صديقاتي لم يُرْسِلْن تهْنئةَ الْعيد للْفُقراء فقط	ح . بل أرْسلْن أطْعِمَةً وحلوِيَّاتٍ أيْضاً.
٧. أنْتن لم تعْملن الْواجِبَ فقط	خ . بل تزوّجَها أيْضًا الْعامَ الْماضي.

تدْريب (٩)

إيفيت وإيفون التّوأمتان [٧] السِّيامِيَّتان [٨]

كلمات مُفيدة: مُلْتصِق – جُمْجُمَة – مُتطابِقَتان – كاهِن أو راعٍ – مَذاق – هواء طَلْق – طَهْي – تسْلِيَة – معْرِفَة الْحياة – أدْهَشَ – يُمارِس / مُمارسَة – اسْتَمْتَع – خشِيَ

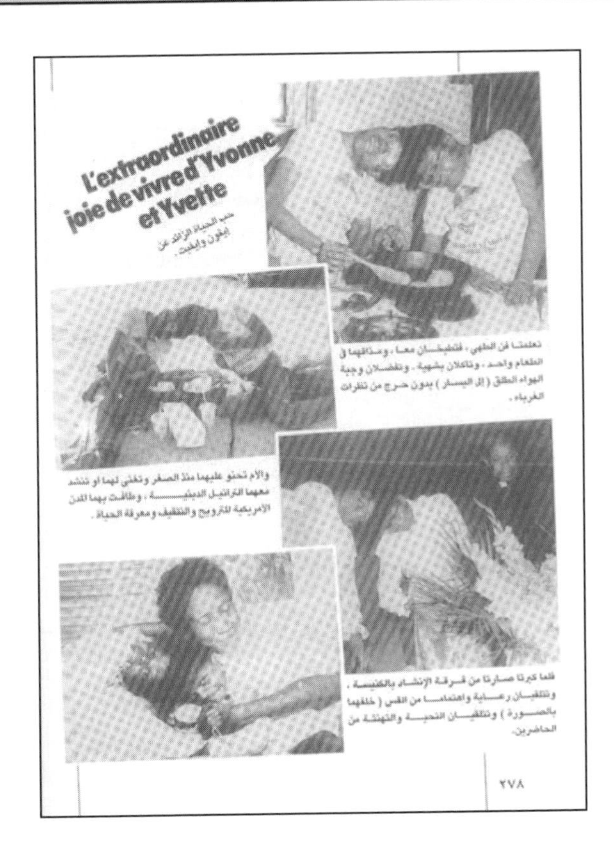

L'extraordinaire joie de vivre d'Yvonne et Yvette

حب الحياة الزائد عن إيفون وإيفيت.

تعلمتا فن الطهي، فتطبخان معا، ومذاقهما في الطعام واحد، وتأكلان بشهية. وتفضلان وجبة الهواء الطلق (إلى اليسار) بدون حرج من نظرات الغرباء.

والأم تحنو عليهما منذ الصغر وتغني لهما أو تنشد معهما التراتيل الدينية، وطافت بهما المدن الأمريكية للترويح والتثقيف ومعرفة الحياة.

فلما كبرتا صارتا من فرقة الإنشاد بالكنيسة، وتتلقيان رعاية واهتماما من القس (خلفهما بالصورة) وتتلقيان التحية والتهنئة من الحاضرين.

٢٧٨

---

[٧] الصور والمعلومات من كتاب نساء شهيرات– فؤاد شاكر – صفحة، ٢٧٥و٢٧٦ و ٢٧٨، الدار المصريّة اللبنانيّة الترقيم الدولي٠-٩٠٩- ٢٧٠- ٩٧٧ رقم الإيداع: ٢٠٠٥/٥٣٣١

[٨] يسمّى كل توأم ملتصق توأم سيامي بسبب أوّل توأم ملتصق في سيام تايلاند ولدا سنة ١٨١١ كان الإلتصاق في الصدر ولم يستطع الأطباء الفصل بينهما لأن علوم الطب لم تكن متقدّمة في ذلك الوقت وعاش التوأمان حتى ماتا في١٨٧٤

اقْرأ الْجمل عن هذه الصّور وأجب: هل التّوْأمتان سعيدتان؟

نشاط ١: رتِّب الْجُمَل بحسب ترْكيب الْمقال:

١. مُقدّمَة وفِكْرة عامّة عن الْمَوضوع: فِكْرة عن تاريخ التّوأمتيْن - بلدُهما - اسْماهما
٢. الأفْكارُ الرّئيسيّة: كيْف عاشت التّوْأمتان - ماذا فعَلَتا - من ساعدَهما؟
٣. خُلاصة وخاتِمَة: من أثَّرَ في حياتِهما، وتأثيرُ ذلك عليْهما؟

والآن اكْتُب مقالةً قصيرة عن هاتين الْفتاتيْن واسْتخْدم جُمل الْبِدايَة والنِّهايَة :

(البداية): في عام ١٩٨٠ نشرَت الصُّحُفُ مقالةً مُصوَّرةً عن شابَّتَينِ أمْريكيّتيْنِ مُلْتصِقَتَيْنِ من

جُمْلة ١ : أعْلى الْجُمْجُمَة وعمْرُهُما ثمانيةٌ وعشْرون عامًا، هما إيفيت وإيفون ماكارثر.

جُمْلة ٢ : إيفيت وأخْتُها مُتطابِقَتان تمامًا، تحبّ الأُخْتانِ نفسَ أنْواعِ الطّعامِ والْملابسِ والْألْوان.

جُمْلة ٣ : تشْعُرُ الأخْتانِ بنفسِ الْمَشاعِرِ في وقْتٍ واحدٍ: فرَح - حُزْن - ابْتِسام.

جُمْلة ٤ : اشْترَكَت الأخْتانِ في كورال الْكنيسة للأناشيد الدّينِيَّة.

جُمْلة ٥ : شجَّعَ كاهِنُ الْكنيسة وراعيها الأخْتيْن، لتقِفَا وتسلِّمَ كُلٌّ مِنْهُما على النّاس بعْد الإنْشادِ في نِهايةِ صلاةِ الأحَد.

جُمْلة ٦ : تعلّمت إيفيت وأخْتُها الطَّهْي وطبخَتا معًا. وكان ذوْقُهُما في الطّعامِ واحِدًا.

جُمْلة ٧ : تُحِبُّ إيفيت وأخْتُها الرّحلات وتناوُلَ الطّعام في الْهواء الطَّلْق.

جُمْلة ٨ : كانت الأمُّ تحْنو عليْهِما مُنْذُ الصِّغَر فغنّتْ لهُما وقصَّتْ عليهما الْحِكايات وشجّعَتْهُما وسافَرَت معْهُما إلى كلِّ الْمُدُنِ الأمْريكيّة للتّسْلِيَة والثّقافة ومَعْرِفَة الْحياة.

جُمْلة ٩ : أدْهَشَت الْفتاتان الْجميعَ بمَرَحِهما الزّائِد وحبِّهما للْحَياة ومُمارَسَتِهما لِكُلِّ شيء في الْحياة ولكن خَشِيَ الأطِبَّاءُ من كُسورِ الرَّقَبَة.

جُمْلة ١٠: كانت السُّنون الْأُولى كلُّها في الْمُسْتشْفى ولكن بعْد ذلك الْتحقَتا بالْمدْرسةِ في سنِّ التّاسعة وأدْهشَتا الْجميعَ من تقدُّمِهما في الدّراسةِ والرّياضةِ مثْل الْجرْي و الْقفْز وركوبِ السّيّارات.

جُمْلة ١١: نهاية الْمقال: أحبَّت واسْتمْتَعت الْأُخْتان بالْحياة وشكرَتا راعِيَ الْكنيسةِ والنّاسَ على التّشْجيع الْمُسْتَمِرّ وشكرتا خاصّة الْأمّ الرّائِعَة وعائِلَتهما.

نشاط ٢: اكْتُب مقالةً قصيرةً عن شخْصيّاتٍ قرْأت عنها لعِبَت دَوْرًا في حياة آخرين.

تدْريبات الْمُحادثة

تدْريب (١٠)

اسْتخدِم شبكة الْمعْلومات - ادْخُل جوجل واقْرأ عن أيّة شخْصيّة مشْهورة مثال: والت ديزْني - لوريل وهارْدي - أبْراهام لينْكولن - إلْفيس بريسْلي.

ثم اسْأل زميلك: - اسْم الشّخْص وبلده - ماذا فعل؟ كيْف نجح؟ - من ساعده وأثّر في حياته؟ - كيْف أثّر في حياة النّاس؟

تبادلوا الْأدوار وغيّروا النّشاط.

تقْديم (٢)

هوايتي الْمُفَضّلة

الْهوايات تُكوّنُ علاقاتٍ جميلةً بيْن النّاس.

اسْتمع إلى خالد يتحّدثُ إلى سهام عن هوايتِه الْمُفضَّلة، واكْتُب الرّقم أمام الْهواية:

الْهواية:

١. الْعَزف
٢. الرَّقْص
٣. الرَسم
٤. سماع الموسيقى
٥. قِراءة الْقصص
٦. السِّباحة
٧. لعِب التِّنس
٨. الطَّبْخ
٩. تدْريب كُرة الْقَدَم
١٠. تعْليم الْغِناء

اِسْمَع مرّة أخْرى واملأ الْجَدْول:

خالد يُحِبُّ	سهام تُحِبُّ

النَّصّ ٢١

سِهام : ما هواياتُك الْمُفضَّلة في وَقْت الْفَراغ يا خالِد؟

خالِد : أنا أُحِبُّ مُمارسَةَ هواياتٍ كثيرةٍ، أُحِبُّ قِراءَةَ الرِّواياتِ والْقصصِ على الشّاطئ، وأُحِبُّ تدْريباتِ كُرةِ الْقَدَم جدًا، أتمرَّنُ وأتدرَّبُ ٤ مرّات في الأُسْبوع تقْريبًا، أُحِبُّ السِّباحَةَ في الْبَحر ولَكِن لا أُحِبّ السِّباحَةَ في النّادي. أُحِبُّ أيْضًا لَعِبَ التّنس كثيرًا. وأنْتِ؟ ما هواياتك الْمُفضَّلَة؟

سِهام : أُحبُّ الرَّسْمَ في الْحدائِق، وسماعَ الْموسيقى الْكلاسيكيّة، وعزْف الْبيانو. وتَعَلُّم الْغِناء في الأوبرا، وأتدرّب على الرَّقْص مرّتيْن في الأُسْبوع، كما أُحِبُّ الطّبْخَ لأُسْرَتي وأُجرِّبُ دائِمًا أكَلاتٍ جديدةً من كُلّ بلَدٍ.

اقْرأ الْجدْول واكْتُب الْمعْلومات عن هواية سماع الْموسيقى:

سماع الْموسيقى	متى حدثت؟	هل الْكلمة فعْل؟	مَن الْفاعِل؟	جِذْر الْكلمة
				س – م – ع

لاحِظ الْقَواعِد:

أوّلا: ما الْمصْدر: لاحظ الْفرق بيْن سَمِع وسَماع

الْكلمة	متى؟ الزّمن؟	فعْل؟	الْفاعل؟	جِذْر الْكلمة
سَمِع	أمْس	فعْل ماض	هو	س – م – ع
سَماع		اسْم – مصْدر		

الْفِعْل يُوضِّح: الْحدَث السّمع

الْفاعِل (ضمير الرفع)

الزّمَن (ماض – مضارع – مسْتقْبل)

الْمصْدر يُوضِّح: الْحدَث، لا يُوضِّح: الزّمَن أو الْفاعِل

الْمصْدر: هو اسْم من الْفعْل له نفْس جِذْر الْفِعْل يوضِّح الْحدَث ولكن بِدون زمَن أو فاعِل.

ثانيًا: أوْزان الْفِعْل والْمَصْدَر

الْوَزْن	الْفِعْل الْماضي ووزْنه		الْمُضارِع ووزْنه		الْمَصدَر ووزْنه			
١	جَلَسَ/ عمِلَ / كَبُرَ فَعَلَ / فَعِلَ / فَعُلَ		يجْلِسُ / يعْمَلُ / يكْبُرُ يفْعِلُ / يفْعَلُ / يفْعُلُ		جُلوس / عَمَل / كُبْر فُعول / فَعَل / فُعْل			٢٢
٢	درَّبَ	فعَّلَ	يُدرِّبُ	يُفعِّلُ	تدْريب	التّدْريب	تفْعيل	٢٣
٣	شاهَدَ	فاعَلَ	يُشاهِدُ	يُفاعِلُ	مُشاهدَة	الْمُشاهَدَة	مُفاعَلَة	٢٤
٤	أعلَنَ	أفعَلَ	يُعلِنُ	يُفعِلُ	إعْلان	الإعْلان	إفعال	٢٥
٥	تعلَّمَ	تفعَّلَ	يَتعلَّمُ	يَتفعَّلُ	تعلُّم	التّعلّم	تفَعُّل	٢٦
٦	تقابَلَ	تفاعَلَ	يتقابَلُ	يتفاعَلُ	تقابُل	التّقابُل	تفاعُل	٢٧
٧	انكسَرَ	انفعَلَ	ينكسِرُ	ينفَعِلُ	انِكسار	الانْكِسار	انْفِعال	٢٨
٨	انتظَرَ	افتعَلَ	ينتَظِرُ	يفتَعِلُ	انتِظار	الانْتِظار	افْتِعال	٢٩
٩	احمَرَّ	افعَلَّ	يحمَرُّ	يفعَلُّ	احْمِرار	الاحْمِرار	افْعِلال	٣٠
١٠	اسْتخْدَمَ	اسْتَفعَلَ	يسْتخْدِمُ	يسْتفْعِلُ	اسْتِخْدام	الاسْتخْدام	اسْتِفعال	٣١

التّدْريب على الْقَواعد والْمُفْردات

تدْريب (١)

اكْتُب الْهواية حسب الصّورة: ماذا يُحِبُّ هؤلاء النّاس:

هو يُحِبُّ لَعِبَ التِّنِس ______________ ______________

______________ ______________ ______________

______________ ______________ ______________

اِخْتَر الْفِعْل الْمُناسِب للْهواية: (أصْلَحَ - خرَجَ - زارَ - شاهَدَ - رقَصَ - تعلَّمَ - تناوَلَ - سبح - لعِبَ)

تدْريب (٢)

أُكْتُب الْمعْلومات النّاقِصَة في الْجَدْوَل:

الْوَزْن	الْماضي	الْمُضارِع	الْمصْدَر	الشّكْل
١ فَعَلَ	زارَ	يزورُ	زِيارَة	فِعالَة
		يُفكِّرُ		
			انْتِصار	
				مُفاعَلَة
	انْقَطَعَ			
				اِسْتِفْعال
			تخاصُم	
٩	اِخْضَرَّ			
		يجْلِسُ		
	أرْسَلَ			
٥				
			دُخول	
		يُحرزُ		
	بَقِيَ			

تدْريب (٣)

كلمات مفيدة: مارَسَ – صادَ – راسَلَ

اسْتخْدِم الْفِعْل واكْتُب الْمصْدر الْمُناسِب:

١ . ماجدة تُحِبُّ ------ الأَصْدِقاء. (زارَ)

٢ . الطّالِبُ الأَرْدنيّ كتبَ رِسالةً في الْمجلّة لـ ------ صديقٍ عربيّ. (راسَلَ)

٣ . نرْغبُ في الـ ------ مع بعْضِ الطّلابِ من أمْريكا. (تراسَلَ)

٤ . أُريدُ ال------ عن حفْلةِ عيد ميلادي في الْفَصْل. (أعلَنَ)

٥ . يُحبُّ السّائحون------ الأماكِن السِّياحِيّة في رحلاتِهم. (صوّرَ)

٦ أُحِبُّ ------ الألْعابِ الْمائيّةِ و------ الزّوارقِ السّريعة. (شاهَدَ – ركِبَ)

٧ . هم يُريدون ------الْكومْبيوتر في الـ------ مع الأصْدقاء عبْرَ الإنْترْنت. (اسْتخْدَمَ – تحدّثَ)

٨ . ذهبْنا إلى الأوبرا واسْتمْتعْنا ب------ أوبرا عايدَة و ال------إلى الْموسيقى الْجميلة.

(شاهَدَ – استمَعَ)

٩ . لا أظنُّ أنّني سأقوم بـ------ هواية ------ السَّمَك أبدًا فليْس عنْدي وقْت. (مارَسَ – صادَ)

١٠. الْتحق ابْني بالْكونسرفتْوار لـ ------ الـ ------ على الْبيانو و ------ .

(تعلّمَ – عزَفَ – غنّى)

تدْريب (٤)

كلمة مفيدة: يكرَهُ

اسْتخْدِم الْجِذْر واكْتُب الْمصْدر الْمُناسِب:

١ . منال تُحِبُّ ------ الْحفْلات. (ح.ض.ر)

٢ . حضَرْتُ أمْس حفْلةَ ------ صديقتي في الْجامِعَة. (خ. ر.ج)

٣ . أخي يكْرهُ ------ الْموسيقى الْغرْبيَّة. (س.م.ع)

٤ . محْمود وعائِلَتُه سيذْهبون غدًا إلى النّيل فعنْدهم مُسابقة رياضة الـ ------ .(ج.د.ف)

٥ . رِياضة ------ مُفيدة جدا للصّحّة. (م.ش.ي)

تدْريبات الاسْتِماع ٣٢ ٣٣

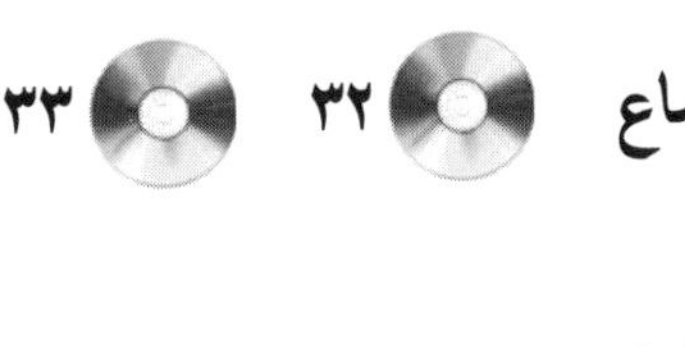

تدريب (٥)

ماذا يحبّ فيْصل؟

اِسْمع وأجِب:

أ. أُنْظُر إلى الصّورة ما هواية فَيْصَل؟

اِسْمَع مرّة أخْرى الْجُزْء الأوّل ثم أجِب:

١. من هو فَيْصَل؟ و كم عمْرُه؟

٢. أُكْتُب اسْم الْهوايات الّتي يُحبُّها فَيْصَل تحْتَ الصّورة:

اِسْمَع واقْرأ باقي النّصّ ثم أجب:

١. ما الْهواية الْغريبَة الّتي يُحِبُّها فَيْصَل؟

٢. ماذا يتعلّمُ في مدْرسةِ الطّيران؟

٣. هو يتعلّمُ: ------، ------، ------، ------، و------

نصّ الاْسْتِماع  ٣٢

فَيْصَل عمْرُه ٢٠ عامًا. ابنُ أميرٍ كُوَيْتيّ. الْتحَقَ بجامِعَةِ كاليفورْنيا. وبدأ في دراسَةِ عُلومِ الْكومْبيوتر. هو يُحِبُّ السِّباحَةَ، وعزْفَ الْموسيقى، والذّهابَ إلى السّينما، ومشاهدةَ الْأفلامِ الْعرَبيّة، ومقابَلَةَ الْأصْدِقاء، والاْسْتماعَ إلى الْأغاني الْأجْنبيّة، والتّحدُّثَ في التّليفون، وهو لا يُحِبُّ هذه الْهوايات فقط ولكنّه يُحبُّ هوايةً غريبةً وهي قِيادةُ الطّائراتِ الْمِرْوَحِيَّةِ (الْهليكوبتر).

اسْمَع واقْرَأ: ٣٣

الْتحقَ فَيْصَل بمدْرسةٍ للتّدْريبِ على قيادةِ هذا النَّوْع من الطّائِرات ويذْهبُ كلَّ يوْمِ سبْت وأحَد للتّمْرين والتّدْريب. وهذا هو جدْول فيْصل يوْم الأحَد:

٧ صباحاً	يسْتيقظُ فَيْصَل
٧,٤٥ – ٨	يقوم والدُ فَيْصَل بتوْصيلِ ابْنِه إلى مدْرسةِ الطّيرانِ وانْتظارِه في الْمكْتبة
٨ – ١٠,٤٥	تكون بدايةُ الدّرْس: يدْرسُ فَيْصَل مع مجْموعة مُكوَّنة من ٥ أفْراد، يُدرّسُ لهم الْمُدرِّس "كيْف تقودُ الطّائرة". مثلاً كيْفيّة الإقْلاع والْهُبوط والتّحكُّم في الطّائرة في الْجَوّ
١١ – ١٢	فَيْصَل وأصْدقاؤُهُ يتعلّمون قراءةَ الْخَرائِط واسْتخْدامَ الرّاديو والرّادار
١٢ – ١	درْسُ الطّيران الْعمَلي وقِيادةُ الطّائرة. فَيجْلسُ بجانبِ فَيْصَل الْمدرّسُ ويعلّمُه الطّيران لمدّةِ ساعة. فَيْصَل يُحبُّ هذا الدّرْس و قيادةَ الطّائرةِ جدًا
١,٤٥	نِهايةُ الدّرْسِ ورجوعُ فَيْصَل إلى الْبيْت مع والدِه

تدْريبات الْقراءة: قراءة ١ 

تدْريب (٦)

هوايات تحوّلَت لبُطولات عربيّة [٩]

 ٣٤

 ٣٥

 ٣٦

 ٣٧

كلمات مفيدة: تألُّق – استفْتاء – لُقّب – الْقِرش– مُنْتزَه – مَارَس – نُظُم الْمعْلومات – إتْمام دراسة – التّوفيق بيْن – سِجِلّ دوْلة – تَفرّغ كُلّيًّا

تعبيرات مُفيدة:

قام بِتحْقيق= حقّق / تمّ اخْتيار= اخْتار = قام باخْتيار

حِينئذ = في ذلك الْحين (الْوقت) / وهكذا = وبذلك

كأفْضلِ سبّاح = مثْل أحْسن سبّاح

---

(٩) الصور والمعلومات بتصرف لتلائم المستوى من جوجل – أسامة الملولي – ويكبيديا الموسوعة الحرّة / جوجل – أبو هيف – ويكبيديا.

صِلْ الْجمْلة بمعْناها:

الْكلمة	معْناها
تألَّق	سؤال رأى عددٍ كبير من الناس
استِفتاء	سُمْيَ
لُقِّب	اشتهر ولمَع
القِرش	تاريخ دولة
تمّ اختيارُه	سمكة كبيرة تأكل الناس
سِجِلّ دولة	اختاروه

الْكلمة	معْناها
مُنتزَه	تدرَّبَ وعمِلَ
مَارَس	كليّة برمَجةِ المعلومات وتنظيمِها
نُظُم المعلومات	حديقَة كبيرَة جِدا
إتمام دراسة	السِباحة هي العمل الوحيد
التوفيق بين	أنهى دِراسة
تَفرّغ كُلِّيًّا	التنظيم بين

الْقراءة الأولى: اقْرأ النّصّ ثم أجب:

١. كم سبّاحا عالمياً وعربيّا قرأْت عنْهم ؟ منْ هم؟

الْقراءة الثّانية:

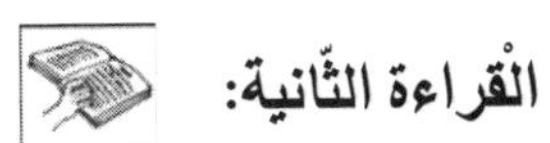

٢. منْ أيْن كلٌّ من الْبطليْن؟ وبماذا لُقِّبا؟

٣. ماذا درسَ هذا السّبّاحُ الصّغير؟ وأيْن تخرّجَ؟

٤. من أثّر في حياتِه؟

٥. أكْمِل الْعبارات في قسم أ بما يناسِبُها من قسم ب:

عبارة أ	عبارة ب
١. غادر تونس سنة ١٩٩٩ في سن الْخامسة عشرة ليدْرس في مرْسيلْيا (معْهد ومْبار)	أ . وأصْبح بطلاً أولمبياً في ١٥٠٠ م سباحة حرّة في١٧ أغسْطس ٢٠٠٨
٢. بعْد إتْمام دراستهِ الْجامِعيّة تفرّغ كلّيا للسّباحة	ب . هي سابعُ ميدالية في سِجِلِّ دوْلة تونس.
٣. كما تم اخْتياره من قِبَل الصّحفيين الرّياضيين التّونسيين كأفْضل رياضيّ تونسيّ عن سنة ٢٠٠٣ و٢٠٠٤ و٢٠٠٨	ت . وتم اخْتيارُه كأفْضل سبّاح في أفْريقية سنة ٢٠٠٨
٤. والْميدالية الأوليمبية الّتي حصل عليْها أسامة الْملولي في بيكين	ث . وليتدرّبَ على السّباحةِ في فرنْسا

٦. اسْتخْدِم كلاً من التّعْبيرات الْمُفيدة في جُمْلة من عنْدك.

الْقراءة الثّالثة: 

اسْتخْرِج من النّصّ:

الْمصْدر - وزْنه	الْفِعْل	الْوزْن - الشّكْل	الْجِذْر

النّصّ

٣٤

فى أوائِل الْقَرْن الْعِشْرين فازَ الْبطلُ والسَّبَّاحُ الْعالَمِيّ الْمِصْريّ عبْد اللطيف أبو هيف (١٩٢٩- ٢٠٠٨) بِبُطولَةِ الْعالَمِ في عُبور الْمانْش الإنْجليزيّ ثلاثَ مرّاتٍ، وقامَ بتحْقيقِ رقمٍ قِياسيٍّ عالَميٍّ في عام ١٩٥٣م وأُطْلِقَ عليْه حينئذٍ اسْمُ تمْساحِ النّيل .كان أبو هيف واحدًا من أبْرزِ سبّاحي الْمسافاتِ الطّويلةِ على مسْتوى الْعالمِ في فترتَي الْخمْسينات والسّتّينات بمُساعَدَةِ والِدَيهِ ومُدرِّبيه.

٣٥

ونشرَت الصُّحُفُ والْأخْبارُ والْإنترنت أخْبارَ انْتصاراتٍ أُخْرى لسبّاحٍ صغير وقرأْتُ هذا الْخبرَ في موْقع ويكبيديا – جوجل لهذا الْبطلِ الْعربيّ:

تونس: اخْتارَت جريدَةُ "الْأهْرام الْعربيّ" الْمِصْريّة السّبّاحَ التُّونسيّ **أُسامَة الْملوْلي** كأفْضلِ رياضيّ تونسيّ عربيّ وذلك لتألُّقِه في الْبُطولات الدَّولِيَّة، خلال الاسْتفْتاءِ السّنويّ عام ٢٠٠٨ الّذي تُنظّمُه صحيفةُ لورونوفو النّاطقة بالْفرنْسيّة.

وإليكم قصّةَ هذا الشّاب الّذي اسْتطاعَ والداه وأبْناءُ بلْدته الصّغيرة اكْتشافَ موْهِبتِه وتنْميتَها وتطْويرَها إلى أنْ أصْبحَ هذا السّبّاح الْمشْهور **أسامة الْملوْلي**.

٣٦

وُلِدَ أُسامَة في ١٦ مِن فبْراير ١٩٨٤ في مِنْطقة الْمرْسى(شمال مدينة تونس). لُقِّبَ بالْقرْش الْأسْمَر أو قِرْش قَرْطاج. هو سبّاحٌ تُونسيّ وهو أيضًا مُهنْدِسٌ في نُظُم الْمَعْلومات وهوايتُه السِّباحَة. شجّعَه والداه على هذه الْهواية، وأخذَه والدُه في طُفولتِه ليُمارِسَ التّدْريبَ على السّباحَةِ في مَسْبَح مِنْطقَتِه والْتحقَ بعْد ذلك بالْمعْهدِ الرّياضيّ بمُنْتزه الْعاصمة. ساعدَتْه مَدْرَستُه كثيرا فاسْتطاعَ التّوفيقَ بيْن النّجاحِ الدّراسيّ ومُمارسةِ الرّياضةِ في مُسْتوى عالٍ. غادَرَ تونُس سنة ١٩٩٩ في سن الْخامسةَ عشْرةَ لِيَدْرسَ في مرْسيليا (معْهد ومْبار) وليتدرّبَ على السّباحةِ في فرنْسا.

وبعْد حصولِه على الْبكالورْيوس سنة ٢٠٠٢، سافرَ أُسامَة إلى الْولاياتِ الْمتّحدةِ الْأمْريكيّةِ لدراسةِ نُظُمِ الْمعْلومات في لوس أنْجلس حيْثُ حصلَ على الْماجستير في الْمعْلوماتيّة في مايو عام ٢٠٠٧، من جامِعَة جنوب كاليفورنْيا.

٣٧

بعْد إتْمامِ دراستِه الْجامعيّةِ تفرّغَ كُلِّيًّا للسّباحةِ وأصْبح بطلاً أولمبياً في مسافة ١٥٠٠م سِباحَة حُرّة في ١٧ من أغسْطس عام ٢٠٠٨. كما تمَّ اخْتيارُه من قِبَل الصّحفيّين الرّياضيّين التّونسيّين كأفْضلِ رياضيّ تونسيّ سنوات ٢٠٠٣ و٢٠٠٤ و٢٠٠٨. وتمَّ اخْتيارُه كأفْضلِ سبّاحٍ في أفْريقيا سنة ٢٠٠٨. والْميدالية الأوّلمبية الّتي حصلَ عليْها أُسامَة الْملوْلي في بيكين هي سابعُ ميداليةٍ في سِجِلِّ دوْلةِ تونس، وثاني ذَهَبِيَّةٍ أولمْبيةٍ في تاريخِ تونُس، وتأْتي بعد ٤٠ سنةً من ذهبيّةِ الْبطَلِ الْأوّلمبيّ التّونسيّ محمّد الْقمّودي في سباق ٥٠٠٠م في الْألْعاب الْأوّليمْبيّة بالْمكْسيك سنة ١٩٦٨. الْملوْلي هو أوّلُ عربيّ وأوّل أفْريقيّ في التّاريخ يحْصُلُ على ميداليةٍ ذهبيّةٍ أوليمْبيّةٍ في رياضةِ السّباحة. وهكذا لَعِبَ والداه ومدْرستُه و مسْبحُ بلْدَتِهِ دَوْرًا كبيرًا في حياةِ هذا الْبطلِ الْعربيّ الْكبير.

القراءة رقم ٢ - إلى الموقع:

تدْريب (٧)

بريد المُراسَلَة

اِقرأ هذه المعلومات عن أشخاصٍ يريدون المراسلة مع أصدقاء . املأ الجدول بالمعلومات التي قرأتها:

الاسم	الوظيفة	الهواية

هند أحمد عطيّة

كرة السلَّة – الإنترنت – سماع الموسيقى

فنون جميلة – الدقهليّة

شارع مصطفى على – قرية ناصر

سمير علي الشناوي

حاسِبات القاهرة – الرحلات – الرسم – قِراءة المقالات السياسيّة – التنس

٣ شارع ياسين – البرج – طنطا

نهى عبّاس

السِباحة – الرياضة – البيانو – القِراءة

كليّة العُلوم

٥ شارع خضر – طوسون – شبرا

ريم صبري صقر

الجامعة الأمريكية – الأدب والشِعر – المَسرح – سماع الموسيقى الكلاسيك

جاردن سيتي ١٠ – شارع الزهريّة – القاهرة

مؤمن شريف كامل

طبيب – جامعة القاهرة

سِباق الدراجات – الصَيد – التصوير

٣٩ شارع الخليفة المامون – روكسي

مصر الجديدة – القاهرة

مي حافظ عبد الطيف

مُدرِّسة – مُشاهدة الأفلام – الرقص – السفَر

٣ شارع إبراهيم – روكسي – القاهرة

تدْريب (٨)

اِقرَأ هَذِهِ الخِطابات من بريدِ المَجَلَّةِ[١٠] وضَعْ خَطًّا تحْتَ المَصدَر:

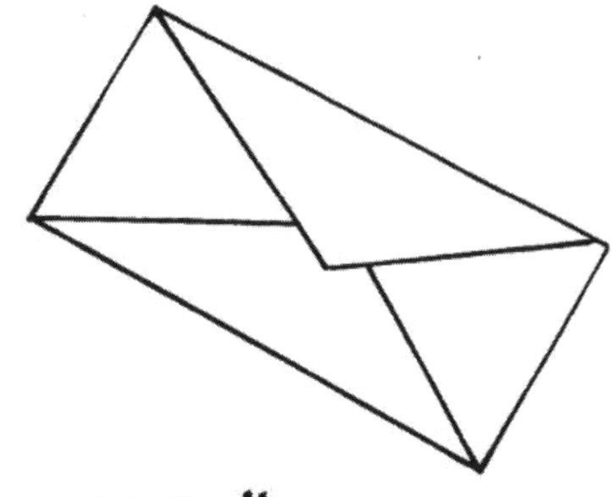

البحرين

□ حسن ابراهيم جاسم (٢٥ سنة موظف . كرة القدم والسفر والموسيقى . ص ب ٥٨٦ ادارة الطيران المدني . مطار البحرين الدولي . البحرين

الامارات

□ اشجان احمد عبد الله (٢٢ سنة) طالبة . المطالعة والمراسلة والسباحة وتبادل الآراء . ص ب ٢٠٢١١ الشارقة . الامارات .

□ بدر احمد عبد الله (١٥ سنة) طالب . كاراتيه . ومراسلة الجنسين . ص ب ٢٠٢١١ الشارقة . الامارات .

سوريا

□ مروان صنديد (٢٥ سنة) مهندس . المراسلة وتبادل الآراء والرحلات . ص ب ١٣٠٧٤ دمشق . سوريا .

الجزائر

□ بوشن عبد الله (٢٥ سنة) موظف . مراسلة الجنسين . ص ب ١٧٧ القرارة . الغرداية ٤٧١١١ . الجزائر .

الاردن

□ هاني فواز الروسان (٢٥ سنة) موظف . المراسلة وتبادل الآراء والطوابع وقيادة السيارات وتبادل الهدايا ص ب ٢٦٣٨ اربد الاردن .

المغرب

□ عارف عزون (٢٢ سنة) طالب . مراسلة الاشقاء العرب وتبادل الزيارات والسفر . العمارة ٤٣ رقم ٢٦ . سيدي البرنوصي . الدار البيضاء . المغرب .

□ ابراهيم الريس (٢١ سنة) طالب المراسلة والسفر والرياضة والسباحة . مكتبة الامة رقم ٦٢ ازاك . بوركان . الغرب .

□ عبد الحكيم جمال (٢٢ سنة) طالب . المراسلة والتعارف مع الجنسين والرياضة وتبادل الآراء والمطالعة . ص ب . ١ . عبد الحكيم جمال . باب الصحراء . كلميم . المغرب .

□ اللوكس مولود (٢٤ سنة) تاجر . المراسلة والرياضة وتبادل الآراء . رقم ٢٢ شارع محمد الخامس . كلميم . باب الصحراء . الغرب .

□ مبارك بن محمد (٢١ سنة) طالب . المراسلة وتبادل الآراء والعملات والهدايا . ص ب ٦٧ كلميم . باب

---

[١٠] الكتاب الثّالث المعهد الدولي للغات بالصحفيين محمد عامر صفحة (١٢)

تدْريبات الْكِتابة

تدْريب (٩)

رسالةٌ من صديق عربيّ

أ. وصلَتْكَ هذه الرّسالة من صديقٍ عربيّ يُحبُّ الْمُراسَلَة. اِقْرأ الرّسالة واذْكُر أنْواع الْهوايات الّتي يُحبّها هذا الصّديق.

نصُّ الرِّسالة:

الْأخ الْعزيز

تحيّةً طيِّبةً وبعْد

أنا اسْمي عُمَر خليفة. أنا تونسيّ، وأسْكنُ في مدينةِ سوسة. أنا أُحِبُّ دِراسَةَ عُلومِ الْكومْبْيوتر ولم أتخرَّج بعْد، وهواياتي الْمُفضَّلة الصّيدُ والرّسمُ ورُكوبُ الدّرَّاجات النّارِيّة في السِّباقات الْمُخْتلِفَة. أُحِبُّ غِناءَ الْمُغنِّيَةِ الْمِصْريّةِ كَوْكب الشّرْق أُمّ كُلْثوم، وكذلك عمْرو دياب الْمغنّي الْمصْريّ. صديقي الْحميم في الدِّراسةِ اسْمُهُ حسّن الْبليدي، هواياتُه الصَّيْدُ أيْضًا ورُكوبُ الْخَيْلِ للسّباق. يُحِبُّ سماعَ الْموسيقى الْغرْبِيّة واللّاتينيّة. الْمُغَنّي الْمُفَضَّل عنْده اسْمه خولْيو اجْلسياس.

أُحِبُّ الْمُراسلَةَ مع صديقٍ غرْبيّ لأتعرّفَ على الثّقافةِ الْغرْبيّةِ وأشْهرِ الْمغنّين.

أرْسِلْ لي على الْعنْوان التّالي: ٥٥ شارع الْفاتح ص.ب ١٧٥٥ سوسة – تونس.

تحيّاتي

عمر خليفة

ب. اكْتُب رداً على رسالةِ هذا الصّديق واذْكُر:

- اسْمك ، جنْسيّتك ، عمْرك ، دراستك ، أيْن تسْكن .
- هواياتك واهْتماماتك . - معْلومات عن أصْدقائك .

تدْريبات المْحادثة

تدْريب (٩)

حاوِل التّعرّف على أكْبر قدْرٍ من الأصْدقاء في الْفصْل واسْأل الأسْئلة التّالية:

اسْم الصّديق	الْجنْسيّة/السّكن	السن/الدّراسة أو الْعمل	الْهوايات	معْلومات عن أصْدقائه

تدْريب (١٠)

أُدْخُل على الْموْقع جوجل واكْتُب أسْماءَ بعْضِ الشّخْصيّاتِ الْمعْروفة في الْعالمِ أو في بلدِكَ لتتعرّفَ على هواياتِهم – من أثّرَ في حياتِهم ؟ – كيف تحوَّلَت الْهوايةُ والْموْهبةُ إلى نجاحٍ كبير؟

مثال: بيتهوفن – أينشتين – مايكل جاكسون – هانز كريستين أندرسن . . إلخ

قدِّم للْفصْل ما قرأتَ في صُورةِ مقالةٍ صغيرةٍ تقرأُها أمامَهم

تذكّر

أوّلا: جِذْر الْفِعْل:

١. جِذْر الْفِعْل الثُّلاثي يتكوّنُ من ٣ حروف تُكوِّن معْنى للْكلمة.

٢. حروف الزّيادة: أ. حروف العلّة (ا – و– ى)

ب. س – أ – ل – ت – م – ن – ه

كلّ الْحروف تكوّن كلمة (سألتمونيها)

٣. كيْف نعْرف جِذْر الْكلمة؟

أ. احذِف حروف الزيادة

ب. الكلمة المُضعَّفة فيها حرف ثالث

ج. احذف ال

د. احذف الضمير

هـ. كلمة بها حرفان ساكنان **خال** نعرفها من الجمع أخوال خ – و – ل

و. فعل مُعتلّ الوسَط مثل **قال** يُرَدّ للمُضارع يقول ق – و – ل

٤. الْهمزة بأشْكالها (ئـ / ء / أ / ؤ) تُعْتبر حرْفًا ساكنًا وتكون حرْفًا من الجذر

٥. الحروف (و – ى) حروف علّة وتعمل كحروف ساكنة وجزء من جذر الْفعْل أيضا

مثال: قال / يقول (ق – و – ل) أو بكي / يبكي (ب – ك – ي) أو صحا / يصحو (ص – ح – و) أو جاء / يجيء (ج – ي – ء)

ثانياً: الْفعْل : كتب ك ت ب

فعل ← فاء الْفعْل ، عيْن الْفعْل ، لام الْفعْل

حروف الزّيادة تُغيّرُ شكْلَ ووزْن الْفِعْل ومعْنى الْكلِمَة. (درس – درّس)

٥	تكلّم (ت/ـّ)	تفعَّل تـ ـ ـّ ـ	يتكلَّم	يتفعَّل يتـ ـ ـّ ـ
٦	تقابَل (ت/ا)	تفاعل تـ – ا – –	يتقابَل	يتفاعل يت – ا – –
٧	انكسَر (ا/ن)	انفعَل انـ – – –	ينكسِر	ينفعِل ينـ – – –
٨	اجتَمَع (ا/ت)	افتعل ا – ت – –	يجتمِع	يفتعل يـ – ت – –
٩	احمرّ (ا/ ـّ)	افعلّ ا – – ـّ	يحمرّ	يفعلّ يـ – – ـّ
١٠	استقْبَل (استـ)	استفْعَل استـ ـْ ـَ ـ	يستقْبِلُ	يستفْعِل يستـ ـْ ـِ ـ

ثالثًا: أوْزان الْفِعْل الْماضي و الْمُضارع

الْوزْن	الْفِعْل الْماضي	الشّكْل	الْفِعْل الْمُضارع	الشّكْل
١	فتَحَ	فعَلَ ـــَـ	يفتَحُ	يفعَلُ يـَ ـــَـ
	كتَب	فعَل ـــَـ	يكتُبُ	يفعُلُ يـَ ـــُـ
	نزَل	فعَل ـــَـ	ينزِلُ	يفعِلُ يـَ ـــِـ
	شرِب	فعِل ـــِـ	يشرَبُ	يفعَل يـَ ـــَـ
	كبُر	فعُل ـــُـ	يكبُرُ	يفعُل يـَ ـــُـ
٢	علّم (ــّ)	فعّل ـــّـ	يُعلِّمُ	يُفعِّلُ يـُ ـــّـ
٣	سافر (ا)	فاعَل ـ ا ـَـ	يُسافِر	يفاعل يـُ ـ ا ـِـ
٤	أعلَن (أ)	أفْعَل أ ـْـ ـَـ	يُعْلِنُ	يُفْعِلُ يـُ ـْـ ـِـ ـُ

رابعًا: أوْزان الْفِعْل والْمصْدر: الْمصْدر اسْم يُوضِّح الْحدث ولا يُوضِّح: الزّمن أو الْفاعِل

الْمصْدر: هو اسْم من الْفعْل له نفْس جِذْر الْفِعْل يُوضِّح الْحدث ولكن بدون زمن أو فاعِل

الْوَزن	الْفِعْل الْماضي ووزْنُه		الْمُضارِع ووزْنُه		الْمَصدَر ووزْنُه		
١	جَلَسَ/ عمِل / كَبُرَ فَعَلَ / فَعِلَ / فَعُلَ		يجْلِسُ / يعْمَلُ / يكبُرُ يفْعِلُ / يفْعَلُ / يفْعُلُ		جُلوس / عَمَل / كُبْر فُعول / فَعَل / فُعْل		
٢	درَّبَ	فعَّلَ	يُدرِّبُ	يُفعِّلُ	تدْريب	التّدْريب	تفْعيل
٣	شاهَدَ	فاعَلَ	يُشاهِدُ	يُفاعِلُ	مُشاهدَة	الْمشاهدة	مُفاعَلَة
٤	أعْلَنَ	أفْعَلَ	يُعلِنُ	يُفعِلُ	إعْلان	الْإعلان	إفْعال
٥	تعلَّمَ	تفعَّلَ	يَتعلَّمُ	يَتفعَّلُ	تعَلُّم	التّعلّم	تفعُّل
٦	تقابَلَ	تفاعَلَ	يتقابَلُ	يتفاعَلُ	تقابُل	التّقابل	تفاعُل
٧	اِنْكسَرَ	انْفعَلَ	ينْكسِرُ	ينْفَعِلُ	انكِسار	الْانْكسار	اِنْفِعال
٨	اِنْتظَرَ	افْتعَلَ	ينْتظِرُ	يفْتَعِلُ	اِنْتِظار	الْانْتظار	اِفْتِعال
٩	اِحْمَرَّ	افْعَلَّ	يحْمَرُّ	يفْعَلُّ	اِحْمِرار	الْاحْمرار	اِفْعِلال
١٠	اِسْتخْدَمَ	اسْتَفْعلَ	يسْتخْدِمُ	يسْتفْعِلُ	اِسْتِخْدام	الْاسْتخْدام	اِسْتِفْعال

الوِحدَة الثامنَة
قدارتٌ وأوامر

تقْديم (١): هل يستَطيعُ أم يستَحِيلُ؟

هدَفُ الدرس:

- التعبيرُ كِتابَةً عن القُدراتِ والإمكانِيّاتِ والضَرورِيّاتِ أو ما يجِبُ أو لا يجِبُ فِعلُهُ.
- قِراءَةُ الإعلاناتِ وطَلَبُ الوَظائِفِ.

الْقواعد والتّرْكيب:

- الفِعلُ المُضارِعُ المَنصوب - يستَطيعُ أنْ - يجِبُ أنْ - يُمكِنُ أنْ.
- أن+ فِعل مُضارِع = مصدَر.

الْمُفْردات:

أفعالٌ من مُختَلفِ الأشكالِ خاصَّةٌ بالهواياتِ والقُدراتِ.

الثّقافة:

القِراءة عن سِيَرِ شخصِيّاتٍ عالمِيَّةٍ استطاعت أن تُحَقِّقَ المُستَحيل.

تقْديم (٢): الأوامر والطلبات

هدف الدّرْس:

- قِراءَةُ التعليماتِ والنصائِحِ وكِتابَتُها.
- استِخدامُ فِعلِ الأمرِ في الكِتابةِ والتعبيرِ عن الأوامِرِ والنَواهي.

الْقواعد والتّرْكيب:

- صِياغَةُ فِعلِ الأمرِ من الفِعل المُضارع الصحيح - النَهي.

الْمُفْردات:

- أفعالٌ مُختلفَةٌ خاصَّةٌ بالأمرِ والنَهي والنَصائِحِ والتعليمات.
- بعضُ التعبيراتِ المُفيدَة: كَما - مِثل- كأفضَل / حينَئذٍ / تم اختِيارُ / قام باختِيارِ.

الثّقافة:

- القِراءة عن مَوضوعٍ خاصٍّ بالصِحَّةِ والتَغذِيَةِ - الفَواكِهُ وطريقَةُ أكلِها و فوائِدُها.

تقْديم (١أ) ١

هل يستطيع أم يستحيل؟

اِقرَأ واسمَع ثم أكمِل معلومات عن عمّ خليل: 

١. عمّ خليل ------ سائِقًا، ------ الشاحِنات و ------ موادّ البِناء والأسمنت.

٢. خليل كبرَ في السِن الآن. هو لا يستطيعُ ------ شاحِنَة مُدّة طَويلَة.

٣. ولا يقدرُ أنْ ------ أكياس الأسمَنت . لا يستطيعُ أنْ --- ساعات طَويلة بعدَ الآن.

٤. هو لا ------ يعملَ أعمالاً صعبَة. هو ------ يبحثُ عن عمَلٍ آخر.

اقرأ واسمَع ثُمّ أكمِل معلومات عن صلاح:

١. صلاح ------ إنهاء دراستِهِ الجامِعِيَّة. ويُريدُ أن ------ عن عملٍ الآن.

٢. صلاح يستطيعُ أنْ ------ الكومبيوترات أيضًا. و------ يبحَث عن عمَلٍ الآن.

٣. ------ يبحث صلاح وأبوه الآن عن عمَلَيْنِ مُناسِبَيْنِ.

النصّ  ١

عمّ خليل نشَأ وترَبَّى في عائِلَةٍ فقيرَة، هُوَ عملَ سائِقًا في شرِكَةِ بِناءٍ ومُقاوَلات، يعْرِفُ أنْ يقودُ الشاحِناتِ ويستطيعُ أنْ يَحْمِلَ يحمِلُ مَوادَّ البِناءِ والأسمَنتِ إلى المَواقِعِ المُختَلِفَة. خليل كَبُرَ في السِنِّ الآن، لا يستَطيعُ قِيادَةَ شاحِنَةٍ مُدَّةً

طويلَةً ولا يستَطيعُ أن يحمِلَ أكياسَ الأسمَنتِ كما فعَلَ مِن قَبل. ترَكَ خليل عمَلَهُ الأُسبوعَ الماضي فمُرَتَّبُهُ صغير بالإضافَةِ إلى أنَّهُ لا يقدِرُ أنْ يعمَلَ ساعاتٍ طويلَةً بعدَ الآن. هو لا يجِبُ أن يعمَلَ أعمالاً صعبَةً، ولكِن يُمكِنُهُ القِيامُ ببَعضِ الأعمالِ الخفيفَةِ، هو يُريدُ أنْ يبحَثَ عن عمَلٍ آخَر. خليل لدَيْهِ ابنٌ اسمُهُ صلاح التَحَقَ بكُلِّيَّةِ التِجارَةِ بعدَ المَدرَسَةِ، ودرَسَ دَوراتٍ إضافِيَّةً في عُلومِ الكومبيوتر واللُغةِ الإنجليزِيَّة. صلاح استطاعَ إنهاءَ دِراسَتِهِ الجامِعِيَّة هذه السَنَةَ وعِندَهُ مهاراتٌ كثيرَةٌ. هو يَعرِف أنْ يتحدّثَ الإنجليزيّةَ ويستطيعُ أنْ يُصلِحَ الكومبيوترات أيضًا، ويُريدُ أنْ يبحَثَ عن عمَلٍ الآن.

يجِبُ أن يبحَثَ صلاح وأبوه الآن عن عمَلَيْنِ مُناسِبَيْنِ، اختَرِ الأعمالَ المُناسِبَةَ وغَيرَ المُناسِبَةِ لكُلٍّ مِنهُما، واكتُب جُملاً عن ماذا يستطيعُ أو يُمكِنُ أن يفعلَ كلٌّ مِنهُما؟ واستخدِمِ الأفكارَ المُساعِدَةَ كالمِثال:

عمّ خليل	صلاح
مثال: هو لا يستَطيعُ أن يتحدّثَ الإنجليزيّة	هو يُمكنُه أنْ يتحدّثَ الإنجليزيّة
هو لا يمكن أنْ يكتُبَ رسائلَ إلكترونيّة	هو يستَطيعُ أنْ يكتبَ رسائلَ إلكترونيّة
هو لا يَقدرُ أنْ ___________	هو لا يَقدرُ أنْ ___________
هو يستَطيعُ أنْ ___________	هو يجِبُ أنْ ___________

أفكار مُساعِدَة:

يستخدِمُ الكومبيوتر – يحمِلُ أغراضًا ثقيلَة – يتَحَدَّثُ الإنجليزيّة – يتحدَّثُ الفرنسيَّة – يقومُ بأعمالِ حِراسة – يقودُ شاحِنَة – يُسافِرُ بالطائِرَة – يكتُبُ رسائِلَ إلكترونِيَّة – يستقبِلُ ضُيوفَ شرِكاتٍ وممثليها – يكتُبُ تقريرًا – يعمل ١٠ ساعات – يُناقِشُ في الاجتماعات – عمَل حِسابات – حُضور اجتِماعات – يوصِّلُ الرسائِلَ والخِطابات – يعملُ الشاي والقَهوَة – يقودُ سيّارَةً خاصَّة – يرُدُّ على التليفونات.

لاحِظ القَواعد: [١]

أولاً: المعنى: يستَطيعُ أنْ = يُمكِنُ أنْ = يقدرُ أنْ / لا يستَطيعُ أنْ = لا يُمكِنُ أنْ = لا يقدرُ أنْ

ملاحظة: يقدرُ أنْ = يُستخدَم أكثر للتعبير عن الأعمال الجُسمانِيَّة

ثانِيًا: التصريف: ٢

يستَطيعُ أنْ — **لا يستَطيعُ أنْ**

الضمير	المُضارِع			النَفي		
أنا	أستطيعُ		أفعَلَ	لا أستطيعُ		أفعَلَ
نحن	نستطيعُ		نفعَلَ	لا نستطيعُ		نفعَلَ
أنْتَ	تستطيعُ		تفعَلَ	لا تستطيعُ		تفعَلَ
أنْتِ	تستطيعينَ		تفعَلي ★	لا تستطيعينَ		تفعَلي ★
أنْتُم	تستطيعونَ	أنْ	تفعَلوا ★	لا تستطيعونَ	أنْ	تفعَلوا ★
أنْتُن	تستَطِعنَ		تفعَلنَ	لا تستطِعنَ		تفعَلنَ
هو	يستطيعُ		يفعَلَ	لا يستطيعُ		يفعَلَ
هي	تستطيعُ		تفعَلَ	لا تستطيعُ		تفعَلَ
هم	يستطيعونَ		يفعلوا ★	لا يستطيعونَ		يفعَلوا ★
هن	يستطِعنَ		يفعَلنَ	لا يستطِعنَ		يفعَلنَ

الفعل المُضارِع بعد الحرف أنْ: دائِمًا منصوبٌ وعلامةُ النصبِ الفتحة (يستطيعُ أنْ يفعَلَ)

لاحِظ: حذف حرف النون من الفعل المُضارِع بعد (أنْ) مع (أنْتِ / أنْتُم / هُم) ★

---

[١] لتدريس المثنى انظر الجدول آخر الوحدة

قاعِدَة حذف النون من الفعل المُضارِع بعد أنْ مع (أنْتِ / أنْتُم/ هُم) لا تتغيّر مع نفي المُضارِع

مثال: (لا تستطيعين أنْ تفعلي) أو الماضي (لم تستطيعي أنْ تفعلي)

ثالثاً: يُمكِنُ استبدال (المصدر) بـ (أنْ + الفعل) والتعبير عن الجملة كالمثال:

يستَطيعُ **أنْ يتحدَّثَ** بلُغاتٍ كثيرَة = يستَطيعُ **التحدُّثَ** بِلُغاتٍ كثيرَة

يُمكِنُهُ **أنْ يعمَلَ** لِساعاتٍ طويلَةٍ = يُمكِنُهُ **العمَلَ** لِساعاتٍ طويلَة

أنْ + الفعل المضارع المنصوب = مصدر الفعل

رابعاً:

أ. **لاحِظ معنى:** لا يُمكِنُ أنْ – يجِبُ أنْ

عمّ خليل كبُرَ ولا **يُمكِنُ** أن يقودَ شاحِنَة. هو **يجِبُ** أنْ يعمَلَ أعمالاً خفيفَة.

صلاح **يجِبُ أن** يبحَثَ عن عمَل

ب. **التصريف:** يجِبُ أنْ / يُمكِنُ أنْ

أنا	نحن	أنْتَ	أنْتِ ★	أنْتُم ★	أنْتُن
يجب أن / يمكن أن					
أبحث	نبحث	تبحث	تبحثي	تبحثوا	تبحثن
عن عمل					

٣

٤

هو	هي	هم ★	هن
يجب أن / يمكن أن			
يبحث	تبحث	يبحثوا	يبحثن
عن عمل			

التَدريب على القَواعِد والمُفرَدات

تدْريب (١)

كلِمات مُفيدَة: رسب – طرد

أكمِل الجُملَة من الكَلِمات التالِيَة:

أحبَّ أنْ – يجِبُ أنْ – تستَطيعُ أنْ – لا يجِبُ أنْ – يُمكِنُ أنْ – يجِبُ أنْ – يُحِبّون أنْ – لا يستطيعون أنْ – يمكن أنْ – يستَطِعنَ أنْ – أُريدُ أنْ – يجِبُ أنْ

١ . سُعاد ------ تقودَ سيارَتَها ولكن ------ تُصلِحَها.

٢ . الطالِبُ ------ يعمَلَ الواجِبَ.

٣ . ضابِطُ الشُرطَةِ ------ يكسِرَ القانون.

٤ . محفوظ دخلُه قليل و ------ يعمَلَ عمَلاً إضافِيًّا في المَساء.

٥ . أُمّي مريضَةٌ جِدًا و------ تذهَبَ للمُستَشفى اليَوم.

٦ . ------ آكُلَ الأيس كريم وأُشاهَدَ التليفزيون بعدَ الظُهر.

٧ . هم ------ يتكلَّموا الصينِيَّة ولكنّهم درَسوا قليلاً من اليابانِيَّة و ------ يتحَدَّثوا بِها.

٨ . المُديرُ طردَ أحمد من عمَلِه ولِهَذا ------ يبحَثَ عن عمَلٍ آخر بِسُرعَة.

٩ . صديقاتي رسَبنَ في امتِحانِ آخِرِ العام ولم ------ يذهَبنَ معي إلى الإسكَندرِيَّة.

١٠ . جَدّي مريضٌ وأنا ليس عِندي وقت و ------ أسافِرَ إلى أسيوط لزيارَتِه غدًا.

تدريب (٢)

كلِمات مُفيدة: أفلام رُعب – مُلاكَمَة – تأخير – توقُّف

أكمِل الفِعل الناقِص مع التصريف الصحيح:

١ . هي لا ------ أنْ ------ البيانو. (يستطيع – يعزف)

٢ . نحن ------ أنْ ------ كُرةَ القدم. (يستطيع – يلعب)

٣ . هم لا ------ أنْ ------ أصدقاءهم اليوم. (يريد – يزور)

٤ . هل حقًا أنتن ------ أنْ ------ أفلامَ الرُعب؟(يحبّ – يشاهد)

٥ . يا نادية هل ------ أنْ ------ الليلةَ معي في الأوبرا؟(يمكن – يسهر)

٦ . أنا آسِف! ------ أنْ ------ و لكن ضاع مِنّي الوقت. (يريد – يحضر)

٧ . هل ------ أنْ ------ ني في تنظيفِ البيتِ غدًا. (يمكن – يساعد)

٨ . نهال لم ------ أنْ ------ لِمُدَّةِ ٣ أسابيع بِسَبَبِ كسرٍ في القَدَم. (يستطيع – يمشي)

٩ . لم ------ المُديرُ أنْ ------ المُوَظَّفَ علاوةً بِسَبَبِ تأخيرِه المُتكرِّر. (يريد – يمنح)

١٠ . ------ اللاعِبُ محمد علي كلاي أنْ ------ بُطولةِ العالمِ عِدَّةَ مرّاتٍ في رِياضَةِ المُلاكَمَة. (يستطيع – يحصل على)

١١ . هل ------ أنْ ------ ٣ كيلومترات يا زينب بِدونِ تَوقُّف؟ (يقدر – يجري)

تدريب (٣)

صِل العِبارَة أ بِالعِبارَة ب:

ب	أ
أ . استطاعَ أن يُنهِيَ أعمالَه الموسيقيّة.	١. يُريدُ حمدي أن يُكمِلَ دِراسَةَ الدُكتوراه
ب . أو سيقطعون الخَطّ غدًا.	٢. ياسمين يجِبُ أن تُنهِيَ عمَلَها
ت . تصِلَ لِنِهائي ويمبلدون ولكنّها لم تستطِعْ.	٣. أُصيبَ بيتهوفن بالصَمَم لكِنَّه
ث . فهي تخافُ من دوار البَحر.	٤. يجِبُ أن أدفَعَ فاتورَةَ التِليفون اليوم
ج . قبلَ أن تقومَ بإجازَتِها الصيفِيَّة.	٥. أرادَت لاعِبَةُ التنس المشهورة أنْ
ح . في دولةٍ أوروبِيَّة.	٦. أُمّي لا تستطيعُ أنْ تركبَ الباخِرَة

تدْريب (٤)

استخدِم المصدَر وغيّر الجُمَل التالِيَة:

١. يجِبُ أن يُسافِروا بالطائِرَة لِيَحضروا المُؤتَمَرَ في الميعاد.

٢. أُحِبُّ أنْ أدرُسَ واقرَأَ في الموضوعات التاريخِيَّة، هذه هوايَتي المُفَضَّلَة.

٣. أُريدُ أن أُنهِيَ هذا الخِطابَ قبلَ أن أُغادِرَ المكتَبَ.

٤. هل تستطيعُ أنْ تتَمَرَّنَ على عزفِ الكمان ٦ ساعاتٍ مُتَواصِلَة؟ هذا مُتعِبٌ جِدًا!!

٥. هو مريضٌ بالقَلبِ ويجِبُ أن يتناولَ الدَواءَ بانتِظام.

٦. أبي أرادَ أن يُقابِلَ العريسَ بِمُفرَدِهِ قبلَ أنْ يتقدَّمَ لأُختي.

٧. بالطَبع زوجي يستطيعُ أنْ يقودَ الطائِراتِ فهو درَسَ الطَيَرانَ في أمريكا.

تدريب (٥)

يجِبُ أو لا يجِبُ

استخدِم الكلِمات المُساعِدَة و الصُوَر التي أمامَك وكوِّن جُملاً:

مثال:

١. في البريدُ مدفوعُ الثَمنِ لا يجِبُ أنْ تلصِقَ طابِعًا على الظَرف.

تدريبات الاستماع   ٥

تدريب (٦)

في معسكر التجنيد

كلماتٌ مُفيدَة: الخِدمَة العَسكَرِيَّة - يُؤدّي - واجِب وطَني - سِلاح البَحَرِيَّة - السِلاح الجَوِّيّ - المُعاقين - الشَاقَّة - الانضِباط - التَعاوُن - الوقت المُحدَّد - مُعسكَر

سألَ رجُلٌ عرَبِيٌّ صديقَهُ الهولَندِيَّ عن مَوضوعِ التَجنيدِ في بلادِه. **اسمَع الحِوار وأجِب:**

اِختَر من أ ما يُناسِبُها من ب:

أ . الخِدمَة العَسكَرِيَّة - يُؤدّي - واجِب وطَني - الشَاقَّة - الانضِباط - التَعاوُن - الوقت المُحدَّد

ب . العمَل في فريق - خِدمَة البَلَد - صعبَة جدًا - يعمَل - الوقت المُعَيَّن - التجنيد - عكس التَسَيُّب والفَوضى

اِسمَع وأجِب: هل هانز يُؤدِّي الخِدمَة العسكَرِيَّة الآن؟

اِسمَع مرَّة أُخرى ثُمَّ أجِب:

أ . ماذا يجِبُ على كُلِّ شابٍّ في هولندا أنْ يعمَلَ عِند سِن ١٨ أو بعدَ التخرُّج؟

ب . ما رأيُ الشبابِ في هذا المَوضوع؟

ت . ماذا تعلَّمَ هانز من الجَيش؟ ماذا استطاع أنْ يفعَلَ؟

ث . أجِب صواب أم خطأ:

١ . الخِدمَة العَسكَرِيَّة مُفيدَة.

٢ . يُمكِنُ للشَابِّ أن يختارَ أن يلتحِقَ بالجَيش أو لا.

٣ . يُمكِنُ في حالةِ الشبابِ المَرضى والمُعاقين أنْ يعملوا بعضَ الخدماتِ الاجتماعِيّة.

٤ . هانز يقدرُ الآن أنْ يقفِزَ الحواجِزَ ويجري ٤ كم ويسبَحَ مسافاتٍ طويلةً.

٥ . هانز لم يستطِع أن يتعلّمَ شيئًا آخرَ من الخِدمةِ العسكرِيَّة.

٦ . هو لا يُمكِنُ أنْ يخرجَ وسطَ الأسبوعِ ولا أنْ يسهرَ بعد الساعةِ ١٠

نصُّ حِوارِ الاستِماع ٥

مُهاب: **هل يجِب أن يلتَحِقَ كلُّ شابٍّ في بلادِكم بالجَيش؟**

هانز : **نعم يجِبُ على كلِّ شابٍّ في بلادي أن يُؤدّيَ الخِدمَةَ العسكَرِيَّة. هذا واجِبٌ وطَني. ويُمكِنُ للشابِّ أن يُؤدِّيَ الخِدمَةَ العسكَرِيَّة في سِن الثامِنَة عشر أو بعد التخرُّج في الجامِعَة.**

مُهاب: **وهل يُمكِنُ للشابِّ أن يعملَ أو يختارَ شيئًا آخر غَير الخِدمة العسكَرِيَّة؟**

هانز : لا. يجبُ أنْ يدخلَ الجَيش ولكن يُمكن أنْ يختارَ الدخول إلى سِلاح البَحَريّة أو الالتِحاق بالسِلاح الجَوّيّ. ويُمكنُ في حالةِ الشبابِ المَرضى والمُعاقين أنْ يعملوا بعضَ الخدمات الاجتماعِيّة.

مُهاب: أنت الآن في الخِدمة العسكَرِيَّة، ماذا تفعلون في أيّام الخِدمة العسكَرِيَّة؟

هانز : نقضي مُعظَمَ الوقتِ في التدريبات الشَاقّةِ من الساعةِ ٦ صباحاً إلى الساعةِ ٥ مساءً.

مُهاب: وما رأيُك في هذه التدريبات، هل هي مُفيدة؟

هانز : نعم. أنا تدرّبتُ على قفزِ الحواجزِ، وأنا الآن أقدرُ أنْ أجرِيَ ٤ كيلومترات وأقدرُ أنْ أسبحَ مسافاتٍ طويلَة.

مُهاب: هل تعلّمت شيئًا آخر من الخِدمَة العسكَرِيَّة؟

هانز : نعم تعلّمتُ الانضِباط. أنا أستطيعُ الآن أنْ أعملَ في فريقٍ وأستيقظَ مُبكِّرًا. أستطيعُ التعاوُنَ مع الزُملاءِ وأستطيعُ أنْ أُنهِيَ العملَ في الوقتِ المُحدَّد. أستطيعُ إنجازَ أكثر من عملٍ في وقتٍ واحِد.

مُهاب: وهل يُمكِنُ أنْ تخرُجَ في وسط الأُسبوع؟

هانز : لا. لا يُمكِنُ أنْ أخرجَ وسط الأسبوعِ، ولا أنْ أُدخِّنَ في المُعسكرِ، ولا أنْ أسهَرَ بعد الساعةِ ١٠.

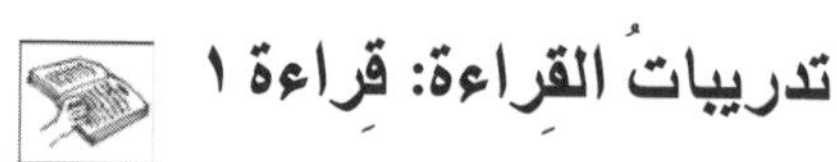

تدريباتُ القِراءة: قِراءة ١

تدريب (٧)

حياةٌ بِدونِ أطراف [٢]

 ٦ 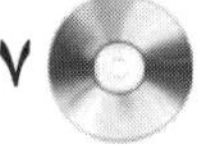 ٧  ٨

ادرس هذه الكلِمات واستعِن بقاموسِ الكِتاب

كِلمات مُفيدَة: إعاقَة - مُعاق حرَكِيًّا - مُمتَلِئ بِـ - الحُزن - بِدونِ أطراف - أظْهر - الفُحوصات الدَورِيّة - الكارِثَة - بِصَدمَة هائِلَة - بذَلَ جهدًا - التغلُّب على - مشاعِر الألم - آلَمَ - يُصادِق - واصَلَ - يعتَني ب - مازالَ يُسافِر - اعتادَ أنْ / على.

---

(٢) ادخل إلى الموقع لتقرأ المزيد.

الصور والمعلومات: http: //en.wikipedia.org/wiki/Nick–Vujicic and http: //www.lifewithoutlimbs.org/

From Life Without Limbs to Life Without Limits! Nick Vujicic was born without arms or legs but the love he holds overcomes any physical limitation

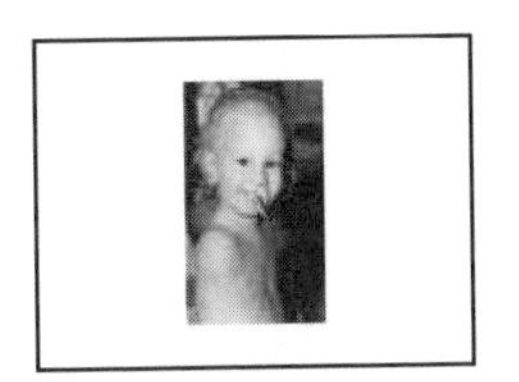

أ. صِل الكلِمَة بِمعناها:

الكلِمَة	المَعنى
١. واصَلَ	أ . يُسافر باستِمرار
٢. الحُزن	ب. من غَيرِ ذِراعَين أو رِجلَين
٣. مازالَ يُسافرُ	ت. يهتمُّ ب
٤. بِدونِ أطراف	ث. لا يستطيعُ الحركةَ طبيعيًّا بِسُهولَة
٥. يعتني ب	ج. عكس الفَرَح
٦. مُعاق حرَكِيًّا	ح. استمرَّ

ب. أُكتُب كلِمَة مُناسِبَة من الكلِمات الجديدَة في الفَراغ:

الكارِثَة – بِصَدمَة هائِلَة – بذَلَ جهدًا – التغلُّب على – آلَمَ – يُصادِق – مُمتلِئٌ بـ – الفُحوصات الدَورِيَّة– إعاقة

١. يجِبُ أنْ يهتمَّ المُجتَمَعُ بكلِّ الناسِ الذين عِندهم ------ ذِهنِيَّة أو حرَكِيَّة.

٢. عندما مات أبي أحسَستُ أنّي ------ الحُزن.

٣. أمي مريضةٌ بالقلبِ والسكّرِ وتحتاجُ إلى ------.

٤. يجِبُ أنْ ------ المُعاقين حركِيّا أشخاصًا طبيعيين ليشعروا بالحياة الطبيعِيّة.

٥. عندما تُوُفِّيَ ابنُه المولودُ حديثًا أُصيبَ بـ------

٦. صديقي فقدَ رجليه في حادثٍ و ------ـه ذلك في أوّلِ الأمر ولكن ------ كبيرا بعد ذلك في ------ هذه ------.

اِقرأ الجُزء الأوّل و اختَر الصورة المُناسبة للنصّ؟

اقرأ الجُزء الأوّل مرّة أُخرى ثم أجِب: 

١. كيف وُلِدَ الطفل نيك؟

٢. بماذا شعر الوالدان؟ بما شعرت العائلةُ والطبيب؟

٣. ماذا فعل الأبُ والأُم في المرحلة الأولى من حياةِ الطفل؟

اقرأ الجُزء الثاني واختَر الصورة المُناسبة للنصّ؟ 

اقرأ الجُزء الثاني مرّة أُخرى ثم أجِب:

نيك يستطيعُ الآن أنْ:

١. ------------ ٢. ------------ ٣. ------------

٤. ------------ ٥. ------------ ٦. ------------

٧. ------------

اقرأ الجزء الثالث واختر الصورة المناسبة للنصّ؟ 

اقرأ الجزء الثالث مرّة أخرى ثم صل نصف العبارة أ بما يناسبها من ب: 

الجُملة أ	الجُملة ب
١. لذلك استمرَّ في الدراسةِ في المدارِسِ الخاصّةِ بحالَتِهِ. وبدلاً مِن أنْ يُفكِّرَ	أ. وبطريقةِ حياتِهِ وبالمُحاضرات مازال يُعلِّمُ الناسَ كيفَ يُمكِنُ أن ينتصِروا على الإعاقةِ في رِحلَةِ الحَياة.
٢. واصلَ نيك فيوتتش دِراسَته الجامِعيَّةَ ودرَسَ الاقتِصادَ والمُحاسَبَةَ، وكانَ مُتفوِّقًا في دِراسَتِهِ،	ب. في الانتحارِ قرَّرَ أنْ يُصادِقَ كُلَّ مَنْ عِندهُم إعاقةٌ جسديَّة، واستطاع أن يُشجِّعَهُم إلى أنْ وصلَ إلى الجامِعَة
٣. نيك مازالَ يُسافرُ إلى بلادٍ كثيرَةٍ ويزورُ مدارِسَ وأماكِنِ الأشخاصِ المُعاقين حرَكِيًّا واستطاعَ أنْ يُساعِدَهم بِالمالِ	ت. وأصبحَ له شرِكَتُهُ الخاصّةُ وسيّارَةٌ مُجَهَّزَةٌ لِحالَتِهِ لِيُمكِنَ أنْ ينتقِلَ بِها مع السائِقِ مِن مكانٍ إلى مكان.

بعد دِراسَتِك للنصّ استخرِج:

مصدرًا	مُرادِف كلمة	مُضاد كلمة	هات جمع كلمة
أ . شكل ٨ :	١. شعَر :	١. الحُزن :	١. وِلادة :
ب. شكل١ :	٢. تُظْهِر :	٢. سليم :	٢. اجتِماع :
ت. شكل٣ :	٣. السعادة :	٣. صحيح :	٣. الطفل :
ج . شكل٥ :	٤. يخدِم :	٤. الجديد :	٤. الأب :
	٥. يسبَح :	٥. اختلاف:	٥. فحص :
	٦. يرتدي :	٦. استمرّ :	٦. اكتِشاف:

كلمة بمعنى = بسبب

نصّ القراءة [٣] 

الجزء الأول: ٦

في صباحِ ٤ ديسمبر ١٩٨٤ ملبورن أُستراليا جاءَ يومُ وِلادَةُ الطِفل نيك واجتَمعَت الأسرةُ والوالدُ في انتظارِ الابنِ البِكر. سمعَ الجميعُ صُراخَ الطِفلِ وشعروا بالسعادةِ ولكِنْ خرجَ الطبيبُ من حُجرةِ العملِيّاتِ ووجهُهُ ممتلئٌ بالدهشَةِ والحُزن، فقد وُلِدَ المولودُ الجديدُ بِدونِ أطراف ولكِنْ بزائدةٍ وحيدةٍ صغيرةٍ تُشبِهُ نِصفَ قدَم. شعرَ الجميعُ بِصدمَةٍ هائلَةٍ. لم تُظْهر الفُحوصاتُ الدَورِيَّةُ للأُم أيَّة علاماتٍ أنّ الطِفلَ غيرُ طبيعي، حزنَت كلّ العائلَةُ بِسبَبِ هذه الكارِثَة. كيف سيعيشُ الطِفلُ؟ كيف يخدُمُه الأبُ والأُم؟ ظنَّ الأطِبّاءُ وكلُّ العائِلَةِ أنّ الطِفل لن يعيشَ طَويلاً، ولكِنْ بالفُحوصاتِ الطِبِّيَّةِ والمَعمَلِيَّةِ اكتشفوا أنّ الطِفلَ سليمٌ وصِحَّتُه جيّدةٌ جدًا ولكن بِدونِ أطراف!!

في هذه المرحَلَةِ الأُولى والمُبكِّرةِ من حياةِ الطفلِ بذَلَ الوالدان جهدًا جبّارًا في مُساعَدَةِ هذا الطفلِ المُعاقِ أن ينمُوَ بطريقةٍ صحيحةٍ نفسيًّا وصِحيًّا مع مُحاولَةِ التغلُّبِ على مشاعِرِ الألمِ والحُزنِ ومساعَدَةِ الطفلِ نفسِه على ذلك أيضًا.

الجزء الثاني: ٧

أحبَّ نيك فترَةَ المدْرسةِ الأُولى واستطاعَ أنْ يتدرّبَ على مهاراتٍ مُختَلِفة. استطاع أنْ يتدرّبَ على الكتابَةِ بأسنانِه واستطاعَ أنْ يتعلّمَ القِراءةَ وأحبَّ الاستماعَ إلى الموسيقى والغِناء.

استطاعَ بمُساعدةِ والِدَيهِ أنْ يمشِيَ مسافاتٍ صغيرَة، وقدرَ أنْ يقفِزَ ويلعبَ ولكنّ

---

(٣) ادخل إلى الموقع لتقرأ المزيد.

الصور والمعلومات من http: // en.wikipedia.org / wiki / Nick – Vujicic

الأطفالَ ابتعدوا عنه بسببِ اختلافِه عنهم وآلمَهُ ذلك جدًا، وكذلك تألَّمَ من الناسِ الذين اعتادوا أنْ يتفرّجوا عليه ويأتون لِمُشاهدَتِه ولكنْ لا يصادِقونَه. شجّعَه والداه نفسيًّا و دينيًّا، وهو يستطيعُ الآن أنْ يعتَنيَ بِنفسِه ويقومَ بِكُلِّ احتياجاتِه الصِحيَّةِ، يستطيعُ أنْ يغسِلَ أسنانَه ويحلِقَ ذقنَهُ ويرتديَ ملابِسَهُ ويقدرُ أنْ يسبحَ ويخرجَ في رِحلةِ صَيدٍ ويستطيعُ لعِبَ كُرَةِ القدَمِ أيضًا.

الجزء الثالث: ٨

لذلك استمرَّ في الدراسةِ في المدارِسِ الخاصّةِ بِحالَتِه. وبدلاً مِن أنْ يُفكِّرَ في الانتِحارِ قرَّرَ أنْ يُصادِقَ كُلَّ مَنْ هم عِندهُم إعاقةٌ جسديَّة، واستطاع أن يُشجِّعَهُم إلى أنْ وصلَ إلى الجامِعَة. واصلَ نيك فيوتتش دِراسَتَه الجامِعيَّةَ ودرَسَ الاقتِصادَ والمُحاسَبَةَ، وكانَ مُتفوِّقًا في دِراسَتِه، وأصبحَ له شرِكَتُهُ الخاصّةُ وسيّارَةٌ مُجَهَّزَةٌ لِحالَتِه لِيُمكِنَ أنْ ينتقِلَ بِها مع السائِقِ مِن مكانٍ إلى مكان. نيك مازالَ يُسافِرُ إلى بلادٍ كثيرَةٍ ويزورُ مدارِسَ وأماكِنَ الأشخاصِ المُعاقين حرَكيًّا واستطاعَ أنْ يُساعِدَهم بِالمالِ وبِطريقةِ حياتِه وبِالمُحاضرات مازال يُعلِّمُ الناسَ كيف يُمكِنُ أن ينتصِروا على الإعاقَةِ في رِحلَةِ الحَياة.

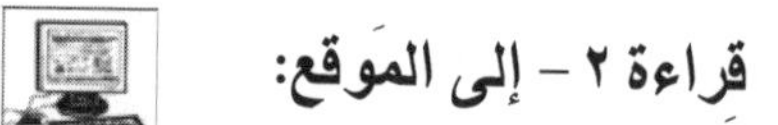
قِراءة ٢ - إلى المَوقع: 

تدريب (٨) ٩

مطلوب وظيفَة

كلِمات مُفيدَة: شخصِيّة اجتِماعِيّة – يُجيدُ التعامُلَ – خِبرَة في المَجال – زِيّ رسمي للفُندُق

اختَر المعنى المُناسِب:

العِبارة	المعنى
١. شخصيّة اجتِماعِيّة	أ. الملابِس الرسمِيّة الخاصّة بالعمَل في الفُندُق.
٢. يُجيدُ التعامُلَ	ب. يُكوّن علاقات جيِّدَة مع الناس.
٣. خِبرة في المَجال	ت. يعرف أن يتعامَلَ مع المشاكِل أو الناس جيِّدًا.
٤. زِيّ رسمي للفُندُق	ث. اشتغل في الأعمال الفُندُقيّة قبلَ ذلك.

أُدخُل إلى المَوقِع لِقِراءَة النصّ و عمل التدريبات. 

تدريبات الكِتابَة

تدريب (٩)

أي وظيفَة

اِقرأ صفحَةَ الإعلانات عن وظائِفَ مُختَلِفَة:

اختَر الوظيفَةَ التي ترغَبُها واكتُب خِطابَ تقديمٍ للوظيفَةِ كما درستَ في تدريب (٨)

مُستَشفى الأمَل

إعلان ١: مطلوب مُساعِد للصَيدَلِيَّة

يُجيدُ التعامُلَ مع الناس، خِبرَة في مجالِ بَيعِ الدَواءِ بالمُستَشفَيات، المُرَتَّب حسبَ الخِبرة.

إعلان ٢: مطلوب سِكرتيرَة لِقِسم القَلب

تُجيدُ الكِتابَةَ والتحدُّثَ باللغَةِ الإنجليزِيَّة، معرِفَة جيِّدَة بالكومبيوتر، حسَنَة المظهَر، السِنّ لا يقِلّ عن ٢٣عامًا، من ٩–٥ يومِيًّا ماعدا السبت والأحد.

إعلان ٣: مطلوب مُمَرِّضات ومُمَرِّضين

السِنّ لا يزيدُ عن ٣٠ سنة، خِبرة لا تقِلّ عن ٣ سنوات في مجالِ تمريضِ حُجرَةِ العَمَلِيَّات، مُرتَّب مُجزٍ وحسبَ الخِبرَة.

إعلان ٤: مطلوب مُهندِسو صِيانَة

بكالوريوس هندَسَة طِبِّيَّة، خِبرَة في مجال صِيانَة الأجهِزَة الطِبِّيَّة، المُرَتَّب حسبَ الخِبرة، يُجيدُ الإنجليزِيَّة.

إعلان ٥: مطلوب سكرتيرة لِقسم الاستِقبال

حسَنَة المَظهَر، تُجيدُ لُغتَين على الأَقَلّ، تُجيدُ التعامُلَ مع الجُمهور، خِبرة في استِخدامِ الكومبيوتر، العملُ لا يقِلّ عن ٩ ساعات، نَوبات لَيلِيَّة أو نهارِيَّة، سكَن قريب، خِبرة في المَجال.

تُقدَّم الطَلَبات لِقسمِ التَوظيفِ باسْمِ مُدير شُئون المُوَظَّفين، مُرفَق صورةٌ حديثَةٌ وصورةُ السيرَةِ الذاتِيَّة. آخرُ مَوعِدٍ للتَقديم ٣٠ / ٦.

تدريبات المُحادَثَة

تدريب (١٠)

تمثيل:

طالِب أ : مُديرُ شئونِ المُوَظَّفين ويقابِل طالِب الوظيفَة.

طالب ب: مُتَقدِّمٌ للوظيفة اختارَها من تدريب ٩ أو أية وظيفَةٍ أُخرى.

اقرأ واسمَع الحِوار لمُقابَلَةِ العملِ هذه ثم كرِّر حوارًا مُماثِلاً مع زميلِك: ١٠

المُدير : ماذا درَستَ؟

المُوظَّف: درَستُ في كُلِّيَّةِ التِجارَة

المُدير : كم لُغةً تتحدَّثُ؟

المُوظَّف: أتحدَّثُ الإنجليزِيَّةَ فقط.

المُدير : وأين عملتَ قبلَ ذلك؟

المُوظَّف: في شرِكَةِ أدوِيَة.

المُدير : لِماذا تركتَ العملَ معهُم؟

الموظّف: المرتَّبُ صغير وساعاتُ العمَلِ طويلَة.

المُدير : ما هي هواياتُكَ؟

الموظّف: ------------------------

المُدير : ما نَوعُ العملِ الذي تُريدُ أنْ تَعمَلَهُ معنا؟

الموظّف: ------------------------

تقديم (٢)

أوامرُ السيِّدَةِ نبيلَة

الجُزء الأوَّل: ١١

السيِّدةُ نبيلَة والِدَةُ حُسام سَوفَ تُسافِرُ لِزيارَة والِدَتِها في الفَيّوم. هي تطلُبُ من ابنِها طلباتٍ يعملُها أثناءَ سفَرِها. اقرَأ واسمَع ما هي طلباتُ السيّدةِ نبيلة والدةِ حُسام.

نبيلة : حُسام من فضلِكَ، اِذهَب إلى مكتَبِ البريدِ وأرسِل لي هذا الخِطابَ اليَوم، فهذا خِطابٌ هامٌ جِدًا للعَمَل، واغسِل الأطباقَ بعد كُلِّ وجبَةٍ، واترُك المطبَخَ نظيفًا ورتِّب حُجرَتَك.

حُسام : حسنًا يا أُمّي سوف أفعلُ ذلك.

نبيلة : آه، اِنتَظِر غدًا عامِلُ التليفون سيحضَرُ الساعَةَ الخامِسَة، أحضِر له التليفون المَكسور لِيُصلِحَهُ، ولا تستخدِم الكومبيوتر الخاص بي ولكِن استعمل كمبيوتر والدك. ذاكر درسَ الكيمياء جيِّدًا فغدًا امتحانُكَ، كذلك أطعِم الكلبَ مرّةً واحِدَةً في اليَوم وضَعْ له ماءً كافِيًا.

حسام : حسنًا.. حسنًا.. مع السلامَة. أنا فهِمتُ كُلَّ شيء، مع السلامَة.

ما أوامِرُ وطَلَباتُ والِدَةِ حسام السيّدةِ نبيلة؟ اِملأ الجَدول بِمُساعَدَةِ المُدرِّس:

الأمر	فِعل الأمر	المُضارِع
١. اِذهَبْ إلى مكتَبِ البريد	اِذْهَبْ	يذهَبُ
٢. أرسِلْ لي هذا الخِطاب	أَرْسِلْ	
٣. اِغسِلِ الأطباقَ بعد كُلِّ وجبَة		
٤.		
٥.		
٦.		
٧.		
٨.		
٩.		

ماذا قالت والِدَةُ حُسام عن الكومبيوتر الخاص بِها؟

قالَت " ________________ ! "

الجُزء الثاني:

رجعَت السيِّدَةُ نبيلَة مِن رِحلَتِها. هل نفَّذَ حُسام أوامِرَ وطلَباتِ والِدَتِهِ؟

اِسمَع واقرأ الحِوار واكتُب السبَب.

١٢

نبيلة : حُسام !! لِماذا لم تُرسِل الخِطاب؟

حُسام: لأني خرجتُ بِسُرعَةٍ لأُساعِدَ جارَتَنا السيِّدَة زَينَب، فضاعَ الوقتُ وأقفَلَ مكتبُ البريد.

نبيلة : وِلماذا خرجتَ بِسُرعَةٍ لِتُساعِدَ السيِّدَةَ زَينَب؟

حسام: لأنَّها وقَعَت وانكسَرَت قدَمُها وصرَخَت ونادَت فطلبتُ لها سيَّارَةَ الإسعاف.

نبيلة : حسَنًا. ولِماذا لم تغسِلْ الأطباقَ ولم تُرَتِّبْ حُجرَتَك؟

حُسام: لأنني عِندما خرجتُ بِسُرعَةٍ تركتُ المِفتاحَ على الطاوِلَة وانغَلَقَ البابُ ورائي.

نبيلة : ولِماذا لم تُطعِمْ الكَلب؟

حُسام: لأنَّه خافَ من صَوتِ سيَّارَةِ الإسعافِ فجَرى واختَبَأ في الحديقَة.

نبيلة : ولِماذا لم تذهَبْ إلى الامتِحان؟

حُسام: لأن كُتُبي كانَت بِداخِلِ الشَقَّةِ فذهبتُ إلى خالتي واتّصلتُ بالمُدرِّسَةِ لِتأجيلِ الامتِحان.

أكتُب بِمُساعَدَةِ المُدَرِّسِ السَبَبَ في الجَدْول كالمِثال:

لِماذا؟	السَبَب
لم يُرسِل الخِطاب؟	لأنَّه ذهبَ لِيُساعِدَ جارَتَهُم السيِّدَةَ زَينَب
لم يغسِلْ الأطباقَ ولم يُرَتِّبْ حُجرَتَه؟	لأنَّ البابَ انغَلَقَ وترَكَ المِفتاحَ على الطاوِلَة
لم يُطعِمْ الكَلب؟	لأنَّها وقَعت وانكَسَرَت قدَمُها
لم يدخُلْ الامتِحان؟	
ساعَدَ السيِّدَةَ زَينَب وطلَبَ لها سيَّارَةَ الإسعاف؟	

لاحِظ القَواعِد: [٤]

أولاً: صياغَةُ فِعل الأمر من الفِعل المُضارِع - الفِعل الصحيح

الوزن	الفِعل المُضارِع	الأمر			
		أنْتَ	أنْتِ	أنْتُمْ	أنْتُنّ
١	يذْهَبُ	اِذهَبْ	اِذْهَبْي	اِذْهَبُوا	اِذْهَبْنَ
٢	يُرَتِّبُ	رتِّبْ	رتِّبي	رتِّبوا	رتِّبْنَ
٣	يُساعِدُ	ساعِدْ	ساعِدي	ساعِدوا	ساعِدْنَ
٤	يُرْسِلُ	أرسِلْ	أرسلي	أرسِلوا	أرسِلْنَ
٥	يتَكَلَّمُ	تكَلَّمْ	تكلَّمي	تكلَّموا	تكلَّمْنَ
٦	يتَقابَلُ	تقابَلْ	تقابَلي	تقابَلوا	تقابَلْنَ
٧	ينصَرِفُ	اِنصَرِفْ	اِنصَرِفي	اِنصَرِفوا	اِنصَرِفْنَ
٨	يتَّصِلُ	اِتَّصِلْ	اِتَّصِلي	اِتَّصِلوا	اِتَّصِلْنَ
١٠	يستَعمِلُ	اِستَعمِلْ	اِستَعمِلي	اِستَعمِلوا	اِستَعمِلْنَ

١٣

١٤

لاحِظ وجود الألف في وزن: ١ / ٧ / ٨ / ١٠ - لاحِظ السُكون في آخِر فِعل الأمر

الفِعل أَحْضِرْ = هات - هاتي - هاتوا

الفِعل اِذْهَبْ × عكس الفِعل تعالَ: تعالَ - تعالَي - تعالَوا

---

[٤] انظر جداول المثنى في آخر الوحدة

لاحِظ الأفعال: يأخُذُ / يأكُلُ ، أفعال شكل ١ لكِن شاذَّة في تصريف فِعل الأمر:

أنْتَ	أنْتِ	أنْتُمْ	أنْتُنّ
خُذْ	خُذِي	خُذُوا	خُذْنَ
كُلْ	كُلِي	كُلُوا	كُلْنَ

١٥

ثانِيًا: فِعل الأمر للفِعل المُعتَلّ:

الفِعل الماضي	المضارع	الأمر			
		أنْتَ	أنْتِ	أنْتُمْ	أنْتُنّ
المُعتَلّ الأوّل (و) وضَعَ	يَضعُ	★ ضعْ	ضعي	ضعوا	ضَعنَ
المُعتَلّ الوسَط (و) قالَ	يقولُ	★ قُلْ	قولي	قولوا	قُلنَ
المُعتَلّ الوسَط (ى) باعَ	يبيعُ	★ بِعْ	بيعي	بيعوا	بِعنَ
المُعتَلّ الآخِر (ى) نسِيَ	ينسى	★ اِنسَ	انسي	اِنسَوا	اِنسينَ
المُعتَلّ الآخِر (و) صحا	يصحو	★ اِصحُ	اصحي	اِصحوا	اِصحَينَ

١٦ ١٧ ١٨ ١٩ ٢٠

★ لاحِظ: حذف حرفِ العِلّة مع الضمير أنتَ / أنتُنَّ.

ثالِثًا: النَهي – الفِعل الصحيح:

الوَزن	الفِعل المُضارِع	الأمر				
		أنْتَ	أنْتِ	أنْتُمْ	أنْتُنّ	
١	يذْهَبُ	لا تَذهَبْ	لا تذْهَبْي	لا تذْهَبُوا	لا تذْهَبْنَ	٢١
٢	يُرَتِّبُ	لا تُرَتِّبْ	لا تُرتِّبي	لا تُرتِّبوا	لا تُرتِّبْنَ	٢٢
٣	يُساعِدُ	لا تُساعِدْ	لا تُساعِدي	لا تُساعِدوا	لا تُساعِدْنَ	٢٣
٤	يُرْسِلُ	لا تُرسِلْ	لا تُرسِلي	لا تُرسِلوا	لا تُرسِلْنَ	٢٤
٥	يتَكَلَّمُ	لا تتَكَلَّمْ	لا تتَكلَّمي	لا تتَكلَّموا	لا تتَكلَّمْنَ	٢٥
٦	يتَقابَلُ	لا تتَقَابَلْ	لا تتَقابَلي	لا تتَقابَلوا	لا تتَقابَلْنَ	٢٦
٧	ينصَرِفُ	لا تَنصَرِفْ	لا تنصَرِفي	لا تنصَرِفوا	لا تنصَرِفْنَ	٢٧
٨	يتَّصِلُ	لا تتَّصِلْ	لا تتَّصِلي	لا تتَّصِلوا	لا تتَّصِلْنَ	٢٨
١٠	يستَعمِلُ	لا تستَعمِلْ	لا تستَعمِلي	لا تستَعمِلوا	لا تستَعمِلْنَ	٢٩

النهي: لا + فِعل مُضارِع مجزوم بالسُكون.

النَهي للفِعل المُعتَلّ:

الفِعل الماضي	المضارع	الأمر			
		أنْتَ	أنْتِ	أنْتُمْ	أنْتُنَّ
المُعتَلّ الأوَّل (و) وضَعَ	يَضعُ	★ لا تضَعْ	لا تضَعي	لا تضَعوا	لا تضَعنَ
المُعتَلّ الوسَط (و) قالَ	يقولُ	★ لا تقُلْ	لا تقولي	لا تقولُوا	لا تقُلْنَ
المُعتَلّ الوسَط (ى) باعَ	يبيعُ	★ لا تبِعْ	لا تبيعي	لا تبيعُوا	لا تبعنَ
المُعتَلّ الآخِر (ى) نسِيَ	ينسى	★ لا تنسَ	لا تنسي	لا تنسَوا	لا تنسينَ
المُعتَلّ الآخِر (و) صحا	يصحو	★ لا تصحُ	لا تصحِي	لا تصحُوا	لا تَصْحينَ

٣٠
٣١
٣٢
٣٣
٣٤

رابِعًا: للسُؤال عن السبَب: لماذا؟ الإجابة: باستخدام لأنَّ:

٣٥

أنا	نحنُ	أنتَ	أنتِ	أنتُم	أنتُنَّ
لأنَّني	لأنَّنا	لأنَّكَ	لأنَّكِ	لأنَّكُم	لأنَّكُنَّ

هُو	هِي	هُم	هُنَّ
لأنَّهُ	لأنَّها	لأنَّهُم	لأنَّهُنَّ

تدريبات على القواعِد والمُفردات

تدريب (١) [٥]

أكمِل الجَدوَل:

الفِعل	أنتَ	أنتِ	أنتما	أنتُم	أنتُنَّ
يدفَعُ					
يُنظِّمُ					
يُراسِلُ					
يُحْضِرُ					
يتَحَدَّثُ مع					
يتَناقَشُ					
ينصَرِفُ					
ينتَظِرُ					
يستَقبِلُ					

تدريب (٢)

اِستَخدِم الأفعالَ السابِقَة وكوِّن جُمَلاً في الأمر.

مِثال: اِدفَع فاتورَة الكهرباء يا ناجي، اليَومَ آخِرُ مَوعِد.

---

[٥] يمكن حل تصريف أنتما في حالة تدريسه

تدريب (٣)

صِل لِتكوِّن جُمَلاً صحيحَة:

(ب)	(أ)
أ . في هذا المَقهى فَهُو غَيرُ مُناسِب لَكُنَّ .	١. لا تَتَكَلَّمْ
ب . الدَرسَ كلَّه قبلَ الذهابِ للسينِما .	٢. لا تَتَقابَلْنَ
ت . في الفصلِ يا أحمَد .	٣. رتِّبي
ث . الكومبيوتر الآن فأنا أستَخدِمُه .	٤. اُكتُبنَ
ج . المَلَفَّ إلى المُدير بِسُرعَة .	٥. لا تنصَرِفْ
ح . بالقِطار بل سافِري بالطائِرَة .	٦. لا تَعبُرْ
خ . بِسُرعَة، انتَظِر إلى نِهايَةِ الحَفل .	٧. اجتَمِعوا
د . حُجرَتَكِ وكُتُبَكِ يا سِهام .	٨. لا تستَخدِمْنَ
ذ . الشارِعَ ، فالضَوءُ أحمَر !!	٩. لا تُسافِري
ر . في الفَصلِ أثناءَ الدَرس .	١٠. أرسِلْ

تدريب (٤)

أكتُب الجُمَل في الأمر:

١. يستَيقِظُ (أنتِ) مُبكِّرًا لِتَذهَبي للمُحاضَرَة في الميعاد.

٢. يكتُبُ (أنتُم) هذا الواجِبَ في البَيت.

٣. لا يستَخدِمُ (أنتُنَّ) هذا الحَمّام.

٤. ينتَظِرُ (أنتم) هُنا حتّى يخرُجَ المُدير.

٥. لا يُغلِقُ (أنتُنَّ) النافِذَة فالجوُّ حارٌّ جِدًا.

٦. لا يُراسِلُ (أنتَ) أشخاصًا لا تعرِفُهُم بِالبَريدِ الإلكترونيّ.

٧. يُحَضِّرُ (أنتِ) لي الطَعامَ بِسُرعَةٍ يا فاطِمَة فأنا جائِعٌ جِدًا.

٨. يتَقابَلُ (أنتُنَّ) معي يَومَ الثُلاثاء بعدَ العمَل. ما رأيُكُم؟

٩. يتَكَلَّمُ (أنتُم) معي بِالعَرَبيَّة فقط.. من فضلِكُم!

١٠. لا (أنتِ) يأكُلُ في الفَصل.

تدريب (٥)

تعليماتُ المُدير

أنظُر إلى الصورَة واكتُب الفِعلَ المُناسِبَ لِتعليماتِ المُدير:

١ . يا عادِل أنتَ تأخَّرتَ جِدًا اليَوم! ------ غدًا مُبكِّرًا و ------ السّاعَةَ الثامِنَةَ صباحًا.

٢ . ------ هذا الفاكس يا إيهاب و ------ له إلى شَرِكَةِ الكَهرَباء.

٣ . هل كتَبتِ كُلَّ الخِطاباتِ يا نِرمين؟ ------ هذا الخِطابَ أيضًا بِسُرعَة.

٤ . يا سَيِّدات!! لا ------ كثيرًا في التِليفون. هذا التليفون خاصٌّ بالعَمَلِ فقَط.

٥ . لا ------ إلى البوسطَة الآنَ يا فوزي. ------ قليلاً سَوفَ أُرسِلُ معَكَ خِطابًا آخر.

٦ . لا ------ ماكينَة التَصوير الخاصَّة بي.

٧ . أُريدُ أنْ أشرَبَ قهوَةً. ------ لي قهوَةً يا حسين.

٨ . ------ التكييف يا ماجدَة و ------ الباب.

٩ . أين شيك البَنك يا عِماد؟ ------ بِسُرعَة و ------ الشيك.

١٠ . أين المَلَفّاتُ يا آمال؟ أنا غاضِبٌ مِنْكِ جِدًا. ------ الآن ولا ------ إلى مكتَبي اليَوم.

تدريب (٦)

صِل أ مع ب لِتَكوِّنَ جُملَةً صحيحَة:

أ	ب
١. كُلي من طبَقِ اللحمِ هذا فهو لذيذٌ جِدًا، لماذا لا تأكُلين مِنه؟	أ . لأنَّ زَوجَتي مريضَةٌ اليَوم.
٢. اِدفَع ثمَنَ كِتابِ صديقِكَ الفَقير؟ لماذا لا تُساعِدُه؟	ب . آسِفَة. أنا لا آكُل اللَحمَ لأنَّني نباتِيَّة.
٣. نظِّفي المَطبَخَ يا سعدِيَّة! لماذا لم تُنَظِّفي المَطبَخَ جيِّدًا؟	ت . لأنّ ليس معي نُقود كافِيَة.
٤. أسرِعوا وادخُلوا الفَصلَ بِسُرعَةٍ! لماذا تأخَّرتُم؟	ث . لأنَّه يحتاجُ إلى وقتٍ طويلٍ وأنا تعِبتُ اليَوم، وعمِلتُ كثيرًا جِدًا.
٥. اذهَب معَنا إلى الإسكَندَرِيَّة اليَوم! لماذا لا تأتي معَنا في السَيّارَة.	ج . لأنَّنا استَيقَظنا مُتأخِّرين

تدريبات الاستِماع 

تدريب (٧)

الإسعافاتُ الأوَّلِيَّةُ لِحُروقِ الشَّمس

٣٦ ٣٧ ٣٨ ٣٩

 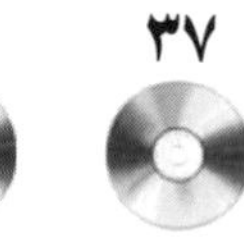 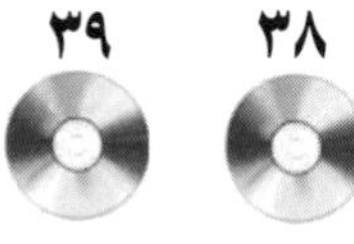

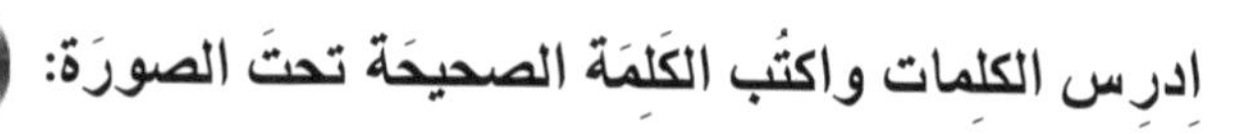

اِدرِس الكلِمات واكتُب الكَلِمَة الصحيحَة تحتَ الصورَة:

اِسمَع الجُزء الأوَّل ثُمَّ أجِب: ما معنى إسعافات أوَّلِيَّة؟

اسمَع مرَّة أُخرى وأكمِل:

١. حُروقُ الشَّمسِ هي إصابةُ الجِلدِ بـ ------ شديدٍ وحرقٍ نتيجَةً لِتَعَرُّضِ الجِلد لأشِعَّةِ الشمس ------.

٢. تزدادُ هذه الأشِعَّةُ وتقوَى من السّاعَةِ ------ صباحًا إلى السّاعَةِ ------ ظُهرًا.

٣. التَعَرُّضُ للأشِعَّةِ فوقَ البنفسَجِيَّةِ لِمُدَّةٍ طويلَةٍ لا يُسبِّبُ حُروقَ الجِلد فحَسب بل --- --- المُبكِّر و ------ بِسَرَطانِ الجِلد.

اِسمَع الجُزء الثاني ثُمَّ أجِب صواب أم خطأ:

١. الجِلد المُصاب لا يحمَرُّ.

٢. الجِلد المُصاب يُؤلِمُ.

٣. يشعُرُ المُصابُ بِصُداعٍ ورعشَة.

اسمَع الجُزء الثالِث واكتُب فِعل الأمر المُناسِب:

١. ------ حمّاما بارِدًا، ------ كمّادات ١٠ – ١٥ دقيقَة على مدار اليَوم.

٢. ------ بكربونات الصودا على ماءِ الاستِحمام لِتَخفيفِ آلامِ الجِسم.

٣. ------ لوسيون مُرطِّب لِلجِلد.

٤. ------ كريمات مُهَدِّئَة كما يصِفُ الطبيب.

٥. أ. ب.

٦. اذكُر كَيفِيَّةَ الوِقايَةِ من ضربَةِ الشمسِ أو حُروقِ الشمس. أُذكُر ٣ نصائح.

الإسعافاتُ الأوَّلِيَّةُ لِحُروقِ الشَمس (٦)

نصُّ الاستِماع: الجُزء الأوَّل:  **٣٦**

الإسعافاتُ الأوَّلِيَّةُ: هي المُساعَداتُ السَريعَةُ التي يقومُ بِها شخصٌ لِمُساعَدَةِ نفسِهِ أو شخصٍ آخَر في مُشكِلَةٍ صِحِّيَّة.

حروقُ الشمسِ من المشاكِلِ الصحِّيَّةِ التي تُصيبُ السائِحين في الشرق الأوسَط.

ما هي حُروقُ الشمس؟ هي إصابَةُ الجِلدِ بِاحمِرارٍ شديدٍ وحرقٍ نتيجَةً لتعرُّضِ الجِلدِ لأشِعَةِ الشمسِ فوقَ البنَفسَجِيَّة. تزدادُ هذه الأشِعَّةُ وتقوى من السّاعَةِ العاشِرَةِ صباحًا إلي السّاعَةِ الثانِيَةِ ظُهرًا. لا يُحدِثُ التعَرُّضُ للشمسِ لِمُدَّةٍ طويلَةٍ حُروقَ الجِلدِ من الدَرَجَةِ الأولى والثانِيَةِ فحَسب بل يُسبِّبُ تجاعيدَ جِلدِ الوجه المُبكِّرَة والإصابَةَ بِسَرَطانِ الجِلدِ في العُمرِ المُتَقَدِّم وخُصوصًا إذا تعرَّضَ هذا المريضُ لِهذه الأشِعَّةِ مُنذُ طُفولَتِه.

(٦) المقال من جوجل الإسعافات الأوليّة حروق الشمس www.feedo.net/firstaid1/FirstAidIndex.htm

الجُزء الثاني: ٣٧

أعراضُ الإصابَة:

١. يظهَرُ الاحمرارُ على منطَقةِ الإصابَةِ في الحال أو بعدَ مُدَّةٍ قصيرَةٍ أو في خِلالِ ٢٤ ساعَة.
٢. سُخونَةٌ في الجِلد وآلام شديدةٌ في المنطَقة المُصابَةِ.
٣. تكَوُّنُ بُثورٍ على الجِلد مع الإحساسِ بِاحتِراقٍ شديدٍ في المنطَقَة.
٤. الإصابَة بِصُداع، وغثَيان، وَرعشَة، وَارتِفاع في درَجَةِ الحرارَةِ و تُسمَّى بِتَسَمُّمِ الشمسِ أو ضربَةِ شمس.

الجُزء الثالِث: ٣٨

الإسعافاتُ الأوَّليَّة:

١. خُذْ حمّامًا بارِدًا، اعمَل كمّاداتٍ لمُدَةٍ من ١٠ – ١٥ دقيقَة على مدارِ اليَوم.
٢. أضِفْ بكربونات الصوديُومْ على ماءِ الاستِحمامِ لِتخفيفِ آلامِ الجِسم.
٣. استخدمْ لوسيون مُرطِّب للجِلد.
٤. ادهِنْ كريمات مُهدِّئَة كما يصِفُ الطبيب.
٥. اذهَبْ إلى الطبيبِ فوَرًا عند حُدوثِ ارتِفاعٍ شديدٍ في الحرارَةِ أو الشُعور بالدُوار والغَثَيان.

لا:

١. لا تستَخدِمْ كريمات أو زُبدْ أو جيل من مُشتَقّاتِ البترول.
٢. لا تُعطِ أسبرين إلى الأطفالِ المُصابين. ولكن استعمِل التايلينول.
٣. لا تغسِلْ الجِلدَ بالصابون.

لِلوِقايَة من ضربَةِ الشمس: ٣٩

١. ادهِنْ الكريم المُضادَّ للشمسِ نِصفَ ساعَةٍ قبلَ التعرُّضِ للشَمس.
٢. أعِدْ وكرِّر الدهان مرَّةً أُخرى بعد الاستِحمام.
٣. استَخدِمْ نظّارَةَ شمسٍ لِحِمايَةِ العَين.
٤. البَسْ القُبَّعَةَ أو ارتَدِ غِطاءً للرأسِ أو استَخدِمْ المِظَلَّةَ عند السَيرِ في الشَمس.
٥. اشرَبْ كثيرًا من السوائِلِ وخاصَّةً الماء البارِد أثناءَ تعرُّضِكَ للشَمس.

تدريباتُ القِراءَة

تدريب (٨)

قِراءَة ١:

أكْـلُ الفاكِهَــة [٧] ٤٠

١. أُكتُب أكبرَ عددٍ من الكَلِمات التي تعلَّمتَها تحتَ كُلِّ صورَة:

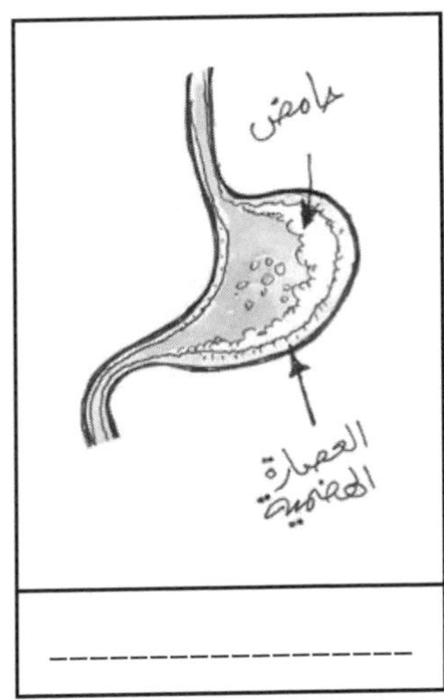

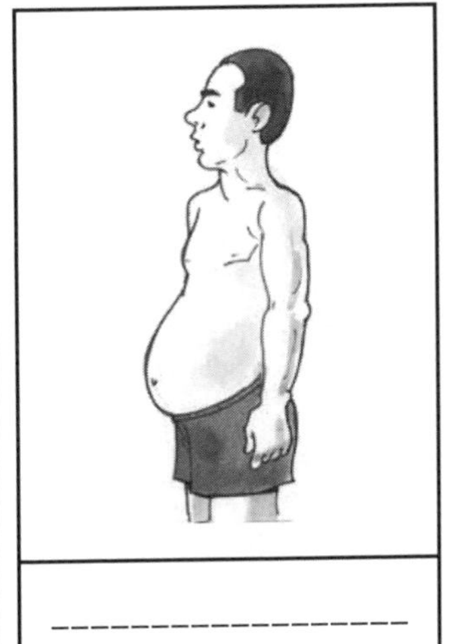

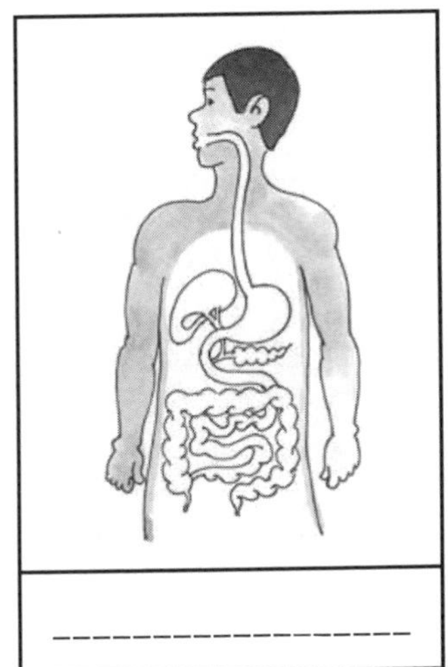

[٧] المقال بتصرّف من جوجل للدكتور عبد الرحيم القحطاني الفاكهة وفوائدها.

٢. صلْ الكلمة بالمعنى:

الكَلِمَة	المَعنى
١. نعتَقِدُ أنّ	أ . مُؤثِّر ومهم
٢. جميعًا	ب . يجِبُ أنْ
٣. تناوَلَ	ت . فَم
٤. أفواهُنا / فاه	ث . دَورٌ أساسي
٥. ينبَغِي	ج . كلُّنا
٦. دَورٌ رئيسِي	ح . نَظُنُّ أنَّ
٧. فعّال	خ . أكَلَ

٣. **هاتِ فعلَ كُلِّ مصدَرٍ تحتَهُ خَط**

الفاكهة

٤. **اِقرَأ النَصَّ قِراءَةً أُولى ثُمَّ أجِب:**

أ. متى الوقتُ المُناسِبُ لِتناوُلِ الفاكِهَة؟

اقرأ النصَّ قِراءَةً ثانيَةً ثُمَّ أجب:

ب. ماذا يحدُثُ عند تناوُلِنا الفاكِهَةِ على مَعِدَةٍ فارِغَة؟

ت. لماذا لا ينبَغي تناوُلُ الفاكِهَةِ على مَعِدَةٍ مُمتَلِئَة؟ أكمِل الجُمَل للإجابَة:

الوجبَةُ بكامِلِها (الخُبز + الفاكِهَة) ------ وتتحوّلُ إلى ------

كُتلةُ الطعامِ تبدأُ ب ------ و ------ مع غيرِها من الموادِّ الغِذائيَّةِ الأُخرى وتُنتِجُ ------

ويشعُرُ الشخصُ ب ------

ث. أُكتُب النصيحَةَ لِطريقَةِ أكلِ الفاكِهَة:

النصّ ٤٠

نعتَقِدُ جميعًا أنَّ تناوُلَ الفاكِهَةِ يعني: شِراؤها، وتقشيرُها و تقطيعُها، ثُمَّ وضعُها في أفواهِنا. ولكِنْ في الحقيقَةِ الأمرُ ليسَ بهذهِ السُهولَةِ فمِن المُهِمِّ معرِفَةُ كيفَ ومتى نتَناوَلُ الفَواكِه؟

ما هي الطريقَةُ الصحيحَةُ لِتَناوُلِ الفاكِهَة؟

أكلُ الفاكِهَةِ يعني تناوُلَها قبلَ الطَعامِ أو بعدَه بِساعَتَينِ على الأَقل، بل ينبَغي تناوُلَها على مَعِدَةٍ فارِغَة! أكلُ الفاكِهَةِ بهذه الطَريقَةِ سيقوم بِدَورٍ رئيسي وفعَّال في إزالَةِ سُمِّيَّةِ جِهازِكَ الهَضمي، وفي نفسِ الوَقتِ سوفَ يُمِدُّ الجِسمَ بِقَدرٍ كبيرٍ مِن الطاقَةِ اللازِمَةِ لإنقاصِ الوَزنِ وغَيرِها من أنشِطَةِ الحَياةِ المُتعَدِّدَة.

الفاكِهَةُ هي أهَمُّ غِذاء ٤١

لا تتَناوَلْ قِطعَةً من الخُبزِ وبعدَ ذلك تأكُل فاكِهَة. لأنّ شريحَةَ الفاكِهَة على استِعدادٍ

للذهابِ مُباشَرَةً من المَعِدَةِ إلى الأَمعاء، ولكنّك منَعتَها من القِيامِ بذلك. وفي هذه الأثناء الوجبَةُ بِكامِلِها (الخُبز + الفاكِهَة) تتَخَمَّرُ وتتَحَوَّلُ إلى حامِض. وفي اللحظَة التي تُلامِسُ فيها الفاكِهَةُ الطعامَ في المَعِدَة والعصارَةَ الهَضميَّةَ فإنَّ كُتلَةَ الطعامِ تبدَأُ بالفَسادِ وتختَلِطُ مع غيرِها من الموادِّ الغِذائِيَّةِ الأُخرى وتُنتِجُ الغاز، وبالتالي سوفَ تشعُرُ بالانتِفاخ، لذلك رجاءً تناوَلْ الفاكِهَةَ على مَعِدَةٍ فارِغَةٍ أو قبلَ وجَباتِ الطعام!

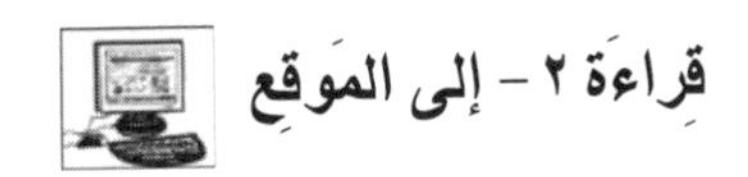

قِراءَة ٢ - إلى المَوقِع

تدريب (٩) ٤٢ — ٤٨

بعضُ ثِمارِ الفاكِهَةِ المُفيدَة [٨]

قرأتَ مَوضوعًا عن الفاكِهَة وكيفِيَّةِ أكلِها وإليكَ بحثًا جميلاً عن أنواعِ الفاكِهَةِ المُختَلِفَة وفوائِدِها ونصائِحَ مُفيدَةٍ عنها.

كلِمات مُفيدَة: تحَكَّمْ - ستَملِكُ - سِرّ - الشَيب - الصَلَع - الدَوائِر السَوداء - وَفقًا لما - حِمضِيَّة - قَلَوِيَّة - لُعاب - المَوادّ المُضادَّة للأكسَدَة

---

[٨] الصورة وباقي المقال بتصرّف من جوجل للدكتور عبد الرحيم القحطاني و د. ستيفن ماك الفاكهة وفوائدها

اِبحَثْ عن معنى الكَلِمات في قاموسِ كِتابِكَ ثُمَّ صِل الكَلِمَة بِمَعناها:

الكلمة	المعنى
١. تحَكَّمْ	أ. مادَّةٌ تقضي على السُمومِ المُتَأكسِدَة
٢. ستَملِكُ	ب. سيكونُ عِندَكَ
٣. سِرّ	ت. انضَبَطَ – سَيطَرَ على
٤. الشَيب	ث. اللَونُ الأسوَدُ تحتَ العَين
٥. الصَلَع	ج. بناءً على
٦. الدَوائِر السَوداء	ح. سائلُ الفَم
٧. ووَفقًا لِما	خ. رأسٌ بِدونِ شَعر
٨. حِمضِيَّة	د. رأسٌ بِشَعرٍ أبيَض
٩. قَلَوِيَّة	ذ. كلامٌ أو خبَرٌ لا يعرِفُهُ أحَد
١٠. لُعاب	ر. Hcl
١١. المَوادُّ المُضادَّةُ للأكسَدَة	ز. Naoh

أُدخُل المَوقِعَ لِلقِراءَةِ وعمَلِ التدريبات. 

تدريباتُ الكِتابَة

تدريب (١٠)

تعليمات مُعسكَر التَدريب

سالِم في مُعسكَرِ التَدريب. هو تعيشّ جِدًا كُلَّ يَومٍ تدريباتٌ و تعليماتٌ، أوامِرُ وطَلَباتٌ لا تنتَهي

١. صِلْ لِتُكَوِّنَ جُمَلاً للتعليماتِ اليَومِيَّةِ للجُنديِ الجَديد في المُعسكَر:

٢. رتِّبْ الجُمَلَ ترتيبًا منطِقِيًّا:

جُملَة أ	جُملَة ب
١. اِستَخدِمْ الحَمّامَ للنَظافَةِ	أ. الصباح لمدة ٣ساعات
٢. اِستَيقِظْ	ب. زُمَلائِكَ ٥ دَورات
٣. أُطبُخْ	ت. في دقيقَتَين
٤. اِجرِ مع	ث. الرِياضَةِ في ١٠ دقائِق
٥. أُخرُجْ إلى المَلعَب	ج. فِراشِكَ في١٠ دقائِق
٦. اِرتَدِ ملابِسَ	ح. والاستحمام في١٥ دقيقة
٧. رتِّبْ	خ. الطعامَ اليَومَ للمُعَسكَر
٨. اِستَعِدّ لِتَمريناتِ	د. السّاعَةَ الخامِسَة

تدريب (١١)

أُكتُب جُمَلاً مُناسِبَةً عن كُلِّ صورَة مستخدمًا صيغة النهي:

تدريباتُ الكَلام

تدريب (١٢)

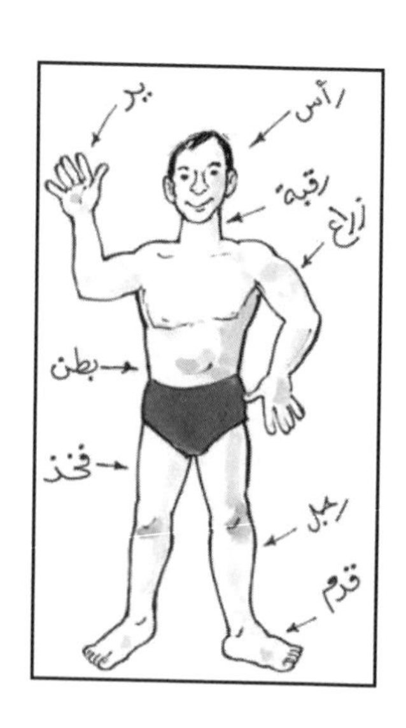

هاتِ فِعلَ الأمرِ من الأفعالِ التاليَة:

يرفَعُ - يجلِسُ - ينهَضُ - يثني - يمُدُّ - يُحَرِّكُ - يركَعُ - ينحَني

يشُدُّ - يلمَسُ - يُغلِقُ - يقفِلُ - يفتَحُ - يضحَكُ - يبتَسِمُ - يُخْرِجُ

مُسابَقَة:

كلُّ طالبٍ يأمُرُ زميلَه (١٠ أَوامِر)

الطالبُ الفائزُ هو الذي يقومُ بِأقَلِّ عدَدٍ من الأخطاء.

يُكَرَّرُ الأمرُ مع الطَلَبَةِ الفائزين إلى أنْ تتمَّ تصفيَةُ الفائِزِ الأخير.

تذكَّرْ

١. الفِعلُ المُضارِعُ المنصوبُ بِأنْ:

أولاً: المعنى: يستَطيعُ أنْ = يُمكِنُ أنْ = يقدِرُ أنْ / لا يستطيعُ أنْ = لا يُمكِنُ أنْ = لا يقدِرُ أنْ

مُلاحَظَة: يقدِرُ أنْ = يُستَخدَمُ أكثَر للتعبيرِ عن الأعمالِ الجُسمانِيَّة

ثانِيًا: التصريف:

الضمير	المُضارِع (يستَطيعُ أنْ)			النَفي (لا يستَطيعُ أنْ)		
أنا	أستطيعُ	أنْ	أفعَلَ	لا أستطيعُ	أنْ	أفعَلَ
نحن	نستطيعُ	أنْ	نفعَلَ	لا نستطيعُ	أنْ	نفعَلَ
أنْتَ	تستطيعُ	أنْ	تفعَلَ	لا تستطيعُ	أنْ	تفعَلَ
أنْتِ	تستطيعينَ	أنْ	تفعَلي ★	لا تستطيعينَ	أنْ	تفعَلي ★
أنتما	تستطيعان	أنْ	تفعَلا ★	لا تستطيعان	أنْ	تفعَلا ★
أنْتُم	تستطيعونَ	أنْ	تفعَلوا ★	لا تستطيعونَ	أنْ	تفعَلوا ★
أنْتُن	تستَطِعنَ	أنْ	تفعَلنَ	لا تستَطِعنَ	أنْ	تفعَلنَ
هو	يستطيعُ	أنْ	يفعَلَ	لا يستطيعُ	أنْ	يفعَلَ
هي	تستطيعُ	أنْ	تفعَلَ	لا تستطيعُ	أنْ	تفعَلَ
هما	يستطعيان	أنْ	يفعَلا	لا يستطيعان	أنْ	يفعَلا
هما	تستطيعان	أنْ	تفعَلا	لا تستطيعان	أنْ	تفعَلا
هم	يستَطيعونَ	أنْ	يفعلوا ★	لا يستطيعونَ	أنْ	يفعَلوا ★
هن	يستَطِعنَ	أنْ	يفعَلنَ	لا يستَطِعنَ	أنْ	يفعَلنَ

الفِعلُ بعدَ الحرفِ (أنْ) دائمًا مُضارِعٌ منصوبٌ وعلامَةُ النصبِ الفتحَة (يستَطيعُ أنْ يفعَلَ)

لاحِظ: حذف حرفِ النون من الفِعلِ المُضارِعِ بعد (أنْ) مع أنْتِ / أنتما / أنْتُم / هُم

قاعِدَةُ حذفِ النون من الفِعلِ المُضارِعِ بعد أنْ مع أنْتِ / أنتما / أنْتُم / هُم لا تتَغَيَّرُ مع نفي المُضارِع

مثال: (لا تستَطيعين أنْ تفعَلي) أو الماضي (لم تستَطيعي أنْ تفعَلي)

ثالثاً: يُمكِنُ استِبدالُ أنْ + الفِعل بالمَصدَر من الفِعل والتعبير عن الجُملَةِ كالمِثال:

يستَطيعُ أنْ يتحدَّثَ بِلُغاتٍ كثيرَةٍ = يستَطيعُ التَحَدُّث بِلُغاتٍ كثيرَة

يُمكِنُهُ أنْ يعمَلَ لِساعاتٍ طَويلَة = يُمكِنُهُ العمَلَ لِساعاتٍ طَويلَة

أنْ + الفِعل المُضارِع المَنصوب = مصدَر الفِعل

رابِعًا:

أ. لاحِظ معنى لا يُمكِنُ أنْ – يجِبُ أنْ

عمّ خليل كبُرَ ولا يُمكِنُ أنْ يقودَ شاحِنَة. هو يجِبُ أنْ يعمَلَ أعمالاً خفيفَة. صلاح يجِبُ أنْ يبحَثَ عن عمَل.

ب. التصريف : يجِبُ أنْ / يُمكِنُ أنْ

أنا	نحن	أنْتَ	أنْتِ ★	أنتما ★	أنْتُم ★	أنْتُن
يجب أن / يمكن أن						
أبحث	نبحث	تبحث	تبحثي	تبحثا	تبحثوا	تبحثن
عن عمل						

هو	هي	هما ★	هم ★	هن
يجب أن / يمكن أن				
يبحث	تبحث	يبحثا / تبحثا	يبحثوا	يبحثن
عن عمل				

٢. فِعل الأمر

أولاً: صِياغة فِعل الأمر من الفِعل المُضارِع - الفِعل الصَحيح

الوزن	الفِعل المُضارِع	الأمر				
		أنْتَ	أنْتِ	أنتما	أنْتُمْ	أنْتُنَّ
١	يذْهَبُ	اِذهَبْ	اِذْهَبي	اِذهَبا	اِذْهَبُوا	اِذْهَبْنَ
٢	يُرَتِّبُ	رتِّبْ	رتِّبي	رتِّبا	رتِّبوا	رتِّبْنَ
٣	يُساعِدُ	ساعِدْ	ساعِدي	ساعِدا	ساعِدوا	ساعِدْنَ
٤	يُرْسِلُ	أرسِلْ	أرسلي	أرسِلا	أرسِلوا	أرسِلْنَ
٥	يتَكَلَّمُ	تكَلَّمْ	تكلَّمي	تكَلَّما	تكلَّموا	تكلَّمْنَ
٦	يتَقابَلُ	تقَابَلْ	تقابَلي	تقَابَلا	تقابَلوا	تقابَلْنَ
٧	ينصَرِفُ	اِنصَرِفْ	اِنصَرِفي	اِنصَرِفا	اِنصَرِفوا	اِنصَرِفْنَ
٨	يتَّصِلُ	اِتَّصِلْ	اِتَّصِلي	اِتَّصِلا	اِتَّصِلوا	اِتَّصِلْنَ
١٠	يستَعمِلُ	اِستَعمِلْ	اِستَعمِلي	اِستَعمِلا	اِستَعمِلوا	اِستَعمِلْنَ

٣. لاحِظ وجود الألف في وزن: ١/ ٤/ ٧/٨/ ١٠ - لاحِظ السكون في آخِر فِعل الأمر

٤. الفِعل أَحْضِرْ = هات - هاتي - هاتوا

٥. الفِعل اِذْهبْ × عكس الفِعل تعال: تعال- تعالي- تعالوا

٦. لاحِظ الأفعال: (يأخُذُ / يأكُلُ) أفعال شكل ١ لكِن شاذَّة في تصريف فِعل الأمر

أنْتَ	أنْتِ	أنتما	أنْتُمْ	أنْتُنّ
خُذْ	خُذِي	خذا	خُذُوا	خُذْن
كُلْ	كُلِي	كلا	كُلُوا	كُلْن

ثانِيًا: فعل الأمر للفِعل المُعتَل

الفِعل الماضي	المُضارِع	الأمر				
		أنْتَ	أنْتِ	أنْتُما	أنْتُمْ	أنْتُنَّ
المُعتَلّ الأول (و) وضَعَ	يَضَعُ	ضَعْ	ضعي	ضعا	ضعوا	ضَعنَ
المُعتَلّ الوسط (و) قالَ	يقولَ	قُلْ	قولي	قولا	قولوا	قُلنَ
المُعتَلّ الوسط (ي) باعَ	يبيعُ	بِعْ	بيعي	بيعا	بيعوا	بِعنَ
المُعتَلّ الآخر (ي) نسِيَ	ينسي	اِنسَ	انسي	اِنسيا	اِنَسوا	اِنسينَ
المُعتَلّ الآخر (و) صحا	يصحو	اِصحَ	اصحي	اِصحوا	اِصحوا	اِصْحَينَ

لاحظ: حذف حرف العلة مع الضمير أنتَ

ثالثًا: النَهي – الفِعل الصحيح

الوَزن	الفِعل المُضارِع	الأمر				
		أنْتَ	أنْتِ	أنتُما	أنْتُمْ	أنْتُنَّ
١	يذْهَبُ	لا تَذهَبْ	لا تذْهَبْي	لا تذْهَبا	لا تذْهَبُوا	لا تذْهَبْنَ
٢	يُرَتِّبُ	لا تُرَتِّبْ	لا تُرتِّبي	لا تُرتِّبا	لا تُرتِّبوا	لا تُرتِّبْنَ
٣	يُساعِدُ	لا تُساعِدْ	لا تُساعِدي	لا تُساعِدا	لا تُساعِدوا	لا تُساعِدْنَ
٤	يُرْسِلُ	لا تُرسِلْ	لا تُرسِلي	لا تُرسِلا	لا تُرسِلوا	لا تُرسِلْنَ
٥	يتَكَلَّمُ	لا تتَكَلَّمْ	لا تتكلَّمي	لا تتَكلَّما	لا تتَكلَّموا	لا تتَكلَّمْنَ
٦	يتَقابَلُ	لا تتَقابَلْ	لا تتَقابَلي	لا تتَقابَلا	لا تتَقابَلوا	لا تتَقابَلْنَ
٧	ينصَرِفُ	لا تَنصَرِفْ	لا تنصَرِفي	لا تنصرَفا	لا تنصَرِفوا	لا تنصَرِفْنَ
٨	يتَّصِلُ	لا تتَّصِلْ	لا تتَّصِلي	لا تتَّصِلا	لا تتَّصِلوا	لا تتَّصِلْنَ
١٠	يستَعمِلُ	لا تستَعمِلْ	لا تستَعمِلي	لا تستَعمِلا	لا تستَعمِلوا	لا تستَعمِلْنَ

النَهي: لا + فِعل مُضارِع مجزوم بالسُكون أو بحذف النون (الأفعال الخمسة)

النَهي للفِعل المُعتَلّ:

الفِعل الماضي	المضارع	الأمر			
		أنْتَ	أنْتِ	أنْتُمْ	أنْتُنّ
المُعتَلّ الأوَّل (و) وضَعَ	يَضعُ	★ لا تضَعْ	لا تضَعي	لا تضَعوا	لا تضَعنَ
المُعتَلّ الوسَط (و) قالَ	يقولُ	★ لا تقُلْ	لا تقولي	لا تقولُوا	لا تقُلْنَ
المُعتَلّ الوسَط (ى) باعَ	يبيعُ	★ لا تبِعْ	لا تبيعي	لا تبيعُوا	لا تبعنَ
المُعتَلّ الآخِر (ى) نسِيَ	ينسى	★ لا تنسَ	لا تنسي	لا تنسَوا	لا تنسينَ
المُعتَلّ الآخِر (و) صحا	يصحو	★ لا تصحُ	لا تصحِي	لا تصحُوا	لا تَصْحينَ

رابعًا: للسُؤال عن السَبَب : لِماذا ؟ الإجابَة: باستِخدام لأنَّ

أنا	نحنُ	أنتَ	أنتِ	أنتُما	أنتم	أنتُنَّ
لأنَّني	لأنَّنا	لأنَّكَ	لأنَّكِ	لأنَّكُما	لأنَّكُم	لأنَّكُنَّ

هُو	هِي	هُما	هُم	هُنَّ
لأنَّهُ	لأنَّها	لأنَّهُما	لأنَّهُم	لأنَّهُنَّ

مُراجَعَة من وِحدَة ٥ إلى وِحدَة ٨

تدْريب (١)

اِستَخدِم الأفعالَ التاليَةَ في التَصريفِ المُناسِب:

جَرَى – وصَلَ – نامَ – تَخاصَمَ – مَشَى – وجَدَ – عاشَ – اِشتَرى – شَجَّعَ – نالَ – مدَّ – اِستَطاعَ

١ . متَى ------ طائِرَةُ رئيسَةِ الوُزَراء؟

٢ . ------ الأُختانِ بِسَبَبِ الزَوجَين.

٣ . قادَت السَيِّدَةُ سيّارَتَها مسافَةً طويلَة وأخيرًا ------ مكانَ المَركَزِ التِّجارِي الجَديد.

٤ . هل سمِعتَ يا وائل؟ حمدي وعائِلَتُهُ ------ بَيتًا جديدًا في حَي الأشجار بِمَدينَةِ ٦ أُكتوبَر!!

٥ . الحَمدُ لله يا شباب. ------ طويلاً معي، ولَكِن ساعَدتُموني لأجِدَ الشارِع. أشكُرُكُم جِدًا.

٦ . زَميلاتي العَزيزات هل ------ الطالبات بعدَ فَوزِهِنَّ في المُباراة؟

٧ . وُلِدَتْ في وِلايَةِ نيويورك، ولَكِن ------ في وِلايَةِ كاليفورنيا.

٨ . سقَطَتْ ابنَتي وسطَ الشارِع، ولَكِن ------ يدي بِسُرعَة وأمسَكْتُها قبلَ أن تصدِمَها السَيّارَة.

٩ . ------ موزارت أنْ يعزِفَ البيانو ويُؤلِّفَ الكونشرتو في سِنٍّ مُبكِّر.

١٠ . نجيب محفوظ ------ جائِزَة نوبل للأدَب.

١١ . ------ الطِفلَةُ الصَغيرَةُ بعد أن شَرِبَتْ اللبَن.

١٢ . ------ ضابِطُ الشُرطَةِ خلفَ اللِصِّ وأخيرًا أمسَكَهُ.

تدْريب (٢)

١. رتِّب الجُمَل الآتِيَة:

١ . أسعار السُكَّر / أعلَنَت /زِيادَة / مُنذُ ٣ أيّام. / وزارَة التِجارَة

٢ . بِأنَّ السارِقَ / صرَّحَ / لم يَستَطِع الهَرَب / ضابِط الأمن / مِن المَصنَع

٣ . حديقَة المَنزِل / دخَلَ الكَلبُ / الطِفلَة الصَغيرَة. / فَلَم تَجْرِ أو تَخَفْ

٤ . لن يَحضُرَ الاجتماع. / أنَّ الرئيسَ / وزيرةُ الخارجيَّةِ الجَريدَةَ / أخبرَت

٥ . لم تكُنْ ناجِحَة. / المُقابَلَة مع المسئولين / صرَّحَتْ المُديرَةُ أنَّ / في وزارَةِ التعليم

٦ . أنَّ الرِحلَةَ أُلغيَت / أعلَنَت شرِكَةُ الطَيَران / بِسَبَبِ الأحوالِ الجَوِّيَّة.

٧ . رئيس الوَفد / وسلَّمَ علَيه. / رأى المُراسِل / فَجَرى نحْوَه

٨ . طلَبَ رئيسُ التَحرير / وأجرى معَهُ حديثًا. / مُقابَلَة عميدِ الجامِعَة

تدريب (٣)

صديقُ الإنسانِ الوَفي

استَخدِم الكلماتِ التالِيَة لِتُكمِلَ القِصّة الصّحيحَة:

الهُروب – قلّت – تفاجَأ – اضطُرَّ – يدفَع – ندُرَ – لِتَرْكه – منْع – عرَفَ منها – عاشَ – لِيَبحَث

------ أُسامَةُ معَ زَوْجَتِهِ وأَوْلادِه وكلبِهِ في قريَتِهِ وكانَ سَعيدًا بالعَيْشِ، ولَكِنْ ------ الأمطارُ و ------ الماءُ الذي يَرْوي الأرضَ و ------ أُسامَةُ للسَفرِ لِلبَحْثِ عَنْ عَمَل. تَرَكَ أُسامَةُ عائلَتَهُ وَكلبَهُ وقرْيَتَهُ وسافَرَ ------ عَنْ وَظيفَةٍ في المُدُنِ المُجَاوِرَةِ لِقَريَتِهِ فَوَجَدَ عمَلاً في مدِينَةٍ قريبَة. سكَنَ في شَقَّةٍ صغيرَةٍ في الدورِ الأوَّلِ وعاشَ وحيدًا لِمُدَّةِ ٤ أشْهُرٍ ثُمَّ ------ بِصَوتٍ خارِجَ البَيتِ، صَوْتِ شَيءٍ ------ البابَ ويُرِيدُ الدُخول، فتَحَ البَابَ ورأى كَلبَهُ الأبْيَضَ سقطَ أمَامَهُ مِنَ التَعبْ. حمَلَ الكَلْبَ وأعطاهُ ماءً وطعامًا، اتَّصَلَ أُسامةُ بِزَوْجَتِهِ وَ ------ أنَّ كلبَهُ حَزِنَ جِدًّا ------ المَنزِلَ وحاوَلَتْ الزَّوْجَةُ ------ الكَلبِ مِنْ ------ عِدَّةَ مَرّاتٍ وَلَكِنْ لَمْ تَستَطِعْ الزَّوْجَةُ أو الأولادُ أنْ تُمْسِكَ الكَلبَ هَذِهِ المَرّة ولمْ تَعْرِفْ أينَ ذَهَبَ. فَرِحَ أُسامَةُ بِصَديقِهِ الوَفيّ الذي استَطاعَ أنْ يَمْشِيَ أيّامًا حتّى وَصَلَ إلى هَذِهِ المَدينَةِ فأَخَذَهُ إلى دَاخِلِ المَنزِلِ لِيَعيشَ مَعَهُ إلى أنْ يَرْجِعَ إلى عَائلَتِهِ ثانيًا.

تدْريب (٤)

أُكتُب الجُملَة في النَفي:

يَجري – يَصِلُ – يَخافُ – يَقولُ – يَعيشُ – يُنَظِّفُ – يَقضِي – يُغنِّي – يُحِبُّ – يَشتَري – يَتَغَذّى

١. وجَدتُ مبنى الشَرِكَة بِجوارِ محَطَّةِ القِطار.
٢. لِماذا ذهَبتُم إلى المُستَشفى اليَوم؟
٣. أتَى أقارِبي لِحَفلِ الغَذاءِ الذي أقَمتُه الأُسبوعَ الماضي.
٤. اِستَمَرَّ الاجتِماعُ مُدَّةً طَويلَة.
٥. صديقاتي ذهَبنَ إلى السُوقِ وبعدَ ٣ ساعاتٍ اشتَرَيْنَ كُلَّ الطَلَبات.
٦. حضروا حفلَ الاستِقبالِ وشرِبوا وأكَلوا كثيرًا.
٧. زُرتُ جَدّي أمس ورأَيتُ عمّاتي وأعمامي.
٨. لِماذا جرَيْتَ يا هاني ؟ لِماذا خِفْتَ من اللِص؟
٩. أنتُنَّ أعدَدتُنَّ طعامَ العَشاءِ في مَوعِدِه.
١٠. أنتِ تخرَّجتِ العامَ الماضي ألَيسَ هذا صحيحًا؟

تدْريب (٥)

اِقرَأ أكتُب المصدَرَ المُناسِب:

١. لِماذا لم تستَمِرّي في --- اللُغَةِ العرَبِيَّة؟ (يدرس)
٢. هل سوف تحضُرون --- المدرِّسين بعدَ اليَومِ الدِراسي؟ (يجتمع)
٣. حدَثَت --- ات كثيرَةٌ في شخصِيَّةِ ابني بعدَ --- المدرَسَة. (غيّر/ يدخل)
٤. عمِلَت المَدرَسَةُ --- اتٍ كثيرَةً --- العامِ الدِراسي. (استعدّ/ يبدأ)
٥. ألقَى أُستاذُ اللُغَةِ العَرَبِيَّةِ --- في الأدَبِ العَرَبي وكان ال --- رائِعًا. (حاضر/ كلم)
٦. قرَأتُ --- في الصُحُفِ عن سيّارَةٍ مُستَعمَلَةٍ في حالَةٍ جَيِّدَة. (يعلن)

٧ . من فضلِكَ . . لا أُريدُ --- في هذا المَوضوعِ بعدَ الآن . (يتحدّث)

٨ . ذهَبتُ لِزيارَةِ عائِلَةِ زَوجَتي فأنا أُحِبُّ --- حماتي جِدًا . (يطبخ)

تدْريب (٦)

جرائِدُ وأخبار

الخَبَرُ الأوَّلُ:

اِقرَأ هذا الخَبَرَ ثم أجِبْ على الأسئِلَةِ:

١ . من هي أميرة الشنواني؟

٢ . ماذا حصلَت على؟

٣ . ما نوعُ هذا الخَبَر؟

٤ . هاتِ من الخَبَر:

صِفَة:	مصدَر:
خبَر لِمُبتَدَأ:	اِسم جمع:
تعبيرات تدُلُّ على الزَمَن:	إضافَة:

نصُّ الخَبَر:

الدُكتورَة أميرَة الشَنَواني أُستاذَةُ العُلومِ السِياسِيَّةِ، وخبيرَةُ العَلاقَاتِ السِيَاسِيَّةِ الدَولِيَّةِ والشُؤونِ البَرلَمانِيَّةِ في جَامِعَةِ القَاهِرَة، والقِيَادِيَّةُ في الحِزبِ الوَطَنِيّ (الحَاكِم)، حَصلَت مُؤَخّرًا على العُضْوِيَّةِ الشَرَفِيّةِ في المَجْلِسِ المِصْرِيّ – الأُورُوبيّ. وهِيَ حالِيًا عُضوُ مجْلِسِ إدارَةِ مَركَزِ دِراساتِ المَرأةِ العَرَبِيَّةِ في دُبَي، وفَرْعُهُ في العاصِمَةِ الفَرَنْسِيَّةِ باريس.

الخَبرُ الثاني:

اِقرَأ الخَبرَ ثُمَّ أجِب:

١ . من هو الشَيخُ حمدان بن محمد بن راشد آل مكتوم؟
٢ . أين ذَهَبَ ؟
٣ . من استَقبَلَه؟
٤ . هاتِ فِعلاً بِمَعنى ذَهَبَ:
٥ . هاتِ مِن الخَبَر مصدَرَين:

نصُّ الخَبَر:

الشَيْخُ حمْدَانُ بِن مُحَمَّد بِن راشِد آل مَكتُوم، وَلِيُّ عَهْدِ دُبَي، تَوَجَّه يَوْمَ الخَميسِ الماضي إلى السعُودِيَّةِ لأدَاءِ العُمْرَة. وكانَ في استِقبَالِه لدَى وُصُولِه إلى مطارِ المَلِكِ عبد العَزيز الدَوْلِيّ في جِدَّة، وَكيلُ إمارَةِ مِنْطَقَةِ مَكَّةَ المُكَرَّمَة الدُكتور عبد العَزيز بِن عبد الله الخُضَيْرِي، وعدَدٌ مِن المَسئولين.

الخَبرُ الثالِث:

اِقرَأ الخَبرَ ثُمَّ أجِب:

١ . أين حدَثَ هذا الخَبَر؟
٢ . ماذا شاهَدَ التلاميذ؟ لِماذا؟
٣ . اِسمُ مُزارِعِ الأُرزِ الشَهير: اِسم النَّجمِ السينِمائي: اسم المِليارديرِ:
٤ . ماذا رَوَى هؤلاءِ المَشاهير؟

٥ . هاتِ من الخَبَر:

١. كَلِمَة بِمَعنى الهَدَف من:	
٢. كَلِمَة بِمَعنى أذاعَ:	
٣. كَلِمَة بِمَعنى وصَلَ إلى:	
٤. مصدَر:	

نصُّ الخَبَر:

بدَأَ ٢٢٠ مِليون تِلميذ في المَرحَلتَيْنِ الابتِدائيَّةِ والمُتَوَسِّطَةِ في العَامِ الدِراسِيّ ٢٠١٠ - ٢٠١١ في الصينِ بِمُشاهَدَةِ بَرْنَامَج "الحُلم الصيني" الذي بَثَّهُ التِلفِزيون مِن السَاعَةِ التَاسِعَةِ وحتّى الساعَةِ العاشِرَةِ وأربَعينَ دقيقَةً صباحَ الأربُعَاءِ الماضي، في اليَوْمِ الأوَّلِ لِلعَامِ الدِرَاسِي. والقَصْدُ مِنهُ مُشاهَدَةُ التَلامِيذِ حُلمَ بَعضِ مشاهيرَ حَقَّقوا نجاحات.

ومِن هؤلاءِ المَشاهير العالِم يوان لونغ بِينغ المَعروفُ بِاسْمِ «أبو الأُرزِ الهَجين» والنَّجْمُ السينِمائيّ ليان جي، إضافَةً إلى المِلياردير العِصَامِيّ ماي وان وآخَرين مِن كِبارِ الشَخصِيّاتِ الذينَ رَوَوا خِلالَ البَرنَامَج قِصَصَ أحلامِهِم وتحَدَّثوا عن تجارِبِهِم وحِكاياتِ كِفاحِهِم، حتّى بَلَغوا أهدافَهُم، وما يزالون يَسعَوْنَ إلَى ما هو أفضَل.

Glossary الفهرس

Unit One

English	Arabic	English	Arabic
Guests	الضُيوفَ	Direction	اتّجاه
The guests	الضُيوفُ	Monuments	آثارٌ
The plane	الطائرة	Pharaonic monuments	آثارٌ فِرْعُونيّةٌ
The weather	الطقسُ	Coptic monuments	آثارٌ قبطيّةٌ
Electronic games	ألعاب إلكترونِيَّة	Most beautiful	أجمل
The world	العالم	Proper noun	اسم علم
The number	العدد	Accusative	اسم منصوب
Opposite	العكس	Demonstrative pronouns	أسماء الإشارة
Hanging Church	الكنيسةُ المُعلّقةُ	Dark	أسْمرٌ
Official language	اللغة الرسميّة	Trees	أشجارٌ
Buildings	المباني	Jordanian origin	أصل أردني
Coptic Museum	المتحفُ القبطي	Less	أقَل
Egyptian Museum	المُتْحفُ المصري	Bigger	أكبَر
Mosques	المساجد	Delicious food	الأَطعِمَة الشَّهِيَّة
Fancy restaurants	المطاعِم الفَخمَة	Grammar, tashkeel	الإعراب
Possessive	الملكيّة	The pyramids	الأهرامِ
Negation	النَّفي	Entertainment	التَّرفيه
Nose	أنف	Nominal sentence	الجُملَة الاسمِيَّة
Elegant	أنيقة	The weather is moderate, nice	الجوُ معتدلٌ
North side	بَحَريّة	Master bedroom	الحجرة الرئيسيّة
Fat	بدين	Modern, new neighborhood	الحي الحديث
Slow	بَطيءٌ	The old neighborhood	الحيّ القديم
Some	بعضُ	Autumn	الخريفِ
Distant	بعيدَة	Casablanca	الدار البيضاء
Feminine and masculine	تأنيث و تذكير	The North Coast	الساحلُ الشمالي
She runs	تجري	Tourists	السُيّاحَ
Dresser	تسريحة	Commercial companies	الشركات التجاريّة

English	Arabic	English	Arabic
Adjective	صفة	Similarity	تطابق
Sound, voice	صوت	Overlooks	تطلّ على
His voice	صوته	Is located	تقع
Huge	ضَخْمٌ / ضَخْمة	The Alps	جبال الألب
Long	طويل	Plural	جمع
High	عال	Verbal sentence	جملة فعليّة
Scientist	عالمٌ	Pretty	جميل
Puppets	عرائس	Rooms	حجرات
Wide	عريض	Public gardens	حدائق عامّة
Atomic science	علوم الذرة	New, Modern	حديث / حديثة
My paternal aunt	عمّتي	Bags	حقائب
My paternal uncle	عمّي	Around	حول
Eyes	عينان	Private	خاص
Expensive	غال	Predicate	خبر
West side	غَرْبيّة	Main	رئيسيّة
Rich	غَنيّ	Magnificent	رَائِعةٌ
Fruit	فاكهة	Cheap	رخيص
Classes, seasons	فصول	Thin	رَفيعٌ / رفيعة
Rude	فظٌّ	Flowers	زهورٌ
Poor	فقيرة	Curtain	ستارة
Mouth	فمُ	Fast	سَريعةٌ
Ugly	قبيح	Fat	سَمينٌ
Old	قديم / قديمة	Fence	سُورٌ
Dirty	قذِرٌ	Bad	سيِّء
Short	قصير	East side	شَرقيّةٌ
Books	كتب	Common, public	شعبيّة
Chairs	كراسي	Blonde	شَقْراءٌ
Lazy	كسلان	Streets	شوارع
Dog	كَلْبٌ	Beaches	شواطئ
Nice	لطيف	Owner of the room	صاحبَ الحُجرَةِ
Feminine	مؤنّث	Difficult	صَعْبَةٌ

English	Arabic	English	Arabic
Middle of the night	منتصف الليل	Specialist	مُتخصّص
Low	مُنخفض	Tiresome	مُتْعِب
Classy area	منطقة راقية	Cities	مُدُن
Harbor	ميناء	Your favorite city	مدينتك المفضّلة
Active	نشيط	Masculine	مذكّر
Clean	نظيف	Mirror	مرآة
Indefinite	نَكِرَة	Elevated	مرتفع
River	نهرٌ	Comfortable	مريح
Fountains	نوافير	Crowded	مُزدَحِمٌ
Quiet	هادِئٌ	Mosque	مسجد
The Sphinx	أبي الهول	Old Cairo	مصر القديمةِ
Spacious	واسع	Illuminated	مُضِيء
Rosy	ورديٌّ	Dark	مظلم
They are talking	يتحدثون	Definite	مَعرِفَة
They like	يحبّون	Singular	مُفرَدَ
To return	يرجع	Furnished	مفروشة
He visits	يزور	His private office	مكتبه الخاص
To meet	يقابل	Playground	ملعب
		Islamic sites	مناطقٌ آثارٌ إسلاميّةٌ

Unit Two

English	Arabic	English	Arabic
If you stood	إذا وقفت	Starting	ابتداء
Take a taxi	اركبي تاكسي	Union	اتّحاد
Ask about	اسأل عن	Arab Writers Union	اتّحاد الروائيّين العرب
Use a map	استخدم خريطة	I like	أحبّ
Independence	استقلال	Beware	احترس
Shopping centers	أسواق التبضّع	One of the buildings	أحد مباني
Traffic light	إشارة المرور	Sometimes	أحياناً
Types	أصناف	Study	ادرس

English	Arabic	English	Arabic
Engineering	الهندسة	Rich	أغْنياءٌ
Fast food	الوجبات السريعة	Oxygen	أكسجين
To	إلى	Swing	الأرجوحة
To you	إليك	Members	الأعضاء
In front of us	أمامنا	United Nations	الأمم المتحدة
Walk	امشي	The ship	الباخرة
I walk with him	أمشي معه	Mediterranean Sea	البحر الأبيض المتوسط
Finalization	انتهاء	Commerce	التجارة
Took care in building it	اهتمّ ببنائه	Attendance	الحاضرون
Cared for	اهتمّت بـ	Maternal uncle	الخال
Which type?	أى نوع؟	Maternal aunt	الخالة
With	بـ	The Ottoman Empire	الدولة العثمانيّة
Newspaper vendor	بائع الجرائد	The visitors	الزائرون
Saleswoman	بائعة	The tourist	السائحة
Main gate	باب رئيسي	The embassy	السفارة
Beside me	بجانبي	The stairs	السُلّم
North side	بَحَرِيّة	Duty free shop	السوق الحرّ
Teapot	برّاد الشاي	Private cars	السيّارات الخاصّة
After one block	بعد ناصية	Ground floor	الطابق الأرضي
Far from us	بعيد عنّا	First floor	الطابقِ الأوّل
Fervently	بنشاط كبيرٍ	The extended family	العائلة الممتدّة
Janitor	بوّابُ عمارةٍ	Science	العلوم
Composed of	تتَكَوّن من	Paternal uncle	العم
Its renovation	تجديده	Paternal aunt	العمّة
Tram	ترام	Irregular	الغير منتظمة
To help	تساعدُ	Arriving passengers	القادمين
To live	تسكن	The building	المبنى
Large collection	تشكيلة واسعة	The area	المساحة
To teach	تُعَلِّم	The distance	المسافة
Report	تقرير	Departing passengers	المغادرين
Passed away	تُوفِي	Main square	الميدان الرئيسي

English	Arabic
East	شرق
Tourist company	شركة السياحة
Their appearance	شكلُهم
North	شمال
Master's degree	شهادة الماجستير
Give directions	صِفْ الطريق
Security officer, guard	ضابطُ أمنٍ
Narrow	ضيّق
Child	طفل
Two children	طفلان
Adverb of place	ظرف المكان
Sociologist	عالم اجتماع
Across the street	عبر الشارع
Member	عضو
Sociology	علم الاجتماع
Social psychology	عِلْمُ النَفْسِ الاجتماعي
On the corner	على الناصية
On the left	على اليسار
On the right	على اليمين
On your left	على يسارك
On your right	على يمينك
Worked	عَمِلَت
About	عن
Most of, likely	غالبا
West	غرب
Unsuitable	غير مناسبة
Poor	فُقَرَاءٌ
Close to us	قريبة منّا
Monorail	قطار مغناطيسي
Slice of bread	قِطْعَةُ خُبزٍ
Citadel	قلعة
Huge mosque	جامع ضخم
Arab League	جامعة الدول العربية
My favorite newspaper	جريدتي المفضّلة
Her gallabiya	جلبابها
Republic	جمهورية
South	جنوب
Good	جيّد
Guard	حارس/حارسة
Until	حتّى
Public gardens	حدائق عامّة
New, Modern	حديث / حديثة
Received, obtained	حَصُلَ على
Official reception	حفلة رسميّة
Ladies restroom	حمّامُ السيّداتِ
Approximately	حوالي
Grass	خل الحشيش الأخضر
Behind us	خلفنا
Country	دولة
President	رئيس الجمهورية
Salary	رَاتِبٌ
Classy	راقية
Maybe	رُبّما
Returned	رَجِعَت
Messages	رسائل
Officially	رسمياً
Thin	رَفيعٌ
Walking	رياضة المشي
Bottle of water	زجاجة ماء
Parking area	ساحة انتظار
Hot	ساخنٌ
Chain of restaurants	سلسلة من المطاعم

English	Arabic
With my dog	مع كلبي
Geographic information	معلومات جغرافيّة
With us	معنا
Language institute	معهد اللغات
Articles	مقالات
Headquarters	مقرّ
Sliced	مُقطّعٌ
Libraries	مكتبات
Football field	ملعب الكرة
File	ملف
Excellent	ممتاز
From	من
Days ago	من أيّام
In terms of	من حيث
Wonderful means of transportation	مواصلة رائعة
Location of places	مواقع الأماكن
Location	موقِع
Taxi stop	موقف التاكسي
Square	ميدان
Money	نقودٌ
Windows of a building	نوافذ العمارة
Here	هنا
There	هناك
Nuclear Energy Authority	هيئة الطاقة النوويّة
Hydrogen	هيدروجين
Ministry of Foreign Affairs	وزارة الخارجية
In the middle	وسط
Road directions	وصف الطريق
Was born	وُلِد
To eat	يأكلُ
To shop	يتسوّق

English	Arabic
Writer	كاتب
Sufficient	كافِيَة
Newsstand	كشك الجرائد
Faculties	كليّات
Qasr al-Nil Bridge	كوبري قصر النيل
Planet Venus	كوكب فينوس
How do I get there?	كيف أصل هناك؟
For, to	لـ
Because	لأنّ
To help	لتُسَاعِد
To know	لتعرف
But maybe	لكن يمكن
Unfortunately	للأسف
To the club	للنادي
To help	لمساعدة
To continue with the trip	لمواصلة الرحلة
Founder	مؤسس
What do you think of . . . ?	ما رأيكَ/رأيكِ في . . . ؟
Directly, right away	مباشرة
Specialist	مُتخصّصٌ
Subway	مترو الأنفاق
Medium, average	متوسط / متوسطة
Genitive	مجرور
Tahrir Square	مجمّع التحرير
Bus station	محطّة الأتوبيس
Train station	محطّة القطار
Wallet	محفظة النقود
Journey duration	مدّة السفر
Building entrance	مدخل العمارة
Famous	مشهورٌ
With	مع

English	Arabic	English	Arabic
It is called	يُسمّى	Off the street	يتفرّع من الشارع
Includes	يضمّ	Surrounded by	يحُدّها
Is considered	يعتبر	To ride	يركب

Unit Three

English	Arabic	English	Arabic
Art and design	الفُنون والتصميم	Compulsory	إجباري
Kingdom	المَملَكَة	Elective	اختياري
Distinguished	المُمَيَّزة	Took a shower	آخذُ دشًا
Curriculums	المَناهِج	Brothers	إخوةٌ
Site on the Internet	الموقع على الإنترنت	I go	أذهبُ
Arabic texts	النُّصوص العَرَبيَّة	Jobs	أعمال
Examination	امتحان	Paternal uncles	أعمام
Was established	أُنْشِئَتْ	Was inaugurated	أُفْتُتِحتْ
Most important accomplishments	أهم إنجازات	My relatives	أقارِبي
Qualifies	تُؤَهِّل	Oldest	أقدم
Was established	تأَسَّسَت	Poor neighborhoods	الأَحياءِ الفَقيرَة
To start	تبدأ	Diseases	الأمراض
They prepare	تُحَضِّران	Scientific research	البَحث العِلمي
Graduation	تخرَّج	Islamic history	التّاريخ الإسلامي
It is called	تُسمَّى بـ	The establishment of	التأسيس
Is considered	تُعتَبَرُ	Higher education	التعليم العالي
Prize	جائِزَة	Nursing	التمريض
Hungry	جائِعٌ	The army	الجَيشِ
Private university	جامِعَة خاصَّة	Study	الدِّراسَة
Irregular masculine	جمع التكسير	The ambassador	السَّفير
Regular feminine plural	جمع المؤنّث السالم	Class	الصَّف
Regular masculine plural	جمع المذكّر السالم	Daily habits	العادات اليوميّة
Graduated from	حاصِل على	Basic subjects	العُلوم الأساسيّة
Received, obtained	حصلت على	Applied sciences	العُلوم التطبيقيّة

English	Arabic
Faculty of Engineering	كُلِّيَّةُ الهَندَسَة
Chemist	كيمائي
No one	لا أحَد
Thief	لِص
Food	مأكولات
Delayed object	مُبتَدَأ مُؤخَّر
Levels, stages	مراحِل
Theater	مسرَح
Beverages	مشروبات
Middle of	مُنتَصَف
Domestic	منزِليَّة
Emigrants	مُهاجِرون
System	نظام
Gifts	هدايا
Gift	هديَّة
To take	يأخُذ
To take a break	يأخُذ استِراحَة
To speak	يتَحَدَّث
To leave	يترُك
To have lunch	يتغَذى
To speak	يتَكَلَّم
To sit down	يجلِس
To memorize	يحفَظ
To study	يدرسُ
To raise	يرفَعُ
To use	يستخدم
To wake up	يستَيقظ
To inhabit	يسكُنُ
To watch	يشاهد
Feels lonely	يشعُرُ بالوِحدَة
To know	يعرِف

English	Arabic
Party	حفل
Really	حقًا
Maternal aunts	خالات
Preceded subject	خبر مُقدَّم
A safe	خِزَانة
Drawer	دُرج
New Year	رأسِ السنَةِ
Happy	سعيدَة
Slogan	شعار
ISO certificate	شهادة الأَيزو
Correct	صحيح
Dentist	طَبيب الأسنان
Religious studies	عُلوم الدّين
Paternal aunts	عمّات
Strange, a stranger	غريب
Unbelievable	غَير معقول
Other branches	فروع أخرى
Group	فوجًا
In the coffee shop	في المَقهى
During the era of the king	في عهد المَلِك
Cake	كعكَة
Colleges	كُلِّيّات
Faculty of Literature	كُلِّيَّةُ الآداب
Faculty of Economics	كُلِّيَّةُ الاقتصاد
Faculty of Commerce	كُلِّيَّةُ التِّجارَة
Faculty of Computer Science	كُلِّيَّةُ الحاسِبات
Faculty of Law	كُلِّيَّةُ الحُقوق
Faculty of Agriculture	كُلِّيَّةُ الزِّراعَة
Faculty of Medicine	كُلِّيَّةُ الطِّب
Faculty of Science	كُلِّيَّةُ العُلوم
Faculty of Arts	كُلِّيَّةُ الفُنون

English	Arabic	English	Arabic
To read	يقرأ	To hang	يُعلِّق
To wear, get dressed	يلبَسُ	To work	يعمل
To walk	يمشي	He lives	يعيش
To end	ينتهي	To close	يُغلِقُ
		To open	يفتَح

Unit Four

English	Arabic	English	Arabic
After tomorrow	بعد غد	Never	أبدًا
Old people's home	بيت المُسِنّين	Internist	أخِصّائيُّ الأمرَاضِ الباطِنيَةِ
She smiles	تبَتَسِمُ	Rice with nuts	أرز بالمكسرات
To begin	تبدَأ	The following week	الأسبوعَ التالي
She has dinner	تَتعشّى	Fish	الأَسْمَاكَ
She has lunch	تَتغذّى	Water sports	الألعَابِ المَائِيّةِ
She conducts an interview	تُجْرِي حِوَارًا	Photography	التصويرَ
She invites	تَدعو	The desserts	الحَلوى
She wears	تَرتَدي	The turkey	الديك
She registers	تُسجِّل	Painting	الرسْمَ
She houses	تُسكِّنُ	Lights and decoration	الزينَةَ والأنْوَارَ
She drives	تَسوُق	Cancer	السَرَطان
She buys	تَشتري	Chess	الشطَرَنْج
She stands	تَقف	Next month	الشهرَ القادم
She waits	تنتَظِر	Feminine subject	الفاعل المُؤنّث
To finish	تنتَهي	Masculine subject	الفاعل المُذكّر
She cleans	تُنَظِّفُ	The pastries, pies	الفطائر
She organizes	تُنظِّم	Natural scenery	المناظر الطبيعيّة
Bars	حانات	Dice games	النرد
In three days, over three days	خلال ٣ أيّام	Gifts	الهَدايا
Always	دائِمًا	Diving sites	أماكِنِ الغَوْصِ
Diving cruises	رحلاتٍ بَحَريّةً للغطسِ	Blanket	بطّانيّة

English	Arabic
Tour guide	مُرشِدَةً سِياحِيَّةً
Touristic attractions	مَزارات سِياحيّة
A big ranch	مزرعة كبيرة
Hospital	مُستشفي
A factory	مصنَع
Exhibition	معرضٌ
Brochures	منشورات
African Union	مُنظّمةالوحدةِالأفريقيّةِ
Receptionist	مُوَظَّفَةُ استِقبالٍ
Rarely	نادرًا ما
We exchange	نتبادلُ
We swim	نسبَح
Minister of Health	وزيرُ الصِّحَّةِ
Arrived	وصَلَ
Free time	وقتَ الفراغ
To come	يأتِي
To build	يبني
To go for a walk	يتمشّى
To run	يجري
To reserve	يحجِز
To be afraid	يخاف
They see	يَرون
To see	يرى
To wake up	يصحُو
To request	يطلبُ
To treat	يُعَالِجُ
I like	يُعجِبني
To prepare food	يُعدّ الطعام
To dive	يغوص
To examine	يَفْحَصُ
To spend time	يقْضي

English	Arabic
Touristic trips	رحلات سِياحيّةً
Safari trips	رحلةً بريّة
Water sports	رِياضة مائيّة
Glass boat	زَورق زُجاجي
I will try	سأُحاول
I will participate	سأشتِركُ
Swimming	سِباحة
We will stay	سنَبْقى
We will have lunch	سنتناولُ الغداء
We will try	سنُحاول
Beach tourism	سِياحة شَواطىء
They will share with	سيُشارِك بـ
He will give	سيُعطي
To offer, present, give	سيُقدّم
Waterfalls	شلالات
Shisha	شيشة
Difficult (m.)	صَعْبٌ
Fishing	صَيد السمك
Village	ضَيعَة
Bagammon	طاولة
Usually	عادةً
Bedouin dinner	عَشاء بَدوي
Often	غالبًا
Tomorrow	غدًا
Meeting room	قاعة الاجتماعات
Nightgown	قميصًا للنوم
Happy New Year / Many happy returns	كلّ عامٍ وأنت بخير
Beef	لحمُ البقرِ
Drug and alcohol rehabilitation center	مركزُ علاج إدمانِ المخدّرات والكحول

English	Arabic	English	Arabic
To give a lecture	يُلقي مُحاضَرةً	To drive	يقودُ
To discuss	يُناقش	He says	يقولُ
To clean	ينظّف	To perform	يقومُ ب
To distribute	يُوزّع	To prescribe medication	يكتُبُ الدواءَ

Unit Five

English	Arabic	English	Arabic
He waited	انتظرَ	He went toward	اتّجه
Had children	أنجبَ	During	أثناءَ
She had a baby	أنجبتْ	She rented	أجّرتِ
Fire alarm	إنذارَ الحريق	The food got burned	احترقَ الطعامُ
Saved	أنقذَ	He took	أخَذ
She rescued	أنْقَذَت	Week	أُسبوع
The day before yesterday	أوّل أمس	Was able	استطاعَ
Days	أيّام	He welcomed	استقبَلَ
He sold	باعَ	Pointed at	أشارَت إلى
He searched	بحثَ	His finger	إصبَعَهُ
Scholarship	بعثةٍ دراسيّة	Collided	اِصطَدَمَ
Numerous countries	بلادٍ عديدةٍ	He apologized	اِعتذَرَ
By himself	بمُفرَدِهِ	Fine Arts Academy	أكاديمية الفنون
He got lost	تاهَ	Machines	آلات
Walked around	تجوّلَ في	The week	الأُسبوع
He translated	ترجمَ	Onion and cheese	البَصَلَ والجُبنَ
He raced	تسابقَ	Musical analysis	التحليل الموسيقى
They asked	تسألْنَ	The knife	السكّينُ
She reads	تقرأ	The tomatoes	الطماطم
He was hungry	جاعَ	The violin	الكمان
Injured, hurt	جرحَ	The past	الماضي
She injured	جَرَحَتْ	Celebrities	المشاهير
Bridge	جِسر	Yesterday	أمس

English	Arabic	English	Arabic
It flew	طار	Sat down	جلَس
He returned	عادَ	Accident	حادِثٌ
He lived	عاشَ	He tried	حاولَ
He crossed	عبَرَ	Happened	حدَثَ / حصلَ
Old man/woman	عجوز	Skates	حِذاء للتزَحلُق
He offered	عرضَ	Carried	حَمَلَ
He played	عزَفَ	He was afraid	خافَ
Dean	عميداً	He lost	خسِرَ
He left	غادرَ	Wood	خشَب
Suddenly	فجأةً	Smoke	دُخّان
He was happy	فرِحَ	Entered	دخَلَ
Hotel	فندق	She paid	دفَعت
He drove	قادَ	Without stopping	دونَ توقُّف
He said	قالَ	Chairman	رئيس
He decided that	قرّر أن	He monitored	راقبَ
He cut	قطّع	Fireman	رجلُ إطفاء
Trimming trees	قطع الأشجار	He danced	رقَصَ
He diced the tomato	قطَّع الطماطمَ	He helped him	ساعدَه
Novelist	كاتِبٌ قصصي	Leg	ساق
We grew	كبُرْنا	I was jailed	سُجِنتُ
Broke	كسر	Fell	سقَطَ
It did not break	لم تكسرْ	He boiled the eggs	سلقَ البَيض
He did not eat	لم يأكُلْ	Fire ladder	سُلّم الحريقِ
He no longer . . .	لم يعُدْ	Year	سنَة/عام
He did not turn	لم يلفّ	Race car	سيّارةُ سباق
He did not care	لم يهتمّ	You watched	شاهدتُم
What	ماذا	Brave	شجاع
Stretched	مدّ	He thanked	شكر
Fire station	مركزُ إطفاء	She smelled	شمّت
Music Institute for the Blind	معهدَ موسيقى الكفيفات	Month	شهر
Adventure	مغامرة	He clapped	صفّقَ

English	Arabic	English	Arabic
Fell	وقَعَ	Political articles	مقالات سياسيّةً
To cry, cried	يبكي/بكى	Two or three days ago	مُنذُ يومَين/ثلاثة
To burn, burned	يحترِقُ/احترَقَ	Fire	نار
To park	يركْن	She obtained	نالتْ
They travel	يسافرون	He slept	نامَ
To reside	يسكن	We went down	نزلنا
To extinguish, extinguished	يُطفِئُ/أطفأَ	We got out of the car	نزلنا من السيّارة
To be considered	يُعدّ	He transferred	نقَلَ
He prepares food	يُعدُّ الطعام	Medal of courage	وِسامُ الشجاعة
		He put	وضعَ

Unit Six

English	Arabic	English	Arabic
Who, which	الاسمُ المَوصول	He informed, reported	أبلَغ
Heritage	التراث	He called	اتّصلَ
He picked up	التقَط	Agreed	اتّفقَ
Descriptive sentence	الجُملةُ الوصفيّةُ	Agreed with	اتّفقَ مع
Arctic animals	الحَيَواناتُ القُطبيَّة	Postponed	أجّلَ
Nuclear weapons	السِلاح النوَوي	He announced	أخبرَ بأنّ
Winter	الشتاءُ	He disagreed with	اختَلَفَ مع
Corals	الشُعَب المُرجانيَّة	He saved money	ادّخرَ
Atomic energy for peaceful use	الطاقةُ النوويّة السِلميّة	Building equipment	أدواتِ البِناءِ
The director	المُخرجُ	He continued	استَمَرّ
The project	المَشروع	Snacks	أطعِمة خفيفَة
Demonstrations	المظاهراتِ	Rich, fatty foods	أطعِمة دسِمة
Woman	امرأة	He gave	أعطى
Honest	أمينٌ	He announced that	أعلَنَ أنَّ/ عَن
Without discussion	بِدون كلام	Tree branches	أغصانُ الشجر
Innovative	بديعًا	Discovered	كتَشفَ
Leftovers	بقايا الطعام	The meetings will be held	الاجتماعاتِ ستُعقَدُ

English	Arabic	English	Arabic
He replied	ردّ	He remained	بقِيَ
New world record	رقمٌ عالَمِيٌّ جديد	He wept	بكى
He planted	زرَعَ	By herself	بِمُفرَدِها
Flower	زهرَة	He built	بنَى
Future visit	زيارةٌ قادِمَة	Quietly	بِهُدوء
Paid the debt	سدَّدَ الدَيْن	Trained	تدرَّب
Paid the debt	سدَّدَت الديون	To shake hands, salute	تُسلِّمُ على
He watered	سقَى	She performs	تقومُ بـ
Rock	صخر	Pollution	تلَوُّث
She stated that	صرّحَت بأنّ	He practiced	تمرَّن
Grasshopper	صُرصور الحشائش	Hole	جُحر
Long queue	صفًا طويلاً	Pot, jar	جرّة
He kept silent	صمَتَ	He ran	جرى
He made the pizza	صنَعَ البيتسا	Ran toward	جرى نحوَ
Shouting	صِياح	He collected	جمَع
Against, versus	ضِدَّ	He was sad	حَزِن
Floor	طابِق	Grass	حشائش
He knocked	طرَقَ	He reaped	حصَدَ
Snowstorm	عاصِفَة ثلجِيّة	He kept	حفظ
Held a conference	عقَدَ مُؤتمَرًا	Made profits	حقَّق أرباحًا
Opposite	عكس	Field	حقل
Relationship	علاقةُ	Dream	حُلم
He found out that	علِمَ أنَّ	He carried	حمَل
Marine biologists	عُلماءُ البِحار	Conversation	حِوارًا
I found out	علِمَت	Gossip	خبَرٌ اِجتِماعي
Worked lately	عمِل حديثًا	Political news	خبَرٌ سِياسي
He sang	غنَّى	Lost	خسِر
He won	فازَ	He called for	دعا إلى
Lost	فقَدَ	New-age medicine	دواءٌ حديث
At this moment	في تلكَ اللحظة	Prime minister	رئيسُ الوُزَراء
The murdered victim	قتيلٌ	He saw	رأى

English	Arabic	English	Arabic
He called	نادى	North Pole	قُطب شمالي
We store our food	نحفظُ طعامَنا	Rewarded	كافأ
Disarmament	نزعُ السِلاح	Won	كسب
Grew	نما	She did not give	لم تُعطِ
Ants/an ant	نَمل/نملَة	Lately	مؤخّرًا
Knocked down	هدَمَ	Field	مجال
Minister of Foreign Affairs	وزيرُ الخارجِيَّة	Jewelry	مُجَوهرات
Promised	وعد	Correspondent	مُراسِل
To leak	يتسرّبُ	Cracked	مشروخ
To receive	يتَسَلَّم	He went, left	مضى
To stop	يتوقّفُ	Reward	مُكافأة
To protect	يحمي	World Health Organization (WHO)	مُنظَّمةُ الصِحّةِ العالَميَّة
To abolish	يقضي على	Festival	مهرَجان
To stop	يكُفُّ	Budget	ميزانيَّة
To fill	يملأُ		

Unit Seven

English	Arabic	English	Arabic
Multiples	أضعاف	Finish studying	إتمام دراسة
Returned	أعادَ	Affected	أثَّرَ
Blind	أعمى	He embraced	احتضنَ
Approached	اقتربَ	He won	أحرزَ
Broadcasting	الإذاعَة	Turned red	احمرَّ
The great Arab champion	البطلِ العربيِّ الكبير	He surprised	أدهَشَ
The twin girls	التوأمتان	Referendum	استفتاء
The coordination between	التَوفيق بين	Enjoyed	استَمتَع
Audience, fans	الجماهير	Singing legend	أُسطورةُ الغِناء
The poet	الشاعِر	She became famous	اشتهرت
Favorite singer	الصوت ا لمُفضَّل (المَحبوب)	Fixed	أصلَحَ
Helicopters	الطائراتِ المروَحيَّةِ	She was forced	اضطُرّت

English	Arabic
Then	حينئذ
Was afraid of	خشيَ
The doctors were worried about	خَشيَ الأطِبَّاءُ من
Income	دخْل
He trained	درّبَ
Nation	دولة
My arm	ذِراعي
Head of the People's Assembly	رئيس مجلس الشعب
President of the Women's Union	رئيسة الاتّحاد النِسائي
Race	سِباق
Bike racing	سِباق الدراجات
Register	سِجِلّ
Issued a decision	صدرَ قرار
Light	ضِياء
My sunshine, light of my life	ضِيائي
Cooking	طَهي
Impossible situation	ظُروفٍ مُستحيلَة
Crossing the English Channel	عُبور المانش الإنجليزي
Great	عظيمًا
After his death	عقِبَ وفاته
The sixties	فترَةُ السِتّينات
Band	فِرقة
Lost his sight	فقدَ البصر
He fought	قاتَل
Conducted an investigation/ investigated	قام بِتحقيق= حقّق
Flying an airplane	قِيادةُ الطائرة
As the best swimmer	كأفضلِ سبّاح
Pastor, priest	كاهِن أو راعٍ
High-ranking officials	كبار القَوم
Neck fractures	كُسورِ الرَقَبَة

English	Arabic
Thyroid gland, goiter	الغُدَّة الدَرَقِيَّة
Canceled	ألغى
The decision	القرار
Jumping	القَفزِ
The editors	المُحَرِّرين
Serious financial problems	المشاكل الماديّة الحادّة
Other victories	انتصاراتٍ أُخرى
He won	انتصرَ
Moved	انتَقَل
Around the world	أنحاء العالم
He supported	أيَّدَ
In addition to	بالإضافةِ إلى
Correspondence mail	بريد المُراسَلَة
To influence	تُؤثّرُ
Disintegrates	تتبدَّدُ
Mentored by	تتلمذَ
Transformed	تحوّلَ
Entertainment	تسلِيَة
He got to know	تعرَّفَ على
Events of the day	تفاصيلُ اليَوم
Totally dedicated	تَفرّغ كُلِّيًّا
Was chosen	تمّ اختيار= اختار
Is full of	تمتَلِئُ
Nile Crocodile	تمساح النيل
Took charge of	تولّى إدارة
Couple, duet	ثُنائِيًا
Skull	جُمجُمَة
All, every	جميع
Right of every citizen	حقّ لِكُلِّ مُواطِن
Life of a thinker	حياةِ المُفكِّر
Long life	حياة مديدَة

English	Arabic	English	Arabic
Singer	مُطرِب	Unbearable	لا يُطاقُ
Experience in life	معرِفَة الحياة	For his brilliance	لتألُّقِه
Stuck to	مُلتصِق	To write music	لحَّن
Park	مُنتزَه	Played a role	لعِبَ دورًا
Critic	ناقد	Was named	لَقَب
Data systems	نُظُم المعلومات	Branded 'The Shark'	لُقِّبَ بالقِرش
Fresh air	هواء طَلق	Muezzin	مُؤذِّن
Your favorite hobbies	هواياتك المُفضَّلَة	Practiced	مَارَس
Document	وثيقَة	Identical	مُتطابِقَتان
And thus/and with that	وهكذا= وبذلك	Editor	مُحرِّر
To encourage me	يُشجِّعُني	Lifelong	مدى الحياة
To whistle	يَصفَرُّ	Taste	مَذاق
To practice/practice	يُمارِس/مُمارسَة	Kidney disease	مرَض الكُلى
To prevent	يمنعُ	Swimming pool	مسبحُ
To advise	ينصحُ	Source	مصدَر

Unit Eight

English	Arabic	English	Arabic
Horror movies	أفلام رعب	They stayed away from him/it	ابتعدوا عنه
Our mouths/mouth	أفواهنا / فاه	His medical needs	احتياجاته الصحيّة
Amino acids	الأحماض الأمينية	Most fascinating	أروع
Fibers	الألياف	Ready to go	استعداد للذهاب
Intestine	الأمعاء	First aid	إسعافات أوليّة
Discipline	الانضباطَ	Skin injury, infection	إصابة الجلد
Cooperation	التعاون	Feed the dog	أطعم الكلب
Exposure to ultraviolet rays	التعرّض للأشعّة فوق البنفسجيّة	Showed	أظْهر
		Disability	إعاقة
Overcoming	التغلّب على	Used to	اعتاد أنْ/ على
Grief	الحزن	They have become accustomed to	اعتادوا أنْ
Tough military service	الخدمة العسكريّة الشّاقّة	Symptoms of the illness	أعراض الإصابة

English	Arabic
Control	تحكّم
Poisoning	تسمم
You feel bloated	تشعر بالانتفاخ
Develop my experience	تطوير خبرتي
Reinforce	تعزيز
Miserable	تعيس
Peeling it off	تقشيره
Affix a stamp	تلصق طابع
Produces gas	تنتج الغاز
Stopped	توقُّف
Huge dose	جرعة عملاقة
Immune system	جهاز المناعة
Your digestive system	جهازك الهضمي
Enormous effort	جهدا جبّارا
Acid	حامض
Sunburn	حروق الشمس
Good looking	حسنة المظهر
Acidic	حمضيّة
Expert in the field	خبرة في المجال
Decrease the danger	خفض مخاطر
Failed	رسب
Shivering	رعشة
Official hotel uniform	زي رسمي للفندق
Will allow	ستسمح
You will have	ستملك
Secret	سرّ
Skin cancer	سرطان الجلد
Colon cancer	سرطان القولون
Navy	سلاح البحريّة
An equipped vehicle	سيّارة مجهّزة
Sociable personality	شخصيّة اجتماعيّة

English	Arabic
Dark circles	الدوائر السوداء
Periodic	الدورية
Brain aneurism	السكتة الدماغية
Air Force	السلاح الجويّ
Trucks	الشاحنات
Going gray	الشيب
Baldness	الصلع
Deafness	الصمم
Digestive acids of the stomach	العصارة الهضميّة
Old age	العمر المتقدّم
Anger	الغضب
The tests	الفحوصات
The catastrophe	الكارثة
Pain	آلَم
Handicapped	المعاقين
Foodstuffs	المواد الغذائية
Antioxidants	الموادالمضادةللأكسدة
Precaution	الوقاية
Designated time	الوقت المحدّد
Mixing with secretions	باختلاط العصير
Main role	بدور رئيسي
Without limbs	بدون أطراف
Made an effort	بذل جهدا
Concerning the ad	بشأن الإعلان
A huge shock	بصدمة هائلة
He swallowed	بلعه
Delay	تـأخير
Starts to spoil	تبدأ بالفساد
Transforms	تتحوّل
Ferment	تتخمّر
Wrinkles	تجاعيد جلد الوجه